停雲閣文集

谢正光 著

上海文艺出版社

目 录

序（钱仲联） 1

辑一 1

宣南诗社考 3
从《赵翼传》的立论说到赵瓯北在诗坛上的地位 20
评孙著《陈子龙柳如是诗词情缘》 33
钱谦益奉佛之前后因缘及其意义 57
清初忠君典范之塑造与合流
　　——山东莱阳姜氏行谊考论 95
新君旧主与遗臣
　　——读木陈道忞《北游集》 138
倪瓒《霜柯竹石图》之新赝与旧伪 172
梅村二三事考 184

辑二 195

清初所见"遗民录"之编撰与流传 197

试论清初人选清初诗　216

探论清初诗文对钱牧斋评价之转变　233

顾炎武、曹溶论交始末
　　——明遗民与清初大吏交游初探　263

清初的遗民与贰臣
　　——顾炎武、孙承泽、朱彝尊交游考论　286

钱遵王诗集考
　　——《钱遵王诗集笺校》自序　320

辑三　333

南宋袁谢两家《诗》注表微　335

严嵩诗诣评价析论　346

崇祯·田妃·翔凤琴　353

太炎跋崇祯行书唐人诗轴书后及平素所见崇祯御书五则　365

清人入关前的剃发令　378

道开自扃法师与清初贰臣龚鼎孳　384

钱谦益弟子何云生平考略　408

虞山钱氏宗族内讼　436

亭林与酒
　　——顾炎武事迹考述之一　458

乾隆末年学风与朝政：读徐浩修《燕行纪》　468

嘉庆初年京师之学人与学风
　　——读柳得恭《燕台再游录》　488

同治年间的金陵书局
　　——论曾国藩幕府中的儒学之士　507

铃木虎雄与罗振玉的笔谈残稿　527

介绍日本学者编著的中国人物丛书　531

《清初人选清初诗汇考》跋　539

序
钱仲联

论史之文,非尽人所能为也。文史一冶,尤非尽人所能为也。"一部十七史,从何说起。"必渊博如钱大昕、王鸣盛、赵翼诸儒者,始能成其煌煌巨帙数十卷以至百卷。盖论史必须考史,不考史证实,具有卓见,而空言论史,覆瓿之物而已。不为钱、王、赵诸贤之上下千年,而从事一代史事之精议,如近贤孟森之所为,斯又以专胜者。以言乎文史一冶,则钱、王、赵亦何尝非射雕手。今人则陈寅恪为翘楚。吾友美国Grinnell学院谢正光教授,盖二者兼擅,饮誉域外之一人也。

正光专精明遗民研讨。先后有《钱遵王诗集笺校》《明遗民传记资料索引》《明遗民录汇辑》《清初人选清初诗汇考》行世。《笺校》《汇辑》《汇考》余皆曾为之序矣。而其散篇论文,余寓目较罕。今君以其《容西村舍文史丛考》*示余,余乃知其涉猎所及,既专又博。自严嵩诗诣评价析论,曼殊入关之政令,遗民史家关于君权之

---

* 此为谢正光先生向钱仲联先生所出示文稿的题名,本书出版前,谢先生为文集重新定名为《停云阁文集》。钱先生提及的"遗民史家关于君权之所见"即《从明遗民史家对崇祯帝的评价看清初对君权的态度》,收入《清初之遗民与贰臣》(上海文艺出版社,2021年),本书不再收入。——编注

所见,游焉而下,迄于清中叶后,考朝鲜使臣所睹乾嘉之学风与朝政,论同治间金陵书局与曾幕儒生,记铃木虎雄与罗振玉之笔谈。此外,又有明清版本之考订,如《李温陵外纪》《钱遵王诗集》等。文不求多而求精,涵盖面广。余读竟,益叹正光为学,无愧于紫阳所谓"旧学商量加邃密,新知培养转深沉"者也。正光属余序,余固乐为之而不辞。

辑一

宣南诗社考

引　言

民国二十四年,魏应麒在他的《林文忠公年谱》[①]中提到:道光十年(1830)林则徐在京师联合一班朋友,结成宣南诗社;参加的人包括后来发起禁烟运动的黄爵滋,以谈经学而留情于当代治教、首唱变法之论的龚自珍和后来以著《海国图志》而为近人推为最早具有维新思想的魏源。"宣南诗社"一名乃逐渐在近代史的专著中出现。范文澜的《中国近代史》即说:

> 林则徐……在一八三〇年(道光十年)与黄爵滋、龚自珍、魏源等结宣南诗社。这一小诗社中人,黄爵滋发动禁烟运动,龚、魏发动维新思潮,林则徐成为他们的首领。他后来探求外情及意图制造新式船炮,思想上是早有某些基础的。[②]

范氏在论述鸦片战争一章中,一再提到当时朝廷有"抵抗派"和"投降派"的区分,并以林则徐为"抵抗派"的首领。林早年"领导"的宣南诗社中又有"发动禁烟运动"的黄爵滋和"发动维新思潮"的龚自珍与魏源,则这个"宣南诗社"的组织,在近代史上,实具有不容忽视的意义。

对于这个不容忽视的意义,也许是由于篇幅上的限制,范氏没

---

① 魏应麒:《林文忠公年谱》,上海:上海商务印书馆,1935年。
② 范文澜:《中国近代史》第一章第六节。

有详细地论述。可是他在导论中所说,却在日本的东洋史学界发生了共鸣。

1967年11月4日,京都大学东洋史研究室举办"第三十回东洋史谈话会大会",东京教育大学的田中正美教授以《宣南詩社の人々》为题,向与会一千多名的学者,宣读了他从范氏的《导论》,所研究得的若干结论。他的谈话要旨有下列数点:

(一)宣南诗社是鸦片战争时"抵抗派"的"母胎"。

(二)宣南诗社是清代维新思潮的先驱。

(三)宣南诗社的人物,大概都是当时少壮气锐的官僚,其官职与社会地位容有不同,可是都对清朝的专制政体加以积极的批判,具有对政治革新的抱负。①

田中教授的结论,很容易使人产生一种想法,即:在鸦片战争前,京师的一班年轻官吏,组织了一个类似后来"强学会"的团体,一面提倡禁烟运动,一面鼓动维新思潮,近代士大夫的救国运动固自宣南诗社始,而在举世正做中日近代化的比较研究时,恐怕有人会根据田中教授的"谈话",而推论到中国的近代化运动,实始于道光十年的宣南诗社。

一 魏应麒的错误

魏应麒的《林文忠公年谱》第二四、二五页说:

道光十年,庚寅(一八三〇),公四十六岁。

正月,公服阕。四月入都……

是时,公更与龚自珍、潘曾莹、曾沂、黄爵滋、彭蕴章、魏源、张维屏、周作楫等结宣南诗社,互相唱酬。(张维屏《南

---

① 《第三十回东洋史谈话会大会发表论文要旨》,日本京都大学,1967年11月。

山集》。)

魏氏自注谓林则徐于道光十年在京结宣南诗社事,本之张维屏《南山集》。

按维屏(1780—1859)字子树,一字南山,广东番禺人。陈澧替他写的墓碑铭[①],及清史列传[②],均称其著作曰《松心诗文集》。惟日本东京东洋文库所藏维屏之著作则名《张南山全集》[③],乃道光咸丰间刊本;将维屏一生的著作,裒成一编,凡三十四册。魏氏但称其说得自《南山集》,未标明其卷数。

考《张南山全集》中之《谳集诗》卷有五言古诗一首,题为:

  庚寅六月十三日,潘星斋待诏曾莹,招同卓海帆秉恬、朱椒堂为弼两京兆,林少穆方伯则徐,周芸皋观察凯、黄树斋爵滋、周梦岩作楫两太史,彭咏莪舍人蕴章,查梅史大令揆,顾杏楼工部元恺,集寓斋,即事有作。

又同卷另有七律一首,题为:

  庚寅六月初二日,龚定盦礼部自珍,招同周芸皋观察凯,家诗舲农部祥河,魏默深舍人源,吴红生舍人葆晋,集龙树寺,置酒兼葭簃。

这两首诗的题目,是《张南山全集》中唯一可以供给我们考订魏应麒之说的材料,因为:

(一)庚寅(道光十年,1830)六月,林则徐在京确曾参与不少朋友的宴集。

(二)这两个诗题中提及林则徐、潘曾莹、龚自珍、魏源、黄爵滋、彭蕴章、周作楫、张维屏等人,和魏应麒之说相比较,只少了潘

---

① 陈澧:《东塾集》卷五。又见缪荃孙《续碑传集》卷七十九。
② 《清史列传》卷七十三《张维屏传》。
③ 见日本东京东洋文库所编《东洋文库汉籍丛书分类目录》。

曾沂一人。

可是张维屏这两首诗却没有一个字是提及宣南诗社的,魏应麒从何处得到灵感,根据这两个诗题而创出林则徐在道光十年联同龚、魏、张、黄结宣南诗社的说法,并且把潘曾莹乃兄曾沂——一位早已于道光四年,绝意仕途,归隐乡里的士子(详第三节)——也拉在一起,这实在是令人百思莫解的事。

二　宣南诗社成立的年代

最早记载宣南诗社的史料,就目前所见,似应推胡承珙的《求是堂文集》卷四《消寒诗社图序》,其全文云:

> 嘉庆十有九年之冬,董琴南编修始邀同人为消寒诗社,间旬日一集,集必有诗,嗣是岁率举行。或春秋佳日,或长夏无事,亦相与命俦啸侣,陶咏终夕,不独消寒也。尊酒流连,谈噱间作,时复商榷古今,上下其议论,足以祛疑蔽而泯异同,并不独诗也。然而必曰消寒诗社者,不忘所自始也。岁月积久,会者滋多,而得诗愈富。黄霁青编修将裒而辑之,都为一编,而先为图以记其事,且命余为之序,夫吾人系官于朝,又多文学侍从之职,非有簿书期会,卒卒无少暇,而得以其余从事于文酒唱酬之乐,斯足幸矣。然而数年之间,会中之人,或以使出,或以假归,或以忧去者,已不克常聚,而即望衡对宇,朔别晦期,咫尺之违,一宿之约,每至烛上会食,停杯以伫,尚有牵率他故而不能至者,此可见人事之错迕,离合之不常,而行乐之不可不及时也。由是思之,不又有足慨者乎?霁青以为会中之人,终必有散,而惟图可以聚之;即图亦未必不毁,而惟文可以存之。顾余文恐不足当此,而必以此相属者,则以数年来惟余足迹未出国门,每岁辄与于会,每会多在座以为常,盖尤悉

其原委焉,乌可不识! 是会也,始于甲戌之冬,图成于己卯夏,自琴南、霁青及余外,先后与会者,有周肖濂观察,陈石士、刘芙初、谢向亭三编修,朱兰坡侍讲,陶云汀给事,梁茝林仪部,钱衎石农部,吴兰雪、李兰卿两舍人也。

这里所说的"消寒诗社",实即宣南诗社的前身,因为梁章钜的《师友集》卷六"胡承珙"条后亦载有此文,而题目则改作《宣南吟社序》;且序中所谓成于己卯(嘉庆二十四年,1819)夏的诗社图,与吴嵩梁的诗《题霁青太守城南吟社图即送赴任高州》①一篇所关涉的人物无异,宣南与城南,据朱绶后来的追记②,亦名异而实同。胡承珙自谓,"每岁辄与于会,每会多在座以为常",对这个诗社的缘起及发展,"尤悉其原委",他的记载无疑是较具体可信的了。

根据这篇序文,宣南诗社的前身——消寒诗社,成立于嘉庆十九年(1814)的冬天,发起人是董国华。它是一班京官在寒冷的天气中,围炉饮酒,赋诗酬唱,借以消寒的一种集会。③

至于何时始改名宣南,则据梁章钜的记载,最迟也当在嘉庆二十一年(1816)。章钜的《退庵自订年谱》云:

> 丙子,四十二岁。
> 是冬,入宣南诗社,胡墨庄侍御(承珙),潘功甫舍人(曾沂)各为之记。

丙子即嘉庆二十一年,梁氏自述是冬所入者为宣南诗社,可见消寒诗社在这时已改换了名字。

---

① 见吴嵩梁:《香苏山馆全集》古体诗卷十。
② 朱绶:《宣南诗会图记》,见潘曾沂《功甫小集》卷八。
③ 消寒会大概是当时北京的一种风俗。据潘荣陛《帝京岁时纪胜》"消寒图"条云:
> 至日数九,画素梅一枝,为瓣八十有一,日染一瓣,瓣尽而九九毕,则春深矣,曰九九消寒之图。

又富察敦崇《燕京岁时记》"九九消寒图"条亦云:
> 消寒图乃九格八十一圈。自冬至起,日涂一圈;上阴下晴,左风右雨,雪当中。

至于为什么改名宣南,据朱绶的《宣南诗会图记》[①]云:

> 宣南,宣武坊南也。诗会图者,述交也。吴县潘君功甫官中书舍人,僦居其地,而一时贤士大夫偕之讌游,于是乎识之也。

消寒诗社后来既发展为"春秋佳日,长夏无事,亦相与命俦啸侣,陶咏终夕,不独消寒",且自潘曾沂入都居宣武坊南,聚会多假潘的居处举行,其改名宣南,恐怕是这两个原因吧。

宣南诗社的成立,远在道光十年以前。林则徐参加这个诗社的年代,虽不能明确考订出在哪一年,但根据下列的史料,可知最迟亦当在嘉庆二十四年(1819)以前:

(一)则徐自三十五岁(嘉庆二十四年,1819)以后,由京秩外迁,到他死时为止,都居官于外,只有回京师述职时,有机会留在北京短住。[②]

(二)朱绶的《宣南诗会图记》有云:

> 先是与斯会者,有安化陶中丞澍,泾县胡廉访承珙,祥符周观察之琦,嘉善黄太守安涛,侯官林廉访则徐。而功甫以辛巳入都,中丞诸公皆官于外。

根据上述的辨正,宣南诗社的成立,最迟也当在嘉庆二十一年(1816);林则徐确曾参加过这个团体,可是却不在他四十六岁那一年,也没有联结龚、魏、黄等人结社的可能。

因袭魏应麒的错误,除范文澜及田中正美,还有日本学者编纂的《东洋史辞典》,台湾大学王家俭的著作,以及最近出版的林崇墉著《林则徐传》。[③]

---

① 朱绶:《宣南诗会图记》,见潘曾沂《功甫小集》卷八。
② 参考魏著:《林文忠公年谱》。
③《东洋史辞典》,日本京都大学东洋史研究室编,东京创元社1961年出版,第227页"黄爵滋"条。王家俭:《魏源对西方的认识及其海防思想》,台湾大学文学院1964年出版,第五章第二节。林崇墉:《林则徐传》,台北,1967年,第八章。

8

三　宣南诗社的人物

宣南诗社既设于京师，参加的人又都是一些地位较低的官吏，这些京官，"或以使出，或以假归，或以忧去"[①]，因此，诗社的人事变动自然很大。嘉庆二十四年（1819），胡承珙写《宣南吟社序》时，尚说他自己因"足迹未出国门，每岁辄与于会"，所以比别的社友"尤悉其原委"；可是到朱绶写《宣南诗会图记》时，承珙已居官于外，变成诗社的前辈了。

根据胡承珙的序文，自嘉庆十九年（1814），董国华发起消寒诗会起，至二十四年（1819）诗社同人送黄安涛居官高州止，此五年间参加过诗社的人共有：董国华、黄安涛、胡承珙、周之琦、陈用光、刘嗣绾、谢阶树、朱珔、陶澍、梁章钜、钱仪吉、吴嵩梁、李彦章等十三人。关于这些人的学问和行谊，在吴嵩梁送给黄安涛的一首五言古诗中，曾有扼要的论述：

题霁青太守城南吟社图即送赴任高州

……社中十三人，宦途半分辙。恃此素心同，不以荣悴易。陶侃云汀中丞督八州，其才可经国。继者胡墨庄廉使周廉甫观察梁芑邻观察，门皆列金戟。台谏陈昌言董琴南侍御，度支参硕画钱衎石农部。吾乡陈石士司业与谢向亭学士，衡文操玉尺。李翱年最少兰卿侍读，枢庭乃先入。人事各拘牵，嘉会颇寥阔。朱子复居忧兰友庶子，刘郎已前殁。[②]

及道光元年（1821），潘曾沂入京官中书舍人，于同年五月入宣南诗社。据曾沂自定的《小浮山人年谱》云：

五月……同人招入宣南诗会，月辄数举，以九人为率。东

[①] 见胡承珙《消寒诗社图序》。
[②] 吴嵩梁：《香苏山馆全集》古体诗卷十。

乡吴兰雪舍人嵩梁,新城陈硕士学士用光,泾县朱兰友宫赞珔,长乐梁芷邻观察章钜,宜黄谢向亭学士阶树,嘉兴钱衎石侍御仪吉,同县董琴南侍御国华,歙县程春海侍讲恩泽及余也。

此时诗社的人数已规定为九人,和胡承珙的记载及吴嵩梁诗中所提及的十三人比较,则黄安涛、胡承珙、周之琦、陶澍、李彦章等均离去,而刘嗣绾则已物逝,另加入潘曾沂和程恩泽而成九人。

又据朱绶的《宣南诗会图记》,道光二年(1822),梁章钜出官于外,三年(1823),朱珔乞养归里,程恩泽复出官于外,又加入张祥河和汤鹏,合重新归入的李彦章,诗社仍旧保持九人之数。

这几年间,潘曾沂以名宦公子①,英才焕发,和诗社同人,极唱酬之乐,到他晚年时,追忆起这段往事,尚津津乐道。《小浮山人年谱》中云:

> 京师人材辐辏,然其间交游门类甚广,惟所自取。幸余少时即喜亲近老辈,乐闻其议论,于是非极明了,到此方得略定主见。取前言往行,证之时流,举步多不符合,乃默识其可交可谈者为二等,浑与角逐,人莫能测识也。[道光元年,1821]

又云:

> 宣南诸公,风流蕴藉,出言有章。[道光三年,1823]

考曾沂参加诗社时,年才三十岁,社中的人,年龄都比他长。除了分享"分曹斗韵"酬唱之乐外,自然也从这班老辈中学到不少官场宦海的经验。其中尤以张祥河和他交往为密,祥河的《移居诗》有句云:

> 一曲琴如调轸合,两家僮仆送诗忙。

曾沂则答之曰:

---

① 潘曾沂乃父世恩于嘉庆十九年充国史馆正总裁,见《潘世恩自订年谱》。

> 我与西垣张舍人,同官同社结为邻。入门下马时相见,小槛粗杯互主宾。①

至于诗社中人互相赠答之作,或聚饮时唱酬之诗,在吴嵩梁的《香苏山馆全集》、钱仪吉的《刻楮集》、梁章钜的《浪迹丛谈》和《师友集》,以及潘曾沂的《功甫小集》中,几乎每卷都有。而大部分的诗都在这几年写成。宣南诗社的盛会或应以此为最了。

可是,曾沂自道光四年(1824)乞假归田后,翌年即患肺疾,于是潜心佛理,退藏于密;复于道光七年(1827)在本里办丰豫义庄。其间虽曾一度出游,但已绝意于仕途②,且一度"戒作诗"③。宣南诗社便以张祥河与吴嵩梁为最热心了。祥河的《关陇舆中偶忆编》④云:

> 宣南诗社,京朝士大夫朋从之乐,无以逾此;或消寒,或春秋佳日,或为欧苏二公寿。始则陶云汀制军澍,周稚圭中丞之琦,钱衎石给谏仪吉,董琴南观察国华诸公。继则鲍双湖侍郎桂星,朱椒堂漕帅为弼,李兰卿都转彦章,潘公甫舍人曾沂诸公。后则徐廉峰太史宝善,汪大竹比部全泰,吴小榖太守清皋,西榖府丞清鹏诸公。其间事不齐,旋举旋辍,而余与吴兰雪舍人嵩梁,每举必预。陶制府官江南时,岁寄宴费,余监司山左,亦仿此例。至是辄忆野寺看花,凉堂读画,为不可多得之胜事矣。

据张氏此段记载,则曾沂回籍后,诗社中另加入徐宝善、汪全泰、吴清皋、吴清鹏等人,而与曾沂同时的,有鲍桂星和朱为弼。

诗社的人事变动虽大,可是那些出官于外的旧社友还是念念不忘京师的聚会,此由陶澍和张祥河居外官后,仍寄宴费回社一

---

① 潘曾沂:《小浮山人年谱》道光二年条。
② 潘曾沂:《小浮山人年谱》。
③ 钱仪吉《刻楮集》有《潘功甫曾沂禁诗数年,近复有作,寄此奉怀》一题。
④ 张祥河:《关陇舆中偶忆编》,收入王文濡所辑的《说库》。

事可以看出。而且只要有机会聚在一起,则不论新旧,仍是饮酒酬诗,乐续前游,则所谓"以九人为率"者,并非诗社的硬性规定。吴嵩梁的《宣南诗社图为潘功甫作》①有句云:

> 论诗旧结城南社,踪迹频年感断蓬,万里径摇双桨去,五人犹喜一尊同云汀,苣林,兰坡,君及余也。

陶澍和董国华于嘉庆十九年(1814)为消寒第一会时,潘曾沂才二十三岁,尚未入都。吴嵩梁写此诗的年代,当在道光元年曾沂入社之后,及四年乞假归里以前的四年间。陶澍以督抚入觐,在京师与新旧社友,追续前游,嵩梁诗所谓"五人犹喜一樽同"者,实纪实也。

根据以上的考订,参加过宣南诗社的人,共有二十四位,因为官职调动的关系,社员的流动性很大。以下将这二十四人的籍贯、生卒、官职及著述,列成一简表,或者会有助于进一步对此诗社性质的了解。

宣南诗社人物表

姓名	字号	籍贯	生卒	官职	著述
陶澍	子霖云汀	湖南安化	1778—1839	两江总督	印心石屋文集、奏议。陶桓公年谱。渊明集辑注。靖节年谱。蜀輶日记。
胡承珙	墨庄	安徽泾县	1776—1832	侍御史	墨庄遗书:毛诗后笺,仪礼古今文疏义,尔雅古义,小尔雅义证。求是堂文集。求是堂诗集。词一卷。骈体文二卷。春秋三传文字异同考证。奏折一卷。(公羊古义,礼记别义,两种未成)

---

① 吴嵩梁:《香苏山馆全集》今体诗卷十三。

续 表

姓名	字号	籍贯	生卒	官职	著　述
董国华	容若 琴南 （一作 琴涵）	江苏 吴县	1773— 1850	翰林院 编修	欲寡过斋诗赋钞。云寿堂文集。诗集。词钞。绿溪笔谈。守滇类记。海南笔记（多未刊行）。
刘嗣绾	芙初 醇甫	江苏 阳湖	1762— 1820	翰林院 编修	尚䌹堂集：文二卷。诗五十二卷。词二卷。
吴嵩梁	子山 兰雪	江西 东乡	1766— 1835	知府	香苏山馆全集十六种。听香馆丛录。
朱 珔	玉存 兰坡	安徽 歙县	1769— 1860	侍讲	国朝诂经文钞。国朝古文汇钞初编、二编。文选集释。小万卷斋经进稿、续稿。说文假借义证。经文广异。小万卷斋文集、诗集、续稿。
周之琦	稺伯 稺圭	河南 祥符	1782— 1862	广西 巡抚	金梁梦月词。
钱仪吉	蔼人 衎石	浙江 嘉兴	1780— 1850	给谏	补晋兵志。三国志会要（未刊）。续良吏述。三国志证闻。钱文端公年谱。碑传集。衎石斋记事稿、续稿。晋会要（未刊）。南北朝会要（未刊）。飓山楼集。刻楮集。旅逸集。闽游集。敝帚集。北郭集。澄观集。定庐集。经苑。
梁章钜	闳中 茝林 （一作 芷邻）	福建 长乐	1775— 1849	广西 巡抚	夏小正通释。仓颉篇校证、补遗。论语、孟子、三国志旁证。南省公余录。枢垣记略。农候杂占。吉安室书录。称谓录。浪迹丛谈、续谈、三谈。师友集。退庵随笔。文选旁证。归田琐记。梁氏笔

续 表

姓名	字号	籍贯	生卒	官职	著 述
					记。楹联丛话、续话、三话。退庵自定年谱。制义丛话。闽川闺秀诗话。金石书画题跋。
黄安涛	凝舆 霁青	浙江 嘉善	1777— 1847	知府	慰托集。诗娱室诗二十四卷。息耕草堂诗十八卷。真有益斋文编十卷。
陈用光	实思 硕士	江西 新城	1768— 1835	侍读 学士	衲披录。太乙舟诗文集。春秋属词会义。
谢阶树	向亭 子玉	江西 宜黄	(待考)	侍读 学士	守约堂文集。宜黄竹枝词。凤凰山记。贵州道中记。
林则徐	元抚 少穆	福建 侯官	1785— 1850	云贵 总督	云左山房诗文集。林文忠公政书。
潘曾沂	功甫	江苏 吴县	1792— 1852	中书 舍人	东津馆文集。功甫小集。开元寺志。潘丰豫义庄本书。小浮山人年谱。
李彦章	兰卿	福建	(待考)	盐运使	榕园全集。
张祥河	诗舲	江苏 娄县	1785— 1862	工部 尚书	四铜鼓斋论画集刻。
汤鹏	储潘 海秋	湖南 益阳	1801— 1844	监察 御史	浮邱子。明林。七经补疏。止信笔初稿。海秋诗文集。
程恩泽	云芬 春海	安徽 歙县	1785— 1837	侍郎	国策地名考。程侍郎遗集。
鲍桂星	双五 (一作 双湖)	安徽 歙县	1764— 1826	詹事	进奉文钞。古今体诗十卷。咏物诗、咏史诗、怀旧诗各若干卷。

续　表

姓名	字号	籍贯	生卒	官职	著　述
朱为弼	茮堂（一作椒堂）	浙江平湖	1771—1840	漕运总督	蕉声馆诗文钞。
汪全泰	竹梅	江苏泰州	（待考）	候补同知	义山文集校刊六卷。
徐宝善	廉峰	安徽歙县	1790—1838	监察御史	五代史记。乐府若干卷。
吴清皋	小谷鸣九	浙江钱塘	1786—1849	太守	壶庵诗二卷。骈体文二卷。
吴清鹏	西谷程九	浙江钱塘	1786—？	府丞	笏庵诗二十卷。试帖一卷。

四　宣南诗社究竟是一个怎样的团体？

从"宣南诗社人物表",可得知下列两点：

（一）二十四人之中,官至总督的有陶澍和林则徐二人；官至巡抚的有周之琦和梁章钜。这四人中,林则徐的政绩是人所熟知的,不必多述。其他如陶澍督两江,更革漕艖诸政①,梁章钜在广西禁烟和剿匪②,周之琦江南各省对垦田、盐务和河运的贡献③,都足以说明他们是能干的官吏。其余的二十人,虽或勇于任事,然以其职位卑微,也无什么特别足述者。因此,宣南诗社的人物,在政治上的成就,除陶、林、梁、周四人确曾做过有利于地方的措施外,我们看不出他们对当时的政治有过什么"积极的批判",或"革新的抱负"。

---

①《清史列传》卷三十七《陶澍传》。
②《清史列传》卷三十八《梁章钜传》。
③《清史列传》卷四十九《周之琦传》。

15

（二）关于这二十四人的学问，根据张之洞《书目答问》后所附的《清代著述诸家姓名略》，只有胡承珙被列为"汉学专门经学家"，钱仪吉列为"汉宋兼采经学家"及"史学家"，陈用光列为"桐城派古文家"，刘嗣绾列为"骈体文家"，周之琦列为"词家"；又陶澍及林则徐被目为以"经济显著"。

诚然，《书目答问》一家之说并不足为最后的衡量标准，可是由上表所列各人的著述看来，宣南诗社的人物大多数只以诗文鸣于时，其中吴嵩梁的诗名远播至朝鲜及琉球。①嵩梁官京师最久，又极热心于诗会，由这一点或可略窥宣南诸人学问的旨趣。

宣南诗社的人物，在政治的表现上，除林则徐后来在鸦片战争时力主抵抗英人，可以解释为"批判封建政治"的行动外，其他的人，最多只能说是一些无过无失的循吏。在学问上，除了大多数的诗文家，及一两位经史学家外，我们看不出这些人有什么维新的思想，从而将宣南诗社目为"清代维新思潮的先驱"。

至于诗社的集会，除了消寒，或为欧阳修、苏东坡等名诗人追贺生辰外，也别无目的。集会的时候，多是分韵赋诗，极尽朋从之乐。梁章钜的《师友集》记载他和胡承珙在一次诗会中的趣闻曰：

> 犹忆在朱兰坡家消寒小集，以吾闽王审知德政碑拓本命题，余与君（按：胡承珙也）同时出稿，皆七言柏梁体诗，乃至布局、数典、命意、选辞，无一不合，如响拓书然，不觉相视而笑。同人以为可入宣南诗话也。②

类似这样的"诗话"，恐怕尚有不少。潘曾沂的《宣南诗会图自题》③则云：

---

① 《清史列传》卷七十二《吴嵩梁传》。又：徐世昌辑《晚晴簃诗汇》卷一百十四《吴嵩梁》。
② 梁章钜：《师友集》卷六《胡承珙》。
③ 潘曾沂：《功甫小集》卷八。

>　　独携冰雪趁幽寻,难得苍苔共此岑。车马往来无熟路,国家闲暇可清吟。衣冠衮衮私荣遇,文字区区见苦心。瑟缩久留奴仆怪,为多里耳罢张琴。

这些自称"衣冠衮衮"的京官,以为"国家闲暇",正可宴集赋诗,为欧苏做寿,或举消寒会,作些无聊的柏梁体诗。除此以外,又从何可说这样的团体是"维新思潮的先驱"?或说他们聚在一起"对当时的专制政体加以积极的批判"?

朱绶《宣南诗会图记》中下述的一段话或可给这个团体一个更清楚的描述:

>　　国家承平日久,士大夫褒衣博带,雅歌投壶,相与扬翊休明,发皇藻翰,不独艺林之佳话,抑亦熙化之盛轨也。

以"扬翊休明,发皇藻翰",来作为"艺林佳话",来歌颂"熙化盛轨",这正是宣南诗社的写照。

总括来说,不论从宣南诗社人物各自的学问及政绩来看,或从他们集会时的性质来看,我们只能确定:宣南诗社是一个纯粹的诗人团体。

五　林则徐和宣南诗社的关系及其他

根据第二节"宣南诗社成立的年代"的考订,林则徐确曾参加过宣南诗社,其年代虽不能确定,但最迟亦当在嘉庆二十四年(1819)以前。按诗社成立于嘉庆十九年(1814),则假设林则徐于开始时即加入,到他于嘉庆二十四年(1819)由京秩外迁为止,前后只五年。

林则徐和诗社中的人交往较密的,除陶澍及吴嵩梁等以年辈相近之故外,和潘曾沂过从颇多,也许这是由于曾沂的父亲世恩的缘故吧。曾沂入京官中书舍人,参加诗社后,则除已居官于外,对诗社

尚念念不忘,从他寄给曾沂的三十八韵七言古诗中,可以想见:

> 宦游我忆长安乐,听雨铜街梦如昨。朝参初罢散鹓鸾,胜侣相携狎猿鹤。清时易得休沐暇,诗人例有琴尊约。金貂换取玉壶春,斗韵分曹劈云膜。……藤花吟榭古槐街,诗老余芳未寂寞。承平方待缉雅颂,印绶原非耀累若。①

则徐所念念不忘的"长安乐",是那些"斗韵分曹"的诗人"琴尊之约",他也在说:天下承平,正待我们去编辑雅颂的篇章。然则所谓"探询外情"和"制造新式船炮"的思想,是得自宣南诗社,该从何说起?

在"宣南诗社成立的年代"一节中,已考订出林则徐绝无可能于道光十年(1830)和黄爵滋、龚自珍、魏源等人组织宣南诗社。而被目为发起禁烟运动的黄爵滋和鼓动维新思潮的龚、魏,亦与宣南诗社毫无关系。在现存有关该社的记载中固找不出龚、魏、黄的名字,即他们三人的年谱及诗文集中,也找不出片语是有关此一诗社的。范文澜所谓林则徐领导他们三人参加宣南诗社的话,该从何说起?

结 语

宣南诗社只是一班京官于公余酬唱的一个诗会。"凉堂观书,野寺看花",作传统士大夫的风雅韵事。类似这样的诗社,在嘉道以后极为盛行。在京师的,有祁寯藻、叶名沣等人,结集了宗涤楼、孔绣山、蒋通伯等数十名流,假叶氏桥西邸宅为集会之所。他们最推重扬州潘四梅,遂仿梅伯言之例,将潘迎来京师。冯志沂、叶名沣、宗涤楼诸家集,对这件事的本末,记载得很清楚。在江南文物荟萃之区,有问梅诗社,为黄丕烈所倡始,参加的人都是归隐林下的官吏,

---

① 林则徐:《云左山房诗钞》卷二《题潘功甫舍人曾沂宣南诗社图卷》。

彭蕴章的年谱①曾备载其事。对于这些诗人文酒之会,风雅之乐,原不必费大心力去研究。可是不幸魏应麒编《林文忠公年谱》时,把宣南诗社的成立系于道光十年(1830),并说"林则徐联同龚自珍、魏源、黄爵滋结社",于是范文澜便进一步作出他的"林则徐领导宣南诗社诸人发动禁烟,鼓动维新"的"导论"来;而跟从范氏的"导论",作更深入研究的田中正美教授,遂有"宣南诗社是清代维新思潮的先驱"的赫赫之论。这怎能不令我慨叹"世人何厚于宣南"呢?

1968年春鸭川祭日京都北白川町西村居停
(原载《大陆杂志》第三十六卷第四期,1968年2月29日)

---

① 彭蕴章年谱名《彭文敬公手订年谱》,又名《诒谷老人自订年谱》,附《彭文敬公集》内。

从《赵翼传》的立论说到赵瓯北在诗坛上的地位

去年夏天过港,听说杜维运教授的《赵翼传》已经出版(台北时报出版文化事业公司,1983),并且获得台湾文艺奖的"传记奖"。赵翼不仅是一位史学家,同时也是乾嘉时代著名的诗人。赵翼的传记是我等待已久的一部书。当时行色匆匆,未得一读,深以为憾。这次因事赴港,终于购得一册。而在港酬酢频繁,仅读毕书前二十五页的长序。序里叙述了作者卅多年来研究赵翼的历程,使我深深感动。

离港后,我带同《赵翼传》回到那孤独凄清的寄居地。寒夜无事,闭户细读全书,感受就不同了。发觉这本传记无论在立论、选材以至史法方面,竟然都存有许多问题。这和我最初的期盼,实在有莫大的距离。

一

《赵翼传》对瓯北史学成就的评价,没有提出任何新的见解,其理论的根据,基本上是承袭前人之说的。

作者首先指出:"乾嘉以后,瓯北在史学界上的地位,逐渐提高。"(《自序》第1页)跟着便在正文和注释中先后列举了九位中外学人对瓯北史学成就的称美,从而作出这样的结论:瓯北"史学著述与史学声名,迄于今日,则已洋溢于寰宇"(第3页)。

这九个人中，梁启超对瓯北的评价最值得重视。因为作者所举在梁氏之前的三个人（张维屏、丁宝桢、张之洞），他们评论瓯北的话（根据作者所引用的）都简略得很，谈不上什么系统性。况且张维屏是一位纯粹的诗人，丁宝桢不过是一位好刻书的地方大吏。他们的史学修养，颇值得怀疑。而张之洞也只是在《劝学篇》里，"劝"人去读瓯北的《廿二史札记》而已；没说出什么道理来。

梁氏的评论值得重视还有另一原因。梁氏之后，在作者所列举的五位学者中，没有一个人对瓯北的史学成就提出过任何新的观点。可以说，在《赵翼传》面世之前，中外学人对瓯北史学成就的评价，无不以梁说为依归。

作者在正文里说：

> 梁启超……认为瓯北能属辞比事，用归纳比较研究，以观盛衰治乱之原，不局促于狭义的考证。（《自序》第2页）

在注释里（第17页注4），作者抄录了梁氏在1920年代所写的三本书中称赞瓯北《廿二史札记》的话。这些话太重要了，不得不撮要转引如下：

> 梁启超于《清代学术概论》云："……惟赵（翼）书（《廿二史札记》）于每代之后，常有多条胪列史中故实，用归纳方法比较研究，以观盛衰治乱之原，此其特长也。"

> 于《中国历史研究法》云："……钱（大昕）、王（鸣盛）皆为狭义的考证。赵（翼）则教吾侪以搜求抽象的史料方法。昔人言'属辞比事，《春秋》之教'，赵书盖最善于此事也。此法自宋洪迈《容斋随笔》渐解应用，至赵而技益进焉。"

> 于《中国近三百年学术史》云："彼（指赵翼）不喜专论一人之贤否，一事之是非，惟捉住一时代之特别重要问题，罗列其资料而比论之，古人所谓'属辞比事'也。"

引用梁说之后，作者在正文里引蔡尚思的话，又在注释中引林语堂、刘咸炘和柳诒徵的话。这四个人对瓯北的评价，基本上都是从梁说而来的。

作者列举的最后一位学人，是唯一的外国人，也是作者的恩师：浦立本（E. G. Pulleyblank）。作者把浦氏评论瓯北的三段话引录在《自序》的正文里，又在第九章第四目里把这三段话一字不易地复述一遍。可见作者对浦氏的话是非常重视的。浦氏说：

> 十八世纪迄于十九世纪初，……史学界最驰名的史学家为王鸣盛（1722—1798）、钱大昕（1728—1804）与赵翼（1727—1814）。前二人局促于狭义的考证，纠史籍原文之误，或以新资料补其不足。赵翼虽其学不及二人渊博，然或许是三人中最令人感兴趣者。……他能触及真正使近代史学家感兴趣的问题。……

又说：

> 赵翼能超越孤立的繁琐事实之上以观察，自其中归纳出社会史与制度史发展趋势的通则。

最后说：

> 赵氏的札记……于综论制度、社会结构以及世风方面，尤有莫大的兴趣。（《自序》，第2—3页；又第225—226页）

浦氏的话受到杜氏如此的重视，是很难理解的。这些见解，梁启超早在六十年前不就说得很清楚了吗？但是，作者把梁氏的议论抄录在注释条文下，却把浦氏从梁说演绎所得的话，两次引用在正文之中。除了说这是受传统的"尊师"思想影响外，实在看不出作如此安排的原因来。

利用作者在上面所提供的史料去作分析，可以明确地证明在

《赵翼传》面世前的五六十年间,中外学者们对瓯北史学的评价,基本上是以梁启超在1920年代所提出的论点为依归的。

作者花了三十多年时间研究赵翼的史学,对瓯北的史学成就有什么"突破性"的创见没有?作者对瓯北的看法,在哪方面超越了梁启超呢?这自然都应当从《赵翼传》中去寻求答案。

作者对瓯北史学的评论,以《赵翼传》第九章第四目"从《廿二史札记》论赵翼的史学"为最要。读过《赵翼传》的人,都会了解作者对瓯北史学的评价,和梁启超的论点完全相同,就连遣词用语,也有类似的地方。这样重复的文字,在这里就不再抄录了。如果勉强去找作者对"瓯北史学成就评价"所作的贡献,只能说作者从《廿二史札记》里找到了好些例子,替梁启超的论点作了些演绎和注释。这比起蔡、林、刘、柳四位中国学者和作者老师浦立本,还是多做了些功夫。不过,作者在《自序》里曾说:

> 近六十年来,名家讲述有清三百年学术思想史者累累,脍炙人口之论,丛出不绝。但是……资料未能遍窥,结论即有偏失。大才如梁启超,其结论有待斟酌之处,不一而足。

(第15页)

作者没有指出他所看到梁启超的结论中,"有待斟酌之处"究竟在哪里,他就"毫无斟酌"地把梁氏的结论全盘承受过来了。

昔年孙楷第在评论一本别人花了三十年才完成的著作时,说过几句这样的话:"以君之自许也如彼,而著书如此,是尤可怪也。"(《沧州后集》,第389页)

孙氏的话已品评了作者全盘承受梁启超"有待斟酌"之结论的做法。这似是涉及作者自己所说的一位史学家的修养程度了。

瓯北在史学上的成就究竟如何?梁启超的说法有什么可斟酌之处?非此篇所能容纳,将来再另写文章去讨论。下面先讨论赵氏在清代诗坛上的评价问题。

23

二

在评论瓯北史学成就时,作者既然全盘承受了梁启超的见解,而结论也以梁说为依归。那么,他对瓯北诗的评价又是怎样处理的呢?

该书第八章第四节("诗的成熟与论诗新见")是作者评论瓯北诗的核心文字所在。在叙述前人对瓯北诗的评价时,作者首先引用了瓯北同时人(张舟、吴省钦、蒋宗海、鲍印、吴蔚光)的话。这些话出现在《瓯北集》的前序或后跋中,对瓯北的诗赞叹不已,那是很可以理解的。后于瓯北的人,作者引述了张维屏、钱锺书和陈柱对瓯北诗的评论,也都是些称许的话。最后,作者自己下这样的判语:

> 综合起来讲,瓯北的诗,有几大特色:(一)诙谐,(二)奇纵不羁,(三)用典丰富,(四)奇思横生,以诗说理。(第171—172页)

这些判语,都是综合前人称赞瓯北诗的话而来的,自己的见解可一点也没有,这里暂且按下不论。在整整一节的叙述中,作者最严重的错误应在:他在刻意给读者造成一个"瓯北诗从来只被人称赞、而没有人对瓯北诗喝倒采"的印象。这个印象是错误的,也是欠公允的。同治间朱庭珍写《筱园诗话》,便对瓯北的诗痛痛地下过针砭:

> 赵翼诗比子才(袁枚)虽典较多,七律时工对偶,但诙谐戏谑,俚俗鄙恶,尤无所不至。街谈巷议,土音方言,以及稗官小说、传奇演剧、童谣俗谚、秧歌苗曲之类,无不入诗,公然作典故成句用。此亦诗中蟊贼,无丑不备矣。(卷二)

作者说瓯北的诗"诙谐",朱氏却说它"诙谐戏谑,俚俗鄙恶";

作者说瓯北"用典丰富",朱氏却说他用的典竟包括了"街谈巷议,土音方言"等。一褒一贬,是再明确也没有了。

朱庭珍的见解也并非"一家之言"。陈廷焯《白雨斋词话》卷八也有对瓯北诗极不客气的话:

> (袁枚)《小仓山房集》佳者尚可得百首,(蒋士铨)《忠雅堂集》、《瓯北诗钞》百中几难获一;盖一则如粗鄙赤脚奴,一则如倚门卖笑倡也。

也许有人说朱庭珍和陈廷焯对瓯北有成见,他们的话都作不得准。那么,尚镕的《三家诗话》又是否值得重视呢?

《三家诗话》成于瓯北死后的第五年(1825)。在这本可称为"薄物小篇"的书里,尚镕对乾嘉诗坛的三大作手袁枚、蒋士铨、赵翼作了比较性的分析。作者没有采用尚镕的说法,是很不可解的。至少尚镕对瓯北诗,不像朱、陈二人那样一意诋娸;他不像是个对瓯北怀有成见的人。先看尚镕对瓯北诗是如何推许的:

> 云崧(赵翼)宦游南北数千里之外,所表见固皆不虚,而极险之境地、极怪之人物,皆收入诗料,遂觉少陵、放翁之入蜀,昌黎、东坡之浮海,犹逊其所得所发之奇。可谓极诗中之伟观也。

就采选诗料,尚镕认为瓯北的成就竟然连杜甫、陆游、韩愈和苏轼都有不及之处。他对瓯北的称许,可说是无以复加了。但是,瓯北诗中那些"俚俗鄙恶"(上引朱庭珍语)的地方,尚镕却也没有放过:

> 云崧好作俚浅之语,往往如委巷间歌谣。若"被我说破不值钱","一个西瓜分八片"等句,成何说话!

朱庭珍《筱园诗话》收入《云南丛书》,尚镕《三家诗话》收入他的《持雅堂全书》(有同治本,也有光绪本),都是常见的书。陈廷焯

《白雨斋词话》充斥坊间，便更易得了。但作者在引述前人对瓯北诗的评论时，却没有引用这三种资料。不知何故？

作者在他的另一本大著（《史学方法论》，台北华世，1979）里曾这么说过："史料的价值有高低，但没有毫无价值的史料。"（第143页）又曾就历史的"真实性"一问题，说过这样的道理：

> 历史不可能全真，历史的最值得珍贵，却在于极近于真。所以史学家最主要的任务，是在尽可能将以往曾经发生的事实的真相，以及事实与事实间相互的真正关系，揭露出来。（第275页）

这都是很精辟而又令人服膺的话。可是作者自己在引述前人评论瓯北诗时，却没有"尽可能将以往曾经发生的事实的真相"告诉读者。

也许有人会说"博雅"是难求的。有谁写书能看遍所有的材料呢？但问题不只在漏引二三人的说法那么简单。问题的严重性在于作者刻意要把瓯北写成一个从没受过别人针砭的诗人，故此对那些凡是不利于瓯北的话，都摒弃不用。

这样的论定也不是没有根据的。这在作者所引用过的前人对瓯北诗的评论中，便有对瓯北诗很不客气的批评。但作者竟把这些话毫无交代的便删弃不用了。他说：

> 民国以来的学者，认为瓯北诗"修词妥贴圆润"，"能说理运典"。（第171页）

所谓"修词妥贴圆润"、"能说理运典"，用的是钱锺书的话。但是钱氏的话有它的"原来面目"：

> 瓯北诗格调不高，而修词妥贴圆润，实冠三家。能说理运典，恨锋芒太露，机调过快，如新狼毫写女儿肤，脂车轮走冻石

坂。(增订本《谈艺录》,第134页)

这段优美的文字,才是钱氏对瓯北诗看法的整体,而作者却只摘取了其中的两句十一字,把钱氏的文字和识见都斩截得"体无完肤"。以这样的手法来对待所引书的著者,毋乃是稍欠公允了吧?

这种不公允的态度即使所涉及的或只是个人而已。不过,从以这样的手法来"处理"史料来看,则不免是犯了作者自己所说的大忌——"诈伪"。在他的《史学方法论》里,作者曾这样谆谆告诫世之治史者:

> 诈伪是历史研究的最大蟊贼,不待深辨;有意的武断与附会(无意的武断与附会,为任何史学家所难完全避免),与诈伪同科,足以尽毁历史。(第9页)

但是他斩截钱氏之说,是"有意的武断与附会"呢?还是"无意的武断与附会"呢?

作者不但要把瓯北写成一位无瑕无疵的诗人,而且有意把瓯北写成有清一代有数的伟大诗人之一。该书第八章第四节述瓯北在乾嘉诗坛与袁、蒋齐名,因为当时有袁居第一、赵居第三的说法,作者已有为瓯北"叫屈"之意。这且不去说它。最值得注意的倒是此节开头的几句话:

> 就整个清代来讲,乾嘉诗坛最为蓬勃,门户大辟,人才群出。(第163页)

不知究竟根据什么材料来下这样的论断,他没有注明。这样的论断,是遍读了像《晚晴簃诗汇》那样的清诗结集后所得呢?抑或是采用了哪一位治文学史或诗史的大师的说法?皆不得而知。但是,如果硬要把乾嘉诗坛说是有清一代"最蓬勃"的话,那么,清初的顺康和季清的同光诗坛,又应放到什么地位去呢?稍对清诗涉猎过的,恐怕都会问这样的一个问题吧?!

作者为什么会用这样的手法来抬高乾嘉诗坛的地位呢？这也无非是他要抬高瓯北的诗人地位的一片苦心。乾嘉若是清代诗坛"最蓬勃"的时代，而瓯北又是乾嘉诗坛的三大高手之一，瓯北在清代诗坛上的地位，那不就不言而喻了吗。

上文说到作者对瓯北诗缺乏自己的见解一点，这里再稍作补充。从《赵翼传》对引用瓯北诗所作的安排和处理，可以看出作者对传统诗歌的认识和修养，都是很肤泛的。书中引诗，不管古体或近体，在运用新式标点符号来断句时，往往在韵脚用一逗号而不用句号。一首律诗，只有第四、八两句用句号（第138—139页便有四例），硬把它"一切为二"。从诗的格律来看，是不对的。书中又引用了大量的瓯北诗，作为历史的素材（根据粗略的统计，全传三百页，正文里另行引录的诗便不下三百首。这个数字不包括行文时夹引的，也不包括注释里所引的）。作者说他"站在史学的立场"，对瓯北的诗"珍如球璧"（《自序》，第12页）。但从他对这些诗所作的解释来看，瓯北的诗可并没有得到这样的"善遇"。

在第八章第五节里，他引用了六首诗来解释瓯北诗的特色。他把这六首诗分成三组（每两首为一组）。然后在每组诗后加上这样的按语：

（第一组）前一首说明文章与政事不能并营，而亦有例外；后一首阐发观书因个人境地不同而所见各异的道理。（第173页）

（第二组）前一首是谈方圆的道理，后一首是谈孔子作《春秋》，义尊一统，而用鲁纪年的道理。（第175页）

（第三组）诙谐，说理，用典，奇纵不羁，以及瓯北豪放之情，皆一一流露出来了。（第176页）

其实瓯北的诗（包括这三组六首）一点都不难解；诗中所说的道理，也没什么惊人之论。实在用不着他来给读者们"反刍以哺"。因为他所能"哺"的，究竟并不包含些什么超特的论诗见解。受

"哺"的人,少不免有点恶心的感觉了。

作者用九十九字的"按语",来解释瓯北的六首长诗(共七百二十四字),在全书中也是常见的例子。至于另外一些常用的"按语",如"其悲凉毕现纸上"、"其凄怆之句,感人肺腑"、"其欢畅与辛酸之情,织成一片"、"凄怆欲绝"、"既悲怆,又真切"等,便更伧俗难堪了。

作者对诗的认识和修养既是如此地肤泛,他对瓯北诗提不出自己的见解是毫不足怪的。那他自认对瓯北诗的史料价值"珍如球璧",该是言过其实的了。

三

《赵翼传·自序》的结尾有这样一段话:

> 从治瓯北史学到写瓯北传,最为瓯北遗憾者,是他于史学的精确,若有不足。西方史学界所谓"不确实之病",瓯北盖为感染者之一。

这是全书中难得一见的对瓯北指摘的话。但不知是否因为研究瓯北有年,而且又一直敬佩瓯北的缘故,作者写《赵翼传》,也感染到瓯北所感染的"不确实之病"。本文上节,已指出他不忠于史料的地方。但是,作者所感染的"不确实之病"实在并不止此。这里再举两例,进一步说明作者史学方法上的谬误。

(一)观念上的谬误

第九章第五目(二)"天道思想",一开头便说:

> 瓯北的迷信思想,换言之是天道思想,弥漫于诗文中,也弥漫于《札记》中。(第229页)

那是把"迷信思想"和"天道思想"混为一谈的了。这是极严重的观念谬误。这个错误是否"由于急遽求速与轻忽失慎等原因形成"（见作者著《史学方法论》，第168页）？那也未必。因为在该书第一章第二节叙瓯北乃父的为人时（第4页），他也是把"迷信思想"和"天道思想"混为一谈的。

（二）叙论史事全无依归的谬误

《赵翼传》里往往有叙论一事而全不援引史料的地方。像第一章末三段叙瓯北二十三岁前的生活，便没有注释。但尚可猜想是作者所援用的，或为像瓯北年谱一类的著作。至如《自序》里说到"近年西方年轻学子，以研究瓯北为矢志者，且大有其人"（第3页），也没有注，便只好猜测这不过是作者"道听途说"所得的"耳食之言"了。比较起来，这两个例子都尚或可说是"无伤大雅"。到他作出像"内藤虎次郎撰写《中国近世史》，甚至全袭《札记》之说"这样的结论（《自序》，第2页），而在注释中，只说出下面那样的话时，便不能不对作者于基本史学方法的应用有所怀疑了：

> 日本史学家写中国历史，取赵翼《廿二史札记》之说最多。余曾将内藤虎次郎撰写的《中国近世史》，与《廿二史札记》相对照，其间完全相同之处甚多，无怪西方汉学界怀疑内藤钞袭《札记》了。（第19页注7）

单用这些"来历不明"的话，又怎好指控内藤抄袭《札记》而"入之以罪"呢？第一，怀疑内藤抄袭《札记》的"西方汉学界"，包括些什么人？第二，作者既曾将《中国近世史》与《札记》对照，发现"其间完全相同之处甚多"，为什么至今没有发表专文来论述这个"发现"呢？这个"发现"不适足以"证实"西方汉学界对内藤的"怀疑"了吗？他又何厚于内藤这位日本近代鼎鼎大名的史学家？第三，既没有发表专文来论述他的"发现"，却要别人凭他一言而置信，岂不是"诉诸权威"了吗？第四，退一步来说，即使别人真的"服从权威"而相信他所说"内藤钞袭《札记》"的话,那便能证明所有的"日本史学家写中国历史",都"取赵翼《廿二史札记》之说最多"了吗?

一本好的历史人物传记,应该是真善美的结合,也就是材料之真实,论断之正确,和叙述之优美。用这个标准来衡量,《赵翼传》显然是一本令人非常失望的传记。在立论上,它毫无创见;在选材时,它常歪曲前人之说;在方法上,它竟据"耳食之言",以偏概全。甚至有些地方,连最起码的史学方法也摒弃不用了。这是很令人吃惊的。

在作者最近一篇题为《中西史学的盛会》(收入《中西史学史研讨会论文集》)的文章中,特别论及"史学之体"。他认为史学之体是真,是善美,更重要的是史德。他说"史学所以求真,历史不真,便毫无价值"。又说"历史不善不美,将沦为断烂朝报,变成人类愚昧与不幸的记录"。至于史德,他说:

> 诚如章实斋所言,一为史家心术之正邪,一为史家心术的修养程度。史家必须心术端正。心术端正之后,方能忠实地写史。

最后说:

> 连声名狼藉的钱牧斋都说:"其或敢阿私所好,文致出入,曲笔以欺天下后世,不有人祸,必有天刑。"

这些话也许可看为作者对他自己的《赵翼传》所作的自我批评,以及对世之治史者的警惕。

四

《赵翼传》的《附录》收入了二十种文献,差不多有一百页,占全书三分之一的篇幅。《附录》所收,倒是弥堪珍贵的。前十四种是难得一见有关瓯北的第一手资料,看来都是得之不易的。后六种是作者二十多年来所发表过有关赵翼的文章,也都是值得重视的。尤其是三篇考证《廿二史札记》,及其作者问题的专论,不但见解独到,而且搜集博雅、论断明快,都是上乘之作。作者曾说他年轻时写的东西,由于"学养不够,致遗漏尚多"(第248页注136)。虽是自谦的话,却是不必要的。因为就这三篇专论所表露的见解、功夫和才华,便都远在《赵翼传》之上了。

1986年4月22日

(原载《明报月刊》1986年7月号总第247期)

评孙著《陈子龙柳如是诗词情缘》

> 颜渊问于仲尼曰:"夫子步亦步,夫子趋亦趋,夫子驰亦驰,夫子奔逸绝尘,而回瞠若乎后矣!"
>
> ——《庄子·田子方》

一

最近浪游到美东,在友人家借宿一宵。酒阑人静,客房的书架上看到一册李奭学译孙康宜教授(现任耶鲁大学东亚语文系主任)英文原著《陈子龙柳如是诗词情缘》(台北"允晨丛刊",1992)。书中所涉及的两个人,在明清交替之际的历史舞台上都扮演过不容忽视的角色。陈子龙(1608—1647)是一个有心用世的学者和诗人,在原籍松江组织了"几社",和江南地区的有志之士互通声气。清兵南下后,他投身抗清的武装行列,不幸事败被捕,乘间投水身死,年才四十。柳如是(1618—1664)则虽出身青楼,但惊才绝艳,既长于诗词,娴于书画,又能审音度曲,复以善饮名;如是十五岁时,在松江和陈子龙见面、论交、相恋,进而同居,但两人终因来自陈家的阻力而不得不分手。柳二十四岁时,嫁给年届花甲的钱牧斋,为当时文坛之一大事。明亡之后,牧斋先降清、后反清,撰著《列朝诗集》,如是都参与其事。及牧斋以八十三岁高龄物故后,钱氏族人怀疑如是私隐钱财,不惜多方逼迫;如是不甘其辱,在牧斋旧居以一根绳子了结了自己的生命。

当夜把孙著粗略地翻阅一遍,发现全书经营置位,颇具匠心;书中引用的那许多西方文学理论,却使人联想起前人评论吴文英《梦窗词》的两句话:"七宝楼台,眩人耳目。"原作者用功之勤,给我留下了深刻的印象。而李君译笔,典雅流畅,又非近年所见其他汉学著述的中译本可比,使我觉得此书有细读的必要。

开卷细读孙著,心里便萌生出一种"似曾相识"的感觉。无论是书中所述的陈柳爱情故事,或是所引用陈柳两人的文学作品,都往往使我引发出一种"熟识感"。而这种感觉,竟是越往下读便越发强烈起来。及至读完全书,掩卷冥思,心底不禁产生这样一个疑问:孙著究竟是否陈寅恪《柳如是别传》一书中某些章节的一个缩影?

为了解决心头的疑问,于是把《柳如是别传》(上海古籍出版社,1981)找来,将该书的第二、三两章和孙著对比起来阅读。比读的结果,证实了我先前的疑问并非无中生有:孙著和《别传》的关系,用庄子记颜渊问孔子"夫子步亦步,夫子趋亦趋"的话来形容,并不夸张;用现代武侠小说中常见的术语"如影随形"来描述,也很恰当。

孙著中译本题作《陈子龙柳如是诗词情缘》,陈柳之间的爱情故事,自然是全书重点之一了。书中的《前言》首先将此事标出:

> 他们之间过从甚密,史有信征。然而,传统传记家或为护持陈氏"儒门英烈"的名望,大多搁笔不谈他和柳如是之间的情缘。[1]

在孙著第三章《陈子龙与柳如是》里,作者断定陈柳两人的爱苗"可能早在西元一六三三年就已种下,不过他们要等到一六三五年春才正式同居",跟着又说:

---

[1]《陈子龙柳如是诗词情缘》,第37页。

他们同居于南园,而"鸳鸯"与"属玉"正是园内屋宇的堂名。南园乃徐武静的产业。①

　　读过陈寅恪《柳如是别传》的,都会发现孙著这个主题和结论,全都是直接从《别传》的第二、三两章搬移过来的。在《别传》里,陈先生利用了三百页以上的篇幅,将陈子龙和柳如是两人大量的文学作品,反复比勘,仔细分析,其中的详情不必多说。这里只想转述当年陈先生考定陈柳爱情故事后,那种像庖丁解牛后的踌躇满志,且又难以掩盖的心情:

　　　　呜呼!卧子(陈子龙)与河东君(柳如是)之关系,其时间,其地点,既如上所考定。明显确实,无可疑矣。虽不敢谓有同于汉廷老吏之断狱,然亦可谓发三百年未发之覆。一旦拨云雾而见青天,诚一大快事。②

　　孙著不但在主题和结论上完全依附于《别传》,就连书中的素材亦无不以《别传》为依归。这是在比读后所得的又一结论。

二

　　孙著分七章,正文共得二百六十页,而第三章至第六章可说是全书的精华所在。这四章中所引用陈子龙和柳如是的文学作品,全都没有溢出于《别传》之外。引用陈子龙的作品时,孙著虽注明引自《陈子龙诗集》及《陈子龙文集》(两书皆出版于《别传》面世之后)。但细查篇章,却可以肯定作者是先取材于《别传》,然后才还原到《陈子龙诗集》和《陈子龙文集》的。至于柳如是的作品,孙著的"参考书目"中列有柳如是《戊寅草》;这是柳如是在1638年出版的一本诗集,收集了她早年(包括和陈子龙相恋期间)的作

---

①《陈子龙柳如是诗词情缘》,第110页。
②《柳如是别传》,第283页。

品,书前有陈子龙的《序》,自然是研究陈、柳姻缘的一种重要资料。但是孙著在引用柳氏的作品时,却都注明采自《别传》,可见作者没有直接利用《戊寅草》。此书现藏浙江图书馆。它原是牧斋绛云楼旧物,书前钤有"绛云楼藏"朱文方印。1981年国内出版《柳如是诗集上下册》,上册即为此书的影印本(下册为《湖上草附尺牍》抄本的印本。另有一册题《景印铁如意馆钞本湖上草附尺牍》),流传颇广。

在取材上,可以说,孙著是通过《别传》将陈子龙的作品"还原"到第一手资料。对柳如是的作品,却单靠《别传》,别无依傍。因此之故,《别传》在引用柳氏作品偶然出现有明显的讹误时,孙著也就难免蹈其覆辙了。这一点,下文再详细讨论。这里先举一些例子来说明孙著是如何在实质上承袭《别传》的。

孙著第四章("芳菲悱恻总是词"),论陈子龙的词作说:

> 陈子龙和秦观所处的时代环境各异,但陈词风格逼肖秦观处确实令人惊愕。[①]

这个说明,明显来自《别传》:

> 盖大樽诗余,摹拟花间、淮海(秦观)词,缘情托意,旖丽缠绵。[②]

孙著往下的话:"陈氏赠别柳如是的词,故意调寄《满庭芳》,便是实例佳证"[③],也不过是照《别传》中的这些话来个"依样画葫芦"而已:

> 然卧子之词,则摹拟唐五代之外,亦甚喜宋贤。其长调多学淮海。《满庭芳·送别》即和少游,尤可为例证。[④]

[①]《陈子龙柳如是诗词情缘》,第133页。
[②]《柳如是别传》,第107页。
[③]《陈子龙柳如是诗词情缘》,第133页。
[④]《柳如是别传》,第337页。

这里所指的《满庭芳》,自来定为柳如是的作品,陈先生则确定"此词本为卧子崇祯八年首夏送别河东君之旧作",并指出因为柳如是在崇祯十七年曾录此词末三句于好友黄媛介的扇面,遂有将作者误属柳如是之说。陈先生的结论,建基于他精细的考证,详见《别传》第283—287页。孙著先是将别人辛勤研究的成果浓缩如下:

> 陈子龙情深志挚,柳如是深为所动。或许因此故,两人分手十年后……她还在友人黄媛介的画面挥毫写下陈作收束的三句词……有趣的是,后世学者不明白这几行词的原委,居然认定是柳如是之作,连带也把整首《满庭芳》的著作权送给了她。①

接着,作者在注释中加上这样的话:

> 甚至迟至一九七八年,还有学者认为这首词是柳如是之作。例见周法高《钱牧斋、柳如是佚诗及柳如是有关资料》。②

孙著大量因袭《别传》,例子之多,不胜枚举。事实上,孙著对《别传》,时而挟之以自重,用来讥刺别的学者,如上引一例;时而又忘却"其来有自",将陈先生的说法自诩为创见。譬如,在论述陈子龙的文学观点时,孙著斩钉截铁地说:

> 即使以词而论,陈子龙也有精挑细选的典范。由于他对历朝以来的各种诗体文体都有独到的看法,我们可以拍着胸脯在此结论道:传统上以为云间派主隶盛唐的文学阵营,未免大而化之,容易引人误会。③

---

① 《陈子龙柳如是诗词情缘》,第137—138页。
② 《陈子龙柳如是诗词情缘》,第138页。
③ 《陈子龙柳如是诗词情缘》,第95页。

作者敢于"拍着胸脯"下结论，无非是因为有陈先生做靠山；陈子龙"生平作诗，宗法汉魏六朝及唐人，深鄙赵宋作者"，但他的词"则摹拟唐五代之外，亦甚喜宋贤"。这些观点，陈先生在《别传》里是反复表述过的。

又如孙著在申述自己的文学作品解读法时，难免有将陈先生的创见归功于自己的嫌疑：

> 我在研读陈子龙《采莲赋》之时，发现他使用了一种力量很强的诗技，或可称之为"名字象征法"（the symbology of names），亦即是说：陈赋的文义格式每能将实人名姓或实际地名转化成象征性意象，因而使生活与艺术产生一种玄妙的联系。当然，此一技巧中国诗早就用过。①

读过《别传》的人，都会知道所谓"名字象征法"，其实是陈先生的创见。《别传》第二章推测柳如是最初姓氏名字，开宗明义便说：

> 明末人作诗词，往往喜用本人或对方、或有关之他人姓氏，明著或暗藏于字句之中，斯殆当时之风气如此，后来不甚多见者也。②

在《别传》里，陈先生利用这个法宝来解读明清之际的诗词，例证之繁多，可说是到了俯拾皆是的地步。然则孙著作者"在研读陈子龙《采莲赋》之时"所"发现"的"名字象征法"云云，说句俏皮的话，该是在"研读陈寅恪《柳如是别传》之时"所发现的更为确切。

利用"名字象征法"来分析晚明文学作品是否万无一失，不在本文讨论范围之内。但可以肯定的是，孙著中利用这个方法得出来的某些结论，是值得怀疑的。譬如，孙著在分析陈子龙所填的一

---

① 《陈子龙柳如是诗词情缘》，第107页。
② 《柳如是别传》，第17页。

阕《虞美人》时说：

> 柳如是素有"美人"之称，故《虞美人》这个词牌或许是用来暗指柳氏。①

这样的运用"名字象征法"，已到了滥用的地步；距离陈先生的原义已经很远，自不待论。

三

孙著直接取材于《别传》，有些地方几乎到了"予取予携"的地步，以至《别传》里一些偶然出现的失误，孙著的作者也都一股脑儿承受下来。先看两个小小的例子。

《别传》第三章将柳如是词《梦江南·怀人》二十首逐一剖析，并断定这组词是为陈子龙而作的。

这二十首《梦江南》收入柳如是《戊寅草》。将现藏于浙江图书馆的该书原刻的影印本，和《别传》中所录的《梦江南》比对，便会发现至少有两阕是彼此有出入的。《别传》录的第四首云：

> 人去也，人去小池台。道是情多还不是，若为恨少却教猜，一望损莓苔。

第四句"若为恨少却教猜"，"若"字原刊本作"苦"字。《别传》录的第十首云：

> 人去也，人去夜偏长。宝带怎温青骢意，罗衣轻试玉光凉，薇帐一条香。

第三句"宝带怎温青骢意"，"怎"字原刊本作"乍"字。

究竟"若为"或"苦为"，"怎温"或"乍温"，彼此之间孰是孰

---

① 《陈子龙柳如是诗词情缘》，第139页。

非,谁高谁低,明眼的人当能看出"若为"实为"苦为"之误。盖"苦,甚辞,犹偏也"①;而"若,犹怎也,那也"②。因此,第四首原刊本作"道是情多还不是,苦(偏)为恨少却教猜",自然要比《别传》"道是情多还不是,若(怎)为恨少却教猜"为高明。

同样地,《别传》中第十首的"怎温"也显然是"乍温"之误。只有用"乍"字③,才能和下句"罗衣轻试"连接起来。细玩辞义,便会发现"宝带乍温青骢意,罗衣轻试玉光凉"原是工整的对子来啊。

孙著对柳如是这组词,也是宝爱之甚。作者先在第四章里分析柳作,然后又在附录中,把二十首词全部收入。至于《别传》中所出现的讹误,孙著亦全部承受下来。孙著将浙江图书馆所藏的《戊寅草》列入"参考书目"之内;但凭这一点,便足以证明作者根本没有见到《戊寅草》。

《别传》将"苦"误为"若",将"乍"讹作"怎",这一字之差,不出两个可能。一是手民之误,一是陈先生所用的《戊寅草》,版本有别于浙江图书馆藏本。照陈先生在《别传》里所表露出对明清诗文深湛的造诣来推测,自以第一可能性较高,因为即使所据的原本有误,也必难逃陈先生犀利的判断力也。

《别传》里的谬误倒也有些是较严重的;这些谬误,无论是出于无心,或是出于有意,都可视为陈先生的败笔。而孙著对这些"败笔",也"照单全收"了下来。以下试举些例子来说明。

第一个例子涉及陈子龙《采莲赋》的作意问题。陈先生断定这篇赋是陈子龙为柳如是而作的。他在《别传》里将此赋抄录后,加上一段这样的按语:

  卧子此赋既以莲比河东君,又更排比铺张,以摹绘采莲

---

① 见张相:《诗词曲语辞汇释》(北京:中华书局,1903),第103页。
② 张著第96页。
③ 无论是解作"恰也,正也",或"初也,才也",见《诗词曲语辞汇释》第91页。

女,即河东君。亦花亦人,混合为一。①

陈先生接着从赋中遍找"内证",来支持自己的看法。先是说:

> 赋云:"纷峨云之晁清","轶娟娟其浅濑兮",暗藏"云娟"二字,即河东君原来旧名,此为《采莲赋》中主人之名,所以著列之于篇首也。②

继而推测此赋与陈子龙诗《秋雨同让木泛舟北溪各赋四绝》有密切关系。最后作结论云:

> 至赋云:"惊鸳鸯于兰桡兮,歇属玉之娇睡。"其与河东君鸳鸯楼卧子属玉堂之名有关,又无俟论矣。③

《采莲赋》很受孙著的重视。书中用了将近十三页的篇幅来分析这篇赋。首先,孙著对陈先生的考证毫无异议地接纳了下来:

> 陈子龙赋序所写的乃是一优雅贤媛。他说早在秣陵与横塘即已识之,而"芳心偶触,怃然万端"。他尽管没有明言"柳如是"三字,但是对当代读者来讲,人人都知道这个仿若柳如是的女子无疑就是柳如是。④

接着,作者又搬用了陈先生在赋中所找出的"内证":

> 柳如是的别名"云娟"即不断地嵌入全赋之中,而且已经变成喻词:
>
> 纷峨云之晁清
>
> 渺回溪而逸志兮
>
> 怀淡风之洁轻

---

① 《柳如是别传》,第302页。
② 《柳如是别传》,第303页。
③ 《柳如是别传》,第304页。
④ 《陈子龙柳如是诗词情缘》,第105页。

> 轶娟娟其浅濑兮[1]

并进而分析赋中所隐藏的"一套爱情象征":

> 类此的写法乃介于字义与想像之间、现实与幻想之际,以及用字干净与语意两可的两极之中。陈赋确实充满了这种双重运作。在某种层次上,我们看到赋中处处玄机。盛开的莲花娇艳欲滴,情色风华蕴蓄其中,可让人体见性爱动作的感官经验。筏上男人要找到醉人莲花,先必经历漫长旅程。待其采下众花,把玩之余,甚至还要剖其薏仁,见其"瑶肌",而后食之。诗人把花朵的"碧心"用"娟"字形容,而把已"断"了的"素藕"形容为切"云"。[2]

继而,喋喋不休地将《采莲赋》和陈柳的实际生活结合起来:

> 另一方面,我们也可视《采莲赋》为凤求凰的寓言:他们虽曾一度结合,最后又各自东西。上述"天作之合"写得令人感受最深的地方,出现在全赋理路走到一半之处。其时,采莲者和所欢的感情已经含苞待放。他们的爱苗,就由一对鸳鸯和娇睡的属玉来象征:
>
> > 惊鸳鸯于兰桡兮
> > 歇属玉之娇睡(第九一——九二句)
>
> 鸳鸯和属玉乃传统的爱情象征,也是合卺之礼的喻词。设非诗人所用的鸟名对他具有高度的个人意义,否则这种用法一点原创性也没有。陈子龙和柳如是的浪漫艳史在西元一六三五年臻至高潮之际,他们同居于南园,而"鸳鸯"与"属玉"正是园内屋宇的堂名。[3]

---

[1]《陈子龙柳如是诗词情缘》,第107—108页。
[2]《陈子龙柳如是诗词情缘》,第108页。
[3]《陈子龙柳如是诗词情缘》,第109—110页。

最终,则言之凿凿,断定此赋作于1635年的秋天陈柳分手之后:

> 具有模仿与象征等功能的不仅是这些地名,连诗中错乱的时间架构显然也有这两层意义。我们从赋中了解,采莲行始于夏季。罢采之后,舟中的男子心绪凄寂,"削秋风以长闭"。我们如果把全赋视为性爱的比喻,可想赋家会以幸福得来如此短暂而惆怅心悲。而自此层面观之,全赋反映的又是实际性经验的节奏与过程。在比喻的层次上,这个活动发轫于欢腾的夏季,终结于悲凉的秋天。

> 倘若详加考察陈柳在西元一六三五年的生活,则全赋又可从写实观点予以说明:那一年的秋天,柳如是离开松江,回到盛泽的伎馆,再也没有回头。①

作者凭借陈先生所提供的线索(赋中暗藏柳如是别名的句子,以及明示陈柳同居地名的句子),建议读者把《采莲赋》"视为性爱的比喻",因为赋中的"处处玄机,可让人体见性爱动作的感官经验"。作者想象力的丰富,似乎到了无以复加的地步。

然而,想象力尽管丰富,这样解释《采莲赋》却无异于向壁虚造。因为作者所紧紧跟随着的陈先生,这一回连他自己也走进了一条此路不通的死胡同里去。陈先生所提供的"内证"固然可疑,就连《采莲赋》是陈子龙为柳如是而作这一大前提也是不能成立的。

首先,《采莲赋》写成后,最早收入在明崇祯五年(1632)冬出版的《几社壬申合稿》。照陈先生的考证,陈子龙和柳如是初次见面不能早于明崇祯五年壬申冬季②,和《合稿》出版恰在同时。单凭这一点,便足以推翻此赋是为柳如是而作的说法。

《几社壬申合稿》的编辑工作,陈子龙本人是参加过的,这在他

---

① 《陈子龙柳如是诗词情缘》,第111页。
② 《柳如是别传》,第93页。

自撰的年谱里，有明确的记录；今所见该书的《凡例》，也出于子龙之手。书凡二十卷，所收都是几社成员们在壬申年（1632）之内所举行的文会中用各种文体写成的习作。姚希孟的《序》里说：

> 近有云间六七君子……纠集同好，约法三章，月有社，社有课，仿梁园邺下之集，按兰亭金谷之规。

陈子龙的《采莲赋》既然见收在《合稿》里，可见它只不过是几社"社集"中的社课而已。事实上，《合稿》里所收的《采莲赋》，陈作之外，尚另有出于朱灏的一篇。况且，陈子龙的好友、"云间三子"之一的李雯的《蓼斋集》里也收有李作《采莲赋》。

从以上的考证，可以断定：松江几社在崇祯五年的某一次"社集"里，社课的题目正是《采莲赋》（照时序的关系来看，这次"社集"应该是在夏天——亦即在陈柳见面之前），陈子龙之作，和他的社友朱灏、李雯的作品一样，明显是在那次社集里完成的社课，和柳如是是拉不上任何关系的。

其次，陈先生利用所谓"名字象征法"来解读陈子龙的《采莲赋》，发现赋内的一些句子嵌有柳如是的旧名"云"和"娟"字；又断定赋中出现的"鸳鸯"和"属玉"，指的正是陈、柳二人同居的南园内屋宇的堂名。这些"内证"，说句不客气的话，作用也不大。理由很简单：只要用同样的方法来解读李雯的《采莲赋》，也会发现嵌有"云""娟"二字的句子。如：

> 浮云掩薄
>
> 水云晶晶
>
> 川不得见兮婵娟

至于"属玉"和"鸳鸯"，李作里也说：

> 少息兰浦，徙倚沙棠。或起属玉，或惊鸳鸯。

其实，在"莲叶田田"的江南，《采莲赋》很可能是当地人练习作文所常用的一个题目。清初苏州的遗民诗人杨无咎的传记里，便有这样的记载："继妻张氏工诗词，十岁作《采莲赋》，为通人所称。"①连一个年才十岁的小姑娘也提笔写她的《采莲赋》，这多少说明了《采莲赋》是怎样一个流行的作文题目。

如果这个推测不差的话，《采莲赋》在当时的江南，和时下中学国文老师给学生们所出的作文题目，像"秋游纪事"或"春天的杨柳"，在实质意义上应是没有什么区别的。

回头再说几社。宋征璧曾简要地描述过当年某一次社集的情况。他的《抱真堂集》卷五有《昆明池治水战歌》七言排律一首，诗后说：

> 是日社集卧子（陈子龙）斋，予脱稿最早。舒章（李雯）呼卧子曰："读宋生此作，我与君当卷甲避之。"故卧子叙壬申社课曰："小宋速构而繁昌。"

宋氏这段颇为自得的文字，说明了《昆明池治水战歌》一诗，像上述的《采莲赋》一样，也原是"社课"的产物。现存的《陈子龙诗集》中，也恰有题作《昆明池治水战歌》的七言排律，可见几社"社课"中，各人按已定的题目而写出习作，除被选入《几社壬申合稿》外，还有不少是被收入各人的别集里去的。只要将《陈子龙文集》和李雯的《蓼斋集》对比，便可发现题目相同的文章，除《采莲赋》外，还有《拟山巨源答嵇叔夜绝交书》《江南氏族论》及《拟修淮阴侯庙敕》等篇。

陈先生从嘉庆八年（1803）出版的《陈忠裕公全集》中读到《采莲赋》，而忽视了崇祯五年（1632）便已出版的《几社壬申合稿》中早已收录此篇，以至把陈子龙在社课中的习作误作为追慕柳如是而写成的作品。

《别传》里多次引用了《几社壬申合稿》一书，陈先生何以独遗

---

① 《清史列传·文苑传一》。

漏了该书卷三中所收陈子龙和朱灏的两篇《采莲赋》呢？况且李雯的《蓼斋集》，也是《别传》所常引用的书，陈先生何以独不见该书卷一所收的《采莲赋》呢？这都是令人费解的。

诚然，陈先生的这个失误，并无大碍于他对陈、柳之间关系的整体结论，但就《别传》里所述取材的标准来看，这无论如何也应视为一个败笔。因为陈先生自称他考述陈、柳姻缘，最倚重的材料正是陈子龙集中这类"明显为河东君而写的作品"。①

陈先生也曾试图从陈、柳二人诗词中找出"题目完全相同"的篇章，来证明两人"夫唱妇随"。这些篇章，题目确实相同，但是否足以证明"两人酬咏相互关系"——即孙著题目之所谓"诗词情缘"——也是颇值得商榷的。

就诗来说，陈先生举《拟古诗十九首》为例，指出陈子龙《属玉堂集》和柳如是《戊寅草》同有此题，进而推论"明是同时所作"。

但是李雯《蓼斋集》亦首载《拟古诗十九首》，而宋征璧《抱真堂集》也有用同一题目写成的一组作品。这不就证明了陈、李、宋三人的《拟古诗十九首》都同是"社课"的产物吗？

况且，在陈子龙之前的明代文坛，《古诗十九首》一直为主张复古的诗家所推崇，始终是他们模仿的对象。比陈子龙早生近百年的李攀龙（1514—1570），甚至有《古诗后十九首》之作。陈子龙和其他几社诸子，走的既然是复古派的路线，他们拿《古诗十九首》来做范本，心摹手追，自然是很合理的。博雅如陈先生，不应不见及此。

就词来说，陈先生也用同一办法——要从陈、柳的作品中找出"调同题同词语复略相同"的作品，用以显示两人详咏之迹；他找到了《踏莎行·寄书》及《浣溪沙·五更》二题，陈柳分别有作。

但这两题之中，《浣溪沙·五更》是否为陈柳两人之间互赠之作，是有疑问的，因为陈子龙的好友李雯也填有《浣溪沙·五更》一

---

① 《陈子龙柳如是诗词情缘》，第89页。

阕。现将陈、柳、李三人的作品分录出：

陈子龙

半枕轻寒泪暗流,愁时如梦梦时愁,角声初到小红楼。风动残灯摇绣幕,花笼微月淡帘钩,陡然旧恨上心头。

柳如是

金猊春守帘儿暗,一点旧魂飞不起,几分影梦难飘断。醒时恼见小红楼,朦胧更怕青青岸,薇风涨满花阶院。

李雯

历尽长消梦不成,欲明人自怕天明,兰汤初灭小银屏。露染花枝常滴滴,香寒绣被更清清,早知新恨又重生。

陈、柳之作,《别传》认为"调同题同,词语复约略相同。其为同时酬和之作,不待详论"。[①] 孙著在录出两词后,替陈先生补上这样的解释:

> 两者都提到"红楼",都提到影梦、风动、帘钩、微月与花儿……[②]

这个字面上的比较原是不错的。但如果用同样的办法来读李雯之作,也可见词中有"梦"、"花儿"(花枝)、"绣被"(绣幕)和"新恨"(旧恨)等和陈柳作品中类似的词汇。因此,如果单因为词语相同而断定《浣溪沙·五更》是陈、柳之间酬赠之作,那么,李雯的作品为什么便不能也包括在内呢?

其实,读者如果用吴梅先生教人读词的方法,将这三阕词"细心吟绎",便会发觉陈、李之作押的是平声韵,所据的是《浣溪沙》的"正体";陈作用韵,和他所模仿的秦观的《浣溪沙》,同是"平声十八尤"。反观柳如是所填,押的却是仄声韵,所据的是《浣溪沙》

---

① 《柳如是别传》,第243页。
② 《陈子龙柳如是诗词情缘》,第142页。

的"变体"。不但如此,柳作通篇或出韵,或借协,处处可见。如按《词林正韵》的分类法,起调"暗"字属"去声五十二沁";第二句"起"字,陈先生疑是"返"之讹写,应属"上声二十阮";上片毕曲的"断"字,属"去声二十九换";下片第二句"岸"字,属"去声二十八翰";而毕曲的"院"字,属"去声三十二线"。词体对声律的要求,比律诗还要严格,柳如是不能不知。凭这一点,可以推见,今所见柳作,似有抄写之讹。

避开这些问题不谈,而直截了当地断定陈柳之作是"夫唱妇随"的酬和,是很值得商榷的。

不管如何,李雯的《浣溪沙·五更》,如用陈先生"同调或同题或同意者"一标准来衡量,也显然和陈柳二人有关。《别传》中累次引用李雯的《蓼斋集》,但引用陈柳的《浣溪沙·五更》时,却独不提及李作《浣溪沙·五更》,这也是很令人费解的。

《别传》是陈先生用了整整十年的时间才撰成的。其间的经过,陈先生的助手黄萱曾有这样的描述:

> 寅师以失明的晚年,不惮辛苦,经之营之,钩稽沉隐,以成此稿,其坚毅之精神,真有惊天地泣鬼神的气概。[①]

在双目失明、单凭记忆、指示助手寻找并朗读文献那种艰苦的情况之下,陈先生所完成的八十余万言的《别传》,偶然出现讹误的地方,原是毫不足怪的。况且,这几个失误,在《别传》所举的大量证据中,所占的比例也很小。这里不避繁琐,列举陈先生的失误,无非意在说明孙著对《别传》予取予携,竟连别人的糟粕也承受过去了。而上举的例证,在孙著引用材料之中,占的比重却很大。细心的读者自能看到,不必赘述。

世无无根之学;采纳别人的研究成果,亦学术界所常有常见之事。凡此皆不争之论。但像孙著那样,自主题、素材、方法以至观

[①] 蒋天枢辑:《陈寅恪先生编年事辑》(上海古籍出版社,1981),第164页。

点,处处依墙傍壁;进退之际,又无不以他人之持论为依归。古今著述之中,这样的先例应该不多吧?

四

孙著中有些失误,是与别人无关的。这些失误,或涉及对传统文学观点的认识,或与明清之际历史事实的掌握有关。以下试举两三例证来说明。

(一)有关文学观点的

第三章引陈子龙为柳如是《戊寅草》所撰的《序》说:

> 余览诗上自汉,放乎六季,下猎三唐。其间铭烟萝土之奇,湖雁芙蓉之藻,固已人人殊……是致莫长于鲍谢矣……是情莫深于陈思矣……是文莫盛于杜矣。①

陈子龙的这篇《序》,不见载于他的文集。《别传》从《戊寅草》过录全文,用以说明柳如是早期的诗作,"其初本属明代前后七子之宗派,应亦同于卧子深鄙宋代之诗者"。②孙著则节录此《序》,从而探讨陈子龙的文学观点。作者认为此著《序》不但"代云间诗派发言",且又道出陈子龙个人的信念:"真正的诗唯有归本还原一途才能获得"。③孙著之重视此《序》,可以想见。

孙著对这篇重要文字的诠释,有两处是颇值得商榷的。第一,就陈《序》中"是致莫长于鲍谢矣"一句,作者衍释说:

> 以"状物"而言,他(陈子龙)走的是鲍照与谢灵运一脉。④

---

① 《陈子龙柳如是诗词情缘》,第92页。
② 《柳如是别传》,第113页。
③ 《陈子龙柳如是诗词情缘》,第93页。
④ 《陈子龙柳如是诗词情缘》,第94页。

用"状物"来释"致",未免难圆其说。若说"致"为"状物",便恰好说着了鲍照和谢灵运诗中被人批评作"竞于外物,徒知刻划形状"的短处。这种缺乏自然之趣、以雕饰为工的诗风,又怎会为陈子龙所取法?"致"也者,似宜释为"兴致"、"情致",指的是作品中所表露诗人的兴感情趣,这才是鲍谢诗的可取法处。钟嵘《诗品》明白指出谢灵运"兴多才高",沈约更盛称康乐"兴会标举"。①鲍照又曾比较谢诗和颜延之的诗作说:"谢五言如初发芙蓉,自然可爱。君诗若铺锦列绣,亦雕缋满眼。"可见谢灵运的长处(亦可说是鲍照向往的)正是"自然可爱"的"致",而不是"雕缋满眼"的"状物"技巧。与陈子龙同时而稍前的焦竑(1541—1620)对谢诗也有类似的体认:

> 嗟乎!诗至于此,又黄初、正始之一大变也。弃淳白之用,而骋丹雘之奇;离质木之音,而竞宫角之巧,岂非世运相乘,古朴易解,即谢客有不得自主者耶?然殷生言,文有神来、气来、情来。摹画于步骤者神踬,雕刻于体句者气局,组缀于藻丽者情涸。康乐雕刻组缀、并擅工奇、而不蹈三敝者,神情足以运之耳。何者?以兴致为敷叙点缀之词,则敷叙点缀皆兴致也;以格调寄俳章偶句之用,则俳章偶句皆格调也。以故芙蓉初口,惠休揖其高标;错采镂金,颜生为之却步。非此故欤?②

这似乎才是"致莫长于鲍谢"较适当的解说。

事实上,陈子龙对于徒工状物而缺乏兴致的作品,并不认可。他在同一文中便批评过鲍谢之后的一些作者"浅于咏物之窅昧,惟其或于形似"。可见以"状物"来诠释"致",恐怕与陈子龙的原意不符。孙著释"致"为"状物",可能是由于作者忽视了原文中此

---

① 《宋书·谢灵运传论》。
② 《澹园集·题谢康乐集后》。

句之上的两句话:

> 故读《石城》《京岘》《采菱》《秋散》之篇,与《宁墅》《麻源》《富春》之咏,是致莫长于鲍谢矣。

陈子龙在这里清楚地指出,鲍谢诗之长于致,在所举列二人的七篇作品中表现无遗。而陈子龙之前或后的明清诗评家,亦大都认为这些作品的佳处,在于"书胸臆即目。而情景交融,字句精警。意象才调,自流畅也"。[①]譬如明人陆时雍便以"气韵绝胜"来评陈子龙所举鲍照的《园中秋散》(见陆氏《古诗镜》)。王夫之评该诗时,也说它"寄托俯仰,具有深致"(见王氏《古诗评选》)。又如所举的谢诗,清人何焯评《过始宁墅诗》为"自然流畅",而评《富春诸诗》为"曲折三致,不卑不激"(均见何氏《义门读书记》),这些当行的话,都是说鲍谢诗长于"兴感情致",而非唯"状物"之胜。

陈子龙所举的谢诗三题,均见《昭明文选》,他所举的鲍诗四题,则收入他的好友、复社首领张溥(1602—1641)所编纂的《汉魏六朝百三名家集》里的《鲍参军集》。陈子龙所见的鲍诗,很可能便是张氏《百三家集》的本子。要不然宋本《鲍集》也收有此四题(分见卷五、六、八)。不管如何,陈子龙所举的鲍谢诗,篇章太长,不能全部过录。下面只抄三首,让我们看看这些是否为徒工于"状物"的作品。

鲍照《采菱歌七首》第三首:

> 睽阔逢暄新,凄怨值妍华。秋心不可荡,春思乱如麻。

《园中秋散》:

> 负疾固无豫,晨衿怅已单。气交蓬门疏,风数园草残。荒墟半晚色,幽庭怜夕寒。既悲月户清,复切夏虫酸。流枕商声苦,骚杀年志兰。临歌不知调,发兴谁与欢。倪结弦上情,岂

---

① 方东树:《昭昧詹言》。

孤林下弹。

谢灵运《过始宁墅诗》：

> 束发怀耿介，逐物遂推迁。违志似如昨，二纪及兹年。缁磷谢清旷，疲苶惭贞坚。拙疾相倚薄，还得静者便。剖竹守沧海，枉帆过旧山。山行穷登顿，水涉尽洄沿。岩峭岭稠叠，洲萦渚连绵。白云抱幽石，绿筱媚清涟。葺宇临洄江，筑观基曾巅。挥手告乡曲，三载期归旋。且为树枌槚，无令孤愿言。

第二，就"是文莫盛于杜矣"一句，孙著衍释说：

> 以文论而言，他（陈子龙）奉杜甫为圭臬。

将"文"解释作"文论"，是相当离奇的一个错误。原文此句之上，亦有作者删而不录的话：

> 至巉岩骏发，波动云委，有君父之思，具黯怨之志。

这些显然是前人评论杜甫而又为陈子龙所深许的话。"文莫盛于杜"的"文"，简要言之，有内外两层意义："巉岩骏发，波动云委"，指的是杜诗造词构章的变化多端；"有君父之思，具黯怨之志"，指的是杜诗内涵思想的重要性，基本是诗人的襟抱与家国之情。这样的解释，也许略嫌粗略，但总该比把"文"说成"文论"较为近于陈子龙的原义吧。

（二）有关历史事实的

孙著作者对历史事实的误解，有时竟到了令人惊讶的程度。例如，书前所附《年谱简表》中，1631年条说："陈子龙赴京师应殿试，不第"；1634年条说："陈子龙再赴殿试，仍不第"；1637年条："陈子龙三赴殿试，进士及第"。陈子龙于1630年在南京乡试中举后，到北京去参加的考试，应为"会试"，而非"殿试"；只有在

"会试"中式的贡士,才有资格参加"殿试"。况且,明朝"殿试"的目的,无非是将"会试"已中式的贡士分一二三甲而已。在明朝参加"殿试"而不第倒是前所未闻的。

像这样的失误,或可说是无伤大雅。但也有较严重的,如第一章里叙明末"复社"成员的结局说:

> 明亡以后,复社成员变成前朝的死节之士,原是再自然不过的事。蹈海誓不帝秦而身亡命丧者多如过江之鲫。①

不错,复社的成员在明清之际以身殉明的,为数的确不少。但没有舍却生命而选择在异族统治之下、以"遗民"的身份苟延性命,甚至降志辱身、在清朝应试出仕的"复社"成员,也大有人在。即就后者而言,和陈子龙同称"云间三子"的李雯和宋征舆,不但没有"蹈海誓不帝秦",而且先后在清廷当上了高官。另一好友,身为几社作者之一的彭宾,在入清之后,甚至屈身去当一名地位卑微的推官。松江的近邻苏州一地,复社成员在清初应试出仕的,便不下三十人。再放眼去看清初有名的"贰臣",像王崇简、陈名夏、吴伟业等,也无一不是当年复社的支柱。稍为翻检一下像吴山嘉《复社姓氏传略》那样的著作,便应对此有所了解。

孙著对"复社"成员结局所作的片面描述,在某种程度上反映出作者在处理陈、柳爱情故事上所作出的令人不解的取舍。为了要突出陈、柳在1633至1635年间所产生的爱情,作者竟然对两人在这期间所牵涉的其他诸多人与事,皆置之不论。研究陈子龙,能不注意李雯、宋征舆以至几社的其他成员如彭宾、顾开雍、朱灏、徐孚远、宋征璧、李存标和周立勋等人相关的活动及作品吗?

孙著中出现的柳如是,对陈子龙情有独钟;在两人相恋期间,她好像从来不与其他人来往似的。但如细读《别传》第三章,便会发现陈先生有专节考证柳如是于崇祯七年(1634)和九年(1636)

---

① 《陈子龙柳如是诗词情缘》,第54页。

分别有嘉定之游；崇祯七年，正值她和陈子龙热恋期间，柳如是却单独跑到嘉定和谢三宾、程嘉燧等诸名士旨酒论文。孙著对此事并没有交代。

谢、程等人乃"行辈较先之胜流"，犹有可说。但和陈子龙相恋的同时，柳如是起码也另和曹溶、朱重容两人保持密切的往来（这倒是连陈先生也未提及的），而曹、宋又和几社少年辈分相同。这两份交情，柳如是在她的作品中，都给后人留下了线索。

《戊寅草》有《送曹鉴躬奉使楚藩》七律二首。曹鉴躬即曹溶，浙江秀水人，生于1613年，比柳如是长五岁，而小陈子龙五岁。奉使楚藩，事在他中进士（1637年，和陈子龙同科）后。柳诗第一首起句"纷纷玄意领群姿，寂寞遥闻向楚时"、第二首结句"顾吾相逢增意气，如今无事只遥吟"，却隐示在曹溶奉使楚藩之前，柳如是早便和他有过从。

柳如是另有《朱子庄雨中相过》七古一首，亦见《戊寅草》。子庄是朱重容的字，是明宁献王九世孙。柳如是对这位名副其实的贵胄之后的思慕，诗中表露无遗：既说"朱郎才气甚纵横，少年射策凌仪羽"，继说"君家意气何飞扬，顾盼不语流神光"，又说"风流已觉人所少，清新照耀谁能俦？"再从以下几句来看，柳朱之间的关系，绝非泛泛：

> 朝来顾我西郊前，咫尺蛟龙暗风雨。
> 时时怅望更叹息，叹吾出处徒凄伤。
> 嗟哉朱郎可为乎？吾欲乘此云中鹤，与尔笑傲观五湖。

明亡之后，曹溶在清朝官至广东布政使。朱重容则隐居江西南昌之蓼州，以遗民终其身。这自然都是后话了。

从孙著的封底上，知道此书的英文原作面世后，曾获得美国著名的汉学家史景迁（Jonathan Spence）和牟复礼（F. W. Mote）两人大力揄扬。前者欣赏此书的"开创性"，后者则誉之为"第一流的撰述"。

"第一流的撰述"与否，自然是见仁见智的话。所谓"开创性"，也不知是否指孙著中所引用的那许多西方文学理论而言。不管如何，本文第二三两节，应足以证明孙著的主题、素材、方法、观点大都承袭自陈寅恪先生。因此，孙著即确如史、牟两先生所称誉的那样是具有"开创性"的"第一流的撰述"，谁也不应忽视了孙著的整体架构，完全是建基于别人的辛勤研究成果之上的。

孙著作者在《中文版序》里叙说过一个小故事：

> 不久前，在一个非正式的场合里还发生一件趣事：班宗华（按：耶鲁大学 Richard Barnhart 教授，治中国美术史，以研究八大山人著名）和我共赴某宴，席位正巧安排在一处。有位客人来迟了，突然走近我们，微笑地打了个招呼："嗨，八大山人、陈子龙，你们好……"①

平心而论，孙著的作者的确花了不少工夫用英文把陈先生在《别传》里研究陈、柳关系的一些成果介绍给西方汉学界。就这点来说，作者所作出的贡献，是不容抹杀的。作者在美国汉学圈里，被人称作陈子龙，也许确是实至名归。

然而，陈先生的《柳如是别传》具在，将孙著的英文原作译成中文来"反馈"给不看英文著作的中国学者，似乎无此必要。诚如上文所指出，孙著只是透过《别传》来描绘陈子龙和柳如是，作者终究不能算作陈柳的知音。

1995 年冬

---

① 《陈子龙柳如是诗词情缘》，第 9 页。

后　记

汪世清先生不久前自北京来信,指出本文末节所及柳如是早年游伴有朱子庄其人者,实为浙江秀水人朱茂暻,亦即朱彝尊叔父,而非"明宁献王九世孙"朱重容。茂暻与重容均字子庄,当时未加深考,乃铸此错。谨向汪先生致谢。

2000年7月1日记

(原载《清初诗文与士人交游考》,南京大学出版社2001年版)

钱谦益奉佛之前后因缘及其意义

一 钱锺书论牧斋之失节与佞佛

钱锺书《管锥编》"《全晋文》卷一六一"条：

> 释慧远《答桓玄书》等。按钱谦益《有学集》卷四二《报慈图序赞》："唯其时远公以忠，渊明以孝，悠悠千载，孰知二人心事，比而同之耶？"同卷《远法师书、论、序赞》据《沙门不拜王者论》末："晋元兴三年岁次阏逢，于时天子蒙尘，人百其忧"，称远以沙门而忠于晋，"整皇纲，扶人极"，足"为儒林之大师"；卷五〇《书远公〈明报应论〉》谓后世"极论形神者，一一皆远公注脚"。于远赞叹不容口。钱氏暮年，论古人诗独推元好问，其乡人讥之曰："盖因晚节既坠，欲借野史亭以自文耳"（王应奎《柳南随笔》卷四）。信斯言也，有裨于知人论世。其昌言佞佛，亦隐愧丧节耳。表扬累臣志士与援掇禅藻释典，遂为《有学集》中两大端；苟不顺事二姓而又皈依三宝，则其人美俱难并，钱氏尤道之津津，如卷二一《山翁禅师文集序》、三五《芥庵道人塔前石表题词》、三六《华道空隐和尚塔铭》即是。亟亟发明慧远"心事"，正复托古喻今，借浇块垒，自明衷曲也。慧远书晋纪元，陶潜不书宋年号，"悠悠千载"，至钱氏而始"比同"，此无他，生世多忧，望古遥集，云萍偶遇，针芥易亲。盖后来者尚论前人往事，辄远

取而近思,自本身之阅历着眼,于切己之情景会心,旷代相知,高举有契。《鬼谷子·反应》篇详言"以反求覆"之道,所谓:"反以观往,覆以验来;反以知古,覆以知今;反以知彼,覆以知己……故知之始,己自知而后知人也";理可以推之读史。①

钱锺书引用《有学集》所收篇章,指斥钱谦益以明朝旧臣投靠清廷,既不容于清议,深自愧悔,于是借奉佛以"隐愧丧节"。钱氏举牧斋"比同"于慧远及陶渊明,以前者撰有《沙门不拜王者论》,足为牧斋拒奉清朝正朔之依据;而渊明不书宋年号,亦犹牧斋在清人统治下言必称先朝之意。钱氏据此二事,遂论定牧斋昌言佞佛,非真奉佛,不过借佛门中人事以"浇块垒"、"自明衷曲"而已。

钱氏释牧斋晚年奉佛之动机,取材既限于牧斋入清以后之作,所论亦止于宗教及政治之关系,其说之有待商榷者,显而易见。首先,牧斋颂赞慧远及陶渊明,并不始于入清之后。考崇祯十六年结集之《初学集》中即有与陶渊明相关之文字。卷七《追和朽庵和尚乐归田园十咏》一题,明言为崇祯二年牧斋"鲍系都门时所作"。诗前有序云:

> 昔苏子瞻居南海,遍和陶诗,子由序而传之。余何敢窃比子瞻,顾如子由之言,所谓欲以晚节末路,师范渊明之万一者,其志趣不可谓不同也。②

"所谓欲以晚节末路,师范渊明之万一者",非牧斋自附于陶渊明者何?再者,同集卷三三《三严作朋集序》成于崇祯末年,记牧斋与好友李流芳(茂宰,长蘅,1575—1629)于"粗了婚宦事"后

---

① 钱锺书:《管锥编》(第4册),北京:中华书局,1979年,页1266—1267。
② 钱谦益:《牧斋初学集》,上海:上海古籍出版社,1985年,页221。

仿陶氏归隐之约：

> 渊明《移居》诗云："昔欲居南村，非为卜其宅。闻多素心人，乐与数晨夕。奇文共欣赏，疑义相与析。"每与长蘅诵此诗，辄掩卷叹息，因相约以二十年之中，粗了婚宦事，环山阻水，卜筑其中，招邀高人胜友，读书养性，老死不出，庶几渊明之诗所云。①

以上皆牧斋于明亡之前即比同陶渊明之明证。至牧斋之于慧远，亦又岂止于如钱氏所云"赞叹不容口"？牧斋直以己身为慧远之托世矣！此事远在崇祯七年。《初学集》卷一○《仙坛倡和诗十首》序：

> 慈月夫人，前身为智者大师高弟，降乩于吴门，示余曰："明公前身，庐山慧远也。从湛寂光中来，自忘之耳。"用《洪武韵》作长句见赠，期待郑重。且属余曰："求椽笔作传一首，以耀于世，亦道人习气未除也。"余为作《泐师灵异记》，并和其诗十首。师示现因缘，全为台事，现鬼神身，护持正法，故当有天眼证明，非余之戏论也。②

托世之说，或涉诡异，然牧斋似未尝致疑。既咏诗十首以赠慈月夫人，复应慈月之请，撰累二千言之《天台泐师灵异记》一文，③④大张慈月乃智顗托世之事，然则牧斋于晚明即以慧远再世自居，又何待乎亡国失节之后始"比同"于慧远？

上举《初学集》中所见三数例证，皆足明示钱氏徒据《有学集》所载，遂以牧斋晚年佞佛，独与其人之政治操守有关，则

---

① 《牧斋初学集》，页953。
② 《牧斋初学集》，页330。
③ 《牧斋初学集》，页1123—1126。
④ 参见陈洪：《钱谦益与金圣叹"仙坛唱和"透视》，《南开学报》1993年第6期，页43—47。

于牧斋既欠公允,于明末清初士人与佛教之关系,尤且茫然。且夫牧斋于明清两朝,奉佛始终如一,其事早有成说。考抗日战争期间,陈援庵(垣)隐居于敌伪治下之北平,先后撰成《明季滇黔佛教考》及《清初僧诤记》(均于1962年中华书局出版)二书,于牧斋与明末清初诸高僧往还之迹,多所钩稽。援庵之所据,除僧家语录,即牧斋之《初学集》《有学集》。后此十数年,日本汉学家吉川幸次郎复就牧斋与明末四僧(憨山、雪浪、紫柏、云栖)及其传法诸子孙之种种复杂关系,考论至审。[1]依吉川考索所得,与牧斋有密切关系之僧徒数凡十五。语其人之生平,则横跨明清二代;所涉之年份,则垂五十余载。读援庵、吉川二先生之书,即可知钱锺书所谓牧斋晚年"昌言佞佛"乃其"隐愧丧节"一说,立论未免匆遽。

兹篇继陈援庵、吉川幸次郎之后,重新检视牧斋一生奉佛之前后因缘,不仅在于指出钱氏立说之偏颇,亦复有积极之意义存焉。此盖由钱氏之说,颇足启发吾今人于明末清初士人之宗教信仰与家庭、宗族、乡党及社会交游等诸层面,多所深思。浅言之,就牧斋一人而论,其皈依我佛之缘由,实与上举诸层面密不能分。盖佛家有前世、今世、来世之说,即所谓"三明"是也。"今世"云云,自牧斋而言,则自幼童时即多知佛门之事,乃受其祖母、祖叔父及父亲之影响至深故也。再者,则明清之际常熟一地之宗族与牧斋一家至亲者,如瞿氏、顾氏、严氏等,亦莫不为当地佛寺之大檀越。此牧斋自幼即习知之事。及长,牧斋所与相交之文士,亦多与沙门相往还。凡此皆史有明证。且牧斋于政教得失之论,独推美于宋濂,此则家族以外,社会伦理思想之又一层面也。

---

[1] 吉川幸次郎:《居士としての钱谦益——钱谦益と仏教》,《吉川幸次郎全集》第16册,东京:筑摩书房,昭和四十三年(1971),页36—54。

以上四事,旨在说明牧斋早年"奉佛",乃先得其家族乡党诸成员之诱导,继得其众相知之推激以致。继之以入世之说。质言之,吾人考论牧斋佞佛,必须顾及其来自政治及政治以外之社会诸力量;牧斋之宗教信仰,固亦有其他种种复杂之人文因素为之左右也。此盖由"人文"因素者,即佛教所谓"今世"之事。而此等因素,既以"人"为基础,则其非始终不变、永可持续者,今古如一。此牧斋身故前有因破山寺住持鹤如法师之去留,与同族中之兴朝新贵争持不下一悲剧之所由生也。

总而言之,本文之作,实起发于钱锺书之说;钱说之不周全,所关非重;转因钱说所触发诸问题之思考,则不容忽视。兹文所以三复斯意者,亦在于是。

二 牧斋先代与佛门之夙缘

牧斋生长于一佛教气氛极浓厚之家庭,自其祖辈起,大都崇奉三宝。最早诱导牧斋皈依我佛者,则为其祖母卞太夫人、祖叔父顺化及父亲世扬。

牧斋祖父名顺时(道隆,1532—1560)为家中长子,下有四弟:顺德(道充,1536—1601)、顺治(1537—1560)、顺理(1538—1558)及顺化(道光、存虚,1548—1625)。顺时举明嘉靖三十八年(1559)进士后,旋即奉旨援辽,身染恶疾,未及一载即下世。[①]时牧斋祖母卞太夫人年仅三十,誓言抚育先夫遗孤(牧斋父世扬),至"截发纳棺"以明志。自是卞太夫人上奉家翁,下抚幼儿,处家事力求明理得体,一切皆以众人利益为先。钱家上下对之无不敬佩有加。牧斋尝忆述其早年所见卞太夫人于家中之威仪云:

---

① 钱谦益:《钱牧斋全集》(第7册),钱仲联标校,上海:上海古籍出版社,2003年,页159—160。

> 自曾祖殁后，先祖兄弟，惟存虚翁[顺化]及宪副公[顺德]在，二老皆庄事巨嫂，如其元兄。上日长至，相率具衣冠升堂肃揖，退而受家人朝谒。诸从叔及从诸姑之适人者，舒雁行列，以次登拜，如拜其大母。已而诸家奴数百指，拜贺堂檐下，叩头声喏而去。儿童少长，喧笑塞屋，纨绮杂沓，果饵狼藉。岁在伏腊，承平节物之盛事，五十年来，已与汉腊俱往，未尝不显然在目中也。①

卞太夫人死时，牧斋已年逾弱冠，所记当为实录。亦可见牧斋一家，至卞太夫人晚年，家道隆盛。笔止数行，而卞太夫人之威仪，亦栩栩然也。卞氏丧夫后即归心佛乘，讲解《坛经》诸书，能了其义。牧斋忆述其祖母辞世之境状云：

> 痹病剧，梦舌根先离，作偈辞众，有"打叠身心早归去"之句。觉而曰："吾其行矣，幸好送我。"迁榻西向，供观佛念佛。作观侧卧，不少解，越两日夜，沐浴披衣，端坐而逝。②

牧斋所述，恍同比丘尼离世之描绘矣。

牧斋之祖叔父顺化（存虚）亦为诱导牧斋奉佛之一主缘人物。《有学集》卷五〇《藏逸经书标目后记》述牧斋幼时存虚携之礼高僧密藏开曰：

> [密藏开法]师以万历己丑驻锡虞山东塔，余方童稚。从祖父存虚府君，携往礼足。标目中所谓钱文学顺化也。距今七十年矣。③

密藏开本师紫柏真可（1543—1604），即牧斋《列朝诗集小传》中所称"四高僧"之一。④牧斋东塔礼密藏开，时才八龄。事在牧斋祖父殁后一载，然则存虚之携牧斋礼高僧，当亦有其宗教之意识存

---

① 《钱牧斋全集》（第7册），页167。
② 《钱牧斋全集》（第7册），页161。
③ 钱谦益：《牧斋有学集》，上海：上海古籍出版社，1996年，页1620。
④ 钱谦益：《列朝诗集小传》，上海：上海古籍出版社，1983年，页700—702。

牧斋世系表 ①②

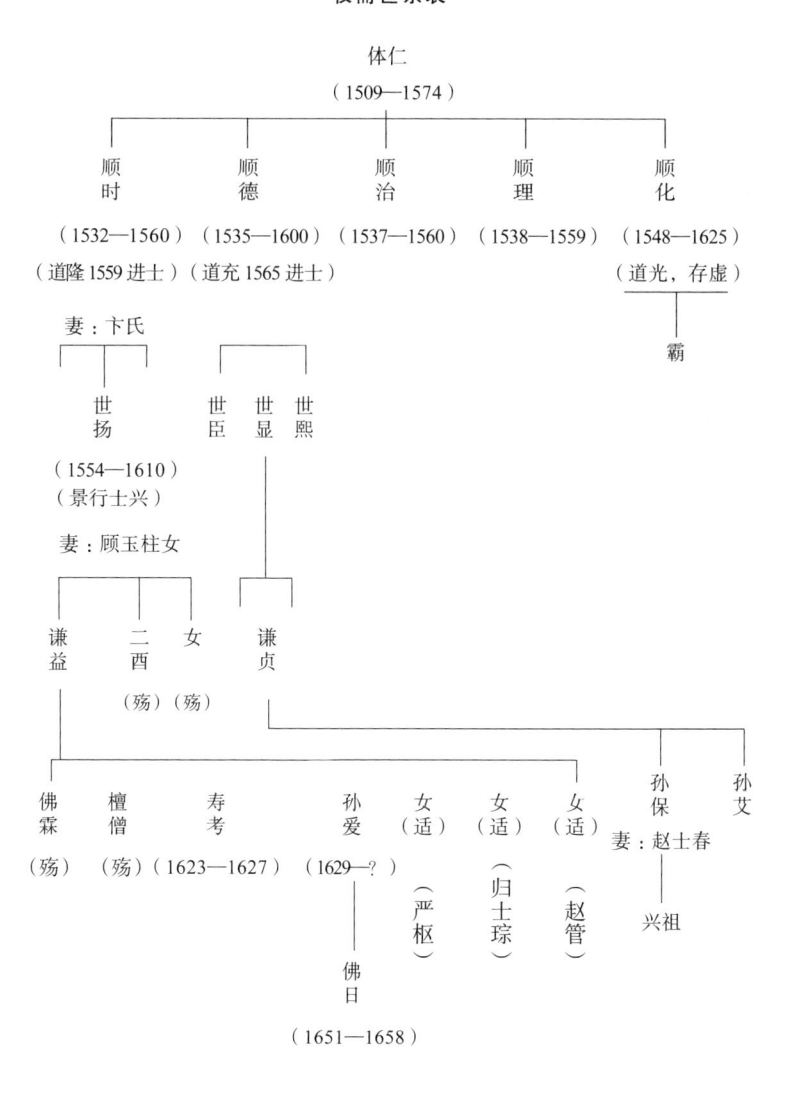

```
                        体仁
                    （1509—1574）
    ┌──────────┬──────────┬──────────┬──────────┐
    顺时        顺德        顺治        顺理        顺化
（1532—1560）（1535—1600）（1537—1560）（1538—1559）（1548—1625）
（道隆1559进士）（道充1565进士）                    （道光，存虚）
                                                    │
                                                    霸

妻：卞氏
    ┌────────┐   ┌────┬────┐
    世扬          世臣  世显  世熙
（1554—1610）
（景行士兴）

妻：顾玉柱女
    ┌────┬────┐        │
    谦益  二西  女      谦贞
         （殇）（殇）
```

子女：
佛霖（殇）、檀僧（殇）、寿考（1623—1627）、孙爱（1629—?）、女适（严枢）、女适（归士琮）、女适（赵管）、孙保（妻：赵士春）兴祖、孙艾

孙爱 │
    佛日
（1651—1658）

---

① 《钱牧斋全集》（第7册），页130—168。
② 此表据牧斋所撰《牧斋杂著》中《族谱后录上篇》及其他相关文字制成。

焉。存虚于兄弟中最幼，兄长四人，皆习科举，独存虚一人"不好为儒"，遂得居家奉侍父母。钱家"宾筵馈问，应酬百须"，皆仗存虚之力为多。存虚"杂学《参同》《悟真》诸道家言"①，尤好崇佛，乃一典型之释老兼修者；牧斋晚年所学与之相似。牧斋尝述其早年所见存虚于虞山一地参赞佛事之事云："修寺塑像，供佛饭僧，营斋刻经，施生掩骼，有为功德，以一身肩荷。坐卧小楼，游僧乞士，咸共床被。"②存虚礼佛好施，当时吴中一带僧俗皆知。紫柏真可驻锡虞山时，曾与存虚见面。紫柏摩其顶曰："吾行天下，见有一村一庵，数僧和合，无不颂钱季公檀施。勉之哉！无负诸方称汝为肉身菩萨也。"③

紫柏称存虚为"钱季公"，以其于兄弟中最幼故也。嘉靖中期以后独主文坛垂二十年之王世贞及其弟世懋亦对存虚敬礼有加：

> 娄江两王公居昙阳观，闻人礼拜絮语，祈祝移时未已。太原[王世懋]曰："岂非三家村老翁乎？"弇州[王世贞]曰："必虞山钱存虚也。"已而果然。太原再召，翁[存虚]诒书论十余条，请减东南财赋，禁百官筐篚。太原叹曰："此药料虽平平，实救时要药也。"④

前述牧斋祖父为家中长子，牧斋父世扬遂为长孙，牧斋为嫡长曾孙，世扬父子于钱家之地位可知。世扬及牧斋又均单传，存虚于从孙爱护之深，可从牧斋记其十二岁患痘疹、性命危急之际，存虚焦急之情状，略见一二："余十二病痘疹，夜分危急，举家啼哭。存虚翁已炳烛立榻前，祷神召医，呼噪达旦。翁为予病，风雪中一夕数往来，浃月未尝就枕也。"⑤

牧斋之祖母及从祖父既皆礼佛至诚，然则牧斋自童时即习知奉

---

① 《钱牧斋全集》(第7册)，页163。
② 《钱牧斋全集》(第7册)，页164。
③ 《钱牧斋全集》(第7册)，页164。
④ 《钱牧斋全集》(第7册)，页164。
⑤ 《钱牧斋全集》(第7册)，页167。

佛,亦常理中事。牧斋先代与佛门之夙缘尚另有足述者,此则牧斋一家四世及其他钱氏别系宗人于晚明参与常熟破山寺之修复一事也。破山寺又名兴福寺。牧斋挚友程嘉燧撰有《常熟兴福寺志》,以明末人记明末事,多实录也。① 书中收屠隆《重建破山寺碑》,述万历中虞山人集资修缮破山寺,有"善女人罄产倡缘"一语。② 考同时人李维桢《破山寺碑跋》明言:"钱太史受之王母卞夫人罄其资缮之。"③ 故知"善女人"云云,即牧斋之祖母卞太夫人。

屠隆《重建破山寺碑》牧斋亦有跋④:"长卿碑云:'善女人罄产倡缘,几似昔贤之舍宅。'盖亦先君子志也。"⑤ 其传卞太夫人也,则云:"破山古寺倾圮,命先君延僧营建。"⑥

合以上三事以观之,则牧斋父世扬盖奉母命修复破山寺者也。而牧斋之奉佛,又实与其祖母之"罄产倡缘"有莫大关联。

程孟阳《常熟兴福寺志》于寺产之修葺及扩充,一一胪列。今先将与牧斋一家有关诸条迻录于下:

程《志》云:"四天王殿。在山门内,万历四十七年海莲募,侍郎钱公领众建。"⑦ "侍郎钱公"者,牧斋也。此与牧斋所记者同:"破殿数椽,四天王侧坐泥土中,拮据二十年,复还旧观。"⑧

程《志》云:"地藏殿。在天王殿东。崇祯十一年治事僧契德募,钱公子孙爱建。"⑨ "钱公子孙爱"者,牧斋第四子也,见前附牧斋世系表。考孙爱生于崇祯二年(1629),牧斋以孙爱名义捐建地藏殿,

---

① 程嘉燧:《常熟县破山兴福寺志》,中国佛寺志丛刊,南京:江苏古籍出版社,1996年,第39册,页1—78。
②《常熟县破山兴福寺志》卷三,页3A。
③《常熟县破山兴福寺志》卷三,页3B。
④ 余于2004年夏访破山寺,尚见牧斋此碑《屠隆重建破山寺碑跋》。
⑤ 钱谦益:《钱牧斋全集》(第8册),钱仲联标校,上海:上海古籍出版社,2003年,页905。
⑥《钱牧斋全集》(第7册),页161。
⑦《常熟县破山兴福寺志》卷三,页4A。
⑧《钱牧斋全集》(第7册),页161。
⑨《常熟县破山兴福寺志》卷三,页4A。

65

时当孙爱十岁。牧斋此举,大抵有感于第四代得以延续,尽由佛力之故,以其前三子皆夭折,有秀而不实之叹。

程《志》云:"东房。在寺界之东,空心潭、观音殿基址皆在焉。房之僧贫不能守,崇祯八年侍郎钱公……等赎归。"① "侍郎钱公"者,牧斋也。

程《志》云:"高僧墓。去寺二百步。向入于民家。万历某年僧如子募,侍郎钱公赎归于寺,仍建四塔。"② "侍郎钱公"者,牧斋也。

程《志》云:"菜园。在寺之西,凡三亩。寺之旧址入于民家,万历某年施主赠侍郎景行钱公捐赀赎归本寺。"③ "施主赠侍郎景行钱公"者,牧斋父世扬也。

揆以上录诸条,牧斋家自祖母卞氏起,四代为破山寺之大檀越一事明矣。

虞山钱氏之别系,捐资破山寺者亦多。程《志》云:"四高僧殿。在大殿之左,万历四十四年治事僧海莲募,宪副钱公建。"④又云:"懒融殿。在大殿之右。崇祯七年治事僧本善募,宪副钱公建。"⑤所谓"宪副钱公"者,钱时俊也。时俊父岱,字汝瞻,牧斋称之为"宗老",于辈分则称"族兄"。考《初学集》卷三六有《寿侍御汝瞻兄八十序》,作于万历四十八年(1620)。⑥序称汝瞻自中年挂冠归里,涤荡情志,盘乐于园池歌舞之间,可谓享尽人间之富贵寿考者矣。越二载,汝瞻下世,牧斋为撰《墓表》,述汝瞻"壮岁服官,强仕解组,不试故艺,推以治生。高台曲池,丹青错迕。琳宫仙馆,黝垩弥望"。及弥留之夕,"犹与客燕笑对弈,饰巾就寝,形神已离"。⑦牧斋固深知汝瞻、亦钦羡汝瞻不置者也。

---

① 《常熟县破山兴福寺志》,页4B。
② 《常熟县破山兴福寺志》,页5A。
③ 《常熟县破山兴福寺志》,页5A—5B。
④ 《常熟县破山兴福寺志》,页3B。
⑤ 《常熟县破山兴福寺志》,页4A。
⑥ 《牧斋初学集》,页1014—1016。
⑦ 《牧斋初学集》,页1657。

钱汝瞻举明隆庆五年(1571)进士,后于牧斋祖父之高第十二年。然汝瞻之后人于清初之科名则远较牧斋本家为盛。顺治四年(1647)进士科,汝瞻后人且有叔侄(裔僖及祖寿)同榜者。[①]汝瞻一系于虞山之地位可知。其于破山寺修复之捐资赞助,亦宜矣。前引屠隆《重建破山寺碑》文中,于"善女人罄产倡缘"句后,首列之檀越即"钱侍御汝瞻",盖实录也。

汝瞻曾孙即清初以版本目录之学见称于世之钱曾(遵王,1629—1701)。遵王乃牧斋晚年门下士中之佼佼者,二人关系至深。下文当另及之(附钱岱一支世系)。[②]

钱岱世袭表

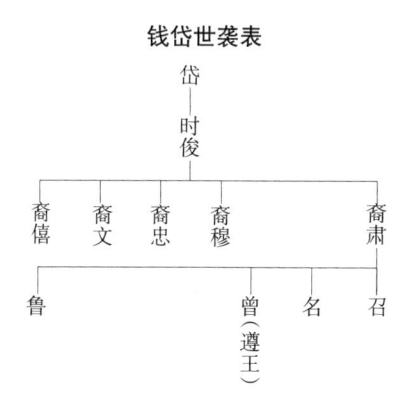

```
                岱
                │
               时俊
     ┌─────┬────┼────┬─────┐
    裔僖  裔文  裔忠  裔穆   裔肃
     │              │    │   │
     鲁            曾    名   召
                  (遵王)
```

三 常熟一地其他宗族及牧斋知交之奉佛

程孟阳《常熟兴福寺志》收憨山德清(1546—1623)《吴越忠懿国王造铜阿育王舍利塔记》有云:

> 我明万历初,常熟顾耿光造其父宪副一江公茔地中,掘出一小铜塔,高五寸许。如阿育王塔式,内刻款云:吴越国王

[①] 李铭皖等修,冯桂芬等纂:光绪《苏州府志》卷六二,台北:成文出版社,1970年影绪九年刊本,页5B。
[②] 参见钱大成《钱遵王年谱稿》,收入谢正光:《钱遵王诗集笺校》,台北:"中研院"文哲所,2007年,页336。

67

> 钱弘俶敬造八万四千宝塔乙卯年记一十九字,外四面镂释迦往因本行示相。前则尸毗王割肉饲鹰救鸽,后则慈力王割耳燃灯,左则萨埵太子投崖饲虎,右则月光王捐舍宝首。文理密致,渗以金饰。顾为太史钱公母舅,因公为忠懿王之后,遂以一升,寺已废,访胜者,率喜至焉。①

此记牧斋母舅顾耿光崇佛事也。常熟顾氏亦一官宦之家,耿光父玉柱(邦石,台卿,一江,1505—1569),嘉靖十一年进士,授南京工部主事,累官至山东按察司副使。以其侧室所出嫁钱世扬,生牧斋。②牧斋有文记其事颇详。牧斋晚年所居红豆山庄,即顾家旧业。当时与友朋觞咏无虚日,《有学集》及遵王诸集中,犹尚可考。此红豆山庄,其地至今犹存,红豆树亦偶开花结子。忆余二十年前,拜识常熟瞿丈凤起于沪上,临别,丈以红豆两颗相赠,即此山庄所产之物。

程《志》有瞿汝稷《重修兴福寺唱导文》③。文长不录。汝稷,字元立,与牧斋同里。《初学集》卷七二有传。牧斋称元立"博综释典,酷嗜宗门诸书,手撮其玄要者为《指月录》"。④⑤该书今收入《卍续藏经》第一四三册,有元立自序,署万历三十年。⑥

瞿氏盖亦虞山一大士族,自嘉靖以来,以科第、仕宦及学术显于世。汝稷父景淳(师道,1507—1569),嘉靖二十三年举会试第一,殿试第二,授编修。历侍读学士、吏部右侍郎,尝总校《永乐大典》、预修《嘉靖实录》。⑦

牧斋与瞿氏关系至密,集中为瞿氏家族所撰文字,不下十数

---

① 《常熟县破山兴福寺志》卷二,页11A。
② 《苏州府志》卷二,页2B—3B。
③ 《常熟县破山兴福寺志》卷三,页2B—3B。
④ 《牧斋初学集》,页1609。
⑤ 参见黄裳:《指月录》,《来燕榭书跋》,上海:上海古籍出版社,1999年,页202—204。
⑥ 据释圣严:《明末佛教研究》,台北:东初出版社,1993年,页276。
⑦ 《苏州府志》卷九九,页18B—20A。朱彝尊:《明诗综》(台北:世界书局,1971年影印康熙四十四年序刊本)卷四三,页9A有瞿氏小传。

篇。清初死守桂林之瞿式耜（起田，1590—1650），为汝稷之侄，终生称牧斋为师，此世多知之。牧斋殁前撰《题瞿氏家乘》一文，于二家交谊，犹多所忆述，此则论之者尚少：

> 余为儿时，与星卿[汝说，景淳幼子]、元初[汝稷，景淳长子]两先生友善，星卿则砺斋之后，元初则华卿之后也。两先生同族同学，几席日接，篝灯刻烛，相励以毋堕家声。元初虽老于缝掖，文名噪天下。而星卿绍文懿公衣钵，执耳文坛，先余登第七年，蔚为文臣。其子稼轩，文章事业，彪炳海内，以蕞然一孤臣，坚节于粤山桂水，而海虞瞿氏，遂与日月争光不朽……忆余与星卿、元初交时，历历在目。一弹指间耳，为元初志其祖，志其父，复为星卿传其兄洞观先生，未几哭星卿、元初，而兹又哭我稼轩。读其家乘，以八十一年之赘世翁，视息人寰，摩娑枯眼，何异指铜驼于荆棘中曰：五百年见此。此尤可为痛哭流涕，不知老泪之从何迸也！①②

牧斋与瞿氏宗人之关系见表1。

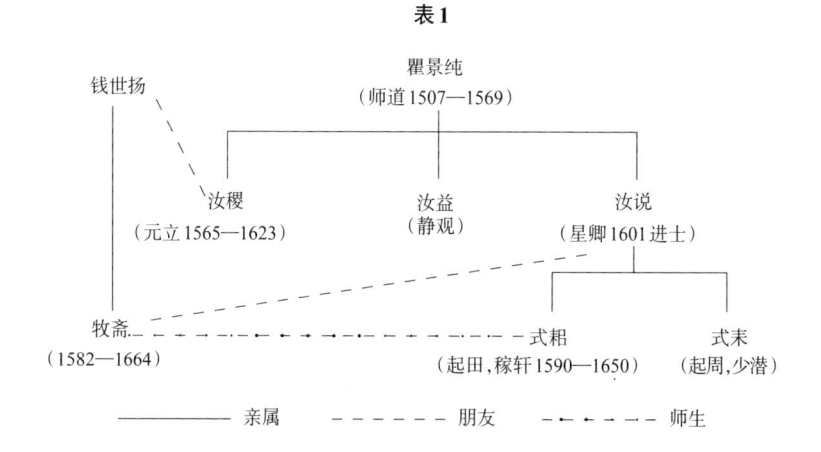

表1

```
                        瞿景纯
钱世扬              （师道1507—1569）
   ┊            ┌─────────┼─────────┐
   ┊          汝稷        汝益        汝说
   ┊        （元立        （静观）  （星卿1601进士）
   ┊       1565—1623）                  │
   ┊                              ┌─────┴─────┐
  牧斋╌╌╌╌╌╌╌╌╌╌╌╌╌╌╌╌╌╌╌╌╌╌╌╌式耜          式耒
（1582—1664）                （起田，稼轩1590—1650）（起周，少潜）

────── 亲属    ------ 朋友    ━·━·━ 师生
```

---

① 《钱牧斋全集》（第8册），页928—929。
② 《有学集》卷三三《李缉夫室瞿孺人墓志铭》记牧斋弟二西与李氏及其妻瞿氏所出女有婚约。是钱瞿二家有姻亲关系也。

常熟又有严氏，亦崇奉三宝。其族人讷（敏卿、养斋，1511—1584）为万历间名宦，牧斋文中所称之"严文靖"者也。牧斋之祖父顺时举乡试及会试，文靖均为主司，①②二人遂有师生之谊。文靖治春秋之学，撰有《春秋国华》十七卷。③钱氏宗人之中，时俊有《春秋胡传翼》三十卷；④世扬有《春秋说》十卷；⑤牧斋少时，亦尝受春秋于其父。⑥乃知明季常熟一地春秋之学，严讷实领宗风。文靖子澄（道彻）为牧斋知交，《有学集》中累及之。后值天启、崇祯之际，严氏家道渐落，而牧斋以名进士位至京卿，两家犹往来不辍。牧斋且以长女妻严讷长孙枢。牧斋之于旧谊，亦可借此稍窥一二。严敏卿撰有《〈乐邦文类〉序》，入《卍续藏经》。⑥嘉靖间居大学士时，先后捐资修乡里之中峰寺、建报国院于拂水岩畔。⑧二地今犹存。⑨

牧斋一家与严氏三代之关系见表2。

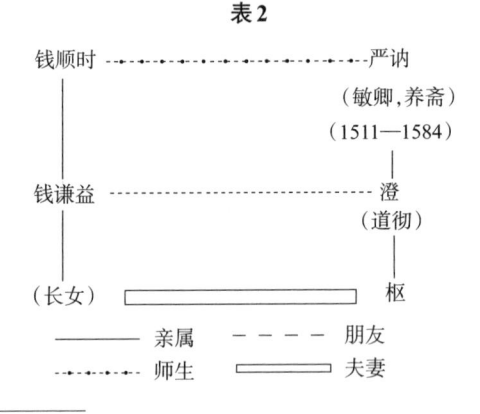

表2

```
钱顺时 ───────────── 严讷
                    （敏卿，养斋）
                    （1511—1584）
                         │
钱谦益 ─────────────── 澄
    │                （道彻）
    │                  │
 （长女）════════════════ 枢

 ──── 亲属    ── ── 朋友
 ─‧─‧─ 师生    ════ 夫妻
```

----

① 《钱牧斋全集》（第7册），页159。
② 严讷传见《苏州府志》卷九九，页17B—18B。
③ 参见朱彝尊：《经义考》，台北："中研院"文哲所点校补正本，1997年，页381—382。前引《明诗综》卷四三，第1A页有严氏小传。
④ 《钱牧斋全集》（第8册），页454—455。
⑤ 黄虞稷：《千顷堂书目》，瞿凤起、潘景郑整理本，上海：上海古籍出版社，1990年，页67。
⑥ 《牧斋初学集》，页876。
⑦ 据释圣严：《明末佛教研究》，页276。
⑧ 《苏州府志》卷四四，页5A—5B。
⑨ 常熟市文学艺术界联合会编：《常熟老照片》，苏州：古吴轩出版社，2000年，页69、70。

以上述常熟宗族中与牧斋至亲之顾氏、瞿氏及严氏,皆礼佛虔敬之甚者。及牧斋"长而卒业,壮而缚禅"后所与交往之江南士人中之皈依佛门者,为数尤众。今据牧斋诗文及其他相关资料,凡考得二十二人。而此二十二人,又皆为明亡以前已下世者:朱鹭(白民,家栋,1553—1632);董其昌(玄宰,思白,1556—1637);赵宧光(凡夫,1559—1625);钟惺(伯敬,1574—1624);瞿汝稷(元立,1565—1623);娄坚(子柔,1567—1631);袁中道(小修,1570—1624);文震孟(文起,湛持,1574—1636);邵濂(茂齐,齐周,1566—1611);李流芳(长蘅,茂宰,1575—1629);程嘉燧(孟阳,1565—1644);姚希孟(孟长,现闻);严澄(道彻);王在公(孟夙,1594进士);萧士玮(伯玉);周祝(季华,1555—1640);陶琪(仲璞,？—1638?);王志坚(弱生,淑士,1576—1633);黄翼圣(子羽);范景文(梦章,质公,1587—1644);闻启祥(子将);瞿纯仁(元初,1567—1619)。

牧斋与上列诸人之交谊,多非止于"单线式"之往来。语其简者,如与李流芳及程嘉燧,三人之间,往还至密。语其繁者,若上文所及之屠隆及王世贞父子兄弟与牧斋三世之关系,则错综复叠见表3。

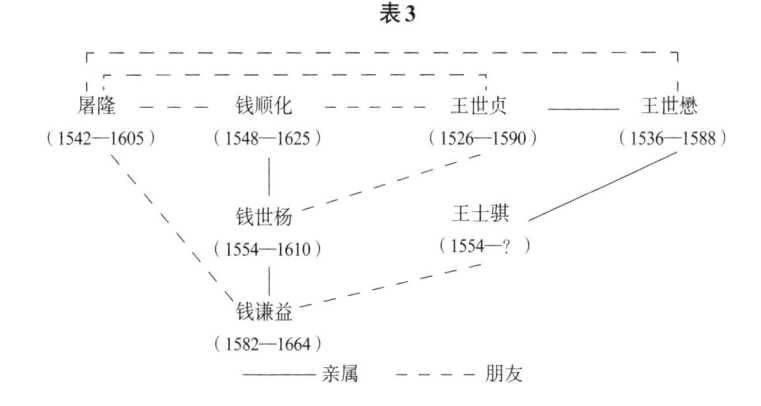

表3

```
屠隆 ----- 钱顺化 ----- 王世贞 ——— 王世懋
(1542—1605) (1548—1625) (1526—1590)   (1536—1588)

             钱世杨        王士骐
             (1554—1610)  (1554—?)

             钱谦益
             (1582—1664)
          ——— 亲属  ----- 朋友
```

以上述牧斋自少及壮之亲戚及相知中之礼佛者,皆明末间事。然则牧斋入清前即奉佛,其事亦非偶然可知矣。乃若明季士人多喜禅悦,近人言之者已多。即以牧斋及其亲友之事行观之,则晚明士人之风习固已如此,殆非出于"逃禅"。

四 牧斋之护佛与论政

牧斋于万历三十八年会试高中,获授翰林院编修,时年二十九岁。至清人入关,三十余载间,于明季宦海载浮载沉,四上四下,服官之日少,而闲居乡里之日多。①牧斋蒿目时难,默察世变,对明季政局,当不能无所慨叹。对时政之评论,乃竟往往于偈佛护法之文字中发之。此牧斋奉佛所表现之另一淑世意义也。

概言之,牧斋借护佛法以论时政,其要义有三:一者,人主之奉佛与否,与国运之盛衰密不可分;二者,士大夫之谋人军师国邑者,应效佛门僧徒谋浮屠塔庙之诚;其三者,为重臣者,宜以明初文臣宋濂之以佛法事太祖为典范。以下各拈例证,逐一说明。

《初学集》卷八一《募修开元寺万佛阁疏文》开篇云:"我太祖乘金轮以御世,尝称佛氏之教,幽赞皇纲,列圣继承,崇奉不替。三百年来,华夏乂安,戎狄宾服。华严世界,涌现于阎浮提,何其盛也!"②此牧斋人主之崇佛足致国运昌隆之一典型议论也。由是推之,牧斋以为当前世运之衰颓,乃由佛道之未得隆盛故也。《疏文》续云:

> 神庙之末,泰西狡夷,窜入中夏,蚁聚螺传,久而益滋。士庶惑其教者,敢于背违祖训,毁弃佛像,甘为左食侮言之徒。未几而羯奴叛,莲妖兴,生民涂炭,王师在野。③

所谓"敢于背违祖训,毁弃佛像者",固不独限于当时之"士庶"矣。即崇祯皇帝本人,亦尝于宫中有撤像之举,先师牟润孙于此事

---

① 参见金鹤翀:《钱牧斋先生年谱》(铅印本未注明出版地),1932年,页2—8。
②《牧斋初学集》,页1728。
③《牧斋初学集》,页1728。

已有翔确之考论。① 至所谓"生民涂炭,王师在野"者,牧斋复举眼前之事以为例证:

> 今年奴越畿辅,蹒山东,血肉狼藉,骸骨撑柱。盖燕、赵、齐、鲁之间,旁趋倒植,背佛乘而崇西教者多矣,宜其及也。②

"奴越畿辅",盖指崇祯十五年十一月至次年六月清兵五次进军关内,史称"壬午之役"者。③ 牧斋以为兵燹缠绵,乃导源于人君之不知崇佛,此说又见所撰《五台山募造尊钦赐藏经宝塔疏》:

> 余惟万历全盛之时,正三宝昌明之运。北胡削衽,受戒索于法王;西虏扣关,回狼心于佛乘。肆我皇风之宣畅,弥增佛日之光明。④

然自万历末年以来,则:

> 兵燹缠绵于赤县,干戈旁午于灵山。崇祯六年九月,流寇入焉。七年七月,逆奴入焉。奴则旋去而复来,寇则久踞而后遁。赤麋辫发,更番选佛之场;蚁贼羯胡,蹂躏清凉之国。搜金剔玉,腥秽佛身;碎锦剥绫,毁伤法宝。飞灰荡烬,惨凄经雷火之轮;雨血风毛,恍惚洒人天之泣。⑤

疏末署"崇祯十年九月",早于前引与开元寺有关之疏六年。两疏均指出神宗末年之弃佛,乃当前兵祸之源,与牧斋所撰其他倡

---

① 牟润孙:《注史斋丛稿》,北京:中华书局,1987年,页117—126。又入清后,牧斋与木陈和尚书尚云:"重念先帝偶惑左道,旋皈正法,于老人末后因缘,可谓佛日重开,法灯再耀。"参见《钱牧斋全集》第7册,页348。
② 《牧斋初学集》,页1728。
③ 参见郑克晟:《试论壬午之役与袁时中》,载《明清史探实》,北京:中国社会科学出版社,2001年,页209—223。
④ 《牧斋初学集》,页1718—1719。
⑤ 《牧斋初学集》,页1718。

佛文字中痛论"东房游魂,尚在海内"①及"近考目前,则昆明之劫灰如在",②皆由于人主不知虔事三宝者,持论如一。至牧斋认定若我佛之光明一旦得以重披,"则白山可夷,黑水可寨。腥膻可以为净土,椎髻可以为佛奴",③尤可见牧斋对辽事之沉痛,及其寓论政于护佛之用心。

次者,明季局面之动荡,牧斋以为为人臣者,亦不能辞其咎。盖当日"谋人军师国邑"之士大夫,其志行远不如佛门僧徒护庙护刹之忠贞。《初学集》卷四二《瑞光寺兴造记》有云:

> 盖尝论之,浮屠之为其塔庙,犹士大夫之谋人军师国邑也。浮屠以其塔庙为己,而不以其塔庙为己之塔庙。以其塔庙为己,故捍护之不啻头目,而庀治之不惜脑髓;不以其塔庙为己之塔庙,故一钱之入,不私其囊箧,毕世之计,不及其子孙。二者士大夫所远不及也,斯所以愧与?报应因果之说,儒者所不道。然吾观富贵烜赫者,未几而囊金椟帛,弃掷道路,遗胔腐骨,狼藉乌鸢,视浮屠之四众瞻仰,粥鱼斋鼓,安隐高闲者,所得孰多?呜呼!士大夫之于浮屠,不独思愧也,岂亦可以知惧矣乎?④

同卷《龙树庵记》亦有类似之说:

> 吾观佛之徒,其为说,以谓山河大地,一切如幻。而其身之所寄,瓦盂锡杖,一饭一宿,即五山十刹,亦比之于逆旅传递而已。然其人往往以塔庙为国土,以伽蓝为金汤,而效死以守之,身可杀而不可夺,若传者何其固也?今之为卿大夫者,身受国家疆圉之寄,而不难以戎索与虏。一旦丧师失地,日蹙国

---

① 《牧斋初学集》,页1723。
② 《牧斋初学集》,页1722。
③ 《牧斋初学集》,页1721。
④ 《牧斋初学集》,页1107。

百里,拱手瞠目,彼此相顾视,所谓败则死之,危则亡之者,其于浮图何如也?[①]

然百官士大夫之未能尽忠谋国,其最终之原因,乃在为人主者未能倡佛以化导忠孝有以致之。此则牧斋于《径山募造大悲阁疏》中明言之矣:

> 成祖文皇帝御制《大悲经咒序》曰:如来化导,首重忠孝。忠臣孝子,跬步之间,即见如来。如其不然,转盼之间,即成地狱。末法众生,造孽深重,不忠不孝,上干天地之和,下结山川之沴,故水旱刀兵之劫,起而应之。当此时节因缘,化导忠孝,消疵疠以还太和,牢笼拔济,人王法王之愿力,均有赖焉。[②]

自今日之观点以视牧斋论人主之是否倡佛与世运之兴衰,恐不免以之为牵强或偏颇。盖"人主崇佛,则人臣尽忠,如是则四夷来归,海内晏安"及类似之言论,与汉儒所谓"主贤则臣忠"之类"一厢情愿"之推理,毫无二致;其于国计民生之无补,则仍沉瀣一气。凡此皆不争之论,事至显然。

然上引诸倡佛文字,其最初之撰述目的及牧斋所将面对之读者对象,皆涉及宗教信仰问题,此则又非一般理性演绎之手法所可包含者。质言之,牧斋所撰之倡佛文字,其目的不外为修建佛寺或兴复塔阁以鼓动当地士庶慷慨解囊,共襄善举。其读者既为当地之群众,则作者必思触及其平日所至惧且又熟闻之事,从而作倡佛之议。必如是乃足牵动民众之心。此牧斋所谓"为国驱除""为国说法"者也。不然,牧斋何以于明亡之后,犹再三致意于径山老人"予虽学佛者,然爱君忧国之心,与忠义士大夫等"一语哉?故上述牧斋倡佛之文字,亦必从此角度考虑其如何以政局之衰颓鼓动群

---

① 《牧斋初学集》,页1105。
② 《牧斋初学集》,页1723—1724。

众之宗教情怀，方能理解牧斋用意之所在也。

牧斋倡佛之文字中，亦有借用明初之帝王将相以佛法治国之先例，以规劝当日之君主及重臣；此则目的不在地方民众，而在于京师之朝廷庙堂矣。牧斋所辑《宋文宪护法录》一书之经过，乃最佳之例证。

宋文宪者，明初著名文臣宋濂之谥号也。①牧斋撰《列朝诗集小传》，记"［明］太祖称［宋濂］为开国文臣之首"。②牧斋之心仪景濂可见。然远在此事之前，牧斋已汲汲于褒扬宋景濂以佛道辅助明太祖事，意欲将景濂平生所撰文字中之与佛教有关者，汇辑成书。《初学集》卷二八《宋文宪公护法录序》述此事原委有云：

> 谦益恭读高皇帝御制文集，稽首飏言曰：天命我祖，统合三教，大哉！蔑以加矣！已读故翰林学士承旨文宪宋公集，则又叹曰：嗟乎！夫宪章圣祖者，舍文宪何适矣？圣祖称佛氏之教，幽赞王纲。开国以来，凡所以裁成辅相，设教佑神，靡不原本一大事因缘。而文宪则见而知之，为能识其大者。《广荐》之记，《楞伽》《金刚》之叙，通幽明，显权实，大圣人之作用存焉。传有之：金铎振武，木铎振文。文宪其高皇帝之木铎与？繇文宪以窥圣祖之文，其犹《易》之有翼，《春秋》之有《传》也与？圣人之言天也，算以《周髀》，测以土圭，而天体见焉。于以宪章圣祖，盖思过半矣。③

"文宪其高皇帝之木铎与？"以明太祖配天，以文宪配孔子，以儒家之君臣观念，阐释奉佛君臣之关系。此一事也。又云：

> 圣祖现身皇觉，乘愿轮以御天。文宪应运而起，典司禁林，

---

① 宋濂，参见 F. W. Mote 所撰传。L. Carrington Goodrirh, ed., *Dictionary of Ming Biography, 1368—1644*, New York and London: Columbia University Press, 1976, pp. 1225-1231.
②《列朝诗集小传》，页80。
③《牧斋初学集》，页861。

辅皇猷而宣佛教。前代以翰林学士为内相，文宪之于高皇帝，有相道焉。云从龙，风从虎，圣人作而万物睹。文宪以大儒应聘，君臣之际，史官颂之至今。抑岂知其亲受付嘱，开华严法界于阎浮提，其为云龙风虎，又有大焉者乎？①

所谓"云从龙，风从虎"，文宪既从高皇帝，则牧斋自许为当世时之文宪，于理亦通。此另一事也。

《宋文宪公护法录序》末述成书之依据及方法曰：

> 《文宪集》无虑数十本，余搜次其关于佛事者，合诸云栖所辑，而僭为之叙，以谂于世之宪章者。文宪三阅《大藏》，入海算沙，有如指掌，在儒门中，当为多闻总持。至其悟因证地，著见于文字中，必有能勘辨之者，固非学人所可得而评骘者也。②

序中所及云栖，僧名袾宏，世称莲池大师（1535—1615），牧斋自承"曾侍巾瓶"者。③序末署万历丙辰，即四十四年（1616），时牧斋三十五岁，居常熟。序成后一年，适僧德清（澄印，憨山，1546—1623）东游至虞山。牧斋往谒于三峰寺，自是终身以憨山弟子自居。④而《护法录》一书稿，憨山不但尝得披读，且曾多次提供意见，并敦促牧斋付刻。此事之经过，见憨山《梦游集》中所收与牧斋诸札。其中一札有云：

> 虞山之会，匆匆未尽所怀。辱联舟远送，更感惓惓……

---

① 《牧斋初学集》，页861。
② 《牧斋初学集》，页862。
③ 袾宏，参见 Chun-fang Yü, *The Renewal of Buddhism in China, Chu-hung and the Late Ming Synthesis*, New York: Columbia University Press, 1981。牧斋于莲池自称"曾侍巾瓶"，参见张圣严：《明末中国仏教の研究》，东京：山喜房佛书林，1978年，第78—79页。
④ 德清，参见 Wu Pei-yi 所撰传，见前引 *Dictionary of Ming Biography*, pp. 1272-1275。

《护法编》时相披读；诸志塔铭，言言指归向上一路，得宗门正眼。我明法运大开，赖有此为衡鉴。若刻施流通，利法不浅。其稿，俟明春当专持上。①

札中所及"虞山之会"，憨山于其《自序年谱》记云：

［万历］四十五年丁巳。

予年七十二岁……回至吴门……请入华山，游天池玄墓铁山诸胜……将行，弟子洞闻汉月久候，钱太史受之亲迎至常熟，遂至虞山信宿。太史送至曲河。②③

所谓"辱联舟远送"者，憨山固终生未忘也。明年，憨山复致书牧斋，再申刻印《宋文宪护法录》之议：

《护法编》，文章不必重加批点，但就诸祖塔铭开正眼处，略发一二，则已为赘。幸早刻之为望！④

憨山另一札亦云：

今但就宗门诸大老塔铭中者，以正见正行为主，如居士之见者大同，亦不敢更增染污；其于碑记序文，特文章耳，则不必也。今以后寄底本覆上，若早刻一日，则法门早受一日之

---

① 德清：《憨山老人梦游集》，香港：香港佛教流通处，1965年，卷一八，页21—22。
② 《憨山老人梦游集》卷五四，页35—37。
③ 二人虞山别后，憨山有《寄钱太史受之》五古一首，备述相见之欢愉。诗云："匡庐列云霄，江湖邈天际。地涌青莲华，枝叶相鲜丽。眷彼中华人，超然隔尘世。梦想五十年，良缘图未遂。偶乘空中云，随风至吴会。东南美山水，酝藉多佳士。一见素心人，精神怳如醉。未语肝胆倾，清言入微细。相对形骸忘，了然脱拘忌。精白出世心，太虚信可誓。苦海方洪波，愿言驾津济。把别向河梁，遂我归山志。长揖返匡庐，藏踪杳深邃。五老与七贤，日夜常瞻对。诛茅卧空山，烟霞为衣被。视此芭蕉身，一掷如弃涕。缅想未归人，驰情劳梦寐。安得驾长虹，凌风倏然至。暂谢尘世缘，入我真三昧。"(《梦游集》卷四七，页26—27）又牧斋于入清后刊刻憨山《梦游集》事之始末，参见谢正光：《清初贰臣曹溶及其〈遗民门客〉》，收入氏著《清初诗文与士人交游考》，南京：南京大学出版社，2001年，页256—261。
④ 《憨山老人梦游集》，页25。

惠也！^①

可见憨山力促牧斋付刻此书之同时，亦尝就牧斋原稿亲加点勘，提出己见。牧斋既以憨山弟子自居，此事亦不足怪。况牧斋稿中，原包括云栖所辑部分在内；而憨山与云栖，又有深厚之交谊。种种因缘之交汇，遂令《宋文宪护法录》一书之辑，凝聚云栖、牧斋、憨山三人之心力而成。

再者，憨山本人亦尝有意辑录明太祖有关佛教文字成集，并欲将之与《宋文宪护法录》共成一部。憨山札又云：

> 山僧向读高皇文集，有关佛教及诸经序文，并南京天界、报恩、灵谷、能仁、鸡鸣五敕建寺中，各有钦录，簿中所载要紧事迹。意要集成一书，以见圣祖护法之心。若同此录共成一部，足见昭代开国君臣一体，亦古今所未有也。惟居士乘此留意一寻，最为胜事，实山僧所至愿也。^②

憨山之愿，似终未得偿；牧斋所辑《宋文宪护法录》一事，即曾付刻，恐亦流传未广。观乎晚明以来著录此书者，仅得黄虞稷（俞邰，1629—1691）《千顷堂书目》一家而已。^③且即俞邰之著录，亦云不知辑者为谁。今世治牧斋"佛教生涯与理念"之专家学者，乃有误以《护法录》为宋濂所撰者，^④亦自不必深怪之也。

牧斋之所辑，其书虽不可见，然《宋文宪公集》尚在。^⑤披览此集者，则可见景濂一生所撰与佛教有关之文字凡百数十篇，原本具在。故牧斋辑稿之存亡，所关亦非至重者明矣。

---

① 《憨山老人梦游集》，页26。
② 《憨山老人梦游集》，页26。
③ 《千顷堂书目》，页428。
④ 连瑞枝：《钱谦益的佛教生涯理念》，《中华佛学学报》1994年第7期，页322有云："[钱]谦益也借这个机会向憨山大师询问有关明初大学士宋濂（1310—1381）的《宋文宪公护法录》一事。"
⑤ 宋濂文集之刊布与流通参见钱穆：《读明初开国诸臣诗文集》，《新亚学报》1964年第6卷第2期，页245—261。

当然，今日考述牧斋辑录《宋文宪护法录》一事，无非在于说明牧斋之奉佛及其个人对当时政局之反响，二者之间，实密切相关。质言之，牧斋四十以前，尝梦想得一如早年之明太祖尊奉我佛之君主，而牧斋当日所自许者，则为今世之宋濂。一君一臣，共扬佛法，以致太平。此牧斋中岁以前之一企愿也。晚年"奉佛逃禅"云云，不皆成呓语哉？

五　破山寺住持鹤如法师去留之争

上文所引程嘉燧《常熟兴福寺志》一书有牧斋所撰序，开篇即云：

> 余为儿时，每从先君游破山寺。饭罢，绝龙涧下上，激流泉，拾赭石，辄嬉游竟日。长而卒业，壮而缚禅，柄息山中，往往经旬涉月。虽在车马尘坱、顿踣幽蟄之时，灯残漏转，风回月落，山阿砢户，斋钟粥鼓，未尝不仿佛在梦想中也。①

牧斋述其个人与破山寺之关系，文简意赅，情深词挚。实牧斋平生所撰之上乘文字。《破山寺志序》又记其祖母尝有破山寺周边不宜卜葬之说：

> 山寺之废而复新也，先君奉王母卜淑人之命，经营草昧，以溃于成。屠长卿寺碑云：善女人罄产倡缘，似昔贤之舍宅。谓王母也。王母尝嘱余云："山门东山二里许，皆古时经堂佛阁旧地，伽蓝神所呵护。汝外王父母之基，逼处寺之东偏，汝他日择善地，卜外王父母之宅兆而徙焉，用以妥先灵，忏宿业，汝其勿忘。"三十年来，外王母之子姓，累累青衿，家益衰落，至不能庇其丘木，而纵寻斧焉。邑志云：山名破山，葬者皆不吉。以佛地因缘

---

① 《牧斋初学集》，页887。

论之,斯又不足言矣。①

序文末署"壬午",即崇祯十五年,时牧斋方有甲子之庆,追往忆旧,于破山寺与其个人及其家族数十年来之密切关系,当不能无所感慨焉。

不意撰此序后之二十载、值康熙改元之初,牧斋以行将入木之年,竟被卷入破山寺住持鹤如法师去留之争,此则绝非牧斋所可预见者。其事为牧斋晚年之另一悲剧,盖以与之相争者皆钱氏宗族之子弟,彼辈又多为兴朝新贵,与牧斋晚年之政治立场,泾渭分明。而所争者,非门户势力之争,亦非宗旨学说之争;破山寺住持去留之争,细究之,实所谓"挟才角力,思攫福地"之个人势力之争。

今日可见有关破山寺住持去留之争之相关文字,皆出牧斋之手。然据此有限之材料,已足勾画出此一论争之轮廓。

首而言之,当时任破山寺住持之鹤如法师,与牧斋私交甚笃,且极可能为牧斋作主招之重来者。观牧斋《苦海集》中《喜鹤如上人还破山寺》一诗,可见端倪:

> 应器浮囊总息机,孤云还往本无依。即看白鹤凌空去,又见青猿洗钵归。席上龙参三谛法,阶前虎守七条衣。禅房花木浑如故,莫道沧桑劫已非。②

同集《寿鹤如五十》,则可见二人之情谊:

> 如莲半偈一灯遥,雪被冰床护寂寥。石壁寒云人世在,禅房花木劫尘消。枝头怖鸽依潭影,钵里眠龙应海潮。天眼定中常不昧,金轮时见鬼神朝。③

考吴伟业《吴梅村全集》卷五有《破山兴福寺僧鹤如五十》,

---

①《牧斋初学集》,页887。
②《钱牧斋全集》(第7册),页95。
③《钱牧斋全集》(第7册),页95。

作于顺治七年，[①]则鹤如当生于明万历二十九年，长梅村八岁，少牧斋十九岁。鹤如亦能诗，牧斋有《题鹤如禅师诗卷》一文，述鹤如宗门师承及其学世间诗颇详：

> 洞闻长老为紫柏、憨山上首弟子，坐破山道场，说自在法，频申婆和而逝。鹤如禅师德公，为其再世嫡孙，亲承巾瓶，妙得心印。顾不肯坐曲盝床，开堂竖拂。和光匿影，虚己酬物。以撑柱丛林、禀持清规为能事。天寒岁俭，斋厨萧然。法筵清众，钟鱼不改。庄严像设，殿无凝尘。洒扫阶除，院无宿草。禅诵之暇，焚香涤砚，贾其余闲，作为歌诗，与词人诗僧，击钵刻烛，往复酬和，其言蔼如也。诗成，持一卷求正于余。而余谓之曰："子知夫鹤乎？是仙家之麒骥、羽族之介鸟也，以喻于子，如子之孤迥洁白、抖擞而离俗也。其鸣于九皋，声闻于天也，以喻于子之诗，如其清吟静啸、警露而唳空也。其鸣于在阴，而其子和也，以喻于子之友声，其琴心三叠、一唱而三叹也。吾向者以鹤字子，今其有征矣乎？我闻弥陀佛国，有种种奇妙杂色之鸟，昼夜六时，出和雅音，常说五根五力七分八道之法，而白鹤居其首。今子学世间诗，说出世间法。假宫商俳偶之调，演根力微妙之音。鹤以音声说法，子以诗句说法，又安知子之非鹤而鹤之非子乎？"鹤如踊跃欢喜，合十而言曰："驱乌之岁，夫子以鹤如字我。今乃知夫子之记我也。此山中林木池沼，宛然西方。公若肯来，用迦陵仙音说法，某得如五百鹤众，闻一偈而飞鸣解脱，则大幸矣。请书之以为券。"[②]

文中盛称鹤如"和光匿影，虚己酬物。以撑柱丛林、禀持清规为能

[①] 吴伟业：《吴梅村全集》，李学颖标校本，上海：上海古籍出版社，1990年，页130。此题置《诗前集四·五言律诗》之末，应为梅村出仕前之作品。梅村于顺治七年访常熟，与牧斋见面，此诗当作于此时。
[②] 《牧斋有学集》，页1581—1582。

事"。又谓其人早年落发(驱乌)①,牧斋即以"鹤如"字之。牧斋与鹤如关系之不比寻常可知。鹤如与梅村有文字交,已如上述。《吴梅村全集》另有《夜发破山寺别鹤如上人》:

> 得来松下宿,初月澹相亲。山近住难定,僧高别更真。暗泉随马去,急叶卷归人。过尽碧云处,我心惭隐沦。②

诗成于顺治十六年左右③。"山近住难定,僧高别更真",知鹤如此时在破山寺尚隐保其住持之位。然梅村访破山寺后数载,即有牧斋同族中人名朝鼎(禹九、黍谷)者④,对鹤如深表不满,至非将之逐出破山寺不为快。牧斋《与禹九书》中有及此争端之所由始:

> 病废卧榻,不复问人间事。适犬子来,言足下不惬意于鹤如,不欲其居此寺。此寺自先母创修,愚父子三世为檀越,亲见鹤如苦心为众撑柱山门,毫无过举。必有金人以浮言中伤,致有谴怒。然此僧无罪而去,则山寺无人料理,立致倾颓,恐非足下护法盛心。若老病檀越剥尽面皮,又不足置喙也。种种遣犬子面悉,并询福先、大士,可以知公道也。草草不多及。⑤

书中称"鹤如苦心为众撑柱山门"一语,与前引《题鹤如禅师诗卷》中述鹤如为人,申义如一,文字亦相似。书中"必有金人以浮言中伤,致有谴怒",则牧斋此时对钱朝鼎尚婉言相劝,未至直斥朝鼎真

---

① "驱乌",谓落发后之沙弥。说见诸桥辙次:《大汉和辞典》卷十二,东京:大修馆书店,昭和三十年(1955)自序本,页548—549。或谓"驱乌沙弥"者,年在七至十三岁间。则牧斋与鹤如相识久矣。又牧斋《鹤如上人像赞》亦云:"昔我过尔,年方驱乌。字以鹤如,皎洁僧雏。"参见前引《钱牧斋全集》第8册,页836。
② 吴伟业:《吴梅村全集》,页367。
③ 程穆衡原笺,杨学沆补注:《吴梅村诗集笺注》,上海:上海古籍出版社,1983年影清保蕴楼钞本,卷一〇,系顺治己亥(1659年)。
④ 钱朝鼎小传,参见《苏州府志》卷一,页5A—5B;冯金伯:《国朝画识》卷二,上海:中华书局,1923年,页7B。
⑤ 《钱牧斋全集》(第7册),页556。

正之居心,乃在于欲借逐鹤如以攻讦牧斋也。

及牧斋得朝鼎复书(此书未见),则拂然大怒矣。作书致族人福先及大士二人,对朝鼎之所为,逐一呵斥。词气凌厉,亦无复假借矣。此书作于辞世前不久,文中呼叫呐喊,声近凄其,不独见牧斋殁前痛心之状,亦可想见当年破山寺住持之去留,如何于常熟钱氏族人中,造成悲剧性之分裂。书云:

> 昨犬子归传命,即削牍致都宪公,婉转启请,求其勿急逐寺僧,以全薄面。旋奉报章累纸,词严气厉,凛凛乎金科玉条,不可干犯。仆为心折气尽,惭悚无地,今不更敢有陈奏,窃平心降气,为两足下私言也。亦非敢违宪台严命,触冒为此僧申雪也。

> 据其所言,则有之矣。破山寺为寒门三世檀越,闾里所通知也。仆虽老朽,其人尚在,何不走一介之使,将尺一之诏,好言谕之曰:"寺僧不法,当驱遣之,以净山门。"即旁人有怂恿者,亦必正告之曰:"彼自有檀越在,当令彼善遣。"以全老人体面,旁人亦无所置喙矣。今悻悻然不通一信,不致一词,震霆冯怒,立刻驱遣。此其为抹杀老朽,借逐僧以逞其咆哮凌厉,居可知也。乃云"仰体护法盛心,非有异同"。此不可以欺黄口竖子,而可以欺八十老人乎?又谓"舆论啧啧,卖菜佣三尺子皆悉其颠末。老人龙钟衰迈,两耳双聋,受欺受蔽,无足怪也"。两足下聪明绝世,持公秉直,亦颇为此僧称冤。岂两足下之见闻,反不如卖菜佣三尺子,而主持名教,为邦之司直者,独都宪公一人耶?又云:"千余年破山寺,百余年叔翁护法,乃出此无行妖僧,玷辱刹宇。"则鹤如之奸淫无行,乃老人百余年护法养成之也。斧钺之诛,市朝之挞,不在鹤如,而反在老人。倒行逆施,亦已甚矣!

> 衰残病楄,屏迹匿影,无因无缘,恶口辱骂,此亦世间罕有

之事也。书词反覆,意气高张,俨然以金汤护法自命。试问都宪公平日于兴福寺曾舍一粒米、施一分香否耶?何劳挺身护法,如此迫切?又请问都宪公平日参诸方善知识几人?护法海内道场几处?佛法嘱咐国王大臣,今日谁为推择?谁为见证?此法印便独归于都宪公耶?仆虽老废,生平于宪府诸老,旧交则有邹南皋、赵侪鹤、高景逸、李茂明辈,新朝有房海客、龚芝麓辈,颇辱其道义,深知草木臭味。今观此公,铁面霜棱,威风凛凛,先后执法,似只有此一人。老人眼界,颇自宽阔,付之哑然一笑而已。

仆有"鹤如撑柱山门"之语,彼谓"破山寺鹤如若死,谁人料理?"此言似尤背理。今所谓撑柱山门者,正谓鹤如未死,而责其料理也。彼若死,则其责归于后人。今日彼他日必有死期也,而先逐之,山门倾圮,不利众僧。此等罪业,必有与鹤如分肩之者。此又不可不深长思也已。都宪虽尊重,死与不死,似非出其主张。阎罗老子勾消世人,原不依捋尖文簿。闲话及此,聊供两足下一抚掌而已。病甚,不能造晤。种种遣犬子面告,不赘。[①]

札首所云"都宪公"者,明指钱朝鼎,盖朝鼎于顺治十三年尝官左副都御史,至札末所云"宪府诸老"中之房海客,名可壮(1579—1653),龚芝麓,名鼎孳(1615—1673),则后皆与牧斋同列"贰臣"。可推见牧斋当日盛怒之下,具列房、龚之姓氏,以示朝鼎之官位不足畏,而于己身事二姓一节,遂亦坦承而不以为忤矣。辞气凛于秋霜,鄙夷之色,捶胸之慨,直有金鼓齐鸣之势矣。

兹考述收信人之一:福先。

《有学集》卷五〇《福先五子字辞》,称福先为"从孙",文末署己亥,即顺治十六年。[②]福先请牧斋为其五子命名,事与后二年

[①]《钱牧斋全集》(第7册),页557—559。
[②]《牧斋有学集》,页1647—1648。

（顺治十八年）遵王央牧斋为其四子字同。[1]足证牧斋在福先心目中之地位。

《钱牧斋先生尺牍》卷二有《与福先二首》，具见二人之情谊。第一札云：

> 量移之后，声尘寂蔑。顷才一接手书，欣慨交集，潸然欲涕。宦海升沉，人所时有。而此时此世，尤非所堪。加以物情浇恶，征索填委，虽以尊闻贤能，能为无米之炊，而剜肉补疮，将火灸穴，既无点金之法，又无避债之台，决意欲亲抵任所，愬其苦辛，仆以关河间阻，干戈载道，再三转嘱山妻，力为劝阻，而卒未肯转圜。此仆心所深忧也。仕路险恶，业已备尝，如欲循资依格，取次迁转，昔人所谓鲇鱼上竹竿，大为费力。若得乞假移疾，脱身南归，有田可耕，有子可教，吾辈朝夕相依，讨论诗文，研穷佛法，便是三十三天，到处有随身宫殿。何苦恋恋鸡肋，碌碌马蹄，侧塞鼠穴中，作篓薮活计耶？虽功令严切，恐有镌责，若其究竟，止于罢免，则吾以为胜于一日九迁也。仆自戊戌秋殇一亢宗之长孙，自此益厌薄世事，专向空门。附去《心经小笺》并《桂殇诗》二种，聊以见老人近况。生计萧然，赖荆妻课耕劝织，聊以卒岁。体幸尚强健，日啖米一升许，传得仙酒酿法，神许可以延年，此皆足下所乐闻也。人便，信笔作字，家中一切安稳，亦殊不烦老人照管，但此心不敢不尽也。千言万语，只以早得执手为望。不多及。[2]

"量移之后，声尘寂蔑"者，盖指福先不久之前"尝得罪贬窜远方，遇赦改近地"。知福先盖曾一度为新朝之显贵。

札中云："仆自戊戌秋殇一亢宗之长孙。"戊戌为顺治十五年，所殇亢宗之长孙，"名佛日，字重光，小名桂哥，生以辛卯孟陬月，殇以戊戌中

---

[1]《牧斋有学集》，页1649—1650。
[2]《钱牧斋全集》（第7册），页322。

秋日",具见牧斋《桂殇四十五首》诗序。①札又云:"传得仙酒酿法,神许可以延年。"则指所撰《采花酿酒歌示河东君》,此诗之序明言"戊戌中秋日,天酒告成,戏作《采花酿酒歌》一首"。②③则牧斋长孙之殇,与"天酒告成",皆在戊戌中秋日,两者之间关系若何,异日当另考之。

以上考述,知此札当作于戊戌之后无疑。第二札云:

> 顷得范三兄札,知有锦旋之信,为之狂喜。此时得归故园,骨肉团圆,此人世第一吉祥。八十衰翁,有种种事件,欲待足下商榷。今得遂此愿,余生暮年,亦第一可喜也。原约归里之日,先到村庄,后入城市,此言万万不可爽约。专率稚孙,扫门酹春酒,以待车骑之至,勿令老人望眼欲穿也。吕小隐顷在村中,知足下归信,不胜雀跃。故人朋旧,盼望如此。东阡南陌,殊不寂寞也。因范三兄行,草草附候,神与俱往矣。会面伊迩,不复多及。④

此札置上札之后,当作于顺治十七、十八年顷。范三兄者,不知何人。吕小隐,名潜,又字半隐。崇祯十六年进士。清人入关后,与丁魁楚、瞿式耜迎立永历帝于梧州。后流寓江左,与牧斋族人龙惕往还亦多。⑤

细观第一札中,牧斋力劝福先辞官归里,至谓"吾辈朝夕相依,讨论诗文,研究佛法",知福先亦奉佛之人。牧斋盼望福先南归之诚,亦跃然纸上矣。故第二札中,牧斋自承得知福先决意南归后

---

① 《牧斋有学集》,页455—472。
② 《牧斋有学集》,页449—450。
③ 参见谢正光:《钱牧斋之酒缘与仙佛缘》,《中国文哲研究通讯》,台北:"中研院"中国文哲研究所,2004年6月。
④ 《钱牧斋全集》(第7册),页323。
⑤ 吕潜传记数据参见谢正光:《明遗民传记索引》,上海:上海古籍出版社,1992年,页55—56;钱龙惕:《大兖集》(聚珍版重印,无出版地点年份)卷下有《和得观棋六首赠吕小隐》。

"为之狂喜"云者,当非套语。及再三叮嘱福先"归里之日,先到村庄,后入城市,此言万万不可爽约"。牧斋有满腔话语,急欲相告,知是时钱朝鼎对牧斋之攻势,早已开始。

总而言之,福先与牧斋,谊属从孙祖,情则实忘年之知己。福先又尝于新朝服官,以得罪被贬窜远方,近始获赦,则似亦尝有其显赫之时。凡此当皆为牧斋拉拢福先以对抗禹九之缘由也。

前引牧斋与福先大士札之另一收信人大士,即钱延宅。《光绪苏州府志》延宅小传称大士为钱时俊孙[①],与钱遵王(曾)同辈,则亦牧斋之族曾孙也。大士举顺治九年进士,累官于宁夏、湖广等地,后以御史巡视陕西,与福先同为兴朝新贵。

至牧斋之与朝鼎,族系亦疏。二人于入清后之宦途经历,尤相天壤。朝鼎举顺治四年进士后,官运亨通,以广东学政官至太常卿,又与平南王尚可喜结姻亲[②],质言之,朝鼎乃一典型之兴朝新贵,故得挟其政治势力,以威迫牧斋。

当然,破山寺既为常熟之名刹,住持去留之争,实亦即对破山寺整体控制之争。此牧斋札中"此法印便独归于都宪公耶?"一语之所指也。况牧斋一家自万历至崇祯,四世为该寺檀越。牧斋个人对破山寺亦有特殊之感情。今朝鼎倚其在新朝之势力,必欲取代牧斋于破山寺之地位,无怪乎牧斋不惜以风烛残年之躯,奋力与朝鼎周旋。

牧斋与朝鼎争破山寺住持之去留后,不及二载即辞世,旋又有钱氏族人往拂水山庄逼迫牧斋爱妾柳如是交出钱银财产、柳氏自缢

[①] 钱延宅小传参见《苏州府志》卷一〇〇,页7A—7B。
[②] 此说乃陈寅恪先生所倡。参见《柳如是别传》(下册),上海:上海古籍出版社,1980年,页1212—1213。又钱朝鼎任广东学政官期间,值牧斋挚友龚鼎孳"颁诏入粤",牧斋托龚访寻明末德清憨山《梦游集》岭南刻本。龚氏不负所托,与曹溶联手发起重刻《梦游集》。钱朝鼎亦参与其事。牧斋《憨山大师梦游集序》且列朝鼎名,参见谢正光:《清初贰臣曹溶及其〈遗民门客〉》,《清初诗文与士人交游考》,页258。

身亡之一幕。当日主导此一悲剧者,即钱朝鼎其人。陈寅恪尝考述钱朝鼎如何鼓动牧斋至亲,包括上举时俊之后人而身列牧斋门墙之遵王等,对柳氏横加逼迫,不稍宽贷。陈先生且考索牧斋早年与汝瞻一系之结怨经过,事涉敲诈,且及古物图籍之觊觎。其间积怨,可谓其来有自矣。[①]惟于破山寺争住持去留一事,陈先生终未着笔。

牧斋与朝鼎间斗争之最后胜负如何?鹤如果为朝鼎所逐抑能终老于破山寺?皆不可考。唯据光绪《苏州府志》知此争后不久,严讷之孙栻重建破山寺邻近之中峰讲寺,钱朝鼎尝为之记。《志》云:

> 中峰讲寺……嘉靖中,倭警,寺尽焚。邑人大学士严讷复构小室,以为僧栖。国朝康熙三年,讷孙栻重建大殿,钱朝鼎记。[②]

考牧斋卒于康熙三年(1664)五月二十四日,钱朝鼎撰中峰讲寺大殿重建记于是年,虽不无巧合,然人事之代兴,亦隐约可见矣。

牧斋力讼破山一寺之事实,正在其退隐已久之暮年,其虔虔之意,若无宿因宿缘,何当至此?则晚岁"奉佛逃禅"一说,复何得而云耶?

钱朝鼎工诗善画。徐崧《百城烟水》录有其记游之作。[③]集名《山满楼》[④],未见。画名则似较著。吴梅村有《题钱黍谷画兰》诗,即为朝鼎作:

> 谢家燕子郁金堂,玉树东风绕砌长。带得宜男春斗草,众中推让杜兰香。

---

① 参见陈寅恪:《柳如是别传》,页1197—1224。
②《苏州府志》卷四四,页5B。
③ 徐崧:《百城烟水》卷五,台北:文海出版社,1971年,页373—374,《福城禅院》条,录钱朝鼎《松之道兄雅集琴川附赠》五律一首云:"君来当俭岁,况又值兵戎。品信饥寒出,交真梦寐通。分橙禅榻暗,会食饭盂空。幸有逃禅侣,讴吟政不穷。"松之,徐崧字也。
④《苏州府志》卷一三八,页14B。

> 北堂萱草恋王孙，膝下含饴阿母恩。错认清郎贪卧雪，生儿强比魏兰根。①

程穆衡《吴梅村诗集笺注》引陈瑚（言夏，确庵，1613—1675）《确庵文稿》叙朝鼎家居之风流雅致有云：

> 黍谷家虞山之麓，有楼三楹。轩窗阑楯，与山相接。以赵松雪所书山满楼额其楣。黍谷雅善古琴，覆棋画香草，作正书，其多艺有如此者。②

宋琬（玉叔，荔裳，1614—1674）《钱黍谷画兰歌》后半阕叙朝鼎平居行酒美人、追声逐色事，则又较陈瑚所记更足令人神往矣：

> 钱郎本自江海人，能事相成盖有因。坐拥婵娟称畏友，牙签斑管常随身。羸马归来爽鸠署，美人常镜生微颦。骍驲之裘脱酤酒，清樽对雨花开晨。幽窗小鬟擘笺待，玉台高咏声何新。雪儿十五能吴歌，更解丝桐妙入神。箜篌一曲歌一阕，流光宛转飞梁尘。绾袖濡毫染麝煤，紫茎绿叶交纷纶。婉娈能令卉木荣，九畹开遍无冬春。③

然则朝鼎家财之殷富及其个人之才艺，固虞山一方之雄者，可无疑矣。

六 结语

牧斋奉佛之前后因缘考述既竟，案头尚有有关资料数条，不忍舍弃。特为录出，略作释解，兼为全篇作结。

---

① 程穆衡：《吴梅村诗集笺注》卷一〇，上海：上海古籍出版社影印清保蕴楼抄本，1983年，页29。按：卷一〇原注"起己亥至游虞山之作"，己亥为顺治十六年，游虞山在顺治十七年。
② 同上。陈瑚《确庵文稿》，未见。
③ 宋琬：《宋琬全集》，辛鸿义、赵家斌校本，济南：齐鲁书社，2003年，页388。集中第548页另有钱黍谷初度一题，作年不详。"黍谷"误植为"忝谷"。

《初学集》卷四二《瑞光寺兴造记》开篇曰：

> 余十五六时，从吾先君之吴门，则主瑞光寺僧蓝园远公。迄今三十余年，先君停舟解装与远公逢迎笑言之状，显显然在心目间。每过寺门，辄泫然回车，不忍入也。远公居寺之后禅院，每令一小沙弥导余游废寺。殿堂萧然，塔下榛芜，不辨甓埵。廊庑漏穿，败甓朽木，与像设相撑柱，有声拉拉然。相与顾视促步以返。①

上文述牧斋八岁时得其叔祖存虚公携往虞山东塔礼高僧密藏开。越七八载遂有苏州瑞光寺之游。寺在苏州城南。启祯之际，有倡议修复此寺者，牧斋及文震孟（从鼎，文起，湛持，1574—1636）俱主导人物。② 观台北"故宫博物院"所藏湛持手书《金刚般若波罗蜜经》三十幅，文氏即以"佛弟子"自称。其《瑞光寺募缘偈》述寺之荒废失修，曰："佛宇寥落，古殿苔藓，寒烟荒楚。"③ 与牧斋所忆述者正同。瑞光寺得牧斋、湛持及其他江南檀越倡募经费，不数年而修复完竣。而始终主其事者，即上引牧斋文中所及为之导引游荒寺之圆净也。及崇祯十二年，圆净寂化，世腊五十二，牧斋为撰塔铭，于少年游寺事，犹娓娓道来：

> 余年十六，寓瑞光后院。师少于余六岁，短小类侏儒，余狎之，墨其面以为戏。已而拉之游寺经行，废塔破壁，瓴甓圬墁，兀兀压人，相与狂奔而返。④

可见牧斋与其少年游伴小沙弥之交谊，至是已历四十二寒暑矣。

---

① 《牧斋初学集》，页1106。
② 文震孟，参见 L. Carrington Goodrich 及 Donald Potter 所撰传。前引 Dictionary of Ming Biography, pp. 1467-1471。
③ 文震孟：《瑞光寺募缘偈》，周永年辑《吴都法乘》卷二六，1936年番禺叶恭绰等用抄本影印，页4A。又吴梅村《瑞光禅寺碑阴记》亦述圆净修复瑞光寺事颇详，参见《吴梅村全集》，页834—836。
④ 《牧斋初学集》，页1579。

此一事也。

《有学集文钞补遗》所收《大佛顶首楞严经疏蒙钞缘起论》开篇曰：

> 万历己亥之岁，蒙年一十有八，我神宗显皇帝二十有七年也。帖括之暇，先宫保命阅《首楞严经》。①

文末署"强圉作噩"，即顺治十四年，时牧斋七十六岁。"先宫保"者，牧斋父世扬也。知牧斋初读《首楞严经》，下距其手钞此经之成，历五十载矣。此另一事也。

《有学集》卷五〇《书舍田册子》曰：

> 里中顾善士伯永，辛勤拮据，治生创业。家产不过数千金，而能捐舍三百亩归诸招提，供佛及僧，为忏罪植福之计。斯可谓甚难希有者矣。昔者西天戒日王，积集财宝，于两河间立大会场，五年一大施。已成五会，欲作第六会，请玄奘大师随喜。会成，踊跃欢喜，合掌告法师曰："某积此财宝，常惧不入坚牢之藏。今得贮福田中，可谓入藏矣。"逝多太子曰："佛为福田，宜植善种。"今善士施田三百亩，一锥一粒，皆坚牢入藏中。又以此田为子孙植善根，即子孙之福田也。由此观之，世之拥帑藏，据膏腴，不肯发心布施者，斯真窭人穷子，身无半分，家无寸土，又率其子孙，生生世世为窭人穷子者也。吾于斯举，深为善士庆，又深为善士之子孙庆也。②

此牧斋晚年记里人舍田奉佛，以其"辛勤拮据，治生创业，家产不过数千金"，而犹能捐舍三百亩土地，供佛及僧，为之赞叹称善不已。可见当时之檀越，亦非尽是缙绅之家。此另一事也。

此三事者，一涉牧斋与佛徒之往还，一涉牧斋个人于佛典之研

---

① 《钱牧斋全集》（第7册），页472。
② 《牧斋有学集》，页1655。

治,一涉牧斋对施舍钱财供佛者之揄扬。兹三事者,皆牧斋终生行之不息者。至其早岁得子则名之曰"佛霖";再得子,又名之曰"檀僧";①晚岁得孙,复名之曰"佛日"(重光,桂哥,1651—1658)。②凡此种种,皆有助于说明牧斋之奉佛,始终有其源自家世、乡党以及群从交游诸种动力为之诱导、支撑,亦有其现实之政治意义为之激扬,非徒仅以其入清后之失节,遂致佞佛也。必明乎此,方足与言牧斋宗教世界中所蕴藏之深厚人文意义。牧斋之事既如此,推而广之,其他明末清初士人之佞佛者,又安得有大异于斯者欤?是则牧斋奉佛之终始因缘,不能徒以"隐愧丧节"一事单向作论;其间丝缕,纠结复叠,非究诘而莫得其涯略者,亦可知矣。

后　记

本文杀青付印后,偶见牧斋及遵王诗中,均记及钱朝鼎所居之"山满楼",原即遵王曾祖钱岱(汝瞻)之故业。《有学集》卷一一《宿述古堂四首》其三开篇云:

> 繁华第宅太平时,山满高楼夜宴迟。

牧斋自注云:

> 山满楼,是侍御汝瞻兄宴客处。

诗作于顺治十八年(1661)春。后此一纪,遵王有《葊匪楼成诗以自贺八首》一题,第四首自注云:

> 先曾祖侍御汝瞻公,自江陵殁后,罢官里居,誉处山满楼者四十余年。

"誉处"云云,犹言安乐也。《诗·小雅·蓼萧》:"既见君子,

---

① 《钱牧斋全集》(第7册),页1643。
② 《牧斋有学集》,页455。

我心写兮。燕笑语兮,是以有誉处兮。"

钱朝鼎既名所居曰"山满楼",所撰诗亦曰"山满楼诗",然则朝鼎亦如遵王同为钱汝瞻之后者耶?所异者或朝鼎所承者为大宗,故得继承祖产耶?

又:本文录牧斋《与福先大士》一札中有朝鼎指责牧斋语云:

> 千余年破山寺,百余年叔翁护法,乃出此无行妖僧[鹤如],玷辱刹宇。

朝鼎既称牧斋为"叔翁",为牧斋之族孙明矣。而遵王之称朝鼎,则为叔伯矣。

无论如何,破山寺住持去留之争所涉诸人之族属关系,尚有待于细检虞山钱氏宗谱始能详审。闻上海图书馆藏有此谱,年来亦偶过沪上,惜尚无缘。

2005年岁杪记于兰亭渡之停云阁

(原载《清华大学学报》[哲学社会科学版]
2006年第21卷第3期)

清初忠君典范之塑造与合流
——山东莱阳姜氏行谊考论

一 绪言

清康熙二十四年(1685),江苏巡抚汤斌(孔伯,荆岘,1627—1687)倡建"二姜先生祠"于苏州,以奉祀不久前客死其地之前明遗民姜垓(如农,1607—1673)及姜垓(如须,1614—1653)兄弟。方志载二姜祠坐落于虎丘"千人石上、四贤祠间壁"[①],是处乃游人必至之地。祠成日,吴江潘耒(次耕,稼堂,1646—1708)有诗记其盛云:"吴门野老多相识,雪涕争看幼妇碑。"[②]

姜氏兄弟,山东莱阳人[③]。如农先第崇祯四年(1631)进士,出倪元璐(玉汝,鸿宝,1594—1644)门。如须则崇祯十三年(1640)进士,座师为徐汧(九一,勿斋,1575—1648)。倪元璐于李自成兵陷京师后自杀殉明;翌年,清师下江南,徐汧亦自沉于苏州。自科第出身而言,姜氏兄弟皆可谓出忠烈之门。

然明清易代之际,姜氏一族遭逢之坎壈,殆不可名状,实又有

---

① 顾诒禄:《虎邱山志》(乾隆三十二年[1767]序刊本,未注明出版地),卷七,第4页上。
② 潘耒:《遂初堂诗集》(上海:上海古籍出版社,1995年《续修四库全书》),第1418册,第240页。
③ 魏禧《本传》,收入姜垓:《敬亭集·附录》(台南:庄严出版社,1997年《四库全书存目丛书·集部》,第193册);何天宠《姜考功传》,收入姜垓:《流览堂残稿》(宣统二年[1910]王懿荣序刊本,未注明出版地)。有关姜氏兄弟之传记资料,又见谢正光《明遗民传记索引》(上海:上海古籍出版社,1992年),第108—110页。

过于倪、徐二人者。先是，如农于崇祯十五年（1642）擢任礼科给事中，拜官未及半载，而上疏已达三十余，以敢言闻于朝。终亦以是触怒崇祯帝，与同官熊开元（玄年，鱼山，1599—1676）同收锦衣狱。先被严刑拷讯，后遭拽出午门，受杖一百，至昏迷。乃弟如须口衔童溺饮之，复为延名医至狱中疗治，始获存生。

如农狱中养伤未痊，而故家旋复祸起。盖时值清兵发动"壬午之役"①，于崇祯十五年十一月至次年六月，五次进军关内。崇祯十六年二月（亦即如农被杖后三月），清兵攻陷莱阳，姜氏自父泻里而下，一门男女二十四口，同遭杀戮，事闻京师，有请帝释如农使归家治丧者，诏未之许。

越明年，崇祯始下诏遣戍如农于安徽宣州卫。如农离京就道，未至戍所而崇祯帝自缢煤山。嗣后如农流落皖苏之间，一度随如须远走浙东，既为避祸，亦不无对其地之鲁王政权有所企盼。及事不成，先卜居江苏真州。及如须猝死吴门，如农亦携家移居苏州。卒于康熙十二年，上距清人入关已四十载矣。

如农在清，始终以先帝罪人自居。取号敬亭老兵、敬亭山人，以示不忘戍所。临殁，尚语诸子云："吾获罪先皇，奉命谪戍，遭逢时变，流离异乡。生不能守先墓，死不能正首丘，怀凄于心。故君之命，后虽有赦，不敢忘也。"遗命葬安徽宣城。

明清之际乃"天崩地坼"之非常时期，而即此非常时期之中，姜氏一族之遭际亦极不寻常。如农以朝廷命官，临杖午门之外时，但见"西偏襞衣百余人，各执木棍，一宣读毕，一人持麻兜一，自肩脊而下束之，令不得左右动。而头面触地，浊尘满口中矣。又一人缚其两足，四面牵曳，但两臀受杖而已"②。数月之后，清兵陷莱阳，姜氏惨遭灭门之祸。如须上奏，恳求崇祯释放乃兄，俾得归乡治

① 参郑克晟：《试论壬午之役与袁时中》，收入所著《明清史探实》（北京：中国社会科学出版社，2001年），第209—223页。
② 姜垓：《姜贞毅先生自著年谱》，收入《敬亭集》，第11页上。

丧。奏中情词恳切,可谓一字一泪:

> 臣兄礼科给事中垓,言事迂戆,荷圣明宽宥,颂系西曹,闻讣浃旬,号恸绝食。臣若奔赴故里,则臣兄圜扉一息,立毙草土。臣欲留视橐馆,则臣父原野暴骨,长饱乌鸢。臣余气僵魂,死生无地。伏望皇上,付臣法司代兄归葬,兄得毕命首丘,臣愿填尸牢户。①

姜氏子弟,既先为明廷所刑辱,继则为清兵所脔杀,其遭际至惨。大明与清朝所负于其身者亦多矣! 然其事之至奇者,尤莫过于如农、如须兄弟于入清之后,于大明始终耿耿不忘;如农且终其一生以先皇之罪人自居。及二人先后客死吴门,与姜族有灭门血仇之清政权乃竟为之树碑述德,立祠褒名,并奉之为忠君之最高典范,事之有难于理解者,乃一至于此耶?

然细思之,清初苏州二姜祠之建造,事亦非出偶然;莱阳姜氏之被奉为忠君之典范,实则为具不同政治立场者所共同塑造之成果。质言之,苟以二姜祠为忠君一义之大流,则其源皆约略可考。今先就三方面概言之。

一者为以汤斌为代表之清政权。考汤氏为清廷所培养第一代官吏之佼佼者,才望既出众,复深为清廷所信赖。从政之余,尝问学于关中大儒孙奇逢(启泰,夏峰,钟元,1585—1675),与明遗民之俨然领袖者顾炎武(宁人,亭林,1613—1682)亦尝通款曲②。汤氏平生服膺程朱之学,其倡议建祠,实源于其个人之思想信念。而自

---

① 姜垓疏见钱谦益:《莱阳姜氏一门忠孝记》,《初学集》(上海:上海古籍出版社,1985年),第1133—1134页。
② 顾炎武:《答汤荆岘书》,《顾亭林诗文集》(北京:中华书局,1959年),第51—52页;汤斌:《答顾宁人》,《汤文正公(潜庵)全集》(台北:文海出版社,1966年),第1册,第349—351页。汤氏问学于孙夏峰,见同集,第1册,卷二卷首四札。又参Fang Chao-ying(房兆楹)所撰传,收入Arthur Hummel, *Eminent Chinese of the Ch'ing Period(1644—1912)*(Washington, D. C.: United States Government Printing Office, 1943—1944), pp. 709—710. 又,汤斌抚吴期间,对当地著名之遗民徐枋亦顶礼有加(徐枋为姜氏兄弟挚友,见下文)。见陈去病:《五石脂》(南京:江苏古籍出版社,1999年),第305—306页。

清廷视之，姜祠为培养忠君价值之最具体之教材，故亦乐观其成。治史者每昌言乾隆帝褒扬明季殉难诸臣之策略，而少及乾隆之祖康熙，实导其源。其事至为明显，无待赘论。

再者，崇祯末年尝有赐姜泻里"祭葬、赐祠"之诏，后以国亡，事未果行。而首倡其议者，钱谦益（受之，牧斋，1582—1664）即其一人。牧斋撰《莱阳姜氏一门忠孝记》，收篇有云：

> 国家元气，旁薄结辀，而勃发于姜氏之一门，非偶然也。使国家之臣子胥如姜氏，则忠臣孝子，接踵于世，何至如靖康之时，……使敷天率土，痛北辕而忧左衽哉！……今姜氏之恤，独出宸断，然后知崇奖节义，固圣明之所急，而所司奉行者之罪也。①

文末署"崇祯甲申三月记"，盖在北都沦亡之前夕也。所谓"姜氏之恤，独出宸断"，则崇祯有议恤之诏无疑。与姜氏同受难之宋氏，亦得牧斋为辞以哀之②。未及二载，牧斋随弘光诸臣郊迎清兵。然姜氏一门被奉为忠君典范，崇祯帝及其朝臣如牧斋者，均与有力焉。此另一源也。

惟本文所欲标而出之者，乃在于姜埰本人自始即立意参与此一忠君典范之塑造，以及如农在此一"工程"中所作出之若干贡献。是故本文开篇三节，首论如农于忠君典范之自我表述，继考其与贰臣及显宦之交游而故意闪烁其词，末述其治生之有道及其于宗族绵延之有术。凡斯三者皆围绕如农于忠君典范之自我塑造一事，求证其如何以行动、诗文、史著，乃至图像等方法与手段，以力求其忠君之形象流传于世。

---

① 姜垓疏见钱谦益：《莱阳姜氏一门忠孝记》，第1133—1135页。
② 钱谦益：《宋稽勋哀辞并序》，见前引《初学集》（下册），第1692—1694页。同时人陈子龙有《挽莱阳五河使君》一首云："十去玉札寄丹丘，京洛从容此唱酬。书报燕关云黯黯，香迷聚墓水悠悠。家留禅草投明主，梦里修文忆旧游。愁听田横山外笛，招魂独夜海风秋。"见施蛰存、马祖熙标校：《陈子龙诗集》（上海：上海古籍出版社，1983年），第501页。

明乎此,则清初苏州"二姜祠"之建造,亦非真不可解者也。

二 姜埰对忠君典范之自我表述

姜埰生前曾两度手订平生所作诗文。首次在康熙元年(1662),时年五十六岁;如农将五十三岁前所作刻成《敬亭集》。集名敬亭,示不忘戍所之意也。如农自云集既刻成,藏于家,未尝示人。十年之后,如农复将五十三岁以后所作辑成《馎饦集》。"馎饦"者,麦饼也,取北宋范纯仁(尧夫,937—1011)"谪永州,寄人书云:此中每日闭门餐馎饦,不知身之在远"之意。[1]

现存之《敬亭集》,乃如农殁后其二子合《敬亭》《馎饦》并刻而成。除《补遗》一卷为二子所增,其他诗文,皆如农生前手定。故《敬亭集》者,实如农对其一生之自我评述。本节考论如农对忠君典范之自我表述,大多取材于此集。

考明末清初间士人好谈忠节为事君之道,所撰诗文中,遂对前史忠君之先例,多有描绘。此与国运时势,皆不无关联。治史者于此亦早达共识。盖当时论忠节者,前则举屈原、陶潜为模范,近则以郑思肖、谢翱为可慕。是故屈赋陶诗之搜集笺注,与月泉吟社、铁函心史,以及西台恸哭等故实之咏叹,乃一时成风。屈子行吟,《离骚》《九歌》,至有善丹青者为之图像刻板行世。凡此皆足睹当时士人之所向往。

然如农《敬亭集》中,虽有和陶之篇章,终不免视之为逍遥容与之资而已。[2] 其于屈子,则未见许可,以为"委命哭泣",一如汉之贾

---

[1] 姜安节、姜实节:《府君贞毅先生年谱续编》,《敬亭集》,第540页,"六十五岁"条。黄周星《敬亭集序》,《敬亭集》,第543页。
[2]《敬亭集》中所收和陶诸篇,如《停云》《时运》《荣木》《乞食》《用陶悲从弟韵哭弟坡》,及《和陶挽歌辞哭左侍郎仲及三首》,皆中年之作。晚年则对隐居田野山林之事,以为不必,有"不求仕宦也,亦不求必入山林"之说(见所撰《颐圃记》,《敬亭集》,第615页)。至陶潜为隐逸者流或实忠君爱国,清初人议论纷纭,参北京大学、北京师范大学中文系教师同学编:《陶渊明研究资料汇编》(北京:中华书局,1962年),第175—198页。

谊,于家国两皆无益。①换言之,如农既不认同于陶潜之"追寻自我",亦以屈原之"忠而不烈"为不是。若心史与西台恸哭等故实,则皆只字未见。

今所欲论述者,乃如农于明亡之后,于前史中所选择之忠君典范,实得二人,一为西汉之汲黯,一为南宋之文天祥。如农与汲、文二人,相去千载以上,或数百年,然如农则以此二人之生平出处、遭逢心事,有足取法,而志行亦有与彼若合符节者。今请分别论之。

汲黯为西汉景、武帝两朝之大臣。司马迁称其"好学,游侠,任气节,内行修洁,好直谏,数犯主之颜色";又借淮南王之口,谓黯"好直谏,守节死义,难惑以非"②。班固则谓汲黯"为人性倨,少礼,面折,不能容人之过。合己者善待之,不合者弗能忍见,士亦以此不附焉"③。是汲黯近乎古之所谓社稷之臣。对君父忠言直谏,至死不渝,后人遂多以之为愚忠之标范。

早在被杖之后、获谴戍之前,姜如农即被同时人与汲黯并提。其同里友及儿女亲家宋琬(玉叔,荔裳,1614—1673)尝有诗咏其被杖事,中有句云"汲黯愚忠归主鉴,子瞻生死任人传"④,即其一例。及国亡卜居吴门,筑敬亭山房于艺圃(见下文),昆山归庄(柞明,玄恭,1613—1673)为撰《敬亭山房记》,述如农被杖及遭戍事,为抱不平,至谓崇祯"毋乃成见未化而吝于改过欤!"玄恭于文中复指出如农对崇祯则终无怨怼之心。其言曰:

---

① 清初人有以如农比附屈原者,如钱澄之(饮光,田间,1612—1693)即是。参所撰《敬亭集序》,收入《田间文集》(合肥:黄山书社,1998),第240页。又见《敬亭集》前。然如农于屈原,实有微词。观其晚年为长洲文秉(荪符,大若,1609—1669)《先拨志始》所撰序中可知:"昔屈原贾谊,委命哭泣;扬雄左思,浮藻赡富。盖菁华者鲜实,萎落者无益。"序不见今本《先拨志始》。收入前引《敬亭集》,第611页。
② 司马迁:《史记》(北京:中华书局,1985年),第10册,第3105—3109页。
③ 班固:《汉书》(北京:中华书局,1985年),第8册,第2316—2323页。
④ 宋琬:《安雅堂未刻稿》(《续修四库全书》,集部),第1405册,第164页。玉叔诗题作《姜黄门卿墅以言事下诏狱乃付司败赋此二首》。

> 熊公[开元]每言及先朝,不能无恨;而先生绝无怨怼君父之心。国亡之后,犹不忘戍所,以敬亭为号。若曰:我宣州之老卒也。先生可谓厚矣!①

玄恭谓如农"可谓厚矣",不亦与宋荔裳"汲黯愚忠归主鉴"为同调耶?

夫如农于国亡后犹耿耿于先帝,读《敬亭集》中所收如《乙酉元旦》《乙酉冬至》《恭读先皇敕命哀痛而作》及《云阳驿恭读先圣遗命二首》诸篇②,即可见之。至《赴戍》一诗,作于闻崇祯帝自缢后,则传诵于当日尤广:

> 垂死承恩谴,天威咫尺间。荷戈荒徼去,收骨瘴江边。衮职犹思补,龙髯竟绝攀。先皇千滴泪,独在敬亭山。③

开篇四句述被杖后获免一死,仅被谪戍,因颂皇恩之浩荡。"衮职犹思补,龙髯竟绝攀"则慨叹吾主已逝,终无复有补过之机会。收篇两句,铸结崇祯与如农二人之君臣关系,虽生死亦不足以移易之矣!然则如农于此诗中对崇祯之自我表述,非愚忠者而何?

如农于崇祯死后,犹坚持赴戍之表述,除发之于诗歌而外,尚见之图像。《自著年谱》"戊戌五十二岁"条有云:

> 九月,访孝廉徐枋于墅区。枋题《敬亭荷戈图》见赠。④

徐枋(昭法,俟斋,1622—1694)⑤之父,即如须之进士座师、后于清兵下江南时自沉之徐汧。以家世学养及操守故,徐昭法实苏州遗民中之一重要人物。如农卜居吴门后,与昭法往还频密。《敬亭集》

---
① 归庄:《归庄集》(上海:上海古籍出版社,1984年),第361页。
② 姜埰:《敬亭集》,第588、584、570页。
③ 姜埰:《敬亭集》,第573页。
④ 姜埰:《敬亭集》,第539页。
⑤ Dean R. Wickes 所撰"徐枋"传,见前引,*Eminent Chinese of the Ch'ing Period* (*1644—1912*)。

中，累有所记。

《敬亭荷戈图》者，殆上引如农诗中"荷戈荒徼去"之意。《敬亭集》卷四有《自题荷戈小像集唐四首》，即为徐昭法所绘而作。其第一首云：

> 长沙谪去古今怜刘长卿，杨柳初迷渡口烟薛逢。谩说简书催物役钱起，可堪风景促流年李郢。津楼故市生荒草李嘉祐，落日深山哭杜鹃李群玉。为向东州故人道李益，好收吾骨瘴江边韩愈。①

结句用韩退之"好收吾骨瘴江边"，正前引《赴戍》中"收骨瘴江还"所自出。

徐昭法所绘图，乾隆间全祖望（绍衣，谢山，1705—1755）犹及见之，且尝为题诗一首，叙如农生平忠节事，兼及姜氏兄弟与浙东鲁王政权之关系。《鲒埼亭诗集》卷五《题姜如农侍郎荷戈图》云：

> 七尺疑金铸，须眉尚俨然。茫茫亡国戚，忽忽荷戈年。甬上曾弸节，先人辱赠笺。一军惊失守，连阡各殊天。珍重山居誓，苍凉野哭篇。哲昆棠荫在，赐庙海隅悬。傅饦诗无敌，蟛蜞话足传先生至吾乡，见鲒埼诸海错，迟疑不下箸。归东聊堕马，哭弟几摧弦。族未零王葛，居胡变海田？清高肃遗像，感慨望遥阡。式里重思旧，披图愿执鞭。可怜廿四气，早已化云烟。②

以上考述，应足证明如农之于崇祯，堪与汲黯在汉廷之行事相比；其为社稷之臣，耿直愚忠，可无疑矣。宋荔裳及归玄恭，盖皆如农之知己也。

至如农本人，亦尝以汲黯自况，而其所采取之自我表述方法，

---

① 姜埰：《敬亭集》，第607页。
② 全祖望撰，朱铸禹汇校集注：《全祖望集汇校集注》（上海：上海古籍出版社，2000年），第2150页。

与下文所述自比文天祥者又有所不同。苟细读《敬亭集》中《汉臣死戍墓记》一文,则此意自明矣。

此文不满五百字。所谓《记》者,大抵为如农故设之志怪小说家言。故所记之事,每多虚假,如开篇假野农闻鬼夜哭事以见迷离恍惚云:

> 宣城敬亭山有田夫耕于野者,穿渠决水,下之,乃古冢,材瓦铜漆宛然。是夜冷雨泣哭,其声凄壮。田夫恐,急取土掩覆。久之,迷其处,只留版石尺许,鹅毛鸟迹,土花古蚀,子孙相守,取以镇物。岁年击剥,不大可辨。后人闻其事,就而读之,择理会文,截续其言。惟世代姓名不详,因称为某先生云。①

以下叙"某先生"之平生,则故将汲黯与如农之行事,揉而为一矣。如"某先生隶籍渤海,闻于汉某帝时举孝廉于乡",此汲黯也。继云:"诣阙,上天人七策,置为巍科,俾令于淮甸之南。奏最。帝赐廉循久任四字,盖宸翰亲洒也。"此则如农任真州县令满及崇祯赐以"廉循久任"四字,皆见《自著年谱》。再述被杖、谪戍之缘由,则一一皆如农所亲历,而寻之于《史记》或《汉书·汲黯传》所不可得者也。

> 某先生痛时势之阽危,而柄臣之祸国也,伏蒲弹摘丞相。激帝怒,下廷尉狱拷治,三木囊头,且死。御史大夫上殿牵帝衣止之。寻杖一百,幽系请室年余。时某父太公殉国难烈死,其弟大行请代兄治丧,不允。廷臣交请某。帝曰:有弟某在。一日,诏报谪戍宣城。无何,黄巾寇乱,宗祊不守矣。②

以上皆姜氏一族于崇祯十六、十七年之遭际,前文已详。至所谓"黄巾寇乱,宗祊不守"实指李自成兵破北京、崇祯自杀身死事。若

---

① 姜埰:《敬亭集》,第615—616页。
② 同前注。

云汲黯,则其卒时尚在汉武盛时,又何来"黄巾寇乱"?此亦无待详辨者也。

文之收篇,点出某先生者,即汉之汲黯:

> 宋室遗民某读其文,设为虚冢,题曰"汉臣死戍之墓"。又记先生具疏时梦某帝坐陵园,左大臣一,袍笏肃立,右虎一,踞帝前。先生问大臣谁人?曰:汲黯也。①

如农撰为此文,用以告世之来者彼与汉之汲黯,虽相去千余载,然彼此为君效命之心则如一。其目的至明,无待烦言矣。

至如农最初发现文天祥有足取法者,其过程则不无机缘巧合之处矣。

缘顺治六年(1649),如农自浙东携家经安徽北返莱阳,路出真州。时边筹遍地,烽火连天,如农之子实节又刚诞生,乃取消北返之意,暂居真州。适有一汪姓门生为赁得一王姓人家之屋,以暂安其家。《敬亭集》卷六《芦花草堂记》述改建此一居停为庭园之经过云:

> 屋后一楼,兵火残毁。豁其地,种竹数竿、桐一株、梅二株。移汪生园石者五,三齿立,一卧,一突然于竹之左侧,庀其材木,作阁一、亭二。初名乌兔阁,再名怀旧阁。一亭初名向日亭,再名一木亭;一亭初名此石亭,再名秋风破屋。而总之曰"芦花草堂"。②

如农名此园"芦花草堂",正与文天祥有关。《记》续云:

> "满地芦花和我老,旧家燕子傍谁飞?"此文丞相过金陵诗也。丞相囚京口,夜遁真州,至今真州岁时奉血食不替。既

---

① 同前注。
② 姜垓:《芦花草堂记》,《敬亭集》,第614页。

客真州,舍丞相又谁取法耶？①

按：文天祥诗题作《金陵驿两首》,如农所引即第一首之颈联。全诗云：

> 草合离宫转夕晖,孤云飘泊后何依？山河风景原无异,城郭人民半已非。满地芦花和我老,旧家燕子傍谁飞？从今别却江南路,化作啼鹃带血归。②

诗作于南宋祥兴二年(1279)文氏被押走燕京路过金陵时。姜氏《记》中所及文氏"囚京口,夜遁真州",则在景炎元年(1276)。

如农于真州,应知之甚详；文天祥当年自京口夜遁真州事,亦当早便了然于胸。盖如农于崇祯四年(1631),曾以新科进士接篆真州知县,在位达十年之久。此次以先朝"父母官"之身,"路出"其地,复赁屋建园,作栖居之计,其事绝非偶然；当日如农在真州之故旧门生,亦必不止为其赁屋之汪生一人而已。

如农与真州,其实尚另有更深之关系。崇祯十四年(1641),如农奉调入京前,于真州娶一王姓女为"副室"；时如农三十五岁,上距其元配董氏之殁两载。

如农副室王氏,家在扬州,父"业盐策,家富巨万"。王氏来归时,年十五。为如农生一子,即诞于真州取名实节者。王氏殁于康熙五年(1666),得年仅四十。如农请得当时古文大家魏禧(叔子,冰叔,凝叔,1624—1680)为撰《墓志铭》③。上述王氏父"业盐策,家

---

① 同前注。
② 陈延杰：《文文山诗注》(长沙：商务印书馆,1937年),第229页。如农引文山诗中"满地芦花和我老,旧家燕子傍谁飞",陈注云："刘方平诗：'梨花满地不开门。'林逋诗：'最爱芦花经雨后。'刘禹锡诗：'旧时王谢堂前燕,飞入寻常百姓家。'杜甫诗：'清秋燕子故飞飞。'"
③ 魏禧：《姜贞毅先生副室王孺人墓志铭》,《敬亭集》,第686—687页。魏氏另有《姜母王少君墓志铭》,《魏叔子文集外篇》(《续修四库全书》集部),第1409册,第180—181页。二文皆为王氏作,然文字颇有出入。《姜母王少君》文亦称王家"业盐策,家富巨万",唯指王氏先代以三原人徙白门,稍异。

105

富巨万",即引自此文,当自可信。

凡此种种,皆足证明如农当时选择真州为居停地,实有其涉及社会关系、经济实况等因素在内;此一决定,固非偶然,亦非妄然为之者。

翻阅《敬亭集》,尚另见有足为上说佐证者。卷四《遣仆真州索米》一律云:

> 十亩荒田买白沙,江东乱后即吾家。人民久见当年鹤,父老应无旧县花。麻线官塘还力役,枣林粳稻匮年华。近城豺虎愁飞攫,回首关河怅路赊。①

诗题"遣仆真州索米",实即俗语所谓"下乡收租"。篇首称"十亩荒田",不必为实数。如农尝于真州置产应可无疑。

如农携家居真州前后达十年,《自著年谱》中偶亦描述当日生活之优悠。己丑年四十三岁(顺治六年,1649)条云:

> 赁王生屋居之,署其庐曰芦花草堂,取"满地芦花和我老"之诗。文信公曾遁真州故也。自号敬亭山人。与李大令时开、颜山人不疑、郑孝廉元志,及僧见之、碧潭辈结方外社。天台徐光业来访,把手道故,勖以道义。真古人之交也。②

观如农在真州所与诗酒唱酬者,有县令、士子,及方外缁流,且尝得故人自远道来访,把晤终日,此与《宋史》中所载文天祥被囚镇江,"与其客杜浒十二人夜亡入真州"③之狼狈景象,究竟不可同日而语也!

---

① 姜埰:《敬亭集》,第605页。
② 姜埰:《姜贞毅先生自著年谱》,《敬亭集》,第539页。
③ 脱脱等:《宋史》(北京:中华书局,1985年),第36册,第12536页。文山有《真州驿》诗,作于被掳北上途中。诗开篇云:"山川如识我,故旧更无人。"陈注云:"丙子三月一日,公曾入真州,故云识我也。《论语》:'故旧不遗,则民不偷。'"丙子,景炎元年(1276)。一如上文所述。《真州驿》及注,见前引《文文山诗注》,第235页。

然如农自卜居真州后，始终坚持"舍[文]丞相又谁取法"之信念。其在真州开始为明季尽节诸臣所撰之传记若干篇，统其名曰《正气集》，即取义于文山《正气歌》。及五十四岁移家吴门后，又因购得文山后人文震孟之旧宅而多所表述，且与长洲文氏子弟，多有往还。凡此皆当于下文述之。

然如农与汲、文二人之生平出处，果有相近似者耶？汲、文二人之思想行谊，又有何者为如农所欲师效？质言之，如农究因何以文天祥、汲黯为其忠君之典范？

余尝思之，如农之褒颂汲、文，实为其人所具之浓厚之二重政治人格之展示。盖如农者，以一"不可一日无君"之传统儒士，其毕生之所追求，无非在得一"圣君"，以遂其"贤臣"之愿。故天下有道，则当仿汲黯，为循吏；及天下失道，则当为文天祥，标忠义。凡斯二者，皆义无反顾。审如农一生，明亡之前，以直谏闻天下，至身心俱受重创而无悔，此非汲黯之行径耶？及家亡国破，如农则犹耿耿于先皇，虽未能挥鲁阳之戈，以挽落日，然其恳恳之忠诚，不亦上足与文氏《正气歌》中所描叙之"典范"相比照耶？

如农晚年卜居吴门，名其宅曰"颐圃"，实亦其政治理想之另一表述。夫"颐"者，于《易》为第二十七卦，象为下震上艮[①]。《序卦传》释"颐"为"养"。故曰："天地养万物，圣人养贤以及万民。"明言圣君与贤臣之关系，密不可分。"六四：虎视耽耽，其欲逐逐"，则上文所及如农《汉臣死戍墓记》文中所叙之"君臣合契图"也：

　　……某帝坐陵园，左大臣一，袍笏肃立；右虎一，踞帝前。先生问大臣谁人？曰：汲黯也。[②]

所谓"虎视耽耽，其欲逐逐"者，状求颐养之心切，如贤臣之求圣君

---

① 参徐志锐：《周易大传新注》（济南：齐鲁书社，1986年），第177—183页；钱世明：《易象通说》（北京：华夏出版社，1989年），第77—79页。
② 姜埰：《敬亭集》，第615—616页。

者焉。此不亦如农终生梦寐以求而终不可得之理想耶？

三　姜埰与贰臣显宦之交游

姜氏兄弟虽拒不仕二姓，且与清之如海家仇耿耿不忘，然二人与其故交中之投清为贰臣，或应试出仕而位极显贵者，不惟未尝敌视之，且仍保持往还，或诗文投赠，或庭园共酌，游处与共，相得甚欢。

夫以明之遗民而与清朝之新贵通款曲、共游处，此乃清初一颇普遍之现象。即贤如顾炎武、黄宗羲（太冲，南雷，1610—1695）、傅山等，犹尚不免。余于此事论述已多[①]。独姜如农之与新贵交游，每多掩映作态、闪烁其词。质言之，如农珍重旧谊，似未忍将其与故友聚旧之迹隐没。然如农于悠悠之士论，终亦不能无所顾忌。两相权衡，于手订诗文之际，遂将有关篇章中所及旧友之姓名，尽行删除。唯其人之里籍，予以保留耳。故读《敬亭集》者，于如农同时人之诗文，苟有所掌握，亦足溯其人往还之迹。往复比读有关篇什之余，交相推敲，终后焘然得解，有欣然会于心者焉。

本节考述如农于入清后与吴伟业、龚鼎孳、曹溶，及宋琬等人保持往还，即此以入。

以下先考述与吴梅村之交往。

姜如农与吴伟业（骏公，梅村，1609—1672）年龄相若，且同举崇祯四年进士。后如须中进士，留京服官，时如农已官真州，梅村以友兄提携如须者多年。可推知明亡之前，梅村与姜氏兄弟交情甚深。

清人入主中原之初，梅村隐于乡，如农则浪迹于苏、皖之间，且一度携家投奔如须于浙东，盖以如须服官于鲁王政权故。此段期

[①] 谢正光：《清初诗文与士人交游考》（南京：南京大学出版社，2001年）所收有关诸文。

间,梅村与姜氏兄弟始终保持联系。顺治三年,梅村有《姜如须从越中寄诗次韵》一题,可证:

> 漂泊江湖鲁两生,乱离牢落暮云平。
> 秦余祀日刊黄县,越绝编年纪赤城。
> 南菊逢人怀故国,西窗听雨话陪京。
> 不堪兄弟频回首,落木萧萧非世情。①

姜垓投梅村诗中,往往与梅村以道义相勖勉。《寄吴学士》第一首以夫妇关系譬喻君臣,选旨虽乏新意,然通篇清词雅句,颇似阮嗣宗《咏怀》诸篇。兹迻录全诗,以见如须之诗才:

> 飘飘杨白花,溶溶大江水。天衢既阻修,良人隔万里。妾身如飞蓬,贞洁聊自矢。朝立青云端,暮倚朱楼里。四顾多徬徨,尘沙蔽野起。梧桐摧为薪,兰蕙化为枳。中夜坐长叹,皓首思君子。②

"妾身如飞蓬,贞洁聊自矢",此非朋友间道义相勖者何?

及顺治四年,如须自浙江归吴门,梅村与之相见,闻如农尚流落皖南,且在黄山剃发为僧。梅村对姜氏兄弟之际遇,深致悲哀。于是有《东莱行》长歌一首,明言"为姜如农、如须兄弟作也"。梅村歌行,善于叙事,此世所熟知。《东莱行》中篇六韵,述姜氏兄弟之坎壈,事确而词挚,有非相知之深所不能言之者焉:

> 本为逐臣沟壑里,却因奉母乱离中。
> 三年流落江湖梦,茂陵荒草西风恸。
> 头颅虽在故人怜,髀肉犹为旧君痛。
> 我来扶杖过山头,把酒论文遇子由。

---

① 吴伟业:《吴梅村全集》(上海:上海古籍出版社,1990年),第143页。
② 此诗不见姜垓《流览堂残稿》收入。陈济生编:《天启崇祯两朝遗诗》(北京:中华书局,1958年),卷七,第845页;朱彝尊辑:《明诗综》(台北:世界书局,1969年复影本),卷六十九,第10页下"姜垓"条。

109

> 异地客愁君更远，中原同调几人留？①

"中原同调几人留？"显为梅村于同辈中投清者日多所致之慨叹，与如须赠诗中"妾身如飞蓬，贞洁聊自矢"旨意相同。

然《东莱行》写成后六年，梅村应召北上服官，遂使名重江南之遗民，摇身变为失节之贰臣。梅村作"两截人"一事，近人论述已多。以下所考论者，仅限于姜氏兄弟与变节后之梅村间之关系而已。

顺治十年九月，梅村携家小取道运河北上。时如须已病逝吴门，如农则抱痛迎母于山东莱阳。梅村路过鲁西，闻胶州有兵变，思念故人，乃投诗如农。其《过姜给事如农》云：

> 侍从知名早，萧条淮海东。思亲当道梗如农迎母，会胶、莱有兵乱，哭弟在途穷如须避地，没于吴下。骨肉悲歌里，君臣信史中。翩翩同榜客，相对作衰翁。②

全诗写如农所遭逢之又一凄惨境况。结句点出两人同年之关系——"相对作衰翁"，可解作伤岁月之逝。梅村对己身之失节，终未着一字。

《敬亭集》卷三有《淮上逢娄东友贻诗却和》一首，即如农和梅村者：

> 自是文名重，何知已荐雄。暮云连蓟北，丛桂别江东。草色长河外，楼阴古驿中，嗟君匹马去，相顾意无穷。③

诗题"娄东友"，实指梅村，以原籍地代替梅村之姓名字号，此上文所及如农于清议士论终不能无所顾虑之一明证也。冯其庸、叶君远亦指出梅村原唱与姜垓和作：

> 同为五律，且用韵为同一韵部。而诗中"自是文名重，何

---

① 吴伟业：《吴梅村全集》，第69—70页。
② 同前注，第314页。
③ 姜垓：《敬亭集》，第580页。

知己荐雄。暮云连蓟北,丛桂别江东"等句,与伟业此时情状正合。①

梅村于顺治十年冬抵京,有《将至京师寄当事诸公四首》,其中"白衣宣至白衣还"一句,传诵一时。后三载,梅村得假南返,至康熙十年(1671)卒于太仓,终未再出。

梅村南归后数年,姜垛即定居苏州,与太仓比邻,然二人集中均不见有往还之迹。唯梅村物故之后,姜垛有诗二首挽之。挽诗题目不但略去梅村之姓名字号,甚至梅村之原籍亦复不提。诗仅题作《哭友二首》。诗云:

> 遽有雄文荐,征书已再宣。名因黄阁重,官拟白衣还。李业曾持毒,醮(集作醮,应作谯)玄敢奉钱。叹君题墓意,心事令人怜。

> 难使双眸暝,君心痛哭余。一生名至此,将死意何如。丝竹苏卿酒,梁周庾信书。空留词令在,传写遍闾间。②

第一首"名因黄阁重,官拟白衣还",显从杜甫《旅夜书怀》③中"名岂文章著,官因老病休"来;第二首自"一生名至此"至篇末,句法亦学杜,唯已由形似而神似矣。至第一首开篇两句,与上引和梅村之作之开篇正同;"官拟白衣还"者,出上引梅村句"白衣宣至白衣还";"叹君题墓意,心事令人怜",盖指梅村临终前之自叙事略中所云:

> 吾死后,敛以僧装,葬吾于邓尉灵岩相近。墓前立一圆石,题曰诗人吴梅村之墓。勿作祠堂,勿乞铭于人。④

---

① 冯其庸、叶君远:《吴梅村年谱》(南京:江苏古籍出版社,1990年),第271页。
② 姜垛:《敬亭集》,第587页。
③ 郭知达编注:《九家集注杜诗》,收入洪业等编《杜诗引得》(上海:上海古籍出版社,1985年),卷二十七,第415页上。
④ 冯其庸、叶君远:《吴梅村年谱》,第541页。

111

上述数点,足证姜垓《哭友》一题实为吴梅村而作。

细读如农挽诗,如农于梅村失节一事,实抱莫大之同情。第一首尾联"李业曾持毒,谯玄敢奉钱",典出《后汉书·独行列传》中李业拒为公孙素所迫出仕饮毒而死及谯玄子瑛奉钱千万以赎其父拒不应荐出仕二事。①第二首颈联"丝竹苏卿酒,梁周庾信书",则以苏武与庾信事相提并论。揣如农之意,梅村实后汉《独行列传》中之人物;其失身之前,行同苏武。②及其出仕异族,实有非得已者,亦如以梁臣庾信之在北周。杜诗"庾信平生最萧瑟,暮年辞赋动江关"③,殆亦如农"梁周庾信书"之所本耶?

《敬亭集》卷三收《赠合淝友二首》一题。此如农于入清后与闻名南北之贰臣龚鼎孳(孝升,芝麓,1615—1673)相见聚旧之明证也。

诗题"合淝友",指芝麓,亦犹上述以"娄东"为梅村例。诗云:

> 江城九月起凉风,木落谁怜秋思穷。雁远那能忘蓟北,鹤归不去恋辽东。徒闻近日诗名好,却笑从前酒债同。花草吴宫更何似,南飞乌鹊月明中。

> 逢人江上雨垂垂,隋苑凄凉只自悲。寄信曾无黄犬日,伤心不在赭衣时。论文连岁应刘尽,欲杀当初李杜知。梦到家园荆棘底,泰山东望系愁思。④

第二首"论文连岁应刘尽,欲杀当初李杜知",见如农将一己与芝麓之交情,比附杜甫之与李白矣。盖杜诗《春日忆李白》⑤中"何时

---

① 范晔:《后汉书》(北京:中华书局,1965年),第2666—2670页。
② 班固:《汉书·苏武传》,第8册,第2459—2468页。
③ 杜甫:《咏怀古迹五首》第一首。见洪业等编《杜诗引得》,卷三十,第471页下—472页上。
④ 姜垓:《敬亭集》,第590页。
⑤ 洪业等编:《杜诗引得》,卷十八,第280页。

一樽酒,重与细论文",不亦此意耶? 如须同年黄周星(景虞,九烟,1611—1680)序《敬亭集》,称如农诗之"沉雄悲壮,则杜拾遗也"①,洵非虚语。

此题龚芝麓有和作,收入《定山堂诗集》卷十六,亦七律,且与姜垛原唱用韵相同。诗题作《如农返真州以诗见贻和答二首》:

> 天涯羁鸟共晨风,送客愁多较送穷。黄叶梦寒如塞北,黑头人在愧江东。九关豺虎今何往,一别河山事不同。执手小桥君记否,几年衰草暮云中。

> 曾排阊阖大名垂,蝇附逢干狱草悲。烽火忽成歧路客,冰霜翻羡贯城时。花迷故国愁难到,日落河梁怨自知。隋苑柳残人又去,旅鸿无策解相思。②

姜垛原唱中有"江城""九月""隋苑"(芝麓和诗亦有"隋苑"),知二人见面于扬州,时逢九月。然则在何年? 又以何故得相见?

考《龚芝麓年谱》顺治四年丁亥(1647)条,芝麓在合淝原籍守制毕,同年暮春携顾眉生买舟东下,经金陵到扬州。③而姜垛《姜贞毅先生自著年谱》同一年条则云:

> 七月自[安徽]太平县取道东还。太平诸生周、项、崔、罗,萍踪相聚,一见甚欢,因送别于李太白之桃花潭。九月,至真州。举次子实节,侧室王氏出。④

是芝麓自皖中来,而姜垛则自皖南至。二人于扬州相见,似应非偶合,惜无佐证为憾耳(《自著年谱》记与太平诸生邂逅事,而不提与龚芝麓于扬州聚首,亦堪注意)。唯可确定不疑者,则有二事:

---

① 黄序见《敬亭集》卷首。
② 龚鼎孳:《龚端毅公定山堂诗集》(民国甲子[1924]龚氏瞻麓斋重校本,未注明出版地),卷十八,第19页上。
③ 董迁:《龚芝麓年谱》,《中和月刊》卷三第1—3期(1942年1—3月)。
④ 姜垛:《姜贞毅先生自著年谱》,《敬亭集》,第538页。

113

其一，上引唱和诗或之前，姜垛曾在扬州设宴款待芝麓，并邀得他人作陪。《定山堂诗集》卷十八有《重九后一日姜如农招同罗访庵曹惕乾园亭宴集限缠字韵》二首。第一首尤足研味：

> 虚堂灯火菊花天，何处衣香一粲然。人似宾鸿来万里，月当秋霁发孤妍。频浇醽醁怜金尽，醉典袈裟作锦缠_{如农僧装，有丽人行酒}。莫近璚箫闻玉树，恐今清泪湿芳筵。①

诗中"频浇醽醁怜金尽，醉典袈裟作锦缠"一联，可见当日宾主酒兴皆浓，知上引姜垛赠诗中所谓"却笑从前酒债同"，非徒虚语也。芝麓自注谓"如农僧装，有丽人行酒"，指姜垛是年夏，"入黄山，祝发于丞相园"，《自著年谱》中已及之。然则姜垛将袈裟典当，换作缠头之资，豪情犹在，非相知相亲至深之故人，又何能及此？盖龚、姜二人，早年常同狎游，芝麓《戏为如农有赠》一题，记姜垛少年风流韵事云：

> 江南花落尽，谁伴可怜宵？玩世师无忌，呼名得小乔。风柔桃渡楫，月上广陵箫。柳色招人去，依稀记脸潮。②

二人乱后相逢，席间复有丽人行酒，于昔年同游共冶之乐，当不能无所忆述也。

其次，龚、姜于顺治四年九月在扬州重逢，为时不长。此可确定之另一事也。《定山堂诗集》卷十八《舟中留别姜如农仍用谢康乐韵》开篇即云：

> 乍见即临歧，为欢亦已迫。③

中篇三韵，忆往思今，于故人之出处殊途，显隐之别，三复致叹：

---

① 龚鼎孳：《龚端毅公定山堂诗集》卷十八，第18页下—19页上。又："诗题中之罗切庵，罗万象，字光大。江西南昌人。与芝麓、如农同官崇祯末年谏垣。明亡后隐居不仕，自号憨道人。"参谢正光《明遗民传记索引》，第286页。
② 龚鼎孳：《定山堂诗集》卷五，第22页上。
③ 同前注，卷十八，第40页下。

> 往事积凄叹,对酒反不适。当时痛饮人,绸缪逾亲戚。存者已晨汉,况乃河山隔为鱼山、孟符诸子也。①

"存者已晨汉",说明芝麓以贰臣之身,旧日知交多有与隔离一如晨汉者。自注中所及之鱼山,指熊开元,即当年与姜垓一同受杖、与芝麓一同被囚之难友。

芝麓亦深知其所作之抉择,难为别人理解或同情,故诗之收篇,托姜垓为其向其他友人解说:

> 俗薄防面难,相烦为剖析。古道照别颜,行行觊重觏。②

贰臣求遗民为其失节事向故交剖析,尚未多见。然二人苟非相知相惜,又何足以语此?

龚、姜扬州之会,龚之贰臣知交曹溶(洁躬,秋岳,1613—1685)似未参与。唯姜垓与曹秋岳入清后亦尝相见。此《敬亭集》卷四《广陵遇嘉禾友感赋》一题可证:

> 朝罢西华并马还,龚曹昔日此鹓班。人留天宝风尘后,客在雷塘雨雪间。连岁丧亡哀白马,几年离别惨朱颜。娄东学士三词伯,身世伤心庾子山。③

诗应作于顺治十年如须身死吴门及梅村北上服官之后。盖"连岁丧亡哀白马"以如须比白马王彪;而"娄东学士三词伯",则梅村非至应荐后始得与芝麓、秋岳同预以文辞见重于世如庾子山之流者之贰臣之列!

秋岳《静惕堂诗集》不见有与如农唱和之篇章。然其《对酒行严氏山楼同如须作》却为当时传诵颇广的长歌。④姜垓且有和作。⑤

---

① 同前注。
② 同前注。
③ 姜垓:《敬亭集》,第605页。
④ 曹溶:《静惕堂诗集》(《四库全书存目丛书》,集部),第198册,卷十,第9页下—10页上。
⑤ 姜垓和作见王士祯:《感旧集》(上海:有正书局,1919年),卷二,第33页下—34页下。

另有《姜学在招钱饮光暨余出自酿葡萄酒共酌二首》则似作于如农下世之后、与其次子文酒时兴会之作。然则曹秋岳与姜氏子弟之保持往还亦可知矣。

清初显宦之中与姜氏兄弟关系最密切者,似莫过于宋琬(玉叔,荔裳,1614—1673)。

宋荔裳与姜氏同籍山东莱阳,且与如须同庚,自幼即甚相得。荔裳赠如须诗中忆述二人竹马春风之境况云:

甲寅之岁汝降初,我生汝后七月余。竹马春风事游戏,鸡犬暮归同一间。①

荔裳于晚明之科名远不逮姜氏,仅于崇祯初年得拔贡。然与姜氏感情未减。姜、宋二家后且结为姻亲(荔裳以女嫁如农长子安节),故赠诗又云:

君家黄门早射策,盛年谒帝承明庐。有儿颜色娇胜雪,珠襦绣袴青羊车。予时抱持著膝上,许以弱女充扫除。是时两姓雁行敌,绛华朱萼相扶疏。操觚握椠众所羡,汝南颍上名非虚。城东茅屋先人筑,清渠一道穿乔木。同辈相携五六人,缥缃罗列开签轴。②

二人皆名门子弟,读书作文,时相互勉。荔裳有族兄琮、玫,于明季文名甚盛,相继取甲科。宋玫与吴梅村及龚鼎孳均交谊颇笃。前引梅村《东莱行》中写宋玫事迹云:

司空平昔耽佳句,千首诗成罢官去。战鼓东来白骨寒,二劳山月魂何处。③

前二句指宋玫官至司农卿,故以司空称之:玫喜作诗,罢官在崇祯

---

① 宋琬:《安雅堂未刻稿》(上海:中华书局,1936年《四部丛刊》本),卷二,第16页下。
② 同前注。
③ 吴伟业:《吴梅村全集》,第70页。

十五年。后二句写清师陷莱阳(战鼓东来),宋玫以守城为清兵所杀。同死者有荔裳之父应亨及姜氏兄弟之父泻里,已如前述。

宋荔裳于顺治三年(1646)中乡试亚魁,翌年成进士,旋即获授官。官至浙江按察使。是莱阳宋氏虽与清朝有血海家仇之恨,然其子弟则甘于应试出仕新朝,事与同时桐城张氏之子侄有相类者焉。①

荔裳于康熙三年至十年(1664—1671),因事罢官,流寓江南。此七年间,荔裳因得与定居苏州之如农经常聚首,重温旧情。

荔裳之现存诗篇,其中与姜氏兄弟子侄于入清后之酬赠,凡得九题二十五首。除《长歌寄怀姜如须》作于姜垓死前,《姜奉世新寓园亭……》乃为姜垓子寓节而作,余七题皆与如农有关。单就荔裳所撰之诗题观之,已足见二人往还之频,以及交谊之笃挚。诗题中于姜垛之别字、在前明之官衔、二人同游之年月、游踪所及,乃至其他同游者之姓名,多所标明:

> 己酉正月过姜如农东莱草堂八首
>
> 同姜如农访顾云美虎丘精舍二首
>
> 申园四首同姜如农
>
> 检阅故人姜箟笃遗稿泫然有作
>
> 九日同姜如农王西樵程穆倩诸君登慧光阁饮于竹圃分韵
>
> 初春寓吴筒姜如农给谏二首
>
> 和如农雪中见过二首②

题中所及诸人:顾云美,顾苓也,苏州遗民;箟笃,如须之另一自号,故其遗诗又名《箟笃集》,即姜垛委荔裳为之整理者;王西樵,王士禄也,王士禛乃兄,与姜垛及荔裳同年物逝;程穆倩,即程邃,以诗画见称。可见姜垛与显贵于新朝之宋荔裳往来频密,且时有

---

① 谢正光:《读方文〈嵞山集〉——清初桐城方氏行实小议》,收入前引《清初诗文与士人交游考》,第175页。

② 宋琬:《安雅堂未刻稿》(《续修四库全书》本),第133、135、141、153、158页。

其他明遗民及清廷官吏参与。

反观《敬亭集》中所收有关宋荔裳诗作五题九首,其题目则隐晦不明矣:

> 扬州晤同里友
> 和同里友赠诗韵三首
> 赠同里友二首
> 雪中同里友以乡味见饷相与论次古人篇什二首
> 和同里友见赠①

以"同里友"代替宋荔裳,一如前述称吴梅村、龚芝麓为"娄东友""合淝友"之例,此至明显。再通过比对,二人所作,可肯定上列诸诗,皆如农与宋荔裳唱和之作。兹迻录上列第二、四两题下之诗三首及宋荔裳之原唱为例说明之。

和同里友赠诗韵三首　姜埰

> 闻道机山好,携家已再更。湖天何处尽,雨雪入春倾。故国仍庐舍,他乡有舅甥。皋桥船舫多,与尔共班荆时同寓吴门。
>
> 童稚亲情切,江湖旅迹联。蚕春双桨外,细雨百花前。白首知交少,乌衣仕宦偏。弟兄同气友,生死各悠然。
>
> 北阙初封事,朝廷竟乱丝。囚梁考验日,之洛讼冤时公昔在长安为余解祸。志已干龙额,名非类豹皮。孤臣垂死日,此意有君知。②

杜诗"帝乡愁绪外,春色泪痕边"③,与如农第二首"蚕春双桨外,细雨百花前",句法、用韵皆同。至首句"童稚亲情切",明自杜诗

---

① 姜埰:《敬亭集》,第579、580、591、604页。
② 姜埰:《敬亭集》,第580页。
③ 《泛江送魏十八仓曹还京因寄岑中允参范郎中季明》,见洪业等编《杜诗引得》卷二十四,第384页下。

"童稚亲情四十年,中间消息两茫然"[①]而来,足见如农诗叙交谊,多从杜诗中来。

三首皆此如农和荔裳诗也。荔裳原唱题作《己酉正月过姜如农东莱草堂》,己酉为康熙八年(1669),时荔裳五十五岁,如农六十一岁。原唱作八首,如农和诗仅见上录三首。此三首之原唱云:

> 痛饮桐阴下,王春已再更。齿牙相效落,杯斝喜同倾。弱子能吴语,诸孙羡宁甥。夜阑话乡曲,灯火似柴荆。

> 棣萼差相敌,鸿鹓二姓联。续貂余独后,夺锦尔尤先。孝友元方著,文章小陆偏。藐孤直汗血,相向一潸然余与如农兄弟皆四人。

> 拜杖端门下,孤臣命若丝。何堪天遣日,即是国亡时。谏草传梅尉,扁舟混子皮。似君幽隐意,独有白鸥知。[②]

诗皆五律,步韵,所及之时令、地点亦相同。第一首叙垂老相逢之乐,第二首追忆二姓往昔之友谊,第三首则痛惜崇祯末年朝政之混乱。诗中所及,叙次井井,今昔之感,俯仰悲慨,亦尽情致。而于宋荔裳出仕清廷一事,如农亦仅以"白首知交少,乌衣仕宦偏"两句轻轻带过。收篇则用春秋吴越范蠡隐迹于五湖一典。

如农《雪中同里友以乡味见饷相与论次古人篇什二首》,亦为荔裳而作:

> 万井烟花缭绕余,物华雪后更何如。渐惊柳陌莺声蚤,却叹汀洲雁影疏。生事聊当归简蠹,盘餐真不少鲈鱼。过江子弟衣冠在,况复牙签满架书。

---

① 《送路六侍御入朝》,见洪业等编《杜诗引得》卷二十四,第384页下。
② 宋琬:《安雅堂未刻稿》(《续修四库全书》本),第133页。

> 翡翠兰苕时辈工，今人莫谩古人同。好将晴雪添诗话，且把春花掷酒筒。海内文章牛耳客，巷南风雨鹿皮翁。故乡馎饦还堪食，却少家书到洛中。①

第一首"盘餐真不少鲈鱼"，盖指吴下名馔。《晋书·张翰传》："翰因见秋风起，乃思吴中菰菜、莼羹、鲈鱼脍，曰'人生贵得适志，何能羁宦数千里以要名爵乎！'遂命驾而归。"②又杜甫《洗兵马行》云："东走无复忆鲈鱼，南飞觉有安巢鸟。"③皆指此。

第二首"翡翠兰苕时辈工"，盖出杜诗《戏为六绝》其四"或看翡翠兰苕上"④。至"故乡馎饦还堪食"之"馎饦"，如农尝以名其集，已见前文。宋荔裳和作题为《和如农雪中见过二首》：

> 茅堂拥褐峭寒余，华发论文愧不如。无那故人江外少，肯教蜡屐雨中疏。早梅许我携鸠杖，晚饭呼儿煮鲤鱼。春草欲生悲小谢，不堪重读茂陵书 君以令弟如须遗稿属余为序。

> 漫说穷愁诗益工，髯苏风俗许谁同。闲看鸥鸟翻棋局，笑拂珊瑚理钓筒。秉烛窥书林屋洞，浣花酿酒杜陵翁。输君婚嫁都无累，何日青鞋到剡中。⑤

第一首"春草欲生悲小谢，不堪重读茂陵书"。"小谢"，谢朓（玄晖，464—499），用比姜垓如须。两人皆以诗名，然皆享年不永。"茂陵书"，出李贺《金铜仙人辞汉歌》："茂陵刘郎秋风客，夜闻马嘶晓无迹。"⑥言汉武帝葬茂陵而尝作《秋风辞》故也。至第二首"何日青鞋到剡中"，则用王子猷雪夜访戴逵于剡溪事（见《世说新语·任

---

① 姜垓：《敬亭集》，第604页。
② 房玄龄等撰：《晋书》（北京：中华书局，1993年）卷九十八，《文苑·张翰》，第2384页。
③ 洪业等编：《杜诗引得》卷四，第71页下。
④ 同前注，卷二十二，第361页上。
⑤ 宋琬：《安雅堂未刻稿》（《续修四库全书》本），第158页。
⑥ 王琦等注：《李贺诗歌集注》，上海：上海人民出版社，1977年，第94页。

诞》)。凡斯种种,皆足稍觇作者平素之学养及其谋篇遣词寓意之所在,则又不待言矣。

考姜安节、实节为其父续成之《府君贞毅先生年谱续编》"辛丑年五十五岁"(顺治十八年,1661)条云:

> 是年同邑宋公荔裳,安节之前妇翁也,为两浙观察,招府君往。固辞之。①

知宋荔裳罢官前曾招如农入幕未果。不旋踵而荔裳亦闲居吴门垂七载,遂有上述二人之往还。

康熙十年(1671)宋荔裳复被起用,授四川按察使,翌年入觐,卒于京师。而姜埰亦以同年于苏州下世。

如农于遗民中所交甚广,与江南之徐枋、李模、归庄、沈寿民、弘储、熊开元等人往来尤密。《敬亭集》所收与遗民唱酬之什,所及人物之姓氏名号,皆一一俱列。然于贰臣及显宦,则故隐其姓名。(反之,上述贰臣及显宦诗作中,于遗民之姓氏、里籍及其在前明之官衔条列则唯恐其不详。)如农为一己忠君形象之护卫,其用心亦良苦矣!

----

① 姜埰:《自著年谱》,《敬亭集》,第540页。宋琬另有《汉宫春》词一阕,纪其与如农同游真州东园事。词有小序云:"秋日同姜如农给谏散步城隅。《欧阳公集》有《真州东园记》,此其遗址也。"词云:"白露苍烟,忆醉翁椽笔,曾记东园。高楼画舫安在,风物依然。重阳近也,觅黄花、共倚危栏。枫林外,澄江如练,寒鸦千点飞翻。 颇怪并州旧尹,早莼鲈梦断,偃卧丘樊。故乡乌衣门巷,衰草荒阡。干戈满地,何从问、盘谷斜川。君笑曰,无如此处,濠梁秋水之间。"下阕"并州旧尹"明指,知词作于入清后。结句"君笑曰,无如此处,濠梁秋水之间",足见如农之襟度。同时人徐晟(祯起,曾铭,1618—1683)《存友札小引》(上海:上海书店,1994年《丛书集成续编》本,第155册)称如农"刚劲而有风裁,遇子弟甚整,闲室之内,严若朝典",而述如须则云:"体致渊通,乃挺然特有风干。"全祖望论兄弟二人性格之别云:"贞毅(如农)敦重朴诚,严凝不苟……而贞文(如须)才调横生,少年跌宕。"(全祖望:《全祖望集汇校集注》,《姜贞文先生集序》,第597页)又:宋琬《汉宫春》词,见程千帆编:《全清词·顺康卷》(北京:中华书局,1994年),第895页。

四　姜氏家族入清后之生计

　　以上考述姜埰与贰臣显宦之交游，无论于扬州园林与龚芝麓等人"频浇醲醁"，或与宋荔裳呼朋唤友攀苏州慧光阁、饮宴于竹圃，皆牵涉到使费问题。推而广之，士人既因忠于前朝而拒绝登名新朝之仕板，则其人在新朝又借何以谋生及绵延其家族？

　　历来论遗民生计者，多以忠臣与贫士相提并论，且多褒颂其人隐居乡里、拒入城市，以示其清高。质言之，论者以遗民既为前朝之忠臣，则其昔日之宦囊羞涩；及入清后，此辈虽恶衣粗食，亦不改其守节之初衷，其忠贞之不渝，遂更可无疑矣！故传姜埰生平者，记其官真州，则曰"如农十年饮水于江干，称循吏"；语战乱中之行止，则但云"避地徽州，绝食，樵子宋心老时以菜羹啖之"；及天下稍定，则称姜埰"后还吴门，终僧服，不与世人接"[1]。此清初为遗民作传之普遍模式，以为忠、贫、隐三者，固有相牵连接至不可分割者焉。

　　本节就三方面参考察姜氏家族入清后之经济状况，用以说明明遗民之生计稍优裕者，亦无碍于其对先朝之忠贞：忠臣与贫士之间，固未必皆须画一等号也。

　　考如农之公泻里有四子四女，虽累遭战乱，然至如农殁时，子孙蕃衍，族系颇繁（见附世系图）。四子之中，幼子坡与父同遇难于崇祯十六年（1643）莱阳之役。入清后，长子圻及三子垓相继殁于顺治六年及十年。姜氏家族之绵延，此后遂赖如农一力支撑。如农历年于各房中之丧葬、婚嫁、生养等大事，均亲笔录。今将其所记，整理爬梳，先简列族中大事如下：

---

[1] 范金民、谢正光合编：《明遗民录汇辑》（南京：南京大学出版社，1995年），第453—458页。

（一）丧葬

顺治六年（1649）兄圻殁于莱阳。

顺治九年（1652）葬父于莱阳城外鱼子山故阡。兄圻及嫂王氏亦举葬莱阳。

顺治十年（1653）弟垓殁于苏州。

顺治十三年（1656）母殁于莱阳。

顺治十四年（1657）葬母于莱阳鱼子山之故阡。

顺治十六年（1659）孙善孙（安节出）殇。

康熙二年（1663）弟垓妇傅氏卒，葬于苏州。

康熙五年（1666）继室王氏逝于苏州。

康熙六年（1667）葬弟垓于苏州之天池山。

康熙九年（1670）奉厝继室王氏于苏州之大石山。

康熙九年（1670）孙同（安节出）殇。

（二）婚嫁

顺治七年（1650）为长男安节毕婚于真州。

顺治十五年（1658）为侄寓节毕婚于苏州。

康熙三年（1664）为次男实节毕婚于苏州；长、幼女皆于是年出嫁。

康熙十一年（1672）长孙女（安节出）嫁杨维斗孙去病。

（三）生养

顺治四年（1647）次男实节生于真州。

顺治十三年（1656）孙善孙（安节出）生于莱阳。

康熙二年（1663）孙饴（安节出）生于苏州。

康熙二年（1663）孙同（安节出）生于苏州。

康熙八年（1669）孙云为（实节出）生于苏州。[1]

---

[1] 姜埰：《自著年谱》。

自顺治六年至康熙十一年（1649—1672）二纪之间，姜氏一族中生、死、婚嫁等事故凡二十余起。凡凶嘉之礼以至弥月汤饼，皆有厚薄之分，亦视其人其时之财力而言，此不待言者。然凡所举列于上者，皆姜氏家族日常生计之额外开支，则可无疑矣。如农当时虽未提供数据，然此等额外支出，数额自当不鲜，则亦可推见者也。

姜家之另一项额外支出为行旅之费。据如农之记录，自清兵定鼎中原，至其殁前二年，二十八载之间，姜埰先后在苏州与真州间往返四次；苏州与莱阳间二次；真州与莱阳间二次。另又从苏州往浙东天台，回程则经徽州取道太平、南京、扬州返真州。此等行旅，或为避乱，或为探视亲人，或为料理丧事，穿州过郡，长途跋涉，举凡舟车宿食之费，当亦不赀。

姜家子弟纯为浏览江山而行旅之有案可稽者，唯顺治七年（1650）如须邀其南京挚友余怀（澹心，广霞，无怀，寒铁道人，1616—1695）所作之邓尉四日游而已。邓尉在苏州近郊，乃江南一赏梅胜地。前此一年仲春，姜如须尝游其地，有采梅诗诸篇。此次与余澹心同行，时梅事已过，然轻舟漫漾，寻幽览胜，檀板诗心，凡四昼夜始归，其费当亦可观。[①]

如须及澹心本明末陪京秦淮之常客，与方以智（密之，曼公，1611—1671）、孙临（武功，克咸，？—1645）辈广交名流，纳纳声伎。时如须方少年得第，资财复可观。澹心《板桥杂记》中"姜如须郎当"一条，当非徒小说家言而已：

> 莱阳姜如须，游于李十娘家，渔于色，匿不出户。方密之、孙克咸并能屏风上行。漏下三刻，星河皎然，连袂闲行，经过赵李，垂帘闭户，夜人定矣。两君一跃登屋，直至卧房，排闼哄张，势如盗贼。如须下床跪称大王乞命，毋伤十娘。两君掷刀

[①] 余怀：《三吴游览志》，收入《笔记小说大观》（扬州：广陵古籍刻印社，1983年影民初上海进步书局本）。

大笑曰："三郎郎当，三郎郎当！"复呼酒极饮，尽醉而散。盖如须行三。如须高才旷代，偶效樊川，略同谢傅，秋风团扇，寄兴扫眉，非沉溺烟花之比。聊记一则，以存流风余韵云尔。①

如须之定居吴门，盖始于顺治四年自浙东鲁王政权辞归。审其以后数年行事，似亦善于治生者。所居"在山塘，额曰'山塘小隐'"，道光间人顾禄犹能道其详。②如须殁前数月，犹致函如农云：

> 裴楷治第，即让兄居；杜甫奔峡，每期弟至。近弃梁溪之田，再买剡曲一宅，不烦兄手足之力而翩翩来矣。③

既具兄弟手足之情深，亦足证如须在江南置宅买田之概况。善乎如须门人为其师撰传中有云："先生所遗田仅百亩。"④夫拥田百亩于清初之苏南，当亦不下于中等人家矣。

如须卒后七年，如农携家卜居吴门，并购得文震孟（文起，湛持，1574—1636）旧日别业名曰"药圃"之园林，广事修葺。名其庐曰"东莱草堂"，又曰"敬亭山房"，以示不忘本籍及戍所之所在。其园林则初名"颐圃"，后改名"艺圃"。

如农晚年于吴门购置"艺圃"，实姜氏家族经济富裕最有力之明证。况其事与如农早先之推崇文天祥为忠君之极范，以及姜氏子孙在苏州之衍生，关系皆至密切，焉能无说？

"艺圃"在苏州城西北之鱄诸里，去阊门不数百步。如农述购园事云：

---

① 余怀：《板桥杂记》（上海：上海古籍出版社，2000年），第63—64页。
② 顾禄：《桐桥倚棹录》（上海：上海古籍出版社，1980年），第117页。
③ 姜埰：《敬亭集》，第666—667页，《祭三弟文》。
④ 何天宠：《姜考功传》，《流览堂残稿》，附录。又：如须自越东归，即卜宅吴门，余疑此决定与其故交张学曾当时在苏州官知府不能无关。学曾字尔唯，号约庵，浙江山阴人。崇祯癸酉副贡生，授中书。崇祯末年，尔唯与如须合其他居京者如王崇简、曹溶、李雯、宋琬、方以智及龚鼎孳等，诗酒往还，几无虚日。龚氏《定山堂诗集》及任道斌《方以智年谱》（合肥：安徽教育出版社，1983年）均纪其事。姑备一说，以待来者。

125

> 余弟考功易箦吴门，以藐孤相托。余时寓真州，及己亥之变，踉跄渡江，因属老友为余卜居。老友奔折五六月，卜文相国之故宅居余。宅与考功易箦地相近，余屡过之，不意遂为余宅。①

知如农卜居苏州，固为扶育如须遗孤，亦为避顺治十六年郑成功舟师溯江而上至镇江、南京之战火，所属为其卜宅之"老友"，指周茂兰（子佩，芸斋，1605—1686），亦吴会之一知名遗民。②

园旧为文震孟所有，如农述园中旧日之布局及其所作之修葺云：

> 东西数椽临水。若齿，若都雉，若仓府，若鸟之翼，若丛草孤屿之舟。相国［文震孟］意本萧疏。兵燹之后，即世纶堂、石经阁皆荡然。惟古柳四五株，则数十年物。余作草堂三楹，颜之曰疏柳，志旧也；颜其堂曰东莱，颜其房曰敬亭山房。余生死之义尽斯矣。岂独相国兴废感慨之故乎？③

考湛持出长洲文氏，为文天祥后裔。盖文氏自明初从湖广迁吴后，子孙累叶，风流儒雅，为士林所重。湛持于晚明启、祯间名至显，而如农对之为敬重有加。盖文湛持尝因直谏而激怒明熹宗，被命受廷杖八十，幸得韩爌等人为之说项，始免被杖④。故自如农视之，文湛持非但为忠贞之后，其行事复为一己之同道。二人之命运与遭际，实后先相同。其晚年在苏州购得文氏故园，与其早前在真州置宅、因得与文天祥有同侨之谊者意义正复相同。斯义也，黄梨洲于为如农子安节撰《念祖堂记》中早有所揭矣：

> 斯堂也，为文文肃［文震孟］歌哭之所；文肃之后，废为

---

① 《敬亭集》，第666—667页，《疏柳亭记》。
② 周茂兰传记资料，见谢正光《明遗民传记索引》，第90页；范金民、谢正光合编：《明遗民录汇辑》，第379—380页。
③ 姜垛：《敬亭集》，第666—667页，《疏柳亭记》。
④ L. Carrington Goodrich and Donald L. Potter 所撰《文震孟传》，in L. Carrington Goodrich and Chaoying Fang, eds, *Dictionang of Ming Biography, 1368—1644.*（New York and Loodon: Columbia University Press, 1976），pp. 1467–1471。

马厩;马厩之后,辟自先生[姜埰]。文肃为乌程[温体仁]所忌,先生为阳羡[周延儒]所陷,亡国之戚,两相与有力焉,天下之兴亡系于一堂。余昔谒文肃,两至其地,曲池怪石,低回欣赏,不知其可悲如是也。①

如黄太冲者,亦可谓如农之同时知己也矣!

如农购园所费,无记录可考。唯购园以后,修葺及扩建之规模,似非止于所谓"稍加修葺"而已。与如农同时而稍后之汪琬(苕文,钝庵,尧峰,1624—1691)有《姜氏艺圃记》,述其规模即云:

> 圃之中为堂、为轩者各三,为楼、为阁者各二,为斋、为窝、为居、为廊、为山房、为池馆邨柴亭台略彴之属者,又各居其一。②

此又岂仅如农所云"草堂三楹"而已耳?

汪苕文另有《艺圃十咏》诗③,分题曰《南邨》《红鹅馆》《乳鱼亭》《香草居》《浴鸥池》《度香桥》《响月廊》《垂云峰》《六松轩》《绣佛阁》。及王士禛(贻上,阮亭,1643—1711)来游,则见十景之外又添"鹤柴""朝爽台"二处④,可以想见"艺圃"之胜景繁多,宜乎"来游者往往耳目疲于应接,而手足倦乎扳历",且"四方骚人墨士,乐于形诸咏歌,见诸图绘"。⑤又证以吴江人徐崧(松之,臞庵,1617—1690)著《百城烟水》,称艺圃"垂杨修竹,方塘崇阜,为阊门内胜地"⑥。则汪苕文所述,当较为得实可知也。

姜如农修扩艺圃之费用,当自不赀。《自著年谱》记其卜居苏州

---

① 黄宗羲:《黄宗羲全集》(杭州:浙江古籍出版社,1994年),第10册,第111页。
② 汪琬:《尧峰文钞》(《四部丛刊》本),卷二十三,第5页上。
③ 同前注,卷二,第12页下—13页下。
④ 王士禛:《渔洋山人精华录》(上海:上海古籍出版社,1999年笺注石印本),卷八,第6页下—9页上。
⑤ 汪琬:《尧峰文钞》卷二十三,第5页下。
⑥ 徐崧:《百城烟水》(乾隆间刊本,未注明出版地),《吴县》,第40页上。

之后，仍多次往访真州，至六十五岁（康熙十年，1671）为止，始不复出户。[①] 上文考述如农于国亡前娶得扬州一王姓盐商之女为继室，因于真州置有田产一事，然则如农定居于吴之后，仍仆仆于大江之南北者有年，则其真州之产业或未全部出售，亦未可知也。

如农晚景富裕，另有数事足证。《自著年谱》记其五十六岁（康熙元年，1662）"选所作诗文，刻《敬亭集》"，惜原刻已不可见。越二载，延新安汪惕若为次子"讲求性理"之学，复修其家族谱，定祠祭。同年，其挚友郝印月、姚佺期先后病故，其丧葬皆由如农治之。[②] 凡此皆足见如农晚年对日用伦常之注心，而其财力亦足以副之焉。

康熙十二年（1673）夏，如农卒于吴门，遗命归葬敬亭山戌所，已如前述。姜泻里所生四子，至此乃皆物逝。惟四人皆分别有后（见附世系图）。圻、坡之子孙，株守莱阳故宅，似皆无足述者，惟居苏州之子弟三人——如农子安节（勉中，1633—？）、实节（学在，鹤涧，仲子，1647—1709），及如须子寓节（奉世，1641—？），皆工诗，有集。学在且善画，自成一家。三人与康熙中叶之文士名流，如施闰章（尚白，愚山，1618—1683）、吴绮（园次，听翁，南丰，1619—1694）、冒襄（辟疆，巢民，1611—1693）、陈维崧（其年，迦陵，1626—1682）、钱澄之（饮光，田间，1612—1693）、僧澹归（俗名金堡，道隐，1614—1680）及前述之汪琬，皆时有往还。艺圃与申园，所居者既为忠贞之后，复有园林之美，主人亦慷慨好客，宜乎其浸为士人造访吴门时必临之地。顾湄（伊人，抱山）撰《虎邱志》，述姜学在艺圃平居之逸事有云：

> 陈素素，江都人，自名"二分明月女子"。莱阳姜学在之姬，美而艳，能画，又善度曲。名流吴园次［绮］，毛西河［奇龄］、余澹心［怀］诸公俱有诗。好事者至有谱其事为《秦楼月》传奇，即此词也："香红歇，青山一半无年月。无年月，松

---

① 姜埰：《自著年谱》，《敬亭集》，第514页。
② 姜埰：《自著年谱》，《敬亭集》，第540—541页。

枯柏老,同心如结。天公不管花如雪,销磨燕语凭谁说。凭谁说,秋烟秋雨,几堆黄叶。"①

学在之文采风流,似不减叔父昔日金陵秦淮河"郎当"一事。

以上考述如农晚境之优裕,所据者多为如农之《自著年谱》及所撰诗文。然如农于其善于治生一事,初无炫耀之意。《自著年谱》中所记族中各房所遭遇之大事,其意盖在表明儿女婚嫁及治葬丧事,皆人生中极重要之责任。临处其事时又必须出之以条度,始足言功。故如农只记其事,而略其所费。上文引如农之少年知交及儿女姻亲宋荔裳赠诗中所云:"输君婚嫁都无累。"斯则如农所引为自傲者也!

如农于吴门购"艺圃"一事,不惟未尝明言所费,且曾"掩映作态""故布疑阵",至予人以"此园乃友人所赠"之错觉。如农所撰《颐圃记后复改名艺圃》一文中有云:

> 己亥[顺治十六年,1659]之夏,鼍鼓不靖。余踉跄适吴,僦山塘之委巷。……吾友芸斋周子,忽一旦操券而至。(《敬亭集》,第615页)

"鼍鼓不靖",指郑成功于顺治十六年舟师溯江而上事,上文已及。芸斋周子,吴人周茂兰(子佩)也。周家为吴县一大族,固足以购园赠如农者。至"忽一旦操券至","券"也者,非其园地契又何?

如农文中,又据形家者言以自述迁入"艺圃"后其家财政之贫困云:

---

① 顾诒禄:《虎邱山志》卷十,第13页上引顾湄旧志。《秦楼月》传奇二卷,清初人朱㴋,字素臣,吴县人。庄一拂《古典戏曲存目汇考》(上海:上海古籍出版社,1982年),述此传奇之本事颇详(第1175页)。《秦楼月》收《丛书集成续编》(台北:新文丰出版公司,1989年),第210册。另见《古典戏曲丛刊》,第3集,末附陈素素《二分明月女子诗》一卷云。未见。又:实节亦工诗,清人选集中所见尝得罗振玉辑为《鹤涧先生遗诗》一卷《补遗》一卷。收入《雪堂丛刻》。唯罗雪堂所见者外,尚待补辑者仍多。实节画迹则仅见上海博物馆所藏三帧及李一氓生前所藏一帧而已。郭味蕖《宋元明清书画家年表》(北京:人民美术出版社,1982年)所胪列实节诸作,俱未见。

> 闻之形家者言，八宅骊珠，次于离，当有文昌坐位。居者多贵而贫。（同上）

凡此种种，皆如农自述其平生贫困之例。宜乎其《自著年谱》中亦每多穷愁贫苦之词：

> 丁亥年四十一岁。是年亡命徽州。……家人星散。垛隐遁吴氏昌塌山中，躬炊饭，儿为爇薪。孤村风雨，常不得一饱。

> 丙申年五十岁。太孺人患痰症。侍奉药饵者数月。六月十五日疾革，苦㞌之余，支离骨立。友人惊叹，虑不可起。

> 丁酉年。五十一岁。是年为太孺人营葬，乏资。

合而观之，如农晚境之富裕，虽可推而得见，然如农本人，于遗民义当贫困一节，亦深有认同之感。诗文之中，遂亦不免疑似之辞。与前文所论如农忠君一义之自我表述，其事亦相类似。故本节所称"忠君与贫士之间，固未必皆须划一等号也"者，此今人之见，当作为如农及其遗民俦侣所首肯。此则不可不细辨者也！

五 结语

本文述姜氏之经塑造为忠君之典范，为之出力者，先有明季君臣，继有清政权中之地方大吏如汤斌者，而姜垛本人固亦有所贡献。其间果无若何情事足以导致此一"工程"不克完成者在否？请继言之。

余以为以下二事，有必待首先揭明，然后能正视以上之设问：

一者为姜氏兄弟对清政权之仇视。夫如农、如须，初不徒为拒仕二姓之遗民，且亦身挟血海深仇而坚决与清抗争之大明遗臣。当鲁监国政权成立之初，姜氏子弟群相会于浙东，长子圻任象山知县，三子如须则"奉使册封"，二子如农亦携母来奔，虽不无观望之态度，然于抗清之大事，终不能无所企盼，此一事也。

姜氏一门二十四口为清兵杀戮于莱阳一事,始终为姜氏所不能忘,至死犹以未能报仇为恨。如农诗有云:

> 四十三四至五十,老泪如绠衣袖湿。当时誓死欲报仇,岂意蹉跎名不立。……①

诗中所指"仇"者,舍清朝而谁?至云:

> 吁嗟我生十龄时,传闻辽阳数丧师。慈母抱我怀中泣,贼军临城将安之?……②

则直指清兵为"贼军"矣!

如须诗中,亦时发报家仇之怀抱。戊子(顺治五年,1648)四月所作《七歌》中悼幼弟云:

> 前年城破二十余,与父同难父衔须。仰天且哭且自誓,若不图仇非丈夫。③

后二年庚寅(顺治七年,1650)五月,如须另有《七歌》一组寄怀时居广西平乐之方以智,忆述当年目睹鲁王监国军为清兵歼灭事,感愤哀痛,兼而有之:

> 东里义兴亦雄才,鉴湖一旅惊风雷。远迎汉诏色惨怆,曹娥江头龙驭回。每恨我军太仓卒,黄旗索战成劫灰。呜呼三歌兮气梗塞,阳春白日无颜色。④

可见"鉴湖"及"曹娥江"均曾为鲁王监国势力所及。他如"带甲万方多难日,枕戈一片报仇心"⑤,"邀功旧白辽东豕,驻辇新青钜

---

① 姜垓:《敬亭集》,第564页。
② 同前注。
③ 姜垓:《流览堂残稿》卷一,第8页下。
④ 同前注,卷一,第1页下。
⑤ 同前注,卷六,第12页上。

鹿城"①等篇章，则苦望报仇复国，视清朝为犬羊，皆衷心之言，不可徒以虚辞视之也。

夫姜氏兄弟视清为仇敌，见于其诗中即如此。衡以清初文字狱惨烈诸例，若姜氏者，早当族矣，尚遑论建祠立碑？

再者为姜如农生前既以不敢忘戍所闻名，临殁，遗命葬安徽宣城，以谓故君未赐还，不敢首丘。此事颇为当时士论所不满，责问如农"何其于君臣之义厚，而于父母之恩薄？"②且斥其"矫激好名"③，复暗示其行有不如禽兽者。而发难攻姜氏者，竟为当日执诗坛牛耳之王士禛。

考如农之殁，渔洋曾有诗挽之：

> 曾闻碧血裹朝衣，沧海横流万事非。生已变名吴市去，死埋骨敬亭归。空山落日鸣鹧鸪，孤墓深春长蕨薇。魂傍要离君爱弟，英灵来往怒涛飞。④

挽诗前半总括如农一生，未见有若何责难之意。渔洋后又应姜氏子弟之邀，作客"艺圃"，且为诗十二章，已如前述。及其《蚕尾续文》中，竟收有《姜贞毅葬衣冠辩》⑤，于姜氏子弟之已死未死者，毫不假以辞色矣。渔洋此文不长，兹全录之。以见清初士论之中，于山东莱阳姜氏之行谊，亦未尝无侧目以视之者焉：

> 莱阳姜如农埰、如须垓，兄弟齐名，时称二姜。如农崇祯末为给事中，建言谪戍宣城卫。鼎革后，遂卜居吴郡，不归乡里。给事死，遗命葬宣城，以谓故君未赐环，不敢首丘。吾友张杞园贞作祠记，书其事，南北名士多歌咏之。既而迁其夫人之柩合葬于宣，而葬给事之衣冠于父母墓左。予谓非礼也。

---

① 同前注，卷六，第13页上。
② 王士禛：《带经堂集》(《续修四库全书》本)，第1415册，第82—83页。
③ 同前注。
④ 王士禛：《渔洋山人精华录》卷六，第35页。
⑤ 王士禛：《带经堂集》，第82—83页。

夫给事身值沧桑,居吴不返,或岁一归省墓,或数岁一归省墓,犹可也。死不首丘,又不归骨先垄,顾远葬戍所,此则矫激好名之过,而害天性之恩,可已而不已者也。至迁其夫人远祔江南,而以己衣冠代归葬,此尤非也。己不归葬,已无以慰父母之望于地下。乃并其妇已葬之骸骨,大去其乡,明其与父母绝矣。孝子忍乎哉? 是何其于君臣之义厚而于父母之恩薄也?《礼》曰,禽兽失丧其群匹,越月逾时,则必返巡,过其故乡,回翔焉,鸣号焉,蹢躅焉,踟蹰焉,然后乃能去之。矧血气之属,尤莫知于人乎。予读《思颖》诗,每致憾于欧阳永叔。兹给事之葬,亦未敢附会以为然。聊书杞园记后以质诸知礼者云。

按:文中所及"张杞园贞",指张贞,字起元,号杞园,又号渠亭山人(1637—1712)。山东安丘人,与姜氏及王渔洋同省籍。康熙十一年拔贡。十八年举博学鸿词,不就。有《杞田集》十四卷[①],未见。

唯姜氏之兄弟虽视清朝为仇敌,而王士禛者流复对如农身后作如许攻讦,均无碍于塑造姜氏一家为忠君典型之工程。史载康熙三十四年(1695),继汤斌任江苏巡抚之宋荦(牧仲,漫堂,1634—1713)于苏州虎丘"二姜祠"之右侧建成"莱阳姜忠肃堂",奉祀如农、如须兄弟之父泻里。祠旁有毛奇龄(大可,西河,1623—1716)[②]所撰碑记,叙姜泻里莱阳殉节事颇详。金陵周在浚(雪客,1640—?)《游忠肃祠诗》有句云:"新祠貌巍然,千溪载毛荐。"[③]可见宋牧仲所立祠,规模亦自可观。清廷奉姜氏父子三人为忠君典范之塑造工程,亦至此大功告成。此后一百七十余年间,吴人岁时奉血食不替。至咸丰十年(1860)太平军毁祠,其事始辍。

[①] 柯愈春:《清人诗文集总目提要》(北京:北京古籍出版社,2002年),第264页。
[②] 顾诒禄:《虎邱山志》,卷二十四,第3页上。
[③] 同前注。

考汤斌及宋荦先后以抚吴之大吏为姜氏建祠,均选地于虎丘。前文谓所择之地乃游人必至之处,固无疑矣。然离虎丘寺塔十步有一新近辟置之园林,园中有室名"松风寝",室之楣勒有崇祯御书"松风"二字。其地与二姜祠密弥。然则建祠之初,择址之际,固亦尝考虑崇祯御书之所在耶?抑纯属偶然之巧合而已耶?

此一新辟之园林名塔影园。乃明季南京国子生顾苓葺其舅氏先代旧隐之地而成。苓字云美,号浊斋居士(1609—?),吴县人。称文震孟幼子文乘(应符,1618—1646)为舅氏①。云美述其修葺文氏旧业之经过及所庋藏之崇祯御书云:

> 崇祯甲申,烈皇帝殉社稷。明年,南京国子生顾苓退耕于野,越四年,筑室虎邱塔影园,勒烈皇帝御书松风二字于楣间,名其室曰松风寝,为之记曰:御书纵横盈尺,中钤黄金玺一方,广四寸,文曰崇祯御笔。②

记作于入清后,乃用明之年号,称崇祯曰"烈皇帝",其法书曰"御书",云美之为明之遗民,可无疑矣。记中述松风寝之周遭景物则云:

> 室三面,各有长松数十百株,沐日浴月,吐纳烟云,风谡谡,昼夜不绝。当春和晴畅,而声若悲以思;暴雨迅雷,而声遂郁以怒;秋高气爽,而声转悲以凄;雪冱霜繁,而声乃震以杀。每瞻仰御书,若有是焉。③

并时徐州遗民万寿祺(年少,介若,1603—1652)撰《游顾氏塔影园记》所叙亦有可与云美所记相表里者:

> 苓以文氏甥,向气节不入城市,来隐于此,名塔影园。闭

---

① 顾苓:《塔影园集》(《丛书集成续编》本),第123册,卷一,第1页,《文公子传》。
② 顾苓:《塔影园集》,卷二,第2页,《松风寝记》。
③ 同前注。

户著书,伏腊,辄入松风寝。春秋佳夕,策杖登虎阜,望云气,拜跪以为常。①

云美与顺康间之硕彦,如郑敷教(桐庵)、顾梦麟(麟士)、方文(嵞山)、释读彻(苍雪)等,咸有往来。且得列钱牧斋之门,称高弟焉。《有学集》卷二十六《云阳草堂记》,即牧斋从云美之请而为塔影园所作者。乃文中于崇祯御书,无一字及之。至云美所撰《东涧遗老钱公别传》及《柳河东传》诸篇,累为当世之好言钱、柳遗事者所引用,则知之者已多。

顾云美与姜氏子弟,关系亦甚密切。如农殁后,其故旧门生,有私谥之议,尊之曰"贞毅先生",至今犹沿用之。当日被推举执笔撰文者,即顾云美②。即此一端,可以见之。

"二姜祠"与"塔影园"中崇祯御书之所在,既近在密弥。塔影园主人与姜氏生前复为知交,凡此皆当为吴人所熟知。然汤斌与宋荦当初择地,曾否考虑及此,则难言也。爰叙其间之关系如上,以俟来者。

至晚近以来,姜氏在苏州之旧居"艺圃",得当地政府拨款修复,对外开放,已逾十余载矣。当年姜氏子弟读书游息之地,以及其知交相好文酒雅集之所,如"东莱草堂""念祖堂""博饦斋""浴鸥池""乳鱼亭"等,均新匾高揭,井然有序。莱阳姜氏于明清代间之行事,三百载下,将复得展现于人间,亦可待矣!

后　记

近读全祖望(绍衣,谢山,1705—1755)《象山姜忠肃公祠堂碑文》(朱铸禹汇校集注《全祖望集汇校集注》,上海:上海古籍出版

---

① 万寿祺:《隰西草堂文集》(《续修四库全书》本),第1394册,卷一,第7页,《游顾氏塔影园记》。
② 顾苓:《塔影园集》卷二,第1页,《前礼科给事中姜公私谥议》。同卷,第12页,有《公祭姜敬亭先生文》。

社，1999年序刊，册一，第437—439页），乃知浙东象山县亦曾有姜忠肃公祠。谢山文先叙明清之际不同之地方政权谋为姜氏立祠事颇详，足为本文伸张，爰书短记，附于文后。2003年2月8日于爱荷华郡礼之荒村。

谢山文先述甲申三月十九日之变后，姜垓过莱阳，哭父毕，遂：

> 踉跄下南都。礼臣方议追恤诸臣，忠肃得赠光禄寺卿，赐谥立祠莱阳，以待诏配。

此弘光朝廷之厚恤姜氏，事在清吏汤斌之建二姜祠于苏州之前垂四十余年。然文中所谓"立祠莱阳"，衡以当时干戈遍地之况，而莱阳又已在清人管辖下，其事恐亦止于空言而已。

谢山文继述鲁王监国于浙东，姜氏子弟应召往者二人：长子圻，知象山县令；三子垓，为考功郎。其时：

> 故礼臣议权为忠肃立祠于其［象山］境内，赐祭，特遣大理寺右评事王家勤莅事。侍郎、考功，皆来祠下。诸遗民多陪祭。北向恸哭。事在丙戌四月中。不逾时，而越中又亡。

丙戌为清顺治三年（1646）。此姜泻里因其子仕鲁王而获赐恤事也。"侍郎、考功，皆来祠下"云云，盖指如农、如须兄弟当日均身预象山姜祠成立之庆典也。如农自撰年谱，讳其事焉。

谢山文记其同时象山人谋重修其境内之姜祠，尤堪注意。谢山云：

> 百年以来，文献且尽，而象山尤远在海隅，先贤祠祀，零落无复存者。顾［姜］忠肃祠得幸存，然后生晚辈莫知其建置之详，近且以为广文之寓寮，而姜氏裔远隔吴下，亦莫知江东之有先祠也。予乃以告象山诸君子，议为重修之，而并配侍郎、考功于祠，以二公皆尝有寓公之爱也。又以告姜氏后人之居吴下者，使来存省。且告之曰：今吴下固有忠肃公祠，抚军商

丘宋公所立也。海隅之荒僻，不敢望吴下宫墙之盛。然而考典礼于败亡之余，固依然先朝之所敕赐也。吾谓忠肃父子之魂魄，应当恋此，又况象山［指姜圻］之效命危疆，赍志以死，其大节不愧于家门，而后人亦鲜知之者。

据全氏之文，见苏州以外，于莱阳及象山均曾有建祠之议。象山之祠建于顺治三年。后四十余年，始有苏州之二姜祠。且象山之祠，复于乾隆间得为重修。祠之所在及其规模，异日当另考之。

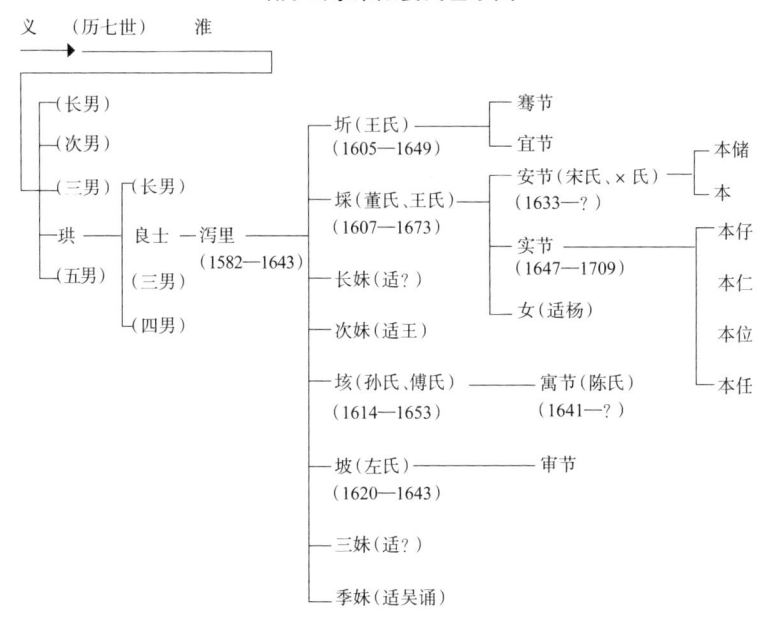

附：山东莱阳姜氏世系图

```
义 （历七世） 淮
├─（长男）
├─（次男）
├─（三男）┬（长男）
│         │         ┬─圻（王氏）────┬─骞节
│         │         │ （1605—1649） └─宜节
│  珙    良士─泻里 ├─垛（董氏、王氏）┬─安节（宋氏、×氏）┬─本储
│         │  （1582—1643）│（1607—1673）│ （1633—?）    └─本
│         │         ├─长妹（适?）    ├─实节              ┬─本仔
│         │         │                │（1647—1709）    │
├─（五男）└（三男） ├─次妹（适王）    └─女（适杨）       ├─本仁
│         └（四男） │                                    ├─本位
│                  ├─垓（孙氏、傅氏）─寓节（陈氏）      └─本任
│                  │ （1614—1653）    （1641—?）
│                  ├─坡（左氏）────审节
│                  │ （1620—1643）
│                  ├─三妹（适?）
│                  └─季妹（适吴涌）
```

※《上海图书馆馆藏家谱提要》(上海古籍出版社，2000年)，第438—439页有清抄本《姜氏族谱》〔莱阳〕三册，未见。(该馆编号：923805-07)

2002年12月20日定稿于郡礼之停云阁
（原载《明清文学与思想中之主体意识与社会——学术思想篇》，钟彩钧、杨晋龙主编，"中央研究院"中国文哲研究所，2004年12月）

新君旧主与遗臣
——读木陈道忞《北游集》

一 引言

《北游集》六卷,全名《弘觉忞禅师北游集》。弘觉,乃清顺治帝赐予明清间名僧木陈道忞(1596—1674)之号。《北游集》者,木陈北游之日记也。事缘顺治十六年(1659)九月,木陈以江南遗民僧俨然领袖之身份应召入京;其时帝年二十二,木陈六十四。明年五月获准南还。《北游集》中所记,多为木陈与顺治往来交谈之实录。原题"门人真朴编次",其实一诗一文,无不出木陈之手。《北游集》之雕版,在顺治十八年春,距顺治猝逝仅数月耳。[①]

《北游集》刊成后七十余载,雍正帝尝降严旨,直斥此书"狂悖乖谬",指为木陈"凭空结撰"者。及乾隆修四库全书,三复斯意。二事之源委,经陈垣先生细为考述,逐一驳正,[②]嗣后《北游集》之史料价值,遂无复异议矣;而援庵先生所谓"释家言有稗史乘"一胜义,遂为学者所尊奉。

本文之作,意在重构《北游集》中所见明清之际若干历史人物

[①]《北游集》有单行本及嘉兴藏本。参见陈垣:《汤若望与木陈忞》及《语录及顺治宫廷》,《陈垣学术论文集》第一集,北京:中华书局,1980年,第482—516、517—532页。本文所用为嘉兴藏本,收入《明版嘉兴大藏经》第26册,台北:新文丰出版社,1987年,第287—307页。木陈平生撰述,参见冼玉清:《广东释道著述考》,《冼玉清文集》,广州:中山大学出版社,1995年,第508—521页。

[②] 参见陈垣:《汤若望与木陈忞》,第483—487页。

间之关系,尤在曹化淳处新君旧主之间所发挥之历史作用。若语其人之政治背景,则不外新君(顺治帝)、旧主(崇祯帝)与遗臣(身侍两朝之曹化淳、木陈忞及憨璞聪);语其职责,则有异代君王、两朝太监以及先后为两朝"开堂祝圣"之宗门耆旧。文分四节:一曰新君与遗臣,考论顺治帝与前朝太监曹化淳之关系;二曰新君与旧主,考论顺治帝对崇祯帝之追忆与怀思;三曰旧主与遗臣,追叙曹化淳深获崇祯宠信,因得权倾内外之情状;四曰遗民僧与遗臣,考论木陈与憨璞聪所见深居清宫之暮年曹化淳。

本文所涉年份,约起明万历末,至乾隆末叶为止。征引之典籍,以木陈《北游集》为主,旁及实录、正史、私史,以及其并时人之诗文别集、笔记、方志、碑刻及其他释家文字,务求于此数人间之俗世及方外渊源,详为考述,以补史献之所阙略也。

二　新君与遗臣——顺治与其近侍曹化淳

《北游集》卷三《奏对别记上》开篇六百余言,记顺治自述其读书之经过:

> 上[顺治]一日同师[木陈]坐次,侍臣抱书一束,约十余木置上前。上因语师曰:"朕读过底书,请老和尚看着。"师细简一遍,皆左史庄骚先秦两汉唐宋八大家以及元明撰著,无不毕备。至末一本,有二百篇制艺,则洪武开科以来乡会程文。师曰:"此八股头文字,皇上读他何用?"上曰:"老和尚顾不知,那朕要覆试进士文章,如史大成、孙承恩、徐元文三科状元,皆朕亲自擢取的,是敝门生也。"师曰:"状元本称天子门生,今又出自陛下房中,则是亲上加亲矣。"上为大笑。[1]

---

[1]《北游集》,第293页。史大成、孙承恩、徐元文分别为顺治十二、十五、十六年状元,参见朱保炯、谢沛霖合编:《明清进士题名碑索引》,上海:上海古籍出版社,1980年,第2639、2643、2646页。

顺治所读之书,除八股文外,"皆左史庄骚先秦两汉唐宋八大家以及元明撰著",与清末民初诸家所列国学必读书目范围近似。取与五十年前大陆及港、台三地大学中文系诸生所习之课程相较,亦大同小异。

《北游集》续记顺治自述其少年时读书事云:

> 上一日语师:"朕极不幸,五岁时先太宗早已晏驾。皇太后生朕一身,又极娇养,无人教训,坐此失学。年至十四,九王[多尔衮]薨,方始亲政,阅诸臣奏章,茫然不解。由是发奋读书。每晨牌至午,理军国大事外,即读至晚。然顽心尚在,多不能记。逮五更起读,天宇空明,始能背诵。"①

此述少时"无人教训,坐此失学",直至顺治七年多尔衮死、翌年亲政,然后知不读汉籍即不能读通臣工奏章。顺治之读书,其初乃为尽人主之责。以一国之君而不讳言之,顺治性情真率之处,可以见矣。

至顺治叙其读书之师承,亦直言不讳。《北游集》卷三记:

> 上又曰:"朕向来读底书,多亏了曹化淳。为时常习他语音,遂成了夸话。老和尚可晓得夸么?"师曰:"道忞闻得到了山东北京都叫做夸子。"上曰:"北京城里又叫做畲子。曹化淳是里八府人,故名夸也。"师曰:"忞实不知。"②

顺治说起师承,语气平常,毫不矫饰。所说自己老师之姓名,竟是前明崇祯朝司礼太监、甲申三月十八日李自成兵临北京城下时擅开城门之曹化淳!曹氏原籍河北武清,属京畿里八府,顺治故称之为"夸子"。

曹化淳当日以京城提督之身,开门纳降,其不忠不义之恶行,

---

① 《北游集》,第293页。
② 《北游集》,第293—294页。"夸话"云云,至今京津地区尚多习用,谓某人所说为"夸话"者,俗称"不上路"之谓也。

自清初以来，一直为史家鞭挞。然曹氏之平生行事，足述者尚多。今为行文方便起见，先考述曹氏于李自成军攻陷北京后之际遇；曹氏于晚明宫中历事数朝等节，则留待下文始作追叙。

曹化淳于甲申三月十八日启城门，以导李自成军长驱直入后，方拟邀功，李自成以其背主失信，原拟将之斩杀。清初史家，多持此说。张岱《石匮书后集》所记，仅其中一例而已：

> ［李］自成与伪都督刘宗敏数十骑入大内，［曹］化淳与杜之秩前导，自成责其背主，当斩。化淳等叩首曰："识天命故至此。"自成叱之，众呼万岁。①

同年五月初二，吴三桂引多尔衮所率之清师入京，曹化淳未随李自成西遁。又三阅月，曹氏蒙清廷点名奖赏。《大清世祖章皇帝实录》卷七"顺治元年八月庚申"条有云：

> 摄政和硕睿亲王赏大学士冯铨，侍郎沈惟炳、金之俊，天津总督骆养性，招抚山东河南侍郎王鳌永，招抚山西应袭恭顺侯吴惟华，内监曹化淳、车应奎、王德化等貂裘各一袭。②

其时北方局面已粗定，清廷遂有入关后论功行赏之举。名预其列者九人，皆朱明旧臣投靠清廷者：朝臣三人；封疆大吏三人；内官三人，曹化淳居首。此九名前朝遗臣分别获新朝厚赐，皆必曾为新君尽心办事且又立下不凡之功者无疑。然曹化淳于降清之后，所办何事，所立何功，《实录》既未明言，后来官修《明史》亦含糊其词，但说"化淳入国朝，上疏奏办甚力"。③所谓"上疏奏办甚力"，究何所指？

乾隆《武清县志》中曹氏小传记曹氏入清后之行事有云："怀

---

① 张岱：《石匮书后集》，北京：中华书局，1959年，第343页。
② 《大清世祖章皇帝实录》（以下简称《世祖实录》），收入《清实录》，台北：华文书局，1964年，第75页。
③ 《明史》卷三〇五《高起潜传》，北京：中华书局，1974年，第7830页。

宗（崇祯）不讳，[曹氏]义不辞难，亲为含殓，上疏乞封陵安厝，诚恳悉沥肝膈。"①此云曹氏亲为崇祯含殓，与清初其他记载多有不符。②但曹氏上疏清廷，乞请为其旧主崇祯封陵安厝，则确有其事。

曹氏上疏凡三，俱见《武清县志·艺文志》。木陈在顺治宫中时，亦尝得而读之，撰有《读皡如曹居士申酉丙戌奏启赋感》一诗③，详见下文。

曹化淳所上疏，分别在甲申（1644）、乙酉（1645）、丙戌（1646），所涉自奏请为崇祯"封陵安厝"之献议，历筹备费用，以至工程告成为止。今择其尤要者，为述一二。

曹氏第一疏乞请清廷礼葬崇祯及所亲诸人，指出此乃"新朝善政，式优在地之灵；而故国臣民，咸睹如天之德"，对安抚民心，功效至大。奏中所请，条理清晰，巨细靡遗。其有关崇祯者曰：

> 崇祯帝后，悯遭奇惨。灵柩安厝，宜应有方。合无即就田贵妃坟改名为陵。今拟开厝，先帝居中，先后祔左，田贵妃祔右。除量前量造享殿三阁以奉神主外，仍立碑镌号，用昭德意。④

考《世祖实录》"顺治元年五月己酉"条有云："以礼葬明崇祯帝后……仍造陵墓如制。"⑤五月己酉，合五月廿二日，清师入关后之第二十日。六月癸未，遣明朝降臣、时官大学士之冯铨祭故明太

---

① 乾隆《武清县志》，香港：出版社未标明，1990年复印1939年排印乾隆七年原刻本，第139页。
② 崇祯帝于三月十九日自缢于煤山，自其尸身之发现至安葬，清初史家均有详记，均未见有提及曹化淳在场者。参见谈迁：《国榷》卷一〇〇，北京：北京古籍出版社，1958年；计六奇：《明季北略》卷二〇，北京：中华书局，1984年；王士禛：《渔洋精华录集释》，李毓芙等整理，上海：上海古籍出版社，1999年，第127页引谭吉璁《肃松录》。
③《北游集》，第303页。
④ 乾隆《武清县志》，第157页。
⑤《世祖实录》，第59页。同日又云："宣府巡抚李鉴，捕斩伪[李自成部]权将军黄应选、伪防御使李允桂等十五人，以祭明崇祯帝。"

祖及诸帝,有祭文焉。①

考《清史稿》叙多尔衮"既克明都,百度草创,用文程议,为明庄烈愍皇帝发丧,安抚孑遗"②。是礼丧崇祯,与清廷已定之策略相合。故入京后二日(辛卯)即"令官吏军民为明帝发丧,三日后服除,礼部太常寺具帝礼以葬"③。后此十八日为己酉,即有《世祖实录》所记事。

唯建陵一事之进行,其初并不顺遂。而曹氏则董理其事,以底于成,亦实有功。殆《明史》所称"上疏奏办甚力"者也。观曹氏所上第二疏,始则指控负责工程之工监,逾期不举;继而严斥专司其事之各级官吏,虽皆崇祯遗臣,然均以"故君之事,既无赏可冀,又无法可畏"④,用是拖延时日。此疏记录有关修建思陵若干颇足发人兴味之细节。

首先,全部工程费用估计三千两银。其中半数由朝廷恩准自"陵租"拨出。其余一千五百两则半数由宦官集资,半数由前朝之文武官员认捐。疏中指出,宦官集资部分,较原定目标多出六百五十两,由是可推见曹氏入清后在前明所遗宦官中仍具影响。全部银两,于九月初四日汇交工部营缮司,取有实收在卷。上距朝廷下令礼葬一谕,仅四月耳。

其次,此工程照理应由工部及内官监联手执行。但工部先则以缺员为辞,无法兼顾;及内官监委派冉维肇及高推王二人为总理、督理,工部乃改易前意,另移文内官监委任内臣,专司其事。换言之,先则推诿,后则恐权力旁落。曹化淳于疏中总结当时情况云:

---

① 王先谦:《十二朝东华录·顺治朝》卷二,台北:文海出版社,1963年,第14页下—15页上。
② 《清史稿》卷二三二《范文程传》,北京:中华书局,1977年,第9352页。
③ 《清史稿》卷四《世祖本纪》,第86页。
④ 乾隆《武清县志》,第158页。

今三秋已过,冬至将临,开工杳无日期。冉维肇等不知现在何处。大抵故君之事,既无赏可冀,又无法可畏,虽臣屡言劝勉,无奈竟若罔闻,何也。①

曹氏所上第二疏,明显生效。盖翌年即有向清廷申报"陵工已竣"之第三疏,兼将"用过工价原册,听该管官移[工]部销算"。②然则清廷建造思陵,最初献议者为曹化淳,工程进行期间,始终董理其事者,亦曹化淳也。

再者,顺治元年九月(即曹化淳获清廷奖赏后一阅月),曹化淳另有一奏。所奏内容,据孟森先生云,乃"奏补明陵司香内臣筹事"。③奏上之前二月,清廷已明令"设故明长陵以下十四陵司香内史各四人"④。

揆上所述,曹氏于入清之初,迅即奏请为崇祯建陵,继又上疏奏补明陵司香内臣。司香内臣,即管理香火之太监;"司香"一词乃沿用前明旧称。兹二事者,皆与清人入关后优礼明室之政策相符。易言之,曹氏之所请,正清室之所欲行。故所请既得允准,曹氏后因此而得清廷之瞩目,厚蒙奖赏。则曹氏为人,必精于观察形势,且善于应变,可无疑矣。

曹化淳成为顺治近侍一事,在顺治亲政、从曹氏读书之后。《武清县志》记云:"世祖章皇帝览其悃忱,召侍讲幄,准不受职。"⑤可见曹氏乃一不受职位而随时奉侍御前之近侍,俨然国师,犹今之所谓"特别助理"或"机要秘书"者也。谈迁《北游录》中有一记载足为

---

① 乾隆《武清县志》,第158页。
② 乾隆《武清县志》,第159页。
③ 曹氏此奏不见于官书方志,孟心史先生尝见奏本之抄本。参见孟森:《顺治元年九月诸曹章奏跋》,《明清史论著集刊》(下册),北京:中华书局,1959年,第389—390页。
④ 王先谦:《十二朝东华录·顺治朝》卷三,元年七月庚子条,第16页上。同年八月癸未条:"设故明十三陵司香官及陵户,给以香火地亩。"(第21页下)
⑤ 乾隆《武清县志》,第139页。

此说佐证：

> [顺治十二年十二月]庚申，有以御画竹贻朱太史[之锡]，盖弃纸也。曹太监化淳侄孝廉得之所贻。①

朱之锡，浙江义乌人，时以顺治三年进士官弘文院编修；谈氏北上，即附搭朱氏之船。在京期间，亦寄寓朱家，协助朱氏办理文案。二人乃有幕客与府主之关系。②

谈迁所记，说明顺治读书以至练习书画，曹化淳并随侍在侧。日久相处，遂至如顺治所说，连曹化淳之乡音亦习染上了。事实上，顺治对曹化淳早已恩宠有加。考《世祖实录》"顺治八年九月丙申"条记云："上驻跸杨村。"③《武清县志》则记顺治帝此行在十一月："顺治八年冬十一月驻跸杨村。"④近年新修《王庆坨镇志》亦有云："世祖福临宿于杨村。"⑤杨村者，武清县城所在。武清乃当时京津地区河务之要冲。康熙帝后尝屡访其地，巡视河务。⑥唯顺治帝之幸武清，年仅十四，亲政亦只九月，又在随曹氏读书之后，揣其目的实在于临幸距武清县城杨村一牛鸣地之曹化淳故里赵甫庄里，别无他意。

顺治此行，无论是出于曹氏之邀请或是其自发，于曹氏而言，皆可谓帝宠恩隆，光被乡梓。前此二百余年，明英宗时，中官王振尝欲邀其主临幸其原籍河南蔚州，事未果而身死战场。⑦此事曹化淳不能不知。然则顺治之驻跸杨村事，至今尚为当地人所乐道，

---

① 谈迁：《北游录·纪邮下》，北京：中华书局，1960年，第126页。
② 吴晗：《爱国的历史家谈迁（代序）》，谈迁：《北游录》，第4页。
③《世祖实录》，第447页。
④ 乾隆《武清县志》，第10页。
⑤《王庆坨镇志》"大事记·清顺治八年条"，天津：天津古籍出版社，1996年，第18页。
⑥ 乾隆《武清县志》，第11—13页。
⑦《明史》卷三〇四《王振传》，第7773页。又见陈登原：《国史旧闻》卷四三，第507条"土木之役"，北京：中华书局，2000年，第3册，第48—52页。

修方志者且特书之，岂偶然哉？

顺治帝驾临曹化淳原籍一事，当时扈从之行人司行人张吾瑾有《圣驾幸临武清恭记二十四韵》一题。①诗中多颂祷之词，唯"天龄钦中睿"及"守成思偃武"两句，则明言时当顺治以冲龄亲政。

曹化淳既渐获新主之宠爱，不久即有人上疏揭发曹氏当日开城纳降事。《武清县志》曹氏小传有云："时有流言，诬以广宁东直门事者，上疏奏办。奉旨化淳无端抱屈，心迹已明，不必剖陈。该部知道。钦此。"②顺治未将曹氏严查细办，自与其优容曹氏有关。然细考当日情势，招降纳叛、封赏不吝，亦清人入关后之一贯策略。务使来归者，功名可保；既降者固心安，未降者亦知劝。顺治初年清廷对前李自成丞相牛金星及其子牛铨、尚书沈䦆然入清后仕履一案之处理方法，乃较突出且具兴味之例子而已。③

顺治随曹化淳读书，是曾刻苦用功过的；曹氏督导之功，自不可没。《北游集》记云：

> 师曰："如五百言一篇文字，皇上要几遍可背？"上曰："六七遍亦强记得来。然半月十日即忘杀矣。朕书背诵到五十遍，如经四则已背温七次。计前后诸书读了九年，曾经欧血。从老和尚来后，始不苦读。今唯广览而已。"师曰："帝王之学，贵在正心诚意，明伦察物，正不必如经生家区区呫哔为也。"④

---

① 乾隆《武清县志》，第277页。张氏字石仙，四川金堂人。顺治十二年进士。官行人，著有《鹊符斋集》，未见。生平见孙桐生：《国朝全蜀诗钞》卷四，成都：巴蜀书社，1985年，第2页；李桓：《国朝耆献类征初编》卷一四〇，台北：文海出版社，1966年，第28页。
② 乾隆《武清县志》，第139页。
③ 牛金星事见杭齐苏题本，收入中研院历史语言研究所明清史料编刊会辑：《明清史料丙编》第7册，1930年排印本，第618页。参见李光涛：《多尔衮入关始末》，《明清档案论文集》，台北：联经出版事业公司，1986年，第696页；王先谦：《十二朝东华录·顺治朝》卷三，六年甲辰条，第20页下。
④《北游集》，第293页。

此记有堪注意者三事。顺治说"计前后诸书读了九年",自十七年上推九年,为顺治八年,知帝随曹化淳读书,始于顺治亲政,时年十四岁,于此又得确证。

次者,顺治背诵古书而至于呕血,持续之功,其初或非"少年天子"所自愿。然则曹化淳之督导有方,可无疑矣。考明季宫中尝相传曹化淳座师王安早年入皇城内书堂读书,为掌印太监冯保名下,得守备太监杜茂照管。王安多玩嬉,不勤苦。杜茂将王安坐于凳上,绳其股于桌之两脚,或书仿不中程,即以夏楚从事。见刘若愚《酌中志》。[①]此事曹化淳当知之。然曹氏所侍从之人为当今天子,又焉能施之以杜茂之法?曹氏之用心,必甚良苦,唯以不得其详为憾耳。

木陈记顺治与彼见面后,逐渐扬弃苦诵之法,而代之以广览。须知古人读书,一般多先苦读背诵以稳扎根基,然后进而与言"广览";木陈遇顺治于其随曹化淳苦读九年之后,乃勉之以"正心诚意,明伦察物"之学,深获帝心,亦自不必转讥曹氏先前所督导之苦读为"经生家区区咶哔"无用之学。昔年援庵先生尝批评"木陈词锋,富排斥力,每有评论,不问老辈同辈后辈,皆有微词"[②],洵为的论。

不管如何,顺治自冲龄起即从曹化淳研读汉文典籍,暇时则习书画以娱情,二人长期相处,亦甚相得。凡此皆不必置疑矣。至顺治年少好事,加上天性好奇,于先朝旧事,亦必尝从曹氏多方打听,此亦情理中事。何况当日顺治宫中于崇祯一朝情事了如指掌者,何似曹氏?

---

① 刘若愚:《酌中志》,北京:北京古籍出版社,1994年,第46页。房兆楹先生对《酌中志》之流传及其书之内容有颇详细之分析,见所撰"刘若愚传",收入 L. Carrington Goodrich and Chaoying Fang, eds., *Dictionary of Ming Biography, 1368—1644*, New York and London: Columbia University Press, 1976, pp. 951-952.
② 陈垣:《汤若望与木陈忞》,第486页。

三 "闲谭思庙长挥涕"——顺治对崇祯之怀思

木陈《世祖章皇帝哀词》第三首云：

> 洞开四目舜诸瞳，天鉴高垂度亦洪。孝重鰥生翻野纪，才怜下士念尤侗。闲谭思庙长挥涕，因说嘉鱼亟叹忠。惠我生民须哲后，堪嗟莫挽鼎湖龙。①

诗中咏明清间人物，木陈分别有注，所涉本事皆顺治与木陈当日于宫中之话题："孝重鰥生翻野纪"，指孝子黄向坚；"才怜下士念尤侗"，指吴会才子尤西堂；"因说嘉鱼亟叹忠"，指在明末被廷杖、入清后剃发为僧之熊开元。今俱不论。兹欲指出者，乃二联首句"闲谭思庙长挥涕"中之"思庙"，乃崇祯帝之谥号，诗意亦别无旁义。

《北游集》亦记顺治帝每语及崇祯，则惨然不乐，甚至潸然挥涕。今先举一二例证："上曰……宫城之北有山，明称煤山。朕今改之，所谓景山也。煤山即崇祯投缳之所。语毕潸然。"②木陈记二人谈论书法时，先则颂美顺治御书精美：

> "皇上天纵之圣，自然不学而能。第忝辈未获睹龙蛇势耳。"……上笑曰："朕字何足尚？崇祯帝字乃佳耳。"命侍臣一并将来，约有八九十幅。上一一亲展示。师时觉上容惨戚，默然不语。师观毕，上乃涕洟曰："如此明君，身婴巨祸，使人不觉酸楚耳。"③

顺治对崇祯书法，可谓推挹备至。其侍臣于片刻间能"一并将来"

---

① 释道忞：《布水台集》，收入《四库未收书辑刊》第5辑，北京：北京出版社，2000年影印本，第30册，第43页。
② 《北游集》，第294页。
③ 《北游集》，第297页。

崇祯手迹八九十帧，而顺治又能为木陈"一一亲展示"。顺治平日对崇祯之书法习玩之勤、认知之深，可以想见。其尤要者：顺治于展示崇祯所书时，木陈见他面容"惨戚，默然不语"，良久之后，顺治语带涕洟，说崇祯以明君而身婴巨祸，思之令人鼻酸！

　　合上述二例以观之，木陈挽诗中"闲谈思庙长挥涕"句，盖纪实也。

　　其实，顺治不仅在木陈面前涕哭崇祯，甚至在拜祭崇祯陵墓时、众目睽睽之下，也曾"凄然泣下"！而此事恰发生于木陈在京期间。《世祖实录》记云："上驻跸昌平州。是日，驾过明崇祯帝陵。凄然泣下，酹酒于陵前。复遣学士麻勒吉，奠明太监王承恩墓。"[①]此乃官方记载。再观当日随扈之礼部侍郎兼翰林院掌院学士王熙所撰《思陵纪事二首》，则私家记述也。该诗题下注云："明庄烈愍皇帝陵也。御制碑文在焉。大驾经过，焚楮拜奠，且为下泣，感而纪之。"[②]"庄烈愍皇帝"，清廷赐崇祯谥号也。[③]所及"御制碑文"，下文尚当详述。今先请读王氏诗：

　　　　怅望思陵路，萧条易怆神。鼎湖龙去远，禹穴鸟耘频。园寝存先典，丰碑识至仁。后来传竹牒，莫比息荒伦。

　　　　千载兴亡恨，前朝倍可怜。玄黄纷数党，门户竞持权。宵旰忧空切，兵荒势岂延。翠华凭吊处，也为一潸然。[④]

诗中对崇祯失国，深致同情，暂按不表。可注意者是：第二首收篇

---

① 《世祖实录》，顺治十六年十一月壬申条，第1541页。王承恩与崇祯对缢事，参见《明史》卷三〇五《王承恩传》，第7830页。

② 王熙，见房兆楹所撰传，收入 Arthur Hummel, ed., *Eminent Chinese of the Ch'ing Period*(*1644—1912*), Washington: US Government Printing Office, 1943, p. 819；王熙：《王文靖公集》卷六，《四库全书存目丛书》，济南：齐鲁书社，1997年影印本，集部第214册，第502页。

③ 《世祖实录》，顺治十六年十一月壬申条，第1543页。崇祯在南明及入清后之谥号，屡有改变。参见计六奇：《明季南略》，北京：中华书局，1984年，第67页。

④ 王熙：《王文靖公集》卷六，第502页。

149

"翠华凭吊处,也为一潸然"两句,所咏即顺治当日在思陵哭祭崇祯事。

顺治祭陵回宫,尝为木陈述说此行之观感。《北游集》记云:

> 上出狩昌平回,为言明之诸陵规模弘敞,工费浩繁。当日用金,非数百万不可。其中龙神结聚,堂局周正,唯长陵最佳。可惜朕去迟了。数百年合抱苍松翠柏,砍伐几尽,朕已特下严旨,仍加护植矣。但崇祯帝陵寝,湫隘不堪,合朕自捐修葺。奈国用匮乏,思谕明臣共襄厥事。①

考顺治元年十月登极诏书中有云:"明国诸陵,春秋致祭,仍用守陵员户。帝王陵寝及名臣贤士坟墓毁者修之,仍禁樵牧。"②知守护明代陵寝,乃入关后优礼前代之另一政策。至记中所云"特下严旨"以护植明陵树木者,即世称《守护明陵谕旨碑》,其拓本今尚流传。碑文有云:"近陵树木,多被斫伐。向来守护未周,殊不合理。尔[工]部即将残毁诸处,尽行修葺。见存树木,永禁樵采。添设陵户,令其小心看守。"③

崇祯思陵,乃顺治三年所修成,费银仅三千余两,上文已有考述。顺治用"湫隘不堪"四字形容思陵,殆亦非夸张之辞。盖前此五年,谈迁亦尝往拜思陵;谈氏《北游录》中所记,与顺治所见,如出一辙:

> ……余起谢。往俟于思陵门外。亡何,陵户启钥。垣以内左右庑三楹,崇不三丈,丹案供奉明怀宗端皇帝神位。展拜讫,循壁而北。又垣其门,左右庑如前。中为碑亭,云怀宗端皇帝陵。篆首大明,展拜讫。出,进北垣。除地五丈,则石坎,

---

① 《北游集》,第294页。
② 《清史稿》卷四《世祖本纪》,第90页。
③ 谕旨全文见《世祖实录》,顺治十六年十一月壬申条,第1542页。碑拓本见北京图书馆金石组编:《北京图书馆藏中国历代石刻拓本汇编》(以下简称《拓本汇编》)第61册,郑州:中州古籍出版社,1989年,第139页。

浅五寸,方数尺。焚帛处,坎北炉瓶五事。并琢以石。稍进五尺,横石几,盘果五之。俱石也。蜕龙之藏,涌土约三四尺。茅塞榛荒,酸枣数本,即求啼鸟之树,泣鹃之枝,而无从也。生为万乘,殁为游魂。又展拜,泣不自禁矣。"①

顺治哭祭思陵,清初人笔记颇有载其事者。陕西华阴明遗民王弘撰于康熙八年(1669)三月拜思陵,顾炎武诗所谓"华阴有王生,伏哭神床下"者也②;王氏所撰《山志》有云:"予尝至昌平,守陵人为言章皇帝(顺治)哭烈皇帝状甚悉。"③江苏兴化李清《三垣笔记》亦云:"[顺治帝]又尝登上[崇祯]陵,失声而泣,呼曰:'大哥大哥,我与若皆有君无臣。'上为后代所惓怀如此,况其臣民乎!"④

至顺治死后,诸臣所撰哀悼诗中咏述拜祭思陵一事,除木陈外,尚有宋琬与王士禛两家。

宋氏《世祖章皇帝挽诗十首》其二云:"长安驰道接榆关,万里边亭斥堠间。汤沐重开玄菟郡,旌旗旋指碧鸡山。方闻凤辇回中禁,何意龙髯去不还。臣在蓟门曾伏谒,翠华咫尺见天颜。"诗末自注云:"己亥[顺治十六年]十有一月,驾幸三屯,臣琬伏谒道左,蒙天语垂问者再。"⑤宋琬举顺治四年进士。顺治往祭思陵,道过三屯,宋氏以永平副使迎驾。⑥诗中"方闻凤辇回中禁,何意龙髯去不还",谓顺治祭思陵后不久即"龙驭上宾"也。

王士禛《纪事》七绝一首云:"天寿苍凉石兽陈,荒原惊见翠华

---

① 谈迁:《北游录·纪邮上》,第69—70页。
② 王弘撰拜思陵事,参见赵俪生:《顾亭林与王山史》,济南:齐鲁书社,1986年,第159页。顾炎武诗úc作《二月十日有事于欑宫》,收入王冀民:《顾亭林诗笺释》,北京:中华书局,1998年,第879页。至亭林六谒思陵,参见同书相关诗注。
③ 王弘撰:《山志》,初集卷一,"北游集"条,北京:中华书局,1999年,第13页。
④ 李清:《三垣笔记》,北京:中华书局,1982年,第90页。参见谢兴尧:《堪隐斋杂著》,太原:山西古籍出版社,1998年,第224—228页。
⑤ 宋琬:《安雅堂未刻稿》,辛鸿义、赵家斌点校:《宋琬全集》,济南:齐鲁书社,2003年,第465页。
⑥ 宋琬,见杜联喆所撰传,见 Eminent Chinese of the Ch'ing Period, p. 690。

春。君王泪洒思陵树,玉碗金凫感侍臣。"①渔洋诗中"君王泪洒思陵树"句,与上引《世祖实录》所记正同;"玉碗金凫感侍臣"者,亦恰足为前举王熙诗作注脚。

事实上,除明十三陵之苍松翠柏以及崇祯之陵寝外,顺治帝处心积虑要加护者还有崇祯在历史上之令名。《北游集》记顺治语云:

> 近修明史,朕敕群工不得妄议崇祯,又命阁臣金之俊撰文一通,竖于隧道,使天下后世知明代亡国,罪由臣工,而崇祯帝非失道之君也。②

顺治下令为崇祯"立碑表章",在十四年二月。③金之俊所撰《崇祯皇帝碑》之竖立于隧道,则在十六年三月。④

2005年秋,余走访思陵,仍得见《崇祯皇帝碑》矗立于墓道,久历风霜,漫漶至不可卒读。幸《世祖实录》既载之,复见收于金之俊《金文通公集》。⑤

碑文长四千余言,然其标义不外两点,且皆顺治所御授者;金之俊不过遵旨作文而已。碑文开篇先引顺治敕旨曰:"明崇祯帝尚为孜孜求治之主,只以任用非人,卒致祸乱,身殉社稷。"再则曰:"若不急为阐扬,恐千载之下,竟与失德亡国者同类并观。"⑥考崇祯缢死煤山前数日,李自成兵临城下,军令危急,崇祯召廷议,诸臣皆束手无策。崇祯愤怨之下,尝语廷臣曰:"朕非亡国之君,臣皆亡国

---

① 王士禛:《渔洋精华录集释》,第126页。诗系顺治己亥十六年。不当。惠注引伊应鼎评此诗曰:首句言旧陵之寂寞,次句写万乘忽临,草木皆春之象。下二句叙圣主(顺治)眷礼前朝之恩,群臣不忘旧君之义。
② 《北游集》,第297页。
③ 《世祖实录》,顺治十四年二月甲申条,第1275页。
④ 《世祖实录》,第114—1470页。
⑤ 金之俊:《金文通公集》,《续修四库全书》,上海:上海古籍出版社,2002年影印本,第1393册,第114—116页。
⑥ 《世祖实录》,第1468页。

之臣。"清初史书多记之。[①]取与顺治所持"有君无臣"之说,如合符契。

然其事绝非偶合。唯吾人今日得知崇祯当日愤怨之言,盖因得读清初史家所记故也。顺治则于崇祯死后仅十数年、远在史籍面世之前,即已持此论调;顺治之"史源",非后人所得读有关明末之史籍,而必为耳闻于前朝之遗臣者无愍疑。而当日尝亲闻此语出自崇祯之口、于入清后最足以影响顺治者,又非曹化淳之外者所能为。

清初百余年间,无论官修或私撰之书,对崇祯之评价皆众口一词,与顺治所倡之"有君无臣"说之基调不相悖。典载俱在,不必赘述。[②]无怪乎乾隆时全祖望尝大有感而叹曰:

> 庄烈[崇祯]自言"非亡国之君"。伏读世祖御制碑文亦云然。而修史时,圣祖亦累言之。是可以见愍亡之厚,辨亡之公,而庄烈盖足以瞑目于重泉矣。[③]

总而言之,清初人对崇祯之评价,与崇祯自缢前之自我评价殆无二致。而主导清初史家对崇祯之评价者,正为取代朱明江山之大清顺治皇帝。

顺治对崇祯评论影响之深远,木陈当年自无从预测。然顺治以新朝之君,处处回护前朝末代之主,每一提及崇祯,则涕泗交流,木陈终不免觉得难解。一日,乃直接问顺治曰:"先帝何修得我皇为异世知己哉?"[④]大矣哉!木陈此问。苟扬弃释家修为一事,则木陈所问亦可转语为:"皇上何故引崇祯为异世知己呢?"

---

① 如谈迁:《国榷》,第6034页;张岱:《石匮书后集》,第39页;《明史》卷二四《庄烈帝纪》,第335页。
② 如谈迁:《国榷》,第6044页;张岱:《石匮书后集》,第40页;《明史》卷二四《庄烈帝纪》,第335页。参见谢正光:《从明遗民史家对崇祯帝的评价看清初对君权的态度》,香港中文大学新亚书院:《新亚学术集刊》1979年第2期,第39—48页。
③ 全祖望:《明庄烈帝论》,朱铸禹校注:《全祖望集汇校集注》(上册),上海:上海古籍出版社,2000年,第563页。
④《北游集》,第297页。

153

从现存可见史料以观之，顺治于崇祯之认同，与曹化淳之熟知崇祯实有密不可分之关系。

四　旧主与遗臣——崇祯与司礼太监曹化淳

曹化淳，字皞如，晚号弗二，河北省武清县赵甫庄里（今王庆坨镇）人，生于明万历二十六年（1598），卒于康熙元年。[①]

武清位于北京东南百余里，土地贫瘠，不宜种植。乾隆初年，江苏如皋人吴翀任武清知县，曾描述其地曰："余承乏是邑，间尝寻九十九淀之遗迹，一望旷然。风沙古壤，湮淤厥废，川泽易为原隰。"[②]以地近京师，武清人自明初以来多习武期为将军，或自宫入大内为宦官。《县志》载有曹化雨、曹化春者，与化淳同为赵甫庄里人，于崇祯朝"以武功特进荣禄大夫"[③]，为化淳族中之兄弟无疑。

曹化淳被选入宫，当在万历末年。然其官位之蹿升，则在崇祯登极之后。根据各种典籍之记载，又可知：

（一）曹化淳入宫后，即入司礼监掌印太监王安门下。王氏出前掌印太监冯保名下，尝随秉笔太监、承天监守备杜茂读书。故曹氏所受教育，与一般世家子弟无异。《武清县志》特别指出曹氏"工儒业，善草隶"[④]，说明其学养优秀，且复善书，殆非泛泛之词。

（二）曹氏于内官中仕途之顺遂，实自崇祯登极、诛魏忠贤兼为王安一案平反始。其间之转折点，则莫过于崇祯元年冬御前亲试时艺时，曹氏为崇祯所亲拔。

（三）与曹氏同时被崇祯所亲拔之太监郑之惠，雅擅经史辞章。钱谦益曾为郑氏之诗集撰序，称之惠"有志于左氏、太史公、班固之

[①] 曹氏籍隶河北武清，参见刘仲孝：《曹化淳"开城门"辨》，《紫禁城》1994年第4期。
[②] 乾隆《武清县志》"吴翀序"，第1—2页。
[③] 乾隆《武清县志》，第133—137页。
[④] 乾隆《武清县志》，第139页。

书,久而其学大成。肌劈理解,浸渍演迤,虽通人大儒,未能或之先也"①。郑氏学养不凡,可以想见。据《酌中志》所载,郑氏卒于崇祯十一年,得年四十九。②曹化淳之得在内廷独揽大权,抑或不能与郑氏之早逝无关。

（四）曹氏于崇祯朝,文职升至内府十二监之首之司礼监头目,负责批阅外廷诸臣所上章奏、备皇帝御览外,且代皇帝复审案件。《武清县志》记曹氏"由司礼监任大司礼,廷鞫多所平反矜疑,开释者至二千余案"③,则仅指魏忠贤被诛后之事而已。所掌武职,初则兼管东厂,继而提督京营戎政,屡蒙崇祯帝奖敕（见下文）。故曹氏实得集司法、警务、特务及审核章奏等职责于一身。曹氏当年气焰煊赫、权倾崇祯一朝,可以想见。无怪乎明清间史家夏允彝尝慨叹道:"曹珰（化淳）之丧父也,大臣与言路多往致祭焉……廉耻道丧,国事安得不败?"④夏允彝之所慨叹,实非无据。《明史》记曹氏在当时士大夫党争中所扮演之角色云:

> 最后复有张汉儒讦钱谦益、瞿式耜居乡不法事。体仁故仇谦益,拟旨逮二人下诏狱严讯。谦益等危甚,求解于司礼太监曹化淳。汉儒侦知之,告体仁。体仁密奏帝,请并坐化淳罪。帝以示化淳,化淳惧,自请案治,乃尽得汉儒等奸状及体仁密谋。狱上,帝始悟体仁有党。⑤

所记可堪措意者:(1)钱、瞿二人危急时求解于曹化淳,可知曹氏有

---

① 钱谦益:《初学集》,钱曾笺注、钱仲联标校:《钱牧斋全集》,上海:上海古籍出版社,2003年,第2册,第966页。
② 刘若愚:《酌中志》,第195页。
③ 乾隆《武清县志》,第139页。有关大司礼之职责,参见黄仁宇:《万历十五年》,北京:生活·读书·新知三联书店,1997年,第19—20页;刘若愚:《酌中志》,第93页。
④ 谈迁引夏允彝语,见《国榷》,第5600页。
⑤ 《明史》卷三〇八《温体仁传》,第7936页。参见 Donald Potter 所撰温体仁传,收入 *Dictionary of Ming Biography, 1368–1644*, pp. 1475–1476。

能解难之名;(2)温体仁密奏崇祯请治曹氏罪,崇祯乃竟以体仁密奏示曹氏,崇祯之重任曹氏一至于此;(3)曹氏自请治体仁案而得御准,又可见崇祯对曹氏言听计从;(4)曹氏办案得力,终而揭发体仁植党罪行。

亦有"为人强项"兼"干用精敏"如李继贞者,因开罪曹氏,终被贬秩。《明史》有云:"田贵妃父弘遇以坐门功求优叙不获,屡疏诋继贞,帝不听。中官曹化淳欲用私人为把总,继贞不可……化淳怒,与弘遇伺其隙,谗之帝,坐小误,贬三秩。"[1]朝臣中当然亦不乏鲠直而不甘心依附曹化淳者,如文震孟即为一例。《明史》记曹化淳"雅慕震孟,令人辗转道意",然震孟"卒不往",故盛称文氏"刚方贞介,有古大臣风"[2]。汪琬《文文肃公传》记此事颇详:

> [文震孟]生平深恶内阁,不与交通。有太监曹化淳者,故出王安名下,浮慕公贤。尝遣私人祈公,倘得循例往来,外廷事敢不惟命。或劝公往投谒,公哂曰:"此谒一入,其辱尚可湔洗乎?"其后见排,体仁咸谓化淳与有力也。[3]

总而言之,曹氏深获帝心,行事不免张扬跋扈,在明末朝廷内可谓无人不知。

以上所述,取材于常见之史乘文集;要进一步了解崇祯与曹化淳间所建立异乎寻常之关系,便不得不取证于那三方曾矗立于北京广化寺内达三百多年的崇祯赐曹化淳御书碑了。

崇祯赐曹化淳碑之相关记载不多,清初以来北京一地之方志史乘,几无一道及,唯独成书于乾隆四十七年(1782)之《日下旧闻考》"广化寺"条有记云:"有崇祯七年奖谕司礼监太监曹化淳诗碑。"[4]所记亦只及其中一碑而已。上世纪六十年代初逝世之邓之

---

[1]《明史》卷二四八《李继贞传》,第6426—6427页。
[2]《明史》卷二五一《文震孟传》,第6498—6499页。
[3] 汪琬:《尧峰文钞》卷三五,四部丛刊本,第7页。
[4] 于敏中等编纂:《日下旧闻考》,北京:北京古籍出版社,1981年,第880页。

诚先生尝亲见此三方御撰碑刻,且留下颇详细之记录。文如先生记云:"德胜门大街大石碑胡同协和修道院,故广化寺也,有明怀宗赐曹化淳御笔草书碑。高丈余,字径五六寸,笔势挺秀。文曰……上有'敬天法祖亲贤爱民之宝'。左右别有二碑,稍小,皆镌所赐御札。"[1]近年出版三碑拓片之按语称碑在"北京西城区鼓楼西大街"。[2]

此三方御碑拓片,今既得北京图书馆影印行世,治史者遂得据之以感觉到崇祯对曹化淳所抱有那种异乎主奴之间寻常之感情。以下先看崇祯所赐第一碑:

> 明理记实,心领神会。五韵精严,八法清贵。周旋于规矩之中,超越乎万象之外。有以似其人乎,然也。若止于笔,文焉则未。司礼掌印化淳,有作辄佳,特赐。崇祯戊寅中秋穀旦。[3]

崇祯戊寅为十一年。碑文为草书,文字亦崇祯所撰。所谓"五韵精严,八法清贵",明言曹化淳既能诗又善书;"有作辄佳"云者,说明曹化淳经常以所作"恭呈御览"。两人曾否有唱酬之雅,不得而知;曹氏之诗作,亦未见有行世者。但崇祯本人在诗歌创作和书艺上有独到之处,则清初人早有论及。[4]崇祯既盛称曹氏"五韵精严,八法清贵",那么曹化淳确能继承自万历以还宦官"多学能书"及

---

[1] 邓之诚:《骨董琐记全编》,北京:中华书局,2008年,第44页。
[2]《拓本汇编》第60册,第93页。清末朱一新、缪荃孙合撰《京师坊巷志》卷六"内城北城"记广化寺在"鸭儿胡同",注云:鸭或作鸦(《北平地方研究丛刊》第1辑,台北:古亭书屋,1969年,第6页下)。余榮昌:《故都变迁记略》卷七"广化寺"条云:"广化寺在鸦儿胡同。相传元时有僧居此,日诵佛号,每诵一声,以米一粒记数,凡二十年。积之四十八石,因以建寺。"(《北平地方研究丛刊》第1辑,第5页下)又,王灿炽《燕都古籍考》云:广化寺尚存,在西城区鸭儿胡同31号。1984年公布为北京市文物保护单位(北京:京华出版社,1995年,第223页)。
[3]《拓本汇编》第60册,第93页。标点为笔者所加,下同。又,编者按语有云:拓片碑身高271厘米,宽106厘米;额高24厘米,宽23厘米。
[4] 朱彝尊:《明诗综》卷一上,台北:世界书局,1970年,第13页下—15页下。

"宛然有儒风"的传统①，当是确实无疑的。再加上其人之侍主能"心领神会"、揣摩上意，特异于他人。曹氏之所以获崇祯之厚宠，岂偶然哉？

崇祯赐曹化淳御书碑旁，左右别有二小碑。其中一碑收御笔谕示五通，书写年份在崇祯七年至十二年间。谕中用辞遣语，颇类私人函札，显示崇祯对曹氏之倚重与关怀。其中四通云：

> 崇祯七年五月十二日京军援豫著捷，钦奉御笔奖谕。谕：京营废弛已久，料理无人。尔提臣曹化淳以实心作实事，情谤罔顾，劳怨不辞，整饬顿然改观。又能调度将士剿贼，屡著捷功，真可振起惰玩，风励九边。兹特赐金花二朵、披红二匹、金杯三只，用稍酬劳。尔还大展忠猷，益加精练，务使其能制其命，方为大称委任。特谕。

> 崇祯八年二月二十五日省愆居密奏，钦奉御批：览奏诸款，俱切中朕过。尔不言，谁其言之？朕当一一改行。以后如有过失处，即直言无隐。毋视君于不义，自沮尔忠爱至意。

> 崇祯十二年四月十五日请告梨园，钦奉圣谕：尔忠勤多年，劳怨备历。今暂休暇调摄，需召朕亦勉允。但前时劳绩未酬，近日剿御未叙，御前左右鲜才，各官所务未议，又朝夕匡正。何人大事？尊议何资？使予失左右手也。纵不可强留，仍须面商诸事完妥，再请未晚也。特谕。

> 崇祯十二年四月十八日回奏手谕，再申请告，复奉御批：览奏，知尔积劳感寒原非假托，朕心恻然，着加意静摄。馀知道了。②

---

① 参见刘若愚：《酌中志》，第93—98、192—200页；黄仁宇：《万历十五年》，第20—21页。

② 《拓本汇编》第60册，第98页。编者按语有云：明崇祯十二年四月十八日刻。碑在北京西城区鼓楼西大街。拓片碑身高83厘米，宽68厘米；额高19厘米，宽18厘米。

另一碑则收崇祯奖敕三道,日期分别为崇祯十年四月初六日、六月十九日,及十二年六月二十九日。内容俱涉曹氏于京师之防御屡著奇功。碑文太长,不录。[①]

考古来立碑之例,书札亦列其一,此"长笺短启,江左擅场"之谓也。[②] 故曹氏或其党人当年之径取崇祯御札,上石立碑,亦不可讥其擅开先例。度其用意所在,不外将曹氏所获帝宠公诸当世,一以震慑其政敌,一以为曹氏留名于后世而已。其事虽迹近张扬,究不如其前辈如王振、刘瑾及魏忠贤之建家祠及生祠者为猖狂也。[③] 然广化寺自元朝末年以来即为京中之名刹,曹氏能于寺内立碑三方,其为该寺之一大檀越,亦可知矣。

再观崇祯奖敕曹氏谕示,崇祯盛许曹氏为一"实心作实事"之忠臣。于其劳绩,每多所奖励。末通"知尔积劳感寒","朕心恻然",寥寥十字,而崇祯惦爱曹氏之心,跃然纸上矣。

崇祯自登极后,常慨然思得非常之材,辅其治国,但刚愎自用,性情急躁。故用人之际,往往未及见其长,辄更换之,唯恐其不速。临朝十七年,而宰辅更换达五十人之多。此清初史家之共识也。[④] 独曹化淳一人恩宠之盛,历久而不衰。新君顺治帝思欲对先朝有所认知,得遗臣如曹化淳者而置之于左右,岂不可谓深庆得人!

[①] 历仕明清两朝之曹溶有《崇祯五十宰相传》一卷,见龙凤镳辑:《知服斋丛书》第5集,南京大学图书馆藏清光绪中顺德龙氏刊本。又见陈登原:《国史旧闻》卷四五,第527条"崇祯五十相",第3分册,第108—110页。
[②] 此碑拓本见《拓本汇编》第60册,第100页。奖敕第一、二道皆举曹氏官衔为"总督东厂官旗办事司礼监掌印太监",第三道则为"总提督礼仪房大庖厨总督忠勇勇卫军务总提京营戎政监掌御马监内府供用库印司礼监掌印太监"。
[③] 叶昌炽:《语石》卷三,苏州:文学山房,1909年,第32页下。
[④] 王振及刘瑾事,分别见 Wolfgang Franke 及 Yung-deh Richard Chu 所撰传。收入 *Dictionary of Ming Biography, 1368–1644*, pp. 1348, 944。魏忠贤事见《明史》卷三〇五《魏忠贤传》;又见赵翼:《廿二史札记》"魏阉生祠"条,杜维运校证,台北:鼎文书局,1975年,第809—811页。

五　遗民僧与遗臣——木陈道忞、憨璞聪与曹化淳

木陈为天童密云法嗣。崇祯身死之年，木陈四十九岁；其未应顺治召前之十六载，"深于故国之思，与忠义士大夫等"。[1]累有诗文，悼念先帝，真可谓"不胜原庙之悲，极写煤山之痛"[2]。先则有《毅宗烈皇帝哀词》一律。诗中"云车自去狩玄圃，玉历谁传守帝藩。山锁诸陵惊落翠，月明深院怯黄昏"二联，[3]情挚词悲。继有《癸巳三月十九之作》七律五首，其一云：

> 苍梧望断翠舆尘，愁听子规十度频。草木争承新雨露，园陵谁吊故君臣。曾因血诏传三月，每蹋芳郊怯又春。欲得悠怀消息尽，东风休遣到平津。[4]

诗成于崇祯十周年忌辰，故云"愁听子规十度频"。首联"草木争承新雨露，园陵谁吊故君臣"，于当日先朝旧臣频频奔竞于新朝之丑态，明作指斥。后五年，又有《戊戌暮春十九之作》七绝五首，亦以哀伤愁苦之辞，悼念故国旧君。第一、四首云：

> 融和最喜艳阳天，无那春归泣杜鹃。芳草天涯生欲遍，愁心畏向玉阶前。

> 华冠久卸万年床，玉漏声沉古殿凉。徒有九州神禹迹，葑菲何自戴恩光。[5]

诗成于顺治十五年，下距其应召北上，才一年又二阅月。

上录诸作，犹可谓仅木陈对旧主之一己表述而已。至木陈于

---

[1] 陈垣：《清初僧净记》，北京：中华书局，1962年，第17页。
[2] 陈垣：《清初僧净记》，第73页。
[3] 释道忞：《布水台集》，第12页。
[4] 释道忞：《布水台集》，第27页。
[5] 释道忞：《布水台集》，第33页。

崇祯十周年忌辰之日,集同门僧众,修荐佛事,共致哀思;事后复将同人诗文编成专集,此一木陈所筹划并主持哀悼崇祯之行动,其意义则尤非寻常。

木陈此举在顺治十年,佛事修荐后所成之书名《新蒲绿》,盖取义于杜少陵《哀江头》一诗:"少陵野老吞声哭,春日潜行曲江曲。江头宫殿锁千门,细柳新蒲为谁绿。"寓意显明。[①] 书成,木陈为之序,述其事之原委有云:

> 我毅宗烈皇帝,以英明之主,数值凶危,家亡国破,宗庙丘墟。此天地人神所痛心疾首于甲申三月十九之变也。维今癸巳,去前暮春,十阅星霜。当僧忞投老匡庐之日,虽倭迟远道,浪迹昆阴,而雨露之恩,中怀怅恧。因鸠诸同人,共修荐严佛事,亦已澄心涤虑,洁蠲为馐矣。其如隐痛填膺,驱除不去,乘间辄来。遂人各言所欲言,总诗文若干首,篇而什之曰《新蒲绿》。於乎,新蒲细柳年年绿,野老吞声哭。将何日而休哉?[②]

序中称崇祯"以英明为主",与前述顺治称崇祯为"明君"者,不谋而合。其后顺治与木陈话语投机,若心有同契,此当亦不容忽视原因之一也。

以上考述,说明木陈入宫与顺治见面之前十六年间,其身份实朱明之一遗民僧徒。当然,严格言之,自木陈之决意应召,与其并时之遗民(及遗民僧)即已视木陈为一"失德"之人,与前此之吴伟业及后此之朱彝尊以遗民之身投靠新朝者,殆亦同科。然就广义而言,则皆可视为朱明之遗臣也。

木陈当日在顺治宫中,尝得与曹化淳相见。二人皆先朝之遗臣:曹氏于崇祯死前即背叛其主,木陈则以遗民僧自居后之十六年投靠

---

① 《新蒲绿》之成书及当时人之反应,参见陈垣:《清初僧诤记》,第72—73。
② 释道忞:《布水台集》,第69页。

新朝。当时二人谈话之内容及彼此之心境,皆已不可知。今尚可见者,唯木陈所撰纪其事之诗《读皞如曹居士申酉丙戌奏启赋感》一首:

> 勋勤漫说奉丹宸,百六灾思在甲申。九庙明禋诚已矣,二陵归寝待谁陈。义怜埋主毁家士,忠忆藏肝剖胁臣。残局留君还了却,不妨长道未亡人。①

诗题"申酉丙戌奏启"云云,即前文所述曹氏奏请清廷为崇祯修陵事。诗亦明白易解:百六,阳九之厄运,文天祥《正气歌》"嗟予遘阳九"之所叹者也。首二句咏曹氏所侍奉之崇祯有甲申三月十九之厄运一事。颔联述朱明帝业已了结,唯崇祯帝后之陵寝有待向新君陈明。颈联上句咏昌平人士草草了葬帝后,下句则指曹化淳封陵安厝之功。收篇"残局留君还了却,不妨长道未亡人",喻曹氏以朱明未亡人之身,得为其先主收拾残局;"残局"与"长道"二词,寄意似不寻常。盖"残局"者,除指曹氏为崇祯身后修陵一事,是否别有所指?而"未亡人"之不妨"长道",又是否寓意彼未尝以身殉明之后死者,其行事亦有足为后世所知者耶?要言之,木陈此诗,就整体而言,于曹氏入清后之行事评价颇高。

与曹化淳在顺治宫中见面之遗民僧而又有文字缘者,尚有早于木陈两年应召入宫之憨璞聪禅师(1610—1666)。憨璞,盖推荐木陈于顺治者也。②《憨璞聪语录》有《寿司礼监弗二曹居士》诗云:

> 玉柱擎天宰老臣,朝纲德政施仁民。珠玑满腹饱儒业,心意朗明通教乘。昔日灵峰亲嘱咐,今时法社赖维屏。毗耶不二默然旨,犹胜文殊多口生。③

诗题称曹化淳为司礼监,盖举其在崇祯朝之职称,非谓曹氏入清后

---

① 《北游集》,第303页。
② 憨璞聪之生平及其与木陈之关系,参见陈垣:《语录与顺治宫廷》,第518—520页。
③ 闽本《憨璞聪语录》,未见。此诗转引自陈垣:《汤若望与木陈忞》,第491页。援庵先生文中未明言此诗为曹化淳而作。

仍官此位也。

此诗写曹氏一生之遭际与成就,较木陈所作,更具深意。玉柱,言皇帝宫室壮丽之貌,指曹氏在顺治内宫位居"老臣"之资格,暗喻其为"两朝元老"。次句"朝纲德政施仁民",追述曹氏在明季以司礼监之身份任大司礼,"廷鞠多所平反矜疑,开释者至两千余案"(见前引《武清县志》小传),则纪实也。"珠玑满腹饱儒业,心意朗明通教乘",指曹氏儒释兼修。故憨璞实为崇祯与顺治之外指出曹氏乃一"满腹珠玑"之饱学之士之另一人。

诗之颈联"昔日灵峰亲嘱咐,今日法社赖维屏",所涉史事,尤堪注目。灵峰,明清间高僧智旭蕅益所居寺名,世称灵峰蕅益大师。[①]诗言曹化淳曾往谒智旭或其法嗣,后者以弘扬佛道嘱咐,故有下句"今时法社赖维屏"。而得赖曹氏"维屏"之"法社",当在顺治宫中无疑(曹氏于入清后是否仍经常出入于京中之其他佛寺,则未可知)。此盖憨璞于顺治十四年以北京海会寺住持之身应召入宫时所亲见者也。时值宫中天主教势力由盛转衰,佛教势力开始取而代之之际[②];此长而彼消,顺治帝之终于皈依佛门,曹氏当不能无可居之功,则憨璞此诗盖已揭示之矣。

收篇二句写曹化淳在顺治宫廷行事低调、隐默忍让之姿态。毗耶,佛家所言"杜口毗耶,以通得意之路";不二,不二法门,指"一实之理";默然,典出"觉观语言灭故,故名默然";则"毗耶不二默然旨"句,言曹氏已悟出唯"默然"为"统摄一切无觉三昧";与下句"犹胜文殊多口生",恰成对比,盖以文殊菩萨"生而多言"、

---

① 智旭蕅益,见 Herbert Franke 所撰传,收入 *Dictionary of Ming Biography, 1368–1644*, pp. 244–246。弘一大师《蕅益大师年谱》(《蕅益大师全集》,台北:佛教书局,1989年)、释见晔《以蕅益智旭为例探究晚明佛教之"复兴"内涵》(《中华佛学研究》第3期,台北:"中华佛学研究所",1999年),均未提及曹化淳与智旭蕅益之关系。以上两种撰述,承严志雄博士提供,谨致谢意。

② 关于顺治宫中两派势力消长之机,参见陈垣:《汤若望与木陈忞》,第511、513—515页。

长而好辩故也。①

曹化淳于顺治宫中行事低调，与其在崇祯朝时之嚣张跋扈，判若两人。此即憨璞聪诗所谓"默然旨"也。此何以故？其故有三：

一者，清廷驭宦官法制大异于前明。入关之初，主政者即有意铲除前朝宦官干政之弊。顺治元年七月，有太监吴添寿等请照明例遣内员征收京畿地区涿州宝坻县皇庄钱粮。多尔衮谕："差官必致扰民，着归并有司，另项起解。"②未几又谕："允户部议：内官监属各厂地亩租银归并有司征收，另项起解，以清冒破骚扰等弊。"③此则清初朝廷绝宦官财路策略之一也。

同年十月初一日，顺治登极，大礼后十四日，给事中郝杰上疏，力斥顺治颁诏大典、赐宴群臣时，"有内监数辈先行拜舞，辱朝廷而羞当世，莫此为甚"。郝氏此疏指出前明之亡国，与君主之宠信宦官，关系至密：

> 自古有道之君，久安长治，鲜不亲贤远佞。揆文则进一德之臣，奋武则尚熊罴之士。至刑余宦寺，特备洒扫、供使令耳，从不敢于大庭广众之中与朝臣齿。明洪武初，中官不许识字，诚慎之也，诚贱之也。挽末宠任厂卫，遂贻杜勋、阎思印、边永清等开门迎贼之祸。我国家深鉴往弊，痛绝中官，一切厂监钱粮，悉归有司，远迩臣庶，无不歌颂。④

此后又有十年六月设内十三衙门之举，令宦官不得官过四品，严为限制。三年之后，又仿明太祖立铁牌，禁内官干政。治史者有谓"此皆有复蹈明阉祸覆辙之渐"⑤，然禁令之屡立，适足见主政者杜

---

① 以上对"毗耶""不二""默然"及"文殊"之解释，参见丁福保：《佛学大辞典》有关诸条，上海：医学书局，1925年。
② 王先谦：《十二朝东华录·顺治朝》卷三，第17页上。
③ 王先谦：《十二朝东华录·顺治朝》卷三，第20页上。
④ 王先谦：《十二朝东华录·顺治朝》卷一，第27页下。
⑤ 孟森：《明清史讲义》，北京：中华书局，1981年，第397页。

绝宦官干政之决心。十五年三月，有前恭顺侯吴惟华及大学士陈之遴贿结内监吴良辅之狱。唯吴、陈流徙籍没，吴良辅被旨严饬。①事在曹化淳与憨璞、木陈二僧于清宫见面之前后。且涉案之前恭顺侯吴惟华，即前文所及顺治元年与曹化淳等同得朝廷赏赐九人中之一。凡此种种，于曹氏而言，皆可谓殷鉴在前，亦岂能无唇亡齿寒之感耶？

再者，清廷虽有永抑宦官之制令，顺治本人对其宦官近侍则仍不能无姑息优容之私心。此治史者之共识也。然顺治性情乖戾，"龙性难婴"，援庵先生尝引用《汤若望回忆录》中类似之记载说明其事。事实上，清初以来之中土撰述对顺治令人难以掌握之脾性，亦偶有记载。前引谈迁《北游录》即有云："［顺治十二年十月］戊午。昨吴太史［伟业］移居，候之。云今日有阉人诉御状，致怒，命投之水，及涯而止之。下上作司。"②所记吴梅村宫中之闻见，当不虚假。

清末民初杨钟羲所撰《雪桥诗话续集》亦有云："章皇帝每大怒，必笑。每大笑不止，则必有大处分。溧阳海昌，或盘水加剑，或窜死穷荒，皆由乾纲独断。"③杨氏精熟清代文献，所记必有所本。所及之"溧阳海昌"，指江南溧阳陈名夏及浙江海宁陈之遴。二陈以崇祯朝之大吏投清，均官至尚书兼弘文院大学士，为顺治中叶南党之首领。溧阳于顺治十一年被赐死。四年后，陈之遴被革职籍没，全家移徙盛京，康熙初没于戍所。所涉即上文所及内监吴良辅一案。④陈之遴乃吴梅村亲家⑤；陈氏尝有句云："君恩圆缺如明月，

---

① 孟森：《明清史讲义》，第397页。
② 谈迁：《北游录·纪邮下》，第120页。
③ 杨钟羲：《雪桥诗话续集》卷一，北京：文物出版社，1984年影印求恕斋丛书本，第77页。
④ 邓之诚：《清诗纪事初编》，北京：中华书局，1984年，第490、776页。又，"盘水加剑"，典出《汉书》卷四八《贾谊传》："闻谴何则白冠牦缨，盘水加剑，造请室而请罪耳。"注引淳曰："水性平，若己有正罪，君以平法治之也。加剑，当以自刎也。或曰，杀牲者以盘水取颈血，故示若此也。"（北京：中华书局，1962年，第2257、2259页）
⑤ 陈之遴，见邓之诚：《清诗纪事初编》，第776—777页。

再照长门不可知。"①可谓道尽侍奉顺治之危苦矣。近人商鸿逵论顺治之为人:"虽然具有一定的才能,而纵情任性,做出事来,往往超越常规。"商氏此说,初为顺治宠董妃及出家二事而发,然移之以观其驾驭朝臣中官之实况,亦无不当。②

三者,曹氏与憨璞、木陈见面时,已年逾花甲。曹氏不免韬光养晦。加以读书日多,洞达世情物理,故年愈高而悟道愈深,此亦情理中事。憨璞聪诗"毗耶不二默然旨",透露曹氏已变作一退让忍默之老臣;晚年之取号弗二,实其信奉默然乃一实之理之一最佳例证也。

至"默然旨"云云,释氏之外,亦自有其中土之依据。《论语·阳货》章不云乎:"子曰:天何言哉,四时行焉,万物生焉,天何言哉。"《荀子·不苟》篇亦云"天不言而人推高焉,地不言而人推厚焉"。

曹氏晚号弗二,亦不能无其来自中土之学术渊源。"不二"者,岂非即《老子》所倡之"抱一"与"得一"者乎?第二十二章有云:"圣人抱一以为天下式。""抱一",近人严灵峰释云:"一者,道之数,犹不二也。言其绝于对待也。抱者,犹守也。"③第三十九章亦云:"昔之得一者:天得一以清,地得一以宁,神得一以灵,谷得一以盈,万物得一以生,侯王得一以为天下贞。""得一",严灵峰释云:"一者,道之数。得一,犹言得道也。"④

甚至曹氏之名化淳,应亦取义于《易·系辞下》:"天地絪缊,万物化淳。"其早年之自号"皞如",或亦取义于《孟子·尽心上》

---

① 诗题作《宫词》,共三首。见陈之遴:《浮云集》,《四库全书存目丛书》,集部第197册,第665页下。其三云:"紫殿钟残午夜时,朱扉犹未锁葳蕤。君恩圆缺如明月,再照长门不可知。"
② 商氏此说见孟森:《清世祖董鄂妃生死特殊典礼》所附《赘言》,《明清史论著集刊续编》,北京:中华书局,1986年,第187页。
③ 陈鼓应:《老子注释及评介》,北京:中华书局,2001年,第154页。
④ 陈鼓应:《老子注释及评介》,第278页。

篇:"王者之民,皞皞如也。"朱熹集注:"广大自得之貌。"苟所解释尚得其当,则憨璞称曹氏"儒释兼修"之"儒"也者,又实包涵中土自古以来之学术思想,非仅指狭义之儒学一家之言而已。故知曹氏之学养,既先蒙明清两代之君主分别称扬,后又得宗门耆旧同声认许。彼非一寻常宦官,亦可知矣!

六　结语

顺治帝辞世后之一百二十六年,其曾孙乾隆帝尝发一上谕,云:

> 四库全书处进呈续缮三分书,李清所撰《诸史同异录》书内,称我朝世祖章皇帝与明朝崇祯四事相同,荒诞不经,阅之殊堪骇异。李清系明季职官,当明社沦亡,不能捐躯殉节,在本朝食毛践土,已阅多年。乃敢妄逞臆说,任意比拟。设其人尚在,必当立正刑诛,用彰宪典。今其身既幸逃显戮,其所著书籍悖妄之处,自应搜查销毁,以杜邪说而正人心……所有四阁陈设之本及续办三分书内,俱着掣出销毁,其《总目提要》,亦着一体查删。①

李清,上文曾引其所著《三垣笔记》。李氏为崇祯十四年进士,仕崇祯、弘光两朝,历官刑、吏、工科给事中大理寺丞等②,卒于康熙二十二年,《诸史同异录》当成书于是年之前。该书既经乾隆销毁,李氏将顺治与崇祯比同之四事,以是遂难知其详。李清此书何故令清帝大为震怒,致使乾隆咬牙切齿恨不及将李清显戮,当时之举

---

① 乾隆五十二年三月十九日内阁奉上谕。收入《军机处上谕档》,转引自中国第一历史档案馆编:《纂修四库全书档案》(下册),上海:上海古籍出版社,1997年,第1992页。
② 李清传记资料,见范金民、谢正光合编:《明遗民传记汇编》,南京:南京大学出版社,1995年,第253—254页。

止，终不免有欲盖弥彰之惑。姑且暂按不表。今所欲指出者，乃乾隆此一上谕，说明顺治对崇祯认同一事，下逮康熙中叶，尚流传颇广，至有史家如李清者，笔之于书，流布至乾隆末年。愈知《北游集》中所记顺治自述其本人对崇祯之孺慕与痛惜，实非木陈凭虚捏造。

曹化淳于甲申三月十九日之变，果曾擅开启城门卖主求荣否？就目前可见史料以观之，答案应属肯定者。盖明末京师之城防，早于崇祯十五年已落宦官之手；甲申三月十九日前夕，奉命守城之中官"启门纳贼"者亦所在多有。凡此皆证据确凿，毋庸置疑。①虽然，论者或终不甘以此而稍轻曹氏之罪行。盖曹氏于崇祯十七年之中，帝宠聚于一身，乃竟于存亡危急之际，先则弃其主于不顾，继则卖主以存身求荣。如此行事，不特与其对儒家忠君意识之认知大相径庭，苟比之于其门下王承恩之选择与崇祯对缢于煤山，则犹颜甲万重矣。事之有不堪解释者，乃一至于此！

曹氏于入清后，先则再三上疏乞请新君为其旧主封陵安厝，及得冲龄幼主之宠信，又不忘为道其旧主昔年治国之劳苦，其动机当不能纯为保身存命而已。然则曹化淳者，殆或终有神明一线之疚存焉者耶？况以一末代之太监头目，身负卖主之名，竟得奉侍异朝新君达十余载。始则教之以汉文典籍，继而导之入三宝之教；平日书画怡情，亦无不为之启导；主奴之间，虽无师弟之名，而终不失其实。顺治帝至迟自十四岁起即向往于中原文化，又岂与曹氏之影响无关？凡此种种，实国史上之一异数。而此一异数，殆亦由种种世缘累积而成者也。

首而言之，顺治自始即甘心受教于曹化淳，当与清以为明复仇

---

① 近人丁易撰《明代特务政治》引清初史书所记甲申三月十九日前夕京畿地区领军之宦官迎降李自成事颇详。（北京：群众出版社，1983年，第555—559页）考明宦官典兵，实始于永乐年间，参见顾炎武著、黄汝成集释：《日知录集释》卷九，"宦官"条，长沙：岳麓书社，1994年，第346页。

号召天下，复自认继承明统之一大历史环境有关；清不以因袭朱明为嫌，反有收拾人心之作用。[1]故顺治以开国之君而引前代亡国之主为异世知己，乃至有称崇祯为其"大哥"其事，虽古来易代所未有，然置诸清初之历史环境，亦实非真不可解者！

若曹化淳其人，亦必具有为顺治所绝对信服之学识无疑。本文据顺治本人之词证，及崇祯对曹氏之称许，乃至木陈、憨璞两高僧之诗作，说明曹氏确为一经史、诗文及书道造诣皆深之人。所可憾者，曹氏所作，除清初所上三疏外，乃竟无片纸只字可作辅证者耳。

次者，曹化淳自万历晚年入宫，历事数君，办事练达，且深谙世情物理，故侍主能"心领神会"。晚年自号弗二，悟出"默然之旨"乃"不二法门"；憨璞赠诗乃有"毗耶不二默然旨，犹胜文殊多口生"之句，曹氏之得享天年，岂偶然哉？

再而言之，顺治与曹化淳之关系，苟非得顺治为木陈叙述，终亦湮没无闻于后世。当日顺治于深宫之中，值其宗教信仰由耶稣转为佛陀之际，方思得一为其尊信之佛门人士，一吐其心声；木陈既适逢其会，又得笔录其事以传世。自今视之，木陈辞京后不数月而顺治即"龙驭上宾"，《北游集》中又累记顺治自言其健康不佳之状。[2]岂顺治当时即预知其不久于人世而亟亟为木陈细说其衷心之言耶？凡此种种，又岂非世缘之一也哉？

《北游集》自顺治十八年初刊至今，已历三百四十余载，得读其书者，何止千百。然至今尚无人就此以揭示出顺治与曹化淳间之关系。即熟读清初僧人撰之陈援庵先生，亦视此而不顾，此盖由传统学人之读《北游集》者，或大多仅注意集中所记木陈与顺治讨论佛道之言，或因曹氏先前有卖主之行而鄙视之，又或由于对国史上之太监普遍存有歧见有以致之。盖士大夫之语太监也，或辄称

---

[1] 孟森：《明清史讲义》（下册），第397页。
[2]《北游集》，第300页。

阉寺、阉人、寺人、宦寺、刑余、阉竖、妇寺、貂寺、中珰、内珰、宦阉；言语之间，辄有鄙夷之色，仅视之为目不识丁、宫中之执贱役者而已。盖对明代宦官进行系统之研究，亦不过近数十年间之事而已。前辈学人对太监之缺乏感性与同情，事涉史学与世变之关系，固未可因此而轻加訾议。是亦世缘之别一种乎！

近年新修《王庆坨镇志》记曹化淳卒于康熙元年，得年六十五。①然未载曹氏之死因，亦未明言卒年之所据。考顺治帝猝殁之后，其生前所立之十三衙门迅即被撤除，其所姑容之内监吴良辅又立被正法。孟心史先生于此二事早有考定。②曹化淳及其宦官同僚当日自当不无人人自危之感。然则曹氏或非因病而死，其为自我了断以从新君于九泉，亦非不可能之事也。又：《武清县志》记曹化淳分别于"康熙二十四年、三十一年蒙圣祖仁皇帝两次谕祭，恩遇之隆，光及泉壤"③。所恨遍查官书实录，均未得佐证耳。

统合而观，曹氏一生之功过，实尚多可言者。姑志于此，以待来哲。

后　记

本文付梓后，重读桐城人方孝标（楼冈，1617—？）《钝斋诗选》（合肥：黄山书社，1996年），见有《闻述御制明思陵碑文事恭纪》五古长诗一题。开篇第二韵云：

> 同直二三公，坐论横古今。我皇尧舜德，殷鉴采前文。表幽不讳乱，胜国愍崇祯。嘉名锡庙号，丰碑树鸿文。文凡再三易，必求网罗真。

---

① 《王庆坨镇志》，第497页。
② 孟森：《世祖出家事考实》，《明清史论著集刊续编》，第228—229页。
③ 乾隆《武清县志》，第139—140页。

考方氏为顺治六年进士,改庶吉士。五年后,顺治帝诏举词臣品学兼优者十一人,侍帷幄,备顾问,方氏为帝所亲选七人之一。故诗中述所闻顺治帝优遇崇祯(赐庙号及建丰碑事),乃方氏于禁中所亲闻者无疑。

诗中论崇祯之败亡有云:

> 细推成败理,君罪薄于臣。

与本文所及顺治所持"有君无臣"之说,同一论调。

方氏诗不著撰写年月。唯顺治下令为崇祯"立碑表章",在十四年二月。同年十月即有科场一案,方氏不久即被遣戍宁古塔。故诗之作时,当在十四年二月至十月之间。而即此短短八月之间,金之俊所撰之崇祯碑文已三易其稿。当时清廷君主对立碑一事所持之慎重态度,可以想见。

2009年7月31日记于美西兰亭渡寓庐
(原载《中国社会科学》2009年第3期)

倪瓒《霜柯竹石图》之新赝与旧伪

2006年，北京嘉德公司拍卖一幅题作元倪瓒（云林，1306—1374）所写之《霜柯竹石图》，估价为人民币五百万至七百万，没有成交。流拍后四年，改由保利公司代拍，估价翻了一番，变作一千万至一千五百万。

嘉德拍卖此画前，尹光华为之撰《倪瓒〈霜柯竹石图〉简考》一文，推介此图乃"嘉德本季有幸征得的重要拍品，也是十余年来仅见的倪画真迹"。先指出："此图无年款，仅书'八月十二日为耕渔隐者写'"，继称"画上倪瓒题七律一首，见云林《清閟阁全集》卷六；画之尺寸，题款，及收藏印鉴则见李佐贤《书画鉴影》卷二十，该画著录"。结论云："［此画乃云林］为［徐］良夫而作可以肯定。"(《嘉德通讯》2006年第3期)2010年保利拍卖此图前，重印尹文，为此画重张旗鼓。

嘉德拍卖预展后，张紫石在《谈嘉德秋拍的赝品倪瓒〈霜柯竹石图〉》一文中指出："在预展现场一见到此画就看出是仿本无疑。"张氏自承"研究了倪瓒画作二十余年"，具有"过目即审"的功力。他总论此图说："书法与画法二者皆劣，气格亦差，毫无云林清韵。……收藏印也都不佳，画纸明显不对且不到代，与倪瓒真迹有很大的差距。"此论可谓简捷明快！

张氏从笔法、画法、格局、气韵以至纸张藏印等方面来鉴审《霜柯竹石图》，用"望气法"来断定此图实一"仿本"。很多书画史专家相信精于"望气法"者,每能于顷刻间领会作品之全面精神,作出正确判断,皆因其人长时期积累广博之见识,能掌握不同时代与地区间画派,以及画家所形成之特定风格所致。

笔者无缘得见此图原迹,于书画鉴别亦缺专家功力。对《霜柯竹石图》之感兴趣,皆因年来为世缘所累,于受画者徐达左(良夫,良辅,松云生,1333—1395)一生之行事,稍多留心而已;寒舍所藏"小春雷"琴,龙池内署有"松云生徐达左"等字。况《霜柯竹石图》上《题良夫遂幽轩》一诗,乃云林与良夫交往之一桩重要纪录。元明间知名诗人,多有和作。

考徐良夫生长于苏州光福,邻近云林原籍无锡。徐氏以北宋忠烈之后,世居太湖滨之耕渔轩。子弟累世服官,得食赵宋之禄。宦囊既丰,寰饶于财。族中之主治生者,于置产之外,不吝于书画典籍与鼎彝名琴之购藏,故言宋元间江南簪缨缙绅之家,雄于财而富于典藏者,光福徐氏耕渔轩与昆山顾瑛(1310—1369)玉山草堂及梁溪倪氏清閟阁,实鼎足而三。云林于至正十年(1350)初访耕渔轩,良夫出所藏巨然《秋山渔艇图卷》(今归台北"故宫"),同观者另有郡人张适。倪、徐订交,始于其时。云林晚年弃家出游,多次作客耕渔轩,先为之图,复数为轩中名迹题诗。殁前半载,犹作《耕渔小景》赠良夫。二人交谊,从可见矣。

寒斋多暇,检读相关文献,觉张氏论定嘉德拍卖之《霜柯竹石图》为"仿本"一说,似尚未得定为伪作之实;盖"仿本"云云,皆有"原本"可据。然作此图者,意欲以之冒充一幅早已散佚,而著录则尚可见于晚清李佐贤《书画鉴影》之云林画作。就常理而言,李氏之著录应为造假者之指南。然其人却无视著录,画身尺寸不符,题诗署款又随己意更改。画之构图,与画中树木竹石,则皆从云林同类真迹之中,东凑西拼而成。读者比对赝作与云林真迹,当为莞尔!与其视之为"仿本",终不若称之为新赝尚可称名实相副也。

本文志新赝、述旧伪,不惮其烦,何以故? 一者,新赝所欲冒充之画,本身亦假伪云林之作,知新赝来自旧伪。正本清源,理所当然。考云林中岁尝写一画赠华亭曹知白(贞素,云西,1272—1355),自题之为《竹石霜柯图》。乃明清间之藏家著录,多有题作《霜柯竹石图》者。及此画为高士奇入藏,始得复"竹石霜柯"之原名。作伪者乘间推出假画《霜柯竹石图》,录云林赠徐达左诗于其上。知伪造云林此画之始作俑者,早有其人。

二者,根据容庚(1894—1983)之研究,云林以树木竹石为题材之画作中,"诗同画异"者,为数不少。《霜柯竹石图》上"题良夫遂幽轩"诗,即另见三画。一诗而题四画,文字既相互有出入,款识亦各不相同。考论画之真伪,自当以画上题诗为症结所在。此无他,题诗若非云林原作,画又何可得为真迹? 下文指出云林伪画竟能蒙过明代之鉴赏名家,皆原于对画上提供之文献欠缺起码的认识。足证苟单凭"望气法"作定夺,对赵宋以后书画之鉴定,有重新检讨之必要。总之,本文因志新赝之便,兼述旧伪之迹,并非单为考订时下云林画作之伪迹指出而作者也。

新赝《霜柯竹石图》

尹文称嘉德所拍卖者,即见于李佐贤《书画鉴影》所著录之《霜柯竹石图》。然将尹文所附图与李氏著录比对,立见二者非同一物。

先观画身尺寸。新赝:86.7 cm × 36.2 cm。李氏著录则记此图高三尺七寸,宽一尺五寸五分。换成厘米,得 123.3 cm × 50 cm。两相比较,新赝高度少 36.6 cm,宽度少 13.8 cm。

李佐贤(1807—1876),山东利津人,以翰苑历官至福州知府。拍卖之本,若果系李氏所著录之《霜柯竹石图》,此图为何仅历百余年沧桑,乃形变一至于此? 可见尹光华文中有关"画之尺寸"一说,绝不正确。

次览画上云林题诗。"新赝"所题云:

> 为访幽居秋满林,尘喧暂可散烦襟。风迥研沼摇山影,夜静寒蛩和客吟。危磴白云侵野屐,高桐清露湿窗琴。萧然不作人间梦,老鹤眠松万里心。

尹文说此诗名《题良夫遂幽轩》,见云林《清闷阁全集》及良夫所辑《金兰集》。复谓:"细审原作,乃是右上方破损,首句'来'字脱落。'为'字实系后添。其修补填书的年代应在李佐贤之后了。"

关于《题良夫遂幽轩》,前文所指出此诗分见四画,乃至诗中文字互有异同等节,后文将有详论。至于原件破损一事,只要说明尹文所推介者,原即与李佐贤所著录者无关,也就不必辞费了!

再审李氏《书画鉴影》著录此图之题诗,与上录新赝所见,文字亦颇有出入:

> 来访幽居秋满林,尘嚣暂可散烦襟。风迥砚沼摇山影,夜静寒蛩和客吟。危磴白云侵野屐,高桐清气湿完琴。萧然不作人间梦,老鹤眠松万里心。

两相比对,异字有四处:首句新赝作"为访",著录作"来访";第二句"尘喧",此作"尘嚣";第三句"风迥研沼",此作"风迥砚沼";第六句"清露湿窗琴",此作"清气湿完琴"。如嘉德、保利所拍,果即李氏著录之本,何以两本之题诗,乃有如此差异?

两本异字之高低,本可置而不论。唯诗第三句"风迥砚沼",新赝作"风迥研沼",将"迥"字误作"迥",既伤诗义,亦悖声律。明显是作伪者不识"迥"与"迥"有别所导致之"手民"之误。须知"迥"之与"迥",仅一划之差,或合或开,字义却有云泥之别!况新赝上所写之"迥"字,从"夊",与云林写同一字每从"辶",差别亦大。

175

新赝既欲冒充为李氏著录之本,作伪的人乃不用著录《题良夫遂幽轩》,而另从《清閟阁全集》及《金兰集》过录,抄写过程中又复时出"手民"之误二事,俱不可解。

载此图之月日款,新赝与李氏著录,亦不相同。著录作"八月十三日",新赝则署"八月十二日"。

两者何以相差一日？初思不得其解。及后乃悟尹文因强调此画乃云林于洪武六年八月访"耕渔轩"时写以赠徐良夫者,且力言云林访"耕渔轩",此"为第一次,也是最后一次"云云。及翻阅云林集中有关此行主客活动之诗作,见有《七日访徐良辅。十三日至七宝泉上,及暮,舟归还畔云轩》一题。十三日既整日游七宝泉,暮又归王季耕之"畔云轩"（按:尹文将"畔云轩"擅改为"耕渔轩"）,云林当日何来辰光作画赠良夫？无已,作伪者遂将作画日题（提）早一天！

云林访耕渔轩,何止一次？前文述云林访耕渔轩,良夫出所藏巨然《秋山渔艇图卷》共览,事在至正十年（1350）。后此十二载（1362）,云林为良夫作《耕渔轩图》,复为之诗。云林作此图,岂能单凭记忆？再观云林集中,另有《己酉元日题徐氏南园壁》诗。己酉,合明洪武二年（1369）；南园,耕渔轩中一景。知云林是年元旦在耕渔轩中庆春。即此三事,已足证云林造访耕渔轩,不止一次。况良夫之同郡后辈王锜（1433—1499）于所撰《寓圃杂记》中,叙云林某次访耕渔轩,盘旋竟达半载之久:

> 倪云林洁病,自古所无。晚年避地于光福徐氏。一日,同游西崦,偶饮七宝泉,爱其美,徐命人日汲两担,前桶以饮,后桶以濯。其家去泉五里,奉之者半年不倦。

偶读今人徐建融《元代书画鉴藏与艺术市场》,记二十世纪有人"利用著名收藏家著录以造假"的一段故事:

> 前时,北京某拍卖行持一件委托品系元代盛懋的山水,说

是民国大收藏家庞莱臣（按：即庞元济［1864—1949］）的藏品，见于《虚斋名画录》，并持有著录该图之页的复印件。结果打开一看，画风与盛懋精到的作风绝不相类。且纸质松软，完全不到元代，最早不过清代的旧纸。而核其所画的内容，何处是树，何处是山，何处是舟，及题款，印章，尺寸等等，则与著录完全一样，显然是民国人根据《虚斋名画录》的仿造。

可见民国时期造假画的人，还懂得根据著录。今之造作新赝者，则完全无视著录，自说自话。然则"实事求是"地"利用著名收藏家著录以造假"的风气，是否已是"自郐以下"了呢？

犹忆前代书画鉴定家所设一妙喻，说一村姑见人嚼藕后，归而做钻孔萝卜。嘉德、保利先后拍卖之《霜柯竹石图》，一钻孔萝卜而已！

旧伪《霜柯竹石图》

最令人莫名其妙者，乃在新赝所意图冒充之物（亦即上述见于李佐贤《书画鉴影》著录之《霜柯竹石图》），其本身即非真迹。此图之为旧伪，最关键处在于画上《题良夫遂幽轩》一诗，与云林原作，文字有出入。

元亡后，最早得见《题良夫遂幽轩》一诗题于云林画作之上而有文字记其事者，当为晚明人李日华（1565—1635）。李氏《味水轩日记》万历三十九年（1611）"三月十日"条有云：

> 雨霁，稍寒。上海贾人持书画来，阅四五十卷，止一二佳者。倪云林《小景》一轴，全法李营丘。……自题一律云：来访幽居秋满林，尘喧暂可散烦襟。风迥砚沼摇山影，夜静寒蛩和客吟。危磴白云侵野屐，高桐清露湿窗琴。萧然不作人间梦，老鹤眠松万里心。

李日华所记《小景》上《题良夫遂幽轩》，后为毛晋（1599—1659）刻入《云林集外诗》，此顺治十三年（1656）事。及曹培廉辑刊《清閟阁全集》，尽采毛氏《云林集外诗》，已值康熙五十二年（1713）矣！乃今有人据《清閟阁全集》所收，以证其所伪云林之画为真迹。此则真所谓本末倒置者也！

总之，得云林《题良夫遂幽轩》一诗之正本，李日华及毛晋之功，殆不可没。诗中文字，与见收于良夫《金兰集》、云林同时人顾瑛《草堂雅集》者，又一字不差。于其他号称云林画作上所见此诗之异本中最具权威性，可知之矣！

李佐贤著录《霜柯竹石图》之《题良夫遂幽轩》，与李日华所见者有异字，已如前述。即此一端，已足令人起疑。何况画中虽有竹石树木，但所画之时令与画题中"霜柯"二字，殊不切合。盖跋末所署"八月十三日"，即中秋前二日，时当"秋分"，江南何来霜柯？须知过了"秋分"，还有"寒露"，方是"霜降"。杜牧咏扬州句云："秋尽江南草未凋。"扬州地处大江之北，秋尽而草尚未凋，更何况乎地在大江之南，且面临太湖之苏州光福？

细究其实，李氏著录之《霜柯竹石图》，与云林所写《竹石霜柯图》，两者之间，毫无关系。首先，两图画身尺寸不同：前文已记李氏著录者高三尺七寸，宽一尺五寸五分，而真迹《竹石霜柯图》则高只二尺一寸，宽仅一尺五分耳。

次者，云林跋《竹石霜柯图》云："十一月一日灯下戏写竹石霜柯并题五言。""十一月一日"，霜降已过，"霜柯"云者，时令正合。唯跋虽书"竹石"于"霜柯"之前，清初著录此图者，如卞永誉（1645—1712）《式古堂书画汇考》及稍后吴升《大观录》，则皆题作《霜柯竹石图》。独高士奇（1647—1704）《江村消夏录》题作《竹石霜柯图》，得此画之正名。

《竹石霜柯图》乃云林为曹知白所作，自清初笪重光（1623—1692）以来，均无异词。知白字贞素，号云西，华亭人，亦元代一大画家。所见传世画作,除中国大陆诸博物馆所藏,另有《曹云西山水八景册》及日本人所印之《曹[知白]绘董[其昌]辑》。云西长云林三十岁,二人为忘年交。云林对云西之敬爱有加,读其《题曹云西画松石》诗,可见一二:

> 云西老人子曹子,画手远师韦与李。衡门昼掩春长闲,彩毫动处雄风起。叶藏戈法枝如籀,苍石庚庚横玉理。庭前明月满长松,影落吴松半江水。

再观图上题诗及杨维祯(1296—1370)与钱惟善(?—1369)等人题跋,又无一与徐良夫有关。况即使云林作此画于曹云西下世之年,良夫当时亦不过二十三岁而已!

历来入藏此图者,如笪重光、王翚(1632—1717)、高士奇,乃至二十世纪之庞元济及刘靖基(1902—1997),皆名重一时之藏家。图今归上海博物馆,亦早为之正名为《竹石霜柯》,然则"竹石霜柯"与"霜柯竹石",显为同一画作,仅画名中"竹石"与"霜柯"时相颠倒而已。作伪者因乘隙另作《霜柯竹石图》,即李氏著录而今已遗逸之伪画,亦即新赝所欲冒充之物。如此而已!

容庚尝见题作云林所写之《林亭山色图轴》,亦有《题良夫遂幽轩》诗,文字与李日华所见不尽同。容氏校得两本异字"暂可作暂隔,夜静作夜听,窗琴作瑶琴"。又录云林跋云:"壬子秋日,戏写《林亭山色》,复系之诗,赠潘翁仲晖,少致契阔云耳。海岳居士瓒。"

壬子合洪武五年(1372)。容氏断"此[图]易徐良夫为潘仲晖"。是年九月十九日,已为仲晖写《松亭山色图》,盖以甲诗而署乙名者。故仍列"疑信参半"之录。

题作云林手笔之《小山竹树图》亦有《题良夫幽遂轩》诗。比对李日华所记,异字更多:"暂可"作"暂隔","夜静"作"夜听","窗琴"作"瑶琴","萧然不作人间梦"作"萧然自得闲中趣"。画之款识云：

> 至正壬午仲秋，云浦判官设茗宴索余作画，因写《小山竹树》以赠。东海云林子瓒。

此画明显非云林真迹。盖至正壬午为元至正二年（1342）。徐良夫生元统元年（1333），是时良夫年才十岁，云林何得有《题良夫遂幽轩》题《小山竹树》以赠王云浦耶？年月、事实，乃至题诗俱不符，可足定案。况"云浦判官设茗宴"之语，又见至正十五年所作《双树筠石图》。两画相隔十三载，何其巧合如此？

然此伪画竟先后得蒙过明代鉴赏名家沈周（1427—1509）及董其昌（1555—1636）之法眼。先看沈石田跋此画云：

> 清闷当年风度，云林此日襟期。每向诗中见画，今于画中观诗。石田老人沈周。

董文敏则誉此画为"神品之上"之逸品，且奉云林为米襄阳后一人：

> 迂翁画在胜国可称逸品。昔人以逸品置神品之上，历代惟张志和可无愧色。宋人中米襄阳在笔墨蹊径之外，余皆从陶铸而成。元之能者虽多，然禀承宋法，稍加萧散耳。吴仲圭大有神气。独云林古淡天真，米颠后一人也。甲子八月二日。董其昌观因题。

此图今归苏州博物馆，然不见收于1981年出版之《苏州博物馆藏画集》。上世纪末徐邦达、谢稚柳等组成之"书画鉴定组"，已审定《小山竹树图》为旧伪。惜未得见专家之鉴定依据为憾耳。又，台北"故宫"藏《小山竹石小幅》，题"辛亥春"，合洪武四年（1371），则已被定为真迹。知云林画名同而真伪有别者，例证所在多有。

以上因述《霜柯竹石图》之新赝，追溯所见云林以"树木竹石"

为题材之旧伪,用示对赵宋以后书画之鉴定,画上题跋款识文字,似宜兼顾。取以鉴别云林画作,尤为重要。盖李日华尝谓云林"狷洁逾情,殆不可一世。然于绘事,辄缀长句短言,豪宕自恣。譬之陶咏荆卿、嵇叹广武,非忘情者"。读云林画作者,于画上所题之文字又哪能视而不见呢?

结 语

倪云林画作之造伪,历时既长,伪迹亦多;容庚《倪瓒画之著录及其伪作》中所胪列者,可称一大奇观。沈周尝云:"倪迂画,江南以有无为清俗。"董其昌好引用此语。遂有以云林伪迹归罪于沈、董之说。然究其实,商品经济之发展,书画作伪之风行,密不可分,北京故宫博物院前院长杨新,早有论述。

今所欲强调者之一事,在于官宦之贪墨纳贿,亦足为假画迭出推波助澜。清朝县官必读之《县官十要》第四条,即建议有意当县太爷者,必须"认识古董"。因往往有前任亏空公款,无法交代,只好拿古董书画抵偿后任。估价时又常凭一句话,故非识货不可。

及纳贿卖官之风起,古董藏品之交易,往往和官位之买卖有关。晚清李伯元(1867—1906)撰《官场现形记》,以当时人写当时事,对个中门径,娓娓道来,颇具兴味。如第二十五回《买古董借径谒权门,献巨金痴心放实缺》,叙贾筱芝(假子)之子贾少爷腰缠十万银子从河南进京谋差,居间者黄胖姑给贾少爷献一纳贿之妙法说:到某古董铺买古董,托人送到军机处华中堂家,官差自有着落。贾爷心动,从胖姑到大栅栏刘厚守古董铺,花了一万零一百两银子,买得一对鼻烟壶(二千两)、一个大鼎(三千六)、一个玉罄(一千三)和十六扇珠玉嵌的挂屏(三千二)。又另送刘老板足一万两,作为上下打点之用,以保证把买得的古董全送到华中堂家。银

票付清,刘老板方说出一番道理来:

> 这位老中堂,他的脾气,我是晓得的。最恨人家孝敬他钱。你若是拿钱给他,一定要生气说:"我又不是钻钱眼的人,你们也太瞧我不起了!"本来他老人家,做到这么大的官,还怕少了钱用?你们送他钱,岂不是明明骂他要钱,怎么能不碰钉子呢?所以他爱古董,你送他古董顶喜欢。

过了不久,华中堂使人传话贾少爷:"上回送的那对烟壶,中堂很喜欢,把自己有的拿来比一比,竟没有比过这一对的。很想照样再弄这们一对才好。该多少金老人家都不可惜。"

在黄胖姑等人劝说下,贾少爷决定再孝敬华中堂一次。便去找刘老板商量,起先老板推三推四,说是确另有一对,但是想留下来自个儿观赏。经不起贾少爷三央求,老板才把鼻烟壶拿出来。贾少爷托在手上一看,谁知竟与前头一对,丝毫无二。问价多少,老板说:"一个不问你多要,一文也不能少我的,你拿八千两银子来,我卖给你。"同样一对鼻烟壶,竟涨了四倍的价!

说穿了,这古董铺本就是华中堂出钱开的。刘老板者,中堂的一名管家而已!

小说家之言,不免有夸张之嫌。然周贻白(1900—1977)《官场现形记索隐》一文多方引证,论定此书"即令是由话柄串成,但皆端有自来"。周氏甚至推许此书的"最大价值,是在能传其真实"。书中所述古董字画乃清末官爵买卖之媒引一事,殆不能轻易看作无根的游谈啊!

即就本文所述新赝《霜柯竹石图》而言,图则"毫无云林清韵",至为能过目即审者,洞穿其伪。一心以新赝冒充云林旧伪之人,不但读不通云林诗作,还要漫随己意,改动著录文字。前代"高仿"之家见之,当为掩口失笑!但如此假画,估价竟高达人民币一千五百万元。事之离奇悖理、难以置信者,亦有逾于此耶?百世之后，倘尚有得读本文者，恐大多以文中所叙为小说家之言耳。嘻！不亦怪哉？

壬辰端午，时客淮扬

后二月，定稿于兰亭渡之停云阁

（原载《中国文哲研究通讯》第二十二卷第三期，"中央研究院"中国文哲研究所，2012年9月）

梅村二三事考

为明清间诗人吴伟业(明万历三十七年生,清康熙十年卒,1609—1671)撰年谱者,共得四家。旧谱有顾师栻《梅村先生年谱》、铃木虎雄《吴梅村年谱》、马导源《吴梅村年谱》。新出者为冯其庸、叶君远合著《吴梅村年谱》(以下简称《吴谱》)。后出转精,诚非虚语。

迩来好读明清间士人与僧侣酬唱诗文,因取增订版《吴谱》翻读一过。欣见书中于旧谱补充、修订者甚夥。其于画作中发现谱主佚诗《东皋草堂歌》,及《题王石谷画二首》一题之落款事,为书画与诗文之足以互补,再添佳证,尤非寻常。撰作者对梅村诗作,如《鸳湖曲》《过玉京道人墓》《永和宫词》等名篇之释读,成说之外,新意纷纭。凡此皆足示后学以津梁。

然《吴谱》亦不乏令人疑惑不解之处。诸如舛误或错解文献,往往承袭旧讹,至将钱牧斋所撰文字系于其下世后之明年,又误吴中诗人刘锡名为刘锡。兹二事暂搁不论。今欲指出者,一为《吴谱》漏略梅村之重要诗作,二为谱中对梅村诗作本事之失考,三为此书未及清初诗文中之足觇梅村行谊之极度相关者。至考述谱主之交游,徒事抄撮梅村与友人之诗文,宛如列肆账簿,于谱主师友知交间之关系,皆不着一辞。《吴谱》遂几成全集之会要矣。则又何怪乎读之者,疲厌之余,终莫知其指归也?

梅村初抵新朝京师诗

梅村应诏入京服官,于顺治十年九月携家取道运河北上,《吴谱》已著录。谱之该年条注四十有云:

> 伟业途中所作诸诗,地点皆在运河之上,而临清之后,地点皆远离运河,此必为运河冰冻而改行陆路也。

说甚是。谱且著录《临清大雪》《阻雪》《旅泊抒怀》《过鄚州》《途中遇雪即事言怀》《雪中遇猎》诸诗,或以梅村久居江南,骤见冰雪,惊喜交集故。然《吴谱》独不收梅村抵京师南二十里所撰之《恭纪圣驾幸南海子遇雪大猎》一题。未知何故?

考此诗记顺治帝幸南海子,事在顺治十年十一月初九至廿五之间。《实录》记顺治十年十二月"辛未(初九),上幸南苑";同月"丁亥(廿五),上自南苑还宫"。

南海子,即南苑,在京师永定门外二十里。明人刘侗、于奕正合撰之《帝京景物略》记其地"方一百六十里,海中殿,瓦为之……四达为门,庶类蕃殖,鹿、獐、雉、兔,禁民无取。设海户千人守视……岁猎以时,讲武也"。

顺治帝在南苑雪中大猎事,《实录》失载。唯巡幸在大寒之后,南苑"遇雪"一节,应属寻常事。上及梅村《过鄚州》诗,描述在南苑之南所历之冰雪有云:

> 马滑霜蹄路又长,鸦鸣残雪古城荒。河冰雨入车难过,野岸沙崩树半僵。

鄚州(今河北任丘)居南苑之南约三百华里,合一百五十公里(据明人黄汴《天下水陆路程》及光绪间杨静亭《都门记略》)。乾隆二年,梅村下世后六十余载,其郡人程穆衡从镇洋北上,所择路线与梅村当年相同。程氏《燕程日记》中叙其自郑州至京师,所费不过三日。推测郑州与南苑气候应相近似。

梅村当日过郑州,继续北上,在南苑得见顺治雪中大猎,因有此作,堪补《实录》之不足。诗云:

> 君王羽猎近长安,龙雀刀环七宝鞍。立马山川千骑拥,赐钱父老万人看赈饥。霜林白鹿开金弹,春酒黄羊进玉盘。不向回中逢大雪,无因知道外边寒。

梅村旧友、降清多年之龚鼎孳(孝升,芝麓),其时亦在南苑(《定山堂诗集》卷二十三有《立春后六日同王铁山司马张坤安司寇奏事南海》诗)。芝麓得见梅村新作,和作一首,题为《雪中驾幸南苑纪事和梅村宫坊》:

> 玉几深宫惕晏安,甘泉密雪扈雕鞍。三驱金鼓熊羆震,七萃彤弧士女看。占岁白浮云子碗,射生红迸水晶盘。侍臣谁奏相如赋,多恐天衣五夜寒。

梅村与芝麓,既得重逢于密弥京师之南苑,则顺治回銮后,二人亦旋入京度岁,乃常理中事。可见恭纪圣驾诗,实梅村于顺治十年(1653)旧说抵京之岁之一佳证。《吴谱》力辟此说,多方求证梅村抵京在十一年(1654)之初春。今得见此题,考虑重订所主"十一年"之说,应其时矣!

清人对梅村此诗评价甚高。先有康熙间编《诗平初集》之陆次云,称此作"旨原夏谚,调合唐音,有讽有规,最为得体"。续有乾隆间辑《清诗别裁集》之沈德潜,谓此诗"颂扬不失箴规,此惟唐人有之"。诗为颂圣而作,可无疑矣。然梅村作诗时,犹是前朝遗臣之身一事,陆、沈二人似皆茫然。前及龚鼎孳和诗,题中称梅村为"宫坊",即南明弘光朝廷所授梅村之官职。夫以亡国之遗臣,骤见新主御林军马,遂汲汲于颂扬兴朝之武威,意非寻常!

《吴谱》失收之梅村初抵京师诗,尚有《闻撤织造志喜》一题。"撤织造"云云,《实录》顺治十一年正月辛丑初十日有记。

> 谕工部:江宁苏杭等处地方,连年水旱,小民困苦已极。议赈则势难周,屡蠲又恐国用不足,朕用是恻然于中。念织造衙门,原供服御赏赉之用,前此未能遽罢,近闻甚为民累。既苦赋税,又苦织役,何由得安?民既不安,朕岂忍被服华丽不为之所乎?嗣后织造,除祝帛诰敕等项着巡抚布政织解外,其余暂停二年。尔部即行传谕。

顺治传谕,撤织造仅"暂停二年"而已。梅村闻其事,欣然有作,诗则不免夸张失实者矣。诗云:

> 春日柔桑士女歌,东南杼轴待如何?千金织绮花成市,万岁回文月满梭。恩诏只今怜赤子,贡船从此罢黄河。尚方玉帛年来盛,早见西川濯锦多。

下联"恩诏只今怜赤子,贡船从此罢黄河",岂能不令人衍生"江南织造,从此罢撤"之错觉?当日朝臣之中,不乏梅村知交,未可以所据得自道路传闻为之辩解。更何况龚鼎孳即有《和吴梅村宫坊闻撤织造志喜》一律:

> 银灯彩胜发高歌,春到南天奈乐何。前席一言谁补衮,中央四角顿停梭。流黄月按桑阴堵,大府卮埋瓠子河。闻道遗贤劳梦卜,太平黼黻事应多。

《吴谱》考定梅村获新朝正式授官,在顺治十一年十月十七日。然据以上所述,则梅村在服官清廷之前之十余月间,早以先朝遗臣之身,与当时之贰臣诗歌唱酬,颂扬兴朝之威武与新主之德政。梅村抵京之初,亟亟于露才扬己,尚复何疑?审三百年来为梅村缓颊者,每举梅村《将至京师寄当事诸老》诗中"白衣宣至白衣还"句,为梅村回护,且力言梅村之应荐,实有其不得已者。其事抑或有之。

然《恭纪圣驾》及《闻撤织造》两诗中所显示之热中情怀,与先前"此身只合伴渔樵"句所表达求田问舍之夙愿,大相径庭,亦昭然若揭。然则此亦一梅村,彼亦一梅村。后之治史者,又岂可仅择其所好而不问其余哉?

门人孙藩依佛门事

《吴谱》记梅村门人孙藩(字孝维)生于崇祯四年(1631);顺治七年(1650),师事梅村;十七年(1660),年三十,梅村赠诗四首;康熙九年,梅村应所请,为其亡母撰墓志铭。

谱中所记,自以孝维于而立之年获恩师赠诗事最为重要。梅村《海虞孙孝维三十赠言》第一首云:

> 法护僧弥并绝伦,听经萧寺紫纶巾。高斋点笔依红树,画楫徵歌转绿苹。一榻茶香专供佛,五湖虾菜待留宾。丈夫早岁轻名宦,邓禹无为苦笑人。

除三、四句外,所言皆与孝维剃发依佛门事有关。

考孝维儒门子弟,出身官宦之家。叶昌炽《藏书纪事诗》记孝维曾祖七政,字齐之,与王世贞、汪道昆诸人游,才名藉甚。又言孝维叔父朝让与梅村同举崇祯四年进士、孝维异母兄为牧斋宗弟谦贞之快婿。孙氏兄弟皆善书画,且以图藏有名于时。

孝维郡人严熊(字武伯)《赠孙孝维》诗序亦记其出家事:

> 予友孙孝维英年入道,具五戒于浮石和尚。值其三十初度,同人皆赋诗赠之。予不欲作绮靡祝祷之词,乃拟古偈颂五百六十字而串以韵。知者略其诗取其意可也。

浮石名通贤(1593—1667),《吴江县志》"小传"云:"平湖赵氏子,在天童悟十二弟子之列。崇祯十七年住庵村报恩寺。"武伯

诗凡五百六十字(《严白云诗集》卷一,《四库未收书辑刊》第七辑,册二十一)。其中述贵游子弟孝维之出身之十数韵云:

> 予友孙孝维,本自高门育。罗床袍笏中,着此珠与玉。襁褓御纨绮,扶行饱粱肉。稍长就外傅,曾把诗书读。二十通宾朋,四方集轮毂。库自有金钱,仓自有麦粟。出自有舟车,居自有夏屋。门下履三千,房中裙八幅。娱目陈尊彝,悦耳奏丝竹。开筵坐繁花,飞觞剪椽烛。平原与信陵,疑古同一族。兼抱用世才,落落不蹐局。文章吐陆离,经纶满胸腹。探囊取金紫,谁不羡世禄?不然闭门居,亦是万事足。更生几儿女,结却人生局。

孝维英年奉佛,其事轰动一时。武伯诗序称"同人皆赋诗赠之",盖纪实也。梅村与武伯,即尝四出代孝维索诗于其师友知交。各方赠言,后汇集成编,梅村有《孙孝维赠言序》。上文所及之徐元叹,时方隐居苏州天池山中,所撰《落木庵存诗》即有《孙孝维年仅三十已受具于大僧托吴大司成严武伯索赠》一题。梅村集中有《宿元叹落木庵》诗,二人显为旧交。《吴谱》亦不著录。

观《吴谱》顺治十七年条,记梅村六月到常熟访钱谦益,又逢门人孙瀍三十初度,为作《海虞孙孝维三十赠言》诗。注引谦益《致梅村书》,及梅村诗第四首前四句"高柳长风六月天,青鞋白袜尚湖边。轻舟掠过破山寺,横笛邀来大石仙"为证。于孙孝维三十皈佛事,终不着一字。

孝维剃度,出尔反尔,未几即破戒,反初服。事之本末,颇具兴味。前举武伯之长诗后,紧接一题曰《孝维三十受戒予赋五百余言赠之郑重赞叹兼致勉勖未几而破戒矣吟此调之》,不乏嘲笑调侃之词:

> 孙家公子年三十,摆落繁华踏云立。一朝参破驴马案禅家有"吃素若成佛,驴马也生天"之语,复啖猪肠进米汁。休理障,莫法执。歌非歌,泣非泣。美人狎客共道场,象板鸾箫当瓢笠。会

189

看蟠桃几度春,怎时还把西江吸。

孝维自弱冠之年,即列梅村门墙;孝维之动向,梅村能不关切?《吴谱》漏略其英年出家一幕,而斤斤求证顺治十七年梅村确在常熟。轻重去取之间,实欠斟酌。

梅村、宋徵舆、钱谦益与朱鹤龄

梅村集中《宋幼青墓志铭》,盖应宋徵舆(直方、辕文)及其兄之请而作。辕文,松江人,明末与陈子龙、李雯合称"云间三孝廉"。辕文与卧子且先后顾恋柳如是。入清后,辕文举顺治四年进士,撰有《林屋文稿》《林屋诗稿》。后者且获梅村撰序。

《林屋文稿》卷十五有《书钱牧斋列朝诗选后》一题,极口诟詈牧斋。文中复假口梅村,绘声绘影,记牧斋剽窃他人著作始末。吴江朱鹤龄,不值辕文所为,致书梅村,请"出一语自明"。事涉宋、钱、朱、吴四人之关系,颇堪细味。《吴谱》未见著录。

陈寅恪先生考述此事(见《柳如是别传》,第85—88页),指辕文因失爱于柳氏,含恨牧斋,遂撰此谬文以刺之。唯陈先生所据蔡澄《鸡窗丛话》中之宋辕文杂记,仅为辕文此文后半之摘要;记中亦不及假梅村之名指斥牧斋剽窃事。今从《林屋文稿》卷十五迻录宋氏原文之后半:

> 娄东王冏伯名士骐,官吏部郎,弇州先生长子也家有一书,乃编辑先朝名公卿碑志表传,如焦氏《献徵录》之类……钱牧斋知有是书,不得见也。冏伯殁,后人不肖……钱乃令人以微赀购得其书,欲攘为己有。乃更益以新稗及闻见,……以是掊撦十余年,书未就,漫题卷上曰《讳史》……庚寅,钱寿七十……书成之夕,其所居绛云楼灾,即编纂之地也。……于是所谓《讳史》者,遂不可复见。而王氏旧本亦亡矣。钱意犹未已,乃取

嘉定笔佣程孟阳所撰《列朝诗集》一书,于人名爵里下,各立小传……然笔端稍滥,则不能自禁,盖天性然也。丙申,予在京师,吴梅村祭酒言如是。今观此书序曰:"庚寅阳月,融风为灾,插架盈箱,荡为煨烬,此集先付杀青,幸免于秦火汉灰之余,于乎悕矣。"所言皆与祭酒合。且祭酒娄人,与同伯同里,购书之说,必非诬也。

及朱鹤龄得见此文,即致书梅村。《愚庵小集》卷十五《与吴梅村祭酒书》有云:

……忆先生昔年枉顾荒庐,每谈虞山公文章著作之盛,推重谆谆,不啻义山之叹韩碑。乃客有从云间来者,传示宋君新刻,于虞山公极口诟詈,且云:其所选明诗,出于笔佣程孟阳之手;所成讳史,乃掩取太仓王氏之书。愚阅之不觉喷饭。[以下辨宋徵舆所言"横发无忌"。]而愚敢斥言之于先生者,以其文援先生为口实也。先生夙重虞山公文章著作,岂有以郭象《庄》解,齐丘《化书》,轻致訾謷者?愚以知先生之必无是言也。先生诚无是言,当出一语自明,以间执谗慝之口。如其默默而已,恐此语荧惑见闻,好事之徒将遂以先生为口实。

鹤龄书中所及梅村访鹤龄事,同书卷五有《梅村先生过访》诗纪其事:

十年鱼素杳江湘,欲采芙蓉远寄将。忽访席门惊上客,旋弹瑶瑟奏清商。鲜羹白苣园菘滑,软饭红炊野稻香。感往莫论吴社事,耆英今已半凋亡时先生述吴社始末。

梅村早年名列复社领袖张溥之门。诗注梅村忆述社事,在顺治年间。同卷另有《读梅村永和宫词有感作》:

永和妃子承恩最,锦瑟银筝亦暂娱。翻幸未秋辞玉簟,得从衰草奉珠襦思陵烈崩,李贼槁葬之于贵妃茔旁。松楸露

191

冷兰丛断，环佩声凄月影孤。莫道宸游泥歌舞，椒宫从未卷龙须。

若鹤龄书中责梅村"出一语自明"，则诚如陈先生所推测，梅村因"与钱宋两人交情俱极深厚"，唯有默默而已！

"知易行难"之一注脚

《吴谱》书前叶君远所撰"序言"有云：

> 研究历史求"真"，就必须最大限度地搜求史料，也就是冯先生屡屡强调的要"一网打尽"。这是研究工作的第一步。

揆诸上文所述，此书搜求史料，似未能奉行其师所倡"一网打尽"之说。"求真"云云，立意固佳，惜本谱亦尚有未逮之处。今再就谱中考述梅村交游事，略述所见以作结。

谱中考述梅村之知交，以苍雪及王时敏较详亦较亲。知作者对《南来堂诗集》及《王烟客先生集》，均用力颇勤。然谱中于苍雪与烟客间之往还，遇题中不见梅村名字而实与梅村有关之诗文，概不阑入，乃孟子所谓"明足以察秋毫之末而不见舆薪"者。如"顺治四年"条，仅录苍雪《丁亥秋王奉常烟客西田赏菊和吴宫詹骏公二首》一题。然同年春，王时敏作《首夏西田杂兴》诗，梅村既有和作，苍雪亦有《次韵王奉常烟客首夏西田杂兴四首》。《吴谱》乃不录苍雪和作。又如顺治八年，烟客年六十，谱记梅村为撰《归村躬耕记》，同时苍雪所作《辛卯季秋躬逢烟翁居士花甲初周》诗，谱亦不记。再如《南来堂诗集》补编卷二《同彦可元叹诸公访安期寓中乱后寄方内外有或怀赠或次答共得九人》诗，题中虽不见梅村名字，然实与梅村有关，盖王培孙注此题云："按：九人者，一文彦可、二徐元叹、三周安期、四张德仲、五文荪符、六毛子晋、七姚文初、八文初弟瑞初、九吴骏公。"梅村正九人中之一人。奈何《吴谱》不收！

年谱之作,固应有主客之分。然苟加入苍雪与烟客间往还之考述,岂不更足显示梅村与此二人交情之深且厚?不可以汗漫支离为托词。更何况当时士人间之关系,错综覆迭。诚如陈寅恪先生所说:"世情人事,如铁锁连环,密相衔接,惟有恬淡勇敢之人,始能冲破解脱。"(《柳如是别传》,第835页)语士人交游,有因习性相近而引为声气者,此物以类聚也。亦有戚属姻亲、乡邻同里、同学、同年,乃至门生座主、盟社同寅、仕途同官等,非徒一己可自主者。此则近似于时下"人脉"一语。不探求谱主之交游网络,即不知其"人脉"之所在。使用"直线式"之法考察谱主与此一人、彼一人之往还,亦犹今之侦查罪犯集团者,不谙采用"网络式"之"顺藤摸瓜"法,岂非缘木求鱼,不得要领?予故疑序言"求真"之说,亦仅"知易行难"之一注脚而已!

年谱乃编年体,上述苍雪与烟客之诗作唱酬,似可系之于苍雪下世之年。扩而言之,记梅村与姜垛、姜垓兄弟,可考虑余怀及宋琬,皆复社旧人故也;记梅村与胡介,可及龚鼎孳、曹溶,盖二人皆胡介之"米饭主";著录梅村与邓旭,明显不可缺钱牧斋与归玄恭。苟如此,则梅村之交游,乃可由平面单一,转而为多面之立体为较得史实之真也。

陈乃乾尝忆述昔年与王培孙于沪上辑释《南来堂诗集》,二人翻阅明清间别集,数以百计。予以王、陈筚路蓝缕之功,即在于为有志考论苍雪之交游网络者,架桥铺路。文本具在,取而读之,不亦可乎?

(冯其庸、叶君远:《吴梅村年谱》,文化艺术出版社2009年版)
      癸巳岁除,于美西兰亭渡之停云阁
      时值梅村抵清廷服官三百六十周年
      (原载《东方早报·上海书评》2004年6月1日)

辑二

清初所见"遗民录"之编撰与流传

"遗民录"之编撰，始明程敏政（1445—1499）《宋遗民录》十五卷。程氏自序其书于成化十五年（1479），越四十余载，其族人程曾始于嘉靖四年（1525）锓梓。[①]以迄明亡，百余年间，此书流布未广。

及清人入关，程氏书竟大为流行。遗民志士，争相传诵。秉笔之士，亦有因程氏著书之旨，深事增广；或访录明遗民之行事，作《明遗民录》者。风气所关，其一般之志乘文征诗辑，遂亦标"遗民"一目，而藏家著录，又往往为之别立专目焉。

孟森序朝鲜人所著《皇民遗民传》有云：

> 当乾隆间，尹嘉铨作《清名臣言行录》，高宗斥为标榜攀附，定谳杀身，列为罪状。以本朝之人，称颂本朝之先正，意固为本朝增重，何负于国家，而尚成文字之祸。故嘉道以前，流风所被，传记之学，为儒者所讳言。何况高揭遗民之名，显然有前朝之系念存焉者乎？……故为明遗民作传，道光以前，乃不可能之事[②]。

心史先生至认"若朝鲜儒者之纂集能事，为中土所未有也"。

考清初百年间，揭"遗民"之目以名其撰述者，颇有其人：计著录历代遗民、作遗民"通史"者一家；其踵事增胜、广程敏政之书

---

① 程敏政《自序》、程曾《书宋遗民录刻后》，均见《宋遗民录》，《知不足斋丛书》本。
② 《皇明遗民传》，孟森序，页1。北京大学影印魏建功藏朝鲜人著抄本，1936年。

为《广宋遗民录》者二家；其专记明遗民行事者二家；其有志存辑录而竟未成书者，亦得二人。若遗民之传状碑志，散见于诸家文集者，亦所在多有也。

按清初所成之"遗民录"，多有序而无书。邵廷寀之《宋遗民所知传》及《明遗民所知传》，赖收入其《思复堂文集》（初刊于康熙四十四年）乃得流传。其余见存者，惟黄容《明遗民录》抄本在日本之东洋文库耳。

然于清初之纂辑遗民录者，自不得以其书之不传而抹摋其功。其书在当时虽多未遂刊行，然即其稿本而观之，皆有明遗民中之俨然领袖者为之序。此等序文，既述其书之大略，复就"遗民"一词作种种阐发；或借以评核当时遗民之行事；或就"遗民录"之编撰，托意申襮，为后世之习研明遗民其人其事者所宝资。此一事也。

至清初之明遗民录撰著虽未广行，然程敏政《宋遗民录》则于明遗民中辗转传抄。至有书肆贾竖，作别本《宋遗民录》，伪托贩售，而后为《四库》馆臣所指斥，正足觇其时明遗民之于"遗民录"之所爱尊者。此又一事也。

年来荒村课童，寄身耕夫稼户之中，动定仿佛乎顺康间遗民。然笠下酒钱易得，隐湖典籍难求。此草之成，亦以聊志岁月云尔。

一　清初"遗民录"之编撰

清初之撰著"遗民录"者，予考得四人。有取断代之例，有出于通史之体，有补前修之所略，有独标创意之新书。兹按其成书之约略年代先后为次，约举其作者生平及撰著体例如后：

（一）历代遗民录佚　朱子素

朱子素，嘉定人。《[康熙]嘉定县志》（1673年修成）小

传云[①]:

> 字九初。性纯孝,母故卜急,事必先意承志。所居名怀石山房。庭下有孤桐,先世手植百年物也;读书其下。时承唐娄诸先辈后,隐然以著述自命。岁甲申,需次宜贡,竟不赴试。辑为《历代遗民录》以见志焉。晚年游草有《封禺》《银阳》二编。又搜考邑中人物诗文,名《吴㙖文献》,分前后部,凡五十卷,临殁,授其子晨曰:"此我未竟书也"。

此现存朱子素传略中最早之材料也。另王辅铭《明练音续集》,称子素"品行饬修",记其"隐居授徒",且论其诗作云:

> 后游浙西江右,牢愁郁结,一发于诗,寄托在皋羽、景熙间。归而病殁。

《[光绪]嘉定县志》则述其身后之境况:

> 明亡,应贡不赴,隐居授徒。承故老凋残之后,慨然以斯文为己任。辑《吴㙖文献》诸书。子晨、昂、昺,并诸生。晨字峻思,守父遗书,次第补辑。昂列《文学传》。

子素《历代遗民录》,恐未刊行,其稿本亦不知存佚。幸赖归庄《历代遗民录序》及《[乾隆]嘉定县志》卷十一《艺文志·书籍》目所载子素《与友人论文书》,乃得稍窥此书之轮廓。是录凡七卷,卷一类:《孤臣》《高义》《全节》《贞孝》《知几》《潜德》《散逸》。子素自述撰述之动机云:

> 若《遗民录》一帙,不敢自附于桑海遗民之末,然窃有志焉。盖以此书乃天地之心,国家之元气也。……此七录者,可以励学守,可以维世教,呼天下以礼义廉耻而使之各有所归者,将在是也。

[①] 参考白坚《朱子素的生平及其著作》,《江海学刊》(南京,1963年第6期)。

意是书之取材颇富,盖归庄《历代遗民录序》谓其:

> 既录其人,备载其行事,而其诗文有关于国家之故,出处之节者,亦附见焉。传赞、墓志、祭文、文集序及后世史论、祠堂记、咏史诗,亦载一二于本人之后。

其书尤堪措意者三事:一在审析"遗民"与"逸民"之异,一在区分遗民之类别,一在对金元遗民之态度。凡此皆作者对"遗民"一词所统限而置立之定义也。

归序谓朱氏书列遗民首伯夷、叔齐,盖本于孔子之表彰逸民之意。继以申明逸民与遗民之不同:

> 凡怀道抱德不同于世者,皆谓之逸民;而遗民则惟在废兴之际,以为此前朝之所遗也。

简言之,逸民者,殆指居清平之世而隐逸之民。而遗民者,则处江山易代之际、以忠于先朝而耻仕新朝者也。此则遗民史上一极重要之观念。然清初人于此义乃竟有不甚了了、而混"逸民"与"遗民"为一者。如康熙四年(1665),华渚(1607—1675)尚辑《逸民传》,录二百六十二人,即将"怀道抱德"之逸民,与"前朝所遗"之遗民,合为一编,而统曰"逸民"①;王猷定(1598—1662)《宋遗民广录序》中有"存宋者,遗民也"一语,屈翁山文引作"存宋者,逸民也"②。

归序又谓朱氏书按其人迹行之异科区遗民之类为三,盖推本于两汉之际:

> 如生于汉朝,遭新莽之乱,遂终身不仕,若逢萌、向长者,遗民也;仕于汉朝,而洁身于居摄之后,若梅福、郭钦、蒋诩

---

① 台北广文书局影印本,1974年。
② 屈大均:《书逸民传后》。见《翁山佚文二辑》(《广东丛书》第一集),卷中,页7。1959年上海中华书局影印《归庄手写诗稿》,"前言"中谓归庄"找到了'逸民'的典范郑所南"(页2)。以郑所南为"逸民",恐非归庄所首肯者也。

者,遗臣也,而既不复仕,则亦遗民也;孔奋、郅郓、郭宪、桓荣诸人,皆显于东京矣,而亦录之者,以其不仕莽朝,则亦汉之遗民也[①]。

所称遗民之类有三,固亦不出"已仕""未仕"两种而已:梅福、郭钦、蒋诩均尝食汉禄,而逢萌、向长、孔奋、郅郓、郭宪、桓荣之流,则皆未仕于汉者。以"已仕""未仕"而类别一代之遗民,此清初作者之创意也。

归序复谓朱氏书以为遗民之所忠,不必限于诸夏之国,故其书录金、元遗民。归氏复为之辩曰:

> 夫夷狄盗贼,自古并称,然犹曰:"在夷狄,则进之。"朱梁篡弑之贼,王彦章为之死,欧阳子《五代史》著为《死节传》之首,朱子《纲目》亦大书死之,取其忠于所事也。盗贼且然,况夷狄之进于中国者乎?录金元遗民,亦犹欧阳子、朱子之意也。

是则遗民者,秉忠于先朝之士也,与严夷狄、诸夏之防无关。此义乃竟发之于清初之明遗民,然则当时之遗民,其亦必有不硁硁于王船山之明辨春秋夷夏之防者欤?

归序谓朱氏"草莽书生",则朱氏似未尝受大明之禄。迄明社既迁,朱氏乃"谢去儒冠",其亦遗民而逃于禅者耶?吾既恨不得见其书,复徒置叹于其人之行事不得显白于天下也。

(二)广宋遗民录[佚] 李长科

李长科,字小有,江南兴化人。祖父李春芳(1501—1584),

[①] 考归庄所举之汉遗民,逢萌、向长见于《后汉书·逸民传》;《梅福传》见《汉书》卷六七;郭钦、蒋诩附传于《汉书》卷七二《王贡两龚鲍传》;《孔奋传》见《汉书》卷三一;《郅郓传》见《后汉书》卷二九;郭宪人《后汉书》卷八二(上)《方技列传》;《桓荣传》见《后汉书》卷三七。

嘉靖二十六年（1547）举进士第一，官至武英殿大学士。[1]甲申后，李氏一门以遗民终：其从子沛，字平子，以诗名，卒于康熙十三年（1674），得年五十八；沛从弟淦，字季子，与徐枋、屈大均等相友善；淦从弟沂，字子化，有《鸢啸堂集》，皆不仕清。李家子弟，且皆不令应试[2]，殆亦有意"永锢其子弟以世袭遗民"者也[3]。

长科生年未审。而其卒年当在顺治九年（1652）之后，十六年（1659）之前。予所据者二事：

王猷定《四照堂诗集》[4]卷二有《壬辰除夕，同三弟竺生，五弟五庸，声侄、暨舒子固卿守岁，随所忆口占得八首》，其第五首题"小有"，即长科字。自注云："是夕同其弟三石庐曹太夫人墓"。壬辰，顺治九年（1652）也。

又，钱谦益《牧斋有学集》[5]卷四十九《书广宋遗民录后》谓李氏之殁也，稿属王猷定，猷定转以属毛晋。考猷定卒于康熙元年（1662），而毛晋卒于顺治十六年（1659），则长科死年当在此之前。

王氏《四照堂诗集》既咏长科于1652年除夕守母墓事，别有《小有别予渡江》一首，自注云："小有丧子，兼有遣妾之举"[6]；及《小有苕姬善琴，丁丑予见之章水，辛卯听弹琴高沙，忽闻他适，怆然赋此》一首[7]。辛卯，顺治八年（1651）也。是可觇长科晚年，既遭亡国之痛，复有毁家之遇。然犹能潜心著述，则亦一卓然之士也。

《四照堂文集》有《宋遗民广录序》两篇[8]，一为王猷定序此书

---

[1]《明史》卷一九三，《李春芳传》。
[2]《皇明遗民传》卷三，《李长科传》。
[3] 语见全祖望《题徐狷石传后》，《鲒埼亭集外编》，卷三十（商务《万有文库》本，第十册，页1091）。
[4] 民国刻《豫章丛书》本。
[5] 邃汉斋校印《牧斋全集》。
[6]《四照堂诗集》卷二。
[7] 猷定此诗极凄婉："三回君不语，神颓每多疑。处仲吾难效，成连情蚤移。桃花南浦面，流水甓湖丝。此意狂夫解，牛衣独卧时"。
[8] 均见卷二，页16B—20A。

之作,一为猷定代长科所拟之"自序"。二序皆不及是书之体例。惟猷定所代拟之序则略述长科著述之动机:

> 程篁墩辑谢皋羽郑所南十一人诗文传于世,题曰《宋遗民录》,李子读而广之。……因思少而读书,有志纂修宋史,以继先文定之志。迄于今日,白首荒丘,仰视苍天,寒噤不敢一语。而老病复作,徒以区区之心,附诸君子以不朽,后世岂无明其故者。

当时得读长科此书者,王猷定、毛晋外,尚有李应机、钱谦益二人。

李应机,字环瀛,号密斋,嘉善人。尝有意于明遗民录之撰辑。书未成,而以其罗掘所得,尽付黄容,乃得参校黄氏《明遗民录》(见下)。其致黄容书,颇述长科撰辑之立意及体例:

> 淮海李长科小有,更陆沉之祸,自以先世相韩,辑《广宋遗民录》以见志,以益克勤所未备。……今所存《广宋遗民录》,原录十一人,类附二人之外,未仕者一百七十人,已仕者一百三十二人。

钱谦益乃因其门人王猷定而得读长科之作,然诋之甚力。《牧斋有学集》卷四十九《书广宋遗民录后》云:

> 其间录者,殊多谬误。以王原吉为宋人,张孟谦与谢唐同时,令人掩口失笑。近世著书,多目学耳食之流。骈驳杂出,是其通病。惜乎小有辍简时,不获与余面订其阙失也。

牧斋之撰此文,当在其谢世前之一二年间。① 以一八十衰翁,而词气之凌厉自负如此,盖以其中年以前即尝有志于辑补宋遗民之行事。《牧斋初学集》卷二十八《重辑桑海遗录序》,记其当年著

---

① 牧斋此文有云:"小有殁,以其稿属王于一(猷定),于一转以属毛子晋,而二子亦奄逝矣"。考毛晋卒于1659年,王猷定卒于1662年,而牧斋卒于1664年。则此文当成于1662至1664年之间。

203

述之动机有云：

> 立夫所辑《桑海遗录》，既不可得而见，而其序幸存。……余故录为一通，藏之箧衍，题之曰《重辑桑海遗录》。……若有宋之余民旧事，网罗放失，不可胜纪。余藏书不多，力未之逮也。盖将遍访之。……以卒立夫之志焉，而为之序，以发其端。

序中所称之立夫，即元朝延祐间人吴莱之字也。《元史》卷一百八十一有传。牧斋书《广宋遗民录后》谓程敏政《宋遗民录》，实取意于吴立夫之《桑海遗录》，故牧斋不欲广程氏之书，而直欲上续程氏之所本，则其以博识而自高者固宜也。

然牧斋撰《重辑桑海遗录序》于万历四十七年（1619），时年尚未四十，而读李长科《广宋遗民录》稿时，则已一垂垂八十老翁。四十年前以大明史官之身即有志于遗民史业，四十年后以先朝遗臣之身而悲遗民之史业无成，牧斋其亦必有感痛者哉。

牧斋《书广宋遗民录后》亟称为长科撰序之李楷。以李楷序有"宋之存亡，为中国之存亡"一语，谓可与吴莱《桑海录序》及黄晋卿《陆君传后序》方驾千古。乃至谓尚论遗民者，殆将以吴莱、李楷为眉目。今吴、李二文既不得见，观李楷论宋亡之语，则牧斋殁前之心境亦可窥见一二矣。

（三）广宋遗民录佚　朱明德

顾炎武《亭林文集》卷二有《广宋遗民录序》[1]，即为此书而作者。张穆《顾亭林先生年谱》[2]系此文于康熙十八年（1679），而文内称"今朱君之年六十有二矣"，则朱明德当生于万历四十六年（1618），而卒年暂付阙如。

---

[1] 台北世界书局排印本，1963年，页35—36。
[2] 商务《万有文库》本，第二册，页81。

黄容《明遗民录》卷五有《朱明德传》：

> 字不远，吴江人。少治经义有声，从而学文者，户履常满。隐居烂溪之滨，作《广宋遗民录》以见志。诸隐者多轻世肆志，或以语言文字贾祸，明德内介而外和，不为矫激崖异之行，故患难不及。潜心学道，教授有方，即俗学而引之理学，弟子著籍者凡数百人。晚年有得于性命之旨，养充神王，至老不衰。

亭林序称虽与明德为同郡人，且"相去不过百余里，而未尝一面"，明德之致书求序于亭林，尚在寒江荒草之滨，是明德乃隐于课学而又韬晦于时者也。故其行事之可考者如此而已。

亭林序又谓明德于宋之遗民"有一言一行、或其姓氏之留于一二名人之集者，尽举而笔之书"，其书收宋遗民凡四百余人，视程敏政原录及李长科《广录》所收为多。然朱氏所借，不出名人之文集，故所增之遗民于数则多，而其人之行事则少。亭林评之曰：

> 今诸系姓氏于一二名人之集者，岂无一日之交而不终其节者乎？或邂逅相遇而道不同者乎？固未必其人之皆可述也。

本此以论，即或此书传世，其于宋遗民史料之存索价值殆可想见。然因有朱氏之书，而有亭林之序；因有亭林之序，吾人乃得约略窥见亭林于"遗民"一义所标制之严限。故其序末有云：

> 庄生有言："子不闻越之流人乎？去国数日，见其所知而喜；去国旬月，见所尝见于国中者喜；及期年也，见似人者而喜矣。"余尝游览于山之东西、河之南北二十余年，而其人益以不似。及问之大江以南，昔时所称魁梧丈夫者，亦且改形换骨，学为不似之人。

盖亭林序明德书于康熙十八年（1679），去明亡已卅余载，前此一年（1678），清廷有博学鸿儒之选，遗民失节者，颇亦有人。彼遂

205

借明德之书，以斤斤深辨于遗民之义。

陈援庵先生有"遗民之诤遗民"论[1]，举黄梨洲晚节为晦木所不满为例。亭林之诤遗民，其事亦同。此则治遗民史者所不当昧者也。

（四）明遗民录抄本　黄容

黄容，字叙九，自号圭庵，吴江人。所撰《圭庵杂著》刻于康熙末年，吾尚未见。外辑《卓行录》四卷，则《四库》为著录而极诋之：

> 是书成于康熙庚辰（按：此指康熙三十九年，1700），所录多明末国初之事。后有自序，称集中体例，主于表彰潜德，搜辑逸事，其事迹赫赫在天壤，他书具载者，反不多录。然而孙承宗之死节，史籍彰彰，似不在潜德之列，而龚佩潜女一条云：九龙龚佩潜，以进士遇国难，投秦淮以死，有才女能诗云云。此在佩潜为卓行，其女能诗，未为卓行也[2]。

至所辑《明遗民录》，则未付剞劂。《四库》馆臣似亦不知有其书。仅日本东洋文库藏一抄本耳。余于1980年夏访东洋文库，穷旬日之力，阅此天壤间仅存之清初人所撰《明遗民录》。书凡两册，而抄自数手，无斧季手校之迹，除"东洋文库"印外，别无藏钤。其《自序》一篇取自《圭庵杂著》之刻本，盖板心有"圭庵杂著"等字。自凡例以下，则皆手录。用纸皆著"圭庵杂著"四字，颇疑此本即非原稿，抄录之者亦必出其门生子弟。

黄书于清初遗民录诸撰著中最为晚出。其自序一篇，述至当时为止遗民录之编撰史事颇详：

> 昔龚圣予为文信国、陆君实两公著传，吴立夫读之有感，

---

[1]《清初僧诤记》（北京：中华书局，1962年），页91。
[2]《四库全书总目提要·史部·传记类存目五》。

因辑祥兴以后忠臣志士遗事,作《桑海余录》,无其书而有序。明新安程克勤学士,本立夫之意,采谢皋羽以下凡十有一人,撰《宋遗民录》。虞山钱宗伯惜其简略,欲增而广之,为《续桑海余录》,亦有序而无书。李兴化(小有)辑《广宋遗民录》,取《清江》《谷音》《桐江》《月泉吟社》,以益克勤所未备。间有舛误,识者病之。大抵古今以来,一代之兴,必有名臣之佐,树伟绩于当时;一代之末,必有捐躯赴义之人,扬忠烈于后世。而其守贞特立,厉苦节以终其身。或深潜岩穴,餐菊饮兰;或蜗庐土室,偃仰啸歌;或荷衣篛冠,长镵短镰,甘作种瓜叟。亦有韦布介士,负薪拾穗,行吟野处。要皆礧砢抱志节,非苟且聊尔人也,岂可与草亡木卒,同其凋谢者哉。余既编忠烈,复搜辑砥节诸君子,表其生平,纪而传之。共得五百余人,厘为四卷,为《明遗民录》。其幽伏于深山邃谷,为世人之不及知者,难以指数,而其可纪次者,班班足考如此矣。彼拘迂之见,惟取死忠,不录苦节,以彼操论,将无固甚。呜呼!金销石泐,志节之名,长留天壤间。后之览者,其亦兴感于是编也夫。

　　时康熙岁次癸未上巳日,吴江圭庵居士黄容题于梧桐书舍。

康熙癸未,即康熙四十二年(1703)也。距明之亡,几一周甲。是作者即生于晚明,易代之际,亦不过一弱冠少年耳。序云书作四卷,而抄本则作十卷,殆序成后颇有增续而然耶?顾作者于清初诸录,但及李长科《广宋遗民录》。然则朱子素《历代遗民录》、朱明德《广宋遗民录》,于当时即恐非易得之物。

书前凡例五条,标叙去取之旨:

　　一、仿《宋遗民录》规则,分已仕未仕两条。虽出处不同,要其志节,归于一致。

一、故国孤臣，窜迹林莽，洁身栖遁，皭然不缁之操，无愧完人，堪比宋室已仕遗民。异代比例，并垂不朽。

一、幽人志士，山泽丘樊，埋照遗世。寒松幽壑之姿，高引冥鸿之慨，纪述者悄然动容，披览者肃然起敬。列诸未仕，同志孤芳。

一、海寓寥阔，所见所闻异词。一人心力，深恐搜罗未备，难免挂漏之讥。赖武塘李君寰瀛（名应机）以所著求志录托沈子皋迈缄书寄示。集中借资实多。同心之助，何可忘也。

一、著书非易，核实尤难。秽史淆讹，虞稗琐记，徒供识者鄙唾，用是严为采择，庸碌充隐之流，不敢滥登。世有季野，定具阳秋。一时不求知我，千载谅有公评。

凡例第一条云："仿《宋遗民录》规则，分已仕未仕两条"。考程录无此分法，恐为《广宋遗民录》之误。

惟黄书与程录之分异者莫若体例。程录所收者，前有"王炎午、谢翱、唐珏三人事迹及其遗文。而后人诗文之为三人作者，并类列焉"；后"则附录张宏毅、方凤、吴思齐、龚开、汪元量、梁栋、郑思肖、林德旸等八人"[1]。是遗民之行事、遗文并后人所咏述之诗文，罗集一编，略与近世之所谓"研究资料汇编"者相似。而黄书则遗民传记之汇集也。其传或详或略，概以其人之行事为主。既不录其遗文，而后人之诗文为该遗民所作者，亦不收入。其撰意在传其人，非徒事于传主之资料之汇集而已。衡以史学之准范，则黄书实胜程录。其于遗民录之编撰，可谓创辟新途者也。

凡例第四所语及之李应机，亦有志于明遗民录之辑撰者。邓之诚《清诗纪事初编》谓应机"自以父祖高逸有志，继之不事进取。师事陆陇其，著《求志录》以纪近时逸士。……其集《敦艮草堂稿》，《圃隐诗存》《杂著》，今俱未见。唯见《陇西诗萃》，是康熙

---

[1] 引自《四库全书总目提要·史部·传记类存目三》，"宋遗民录十五卷"条。

四十七年戊子定稿,应机其年正六十"[1]。则应机殆为生于清而有志辑撰明遗民录之第一人耶？黄书列应机为参校者之一,复于卷六后附应机致黄容书一通,其间至足窥悉应机于遗民录编撰之若干陈议,及其于黄书之献言：

> 冒附贾竖子,不得列也。有遗行,不可列也。介两可之间,宜汰也。平平无奇,列之不胜列也。有至性,虽无文彩必列。抱遗经而咏先生必列。写《离骚》、歌《正气》、悲愁自放于山巅水涯之间者必列。而宽其途者,则客游之名士,与遁世之高僧,亦势所不得不然也。是举也,天地鬼神,实式凭之甚,无视为易易。其间有宜详宜略,或用大书,或用略书,或用附书,或存其名,各因其人,宜得当。或有人宜详,而隔以见闻者,徐以俟考。或不详,亦数也。总之此书必数十年而成,方可无憾。今特为具章本,随时留心,或遇书册,或觏言论,方得详核。此又不可率略而成之一规也。旧本分已仕未仕,为士隐仕隐。愚意分地,使览者易得,且以占山川之灵,不识先生以为何如？

应机此札,除极言遗民录之辑撰当处以至慎,外此而所堪措意者二事：一曰"四不列""四必列",盖所以审定遗民之标准也。今人何惠鉴先生论宋元遗民,有"遗民者,必具若干资格"之说[2],坚执前朝所遗之民,不得概视之为"遗民"之议,殆与应机之所言论相契。二曰"遗民之地域分布说"。近世陈伯陶、秦光玉所辑之遗民录,一囿于粤东,一囿于滇南[3],其意只存乎扬美其乡邦之先贤。实则清初之遗民集团,分布于关中、浙东、江淮、两湖、齐鲁等地区,各

---

[1] 邓之诚:《清诗纪事初编》(北京：中华书局,1959年),上册,页273。
[2] Wai-Kam Ho, "Chinese under the Mongols," in Sherman Lee and Wai-Kam Ho, eds., *Chinese Art under the Mongols The Yuan Dynasty*（1279-1368）, The Cleveland Museum of Art, 1968, p. 90.
[3] 陈伯陶有《胜朝粤东遗民录》《宋东莞遗民录》；秦光玉有《明季滇南遗民录》。

成体系，各推领袖，俨然有"遗民山头主义"之倾向，此尚待于深讨核论。而陈援庵先生之《明季滇黔佛教考》，已导先河。则应机之"遗民地域分布"说，固未可以等闲视之也。

东洋文库所藏黄书抄本十卷，目录列已仕者三卷，一百二十七人，未仕者六卷，三百七十五人，方外一卷，二十三人。惟卷七列未仕者一〇七人，及书末列十二人，均有目无传。合共收明遗民五百三十七人，有传者四百一十八人。视乾嘉间朝鲜人所辑《皇明遗民传》之七百一十六人，及民初孙静庵所辑《明遗民录》之五百余人，为数自少。然黄书之辑在康熙中末叶，其所取资者，谅亦无如后人所得之多，有以致之也。至三书所传同异，他日当董理表列以明之。

二 《遗民录》在清初之流传

清初百年间所见行之《遗民录》，皆元明人撰作，且皆事涉南宋之遗民。清初所撰，在当时即流行不广，亦鲜有传者，此清初撰者之不幸也。

除程敏政《宋遗民录》外，清初传世之《宋遗民录》尚有两种。《四库提要》卷六十一，《史部传记类存目三·宋遗民录》一卷条云：

> 不著撰人名氏，乃洪武中钞本。毛晋刻之，附于《忠义集》之后。或元人所作，或明初人所作，均未可知。后程敏政亦有《宋遗民录》，殆未见此本，故其名相复欤？

此一种也。又：卷一百九十一，《集部总集类存目一·宋遗民录》一卷条云：

> 此卷皆宋遗民诗词杂文，未知谁所编录。宋之故老，入元后多怀故国之思，作诗者众矣。此本所录，仅谢翱、方凤、纳新[原本作迺贤，今改正]、李吟山、王学文、梁栋、林德旸、王

炎午、黄潜、吴师道十人之作,已多挂漏。又潜及师道皆元臣,而纳新为郭啰咯[原作葛逻禄,今改正]氏,为元色目人,与宋尤邈不相涉,概曰遗民,殊不可解。殆书肆贾竖,伪托之以售欺也。

惟程录颇行于时,而其书于清初即又传本甚夥。近人吴慰祖校订之《四库采进书目》即分列有十二卷刻本、十二卷录本、十五卷刻本等三种[1]。黄丕烈《士礼居藏书题跋记》"宋遗民录十五卷明刻本条"又举清初十五卷写本:

余向得《宋遗民录》于郡故家,为汲古毛氏影写明刻本,而又经斧季手校各种援引文字异同[2]。

知行世较广者,似为十五卷本。盖不独《四库提要》所著录者为十五卷,即私家藏书著目如钱曾《虞山钱遵王藏书目录》、王闻远《孝慈堂书目》及邓邦述《群碧楼善本书录》,皆作十五卷[3]。

今行世之《知不足斋丛书》本,亦十五卷。书后附跋语二则。一云:

壬辰之秋,余从书肆见此书首卷出一奚奴袖中,乃椠本也。问坊人,云是高阳氏藏书。把玩片晌,欲竟读而不得。然心怀之不置。已而讯之史先生辰伯。先生故以好书称者,言吾向从虞山借得以授平原氏钞存,可得而观也。旋为予取来。书凡四册,前册录竟,方易其次。大耋之年,步屦携筇,不辞修途往返,余甚感其意焉。书系录本,惜亥豕之讹未雠正尔。钞成为识之如此。癸巳岁四月五日,竹里老人书。

---

[1]《四库采进书目》(北京:商务印书馆,1960年),页72、90、176、253。
[2] 台北艺文印书馆影印《百部丛书集成》本,卷十,页30。
[3]《虞山钱遵王藏书目录汇编》(上海:古典文学出版社,1958年),页71;《孝慈堂书目》(台北:广文书局,1972年),页376;《群碧楼善本书录》(台北:广文书局,1967年),页258。

另一跋云：

> 平原陆氏本钞于顺治丁亥，此册又后七年矣。

据此二跋，可考见者二事：

（一）《知不足斋丛书》本所据者，乃竹里老人所录平原陆氏本。而陆氏所据，则钱谦益绛云楼旧物也。陆氏本抄于顺治四年（1647），竹里老人本抄于顺治十年（1653）。盖皆亡国之痛犹新之时。

（二）竹里老人者，彭行先（1598—1689）也。行先乃清初之明遗民。黄容《明遗民录》卷九有传：

> 字务敏，一字贻令，长洲人。与郑孝廉士敬、金秀才俊明年相若，虽未宦，顾皆以钜人长德见推于士大夫。三人者，岁时过从，须眉皓然，相与讨论文史，扬抡翰墨，杯酒豆肉，谈笑移日，见者羡之。既而郑、金相继物故，独行先肖然老寿，以是尤著声望。隐居之膺厚福，莫公若焉。

其跋中所谓"史先生辰伯"者，史兆斗也。朝鲜人辑《皇明遗民传》卷三有传：

> 字辰伯，吴江人。处士鉴之后，徙居长洲，为诸生，即弃去。博雅多藏书，尤熟吴中故事，年八十余卒。

彭行先、史兆斗皆明遗民也。见程氏书，即辗转传录，此《宋遗民录》受明遗民重视之一例也。

彭氏借录平原陆氏本之明年，遗民方文（1612—1669）有《从黄俞邰借〈宋遗民录〉感旧》两首，其一云：

> 有宋遗民录，求之二十年。世人多不见，此事竟谁传。唯尔书能秘，繇余借可怜。乾坤正潢泱，梨枣合重镌。①

---

① 《嵞山集》（上海：上海古籍出版社影印康熙二十八年本，1979年），上册，卷五，页24。卷一有《宋遗民咏》十五首，分咏宋遗民十五人，作于甲申（1644年）。页11B—15B。

所谓"乾坤正漭泱,梨枣合重镌"者,恐非方文一己之私愿而已。俞邰,即千顷堂主人、后以遗民身份主修《明史·艺文志》之黄虞稷也。此明遗民重视程录之又一事。

越二十年,钱曾亦有诗纪其读《宋遗民录》。《夙兴草堂集》有《读宋遗民录泫然题其后》一首:

> 浮云惨澹蔽扶桑,鞮唱羌歌尽犬羊。赤伏荒塘天尚醉,白翎哀怨国终亡。孤儿抱柱空舒爪,野老登台暗断肠。世界几时归本穴,至今留得忆翁狂。[①]

此亦一事也。

明遗民之尊爱程录,殆亦余英时先生所谓"遗民于历史上求人格之'认同'"之表现[②]。其事与郑所南《心史》在清初之流行[③]、徐野公之刻谢翱《晞发集》[④]、萧尺木之绘《离骚图》[⑤],乃至吕留良之作《拟如此江山图》[⑥],皆同出一辙。此当另篇细述之。

清初"遗民录"之撰著,统出明遗民之手,又皆不得刊刻流传。若朱子素《历代遗民录》、李长科《广宋遗民录》及朱明德《广宋遗民录》,得赖为序其书之归庄、王猷定、顾炎武诸君子之文集犹稍稍可知其著作之体例。此亦由清初文网之密,有以致之耶?今仅存之黄容《明遗民录》抄本,在当时恐亦未得刊布。与黄容并时之邵廷寀撰《明遗民所知传》及乾嘉间朝鲜人辑《皇明遗民传》,皆未援引黄书。民

[①] 抄本。稿藏美国堪萨斯市何氏午梦千山阁。
[②] 余英时:《方以智晚节考》(香港:新亚研究所,1972年),页150。
[③] 余嘉锡:《四库提要辨证》(北京:中华书局,1981年),卷二四,页1528—1545;姚从吾:《郑思肖与〈铁函心史〉关系的推测》,"国立中央图书馆"特刊,《庆祝蒋慰堂先生七秩荣庆论文集》(台北,1968年)。
[④] 黄宗羲:《南雷文定》(《四部备要》本),前集卷一,页10A,《谢皋羽年谱游录注序》。
[⑤] 郑振铎:《劫中得书记》,页6。
[⑥] 《吕留良诗文集》(台北:商务印书馆,1973年),卷首,"拟如此江山图"诗序云:"如此江山图,宋末陈仲美画。按序南渡后,有如此江山亭,在吴山。宋遗民画此图以志意。……"

初孙静庵辑《明遗民录》，章炳麟、钱基博之所序及孙氏自序，亦未及之。至如有清以还颇垂意于晚明史事之诸公，前如全祖望、李慈铭、傅以礼，晚近如朱希祖、邓之诚、谢国桢等，似皆未见此书。故1936年北京大学影印魏建功客韩时所得之朝鲜人撰著之抄本《皇明遗民传》，孟森为序其书，乃径称"若朝鲜儒者之纂集能事，为中土所未有也"。此固清初作者之不遇，亦后世论遗民史者之不幸也。

三　余论

明社既覆百年间，"遗民录"之撰著数出。虽书皆未获刊刻流传，所独传者仅黄容《明遗民录》一抄本耳，而即此一抄本，亦复残缺不存。然此数者之有功天下，固不得以其书之不存而勿论也。

清初朱子素、李长科及朱明德所撰辑之"遗民录"，当时名儒如归庄、王猷定、毛晋、钱谦益、顾炎武等皆得寓目。诸儒褒扬贬抑之得当与否，今已无从论定。然因有此三家之作，吾人乃得稍窥诸儒对"遗民"一词所持之若干观念，及其对"遗民录"修撰之若干标指。一也。

黄容之传明遗民，特重其人之行事，而不录有关诗文，可谓于程录外，别出蹊径。此一新创之著述体例既立，举凡关涉于遗民之史学遂浸浸自成体系。藏书之家，如钱曾即以"遗民"为著录之目。[①] 修史之士，如邵廷寀、翁洲老民，皆为"遗民"立专传。其后全祖望于乾隆元年（1736）作《移明史馆帖子》，且力主列抗节不仕之"遗民"于正史忠义列传之后[②]。其议虽不为主持史局者所采纳，然当时风尚所趋，可窥一斑。此第二事也。

清初以后，注心于遗民史迹之著作不绝如缕。如孙静庵、陈去

---

① 《虞山钱遵王藏书目录汇编》（上海：古典文学出版社，1958年），页70—71。
② 《鲒埼亭集》（商务印书馆《国学基本丛书》本）册十二，卷四二，页1299，《移明史馆帖子五》。

病、陈伯陶、汪兆镛、秦光玉、张其淦,皆斐然有所述作。此又当另文述之。知此数端,始足以语遗民史者也。

此文付梓后,数年间涉猎所及,复得有关史料若干条。爰记于后,用志昔年读书之疏失,兼期有进于他日:

(一)汪琬(1624—1690)《尧峰文钞》卷廿七有《吴逸民传序》,为陈均宁《吴逸民传》作。均宁,江南娄江人,亦明之遗民。

(二)万斯同(1643—1702)《石园文集》(《四明丛书》本第四册)卷八有《宋遗民广录订误》一文。

(三)张际亮(1799—1843)《张亨甫文集》卷二有《胜国遗民录序》,为其友侯登岸《胜国遗民录》作。登岸,山东东莱人。其书凡四卷,未刻。抄本藏青岛市博物馆。

(四)李慈铭(1829—1894)《越缦堂读书记》(由云龙辑本,北京:中华书局,1963)历史类,有《国初人传》一册。李氏批语有云:

> 不著撰人名氏,亦无目录,其首尾不可得详。大旨主于儒林,而明之遗民为多。有专传,有合传,有附传,有论。盖乾隆中吾越人所作。

又:承南京大学历史系洪焕椿教授相告,苏州市图书馆藏有《宋遗民广录》抄本一册,不著撰人名氏。年来屡过吴门,惜尚无缘。

1985年9月19日,时客沪上
(原载《清初诗文与士人交游考》)

试论清初人选清初诗

一

编纂同时人诗歌选本的风气,在清初一百多年间(1644—1761),颇见流行,也取得了相当可观的成果。所谓"清初人选清初诗",单从数量来看,便远远超过评论家们所乐道的《唐人选唐诗》。[①]再从诗歌理论的树立,以及史料文献的保存等角度来衡量,清初诗歌选本也都有前人所不及的地方。这实在是一份值得重视而亟待发掘和整理的文化遗产。

二

清初选诗风气的流行,从王士禛(1634—1711)为其亡友陈维崧(1604—1656)序《箧衍集》的一段话,可略见一二:

> 顺治末,南城陈伯玑尝续《国雅》,意存矜慎,予读而善之,嘉其始而勖其终。伯玑不能从也。钱牧斋有《吾炙集》,施愚山有《藏山集》,叶讱庵有《独赏集》,皆秘不示人。意其

[①]《唐人选唐诗》,有六种本(明嘉靖刻本)、八种本(毛晋辑,明崇祯元年毛氏汲古阁刻本)、十种本(1958年北京中华书局铅印本)。子目见上海图书馆编《中国丛书综录》(上海:上海古籍出版社,1982年)第一册《总目》,页836。

于唐人之旨必有合者,而惜予之未及见也。①

王氏此序作于康熙三十一年(1692)。他回忆三十多年前所知见的诗选,还能举出四种。但王氏究竟不是有意对当年选诗的情况作一全面的介绍;单凭他的话,自然是不够的。②事实上,顺治一朝所刊刻的清诗选本,不下二十种。像顺治末年刻成的《今诗粹》凡例中便说:

> 近来诗人云起,作者如林,选本亦富。见诸坊刻者,亡虑二十余部。他如一郡专选,亦不下十余种。或专稿,或数子合稿,或一时唱和成稿者,又数十百家。③

《今诗粹》是魏耕(1614—1663)和钱价人(？—1663)合编的。他们所说见诸坊刻的二十余部,和现尚可见顺治一朝所刻的选本十四种(参下文《附表》)是否有相同的,尚未能确定,但魏、钱二人所举的种数,要比王士禛的忆述较符事实,却是可以肯定的。

有关顺治朝刊刻诗歌选本的记载,较详细而且富趣味性的一条史料,似要算程封所写的一首题作《戊戌秋喜晤心甫于长安邸中放笔作歌》的七言古诗了。④"戊戌"指顺治十五年(1658),与魏、钱合刻《今诗粹》不相先后。"心甫"是黄传祖的别字;到顺治十三年为止的十五、十六年间,黄氏连续刻成《扶轮集》《扶轮续集》《扶轮广集》等明末清初人的诗歌选集。从诗题来看,程封这首诗不免有替黄氏吹嘘的意图;而事实上,诗的下半部也的确如此。但是程诗中段有二十余韵,却无疑是给清初十数年间辑刊诗歌选本的情

---

① 《篋衍集》王士禛序(康熙三十六年刻本)。
② 神田喜一郎:《清诗の总集に就いて》,《支那学》2:6,页73—76;2:8,页71—77;2:10,页84(大正十一年[1922]二月、四月、六月)。论清初部分,即仅据王说。
③ 魏耕,钱价人同辑《今诗粹》(顺治十七年刻本),《凡例》。
④ 黄传祖:《扶轮新集》(顺治十六年刻本),卷三,页10。

217

况,描绘出一幅活生生的图画:

> ……谨山《诗录》录今古,温厚和平堪作式,《诗志》如成定可观,书选于南予在北。《诗源》毁誉仍互见,十五国风存厥变。天宝靖康吾道衰,殷顽耿耿悬雷电。长洲云子才轮囷,《明诗评论》明功臣。掌和辛勤续手泽,《诗娱》不忍废先人。吾家孟阳诗句好,鬐发称诗到衰老。虞山前朝旧史才,鲁殿灵光真异宝。耦耕堂中苦校雠,甲乙丙丁非草草。如何列朝诗人千万家,一人一传传小影。……
>
> 皇士《启祯》立意不为搜音调,纵横两代堪凭吊。伯玑《诗慰》称宗匠,交游屠钓衰沦丧。吾乡老友曹僧白,别才别调人难及。搜选明诗数十家,一曰《诗厴》一《诗蛰》。哀哉皇天夺人寿,著书不成空涕泣。次履审声集更大,姑山草堂供坐卧。今年发兴走幽燕,汗牛稿本羊车荷。子俶鬐渊皆雅健,《观始》诗成魏都宪。泾阳韩子天下才,《国门》一集征文献。长安市上购难求,琳琅照耀光肤寸。诸君抗志争齐楚,谁甘小国同邾莒?(见页36)

诗中提及的选本,如朱隗《明诗评论》、钱谦益《列朝诗集》等,是清初人选明诗;又如陈济生《天启崇祯两朝遗诗》,则为跨代的选本。至于其他的选本,便都是清初的"当代"诗选了。所谓"诸君抗志争齐楚,谁甘小国同邾莒",当年操选事者彼此争短长的情况,跃然纸上。

顺治以后,选事历久不衰,选家之间的竞争也愈形激烈。为了贬抑他人的选本,往往不惜出言攻击。先看下录的一段文字:

> 顾唐人诸选,……有非漫然者。今人则异是,瞀瞀然妄操铅椠,胸中茫无决择。大都意在求名,甚或借以射利。凡所胪列,多一时公卿贵人,下至阛阓贩负之徒,亦得滥厕其间。一开卷,则陋句芜词,尘秽满目。适足供识者讪笑而已,唾骂

而已。①

也有公然胪列作者及书名,指摘长短的。如康熙六十年(1721)陶瑄和张灿合刊的《国朝诗的》六十三卷,书前凡例便说:

> 本朝选本,殆不乏人。如陈伯玑、魏惟度、邓孝威诸先生所选,行世已久。然《诗慰》止载国初之人。而《诗观》《诗持》,缺略殆甚。海寓甚宽,传人无几。兹特广为搜辑。虽漏万犹讥,较诸选略备。②

这里提及的三种选本,均尚传世。陈允衡《诗慰》成于顺治末年;邓汉仪《天下名家诗观》有三集,刊成于康熙十一年至二十八年间(1672—1689);魏宪《诗持》共四集,则成于康熙十年至十九年间(1671—1680)。可见康熙前期,选诗的人络绎不绝,多少反映出当时"市场"的需求,和读者的"支持"。像陶煊、张璨《国朝诗的》那样后出的选本,为了超越前人,办法之一便是以"求全"来制胜。这套洋洋六十三卷的选本,收顺康两朝诗人竟达2594家!这个数字比钱仲联先生主编的《清诗纪事》前三卷(《明遗民卷》《顺治卷》《康熙卷》)所收的还要多出一千余人。

有的选家,为了抬高选本的声价,不惜乞求当时的达官替它撰序。像以明遗民自处的曾灿(1626— 1689)辑《过日集》二十卷,便请得任清廷大吏的龚鼎孳(1615—1673)、沈荃(1624—1684)、施闰章(1618—1683)分别撰一长序。③当然,像龚、沈、施那样的大吏,本身便是名诗人,由他们来替《过日集》撰序,尚自有说。但如汪观刻《清诗大雅》④,撰序者竟包括像窦容恂、李周望和沈一葵等于诗文无所知的俗吏;汪氏欲借这些人的权势来为自己的选本

---

① 汪观:《清诗大雅》,杜诏《序》(雍正十二年刻本)。
② 陶煊、张璨:《国朝诗的·凡例》(康熙六十年刻本)。
③《过日集》(康熙曾氏六松草堂刻本)。
④ 汪观:《清诗大雅》。

"造势",其心显然。至于像倪匡世刻《振雅堂汇编诗最》十卷,[①]入选的作者不过248人,但书前胪列曾"就正"的"参校诸先生姓名"(或许是今人所说"审订者"的意思),竟达426人之多,便不免更贻人以口实了。

三

清初一百多年间刻成的清诗选本究竟有多少种呢?初步调查的结果,现尚存世的共有五十五种。现就所知每种的选辑者、书名、卷数和成书或刊刻年份,列表如下:

表1 清初清诗选本一览表

选辑者	书　名	卷　数	成书/刊刻年份	所据资料
冯　舒	怀旧集	二	顺治四年自刻本	《清史稿·艺文志》及《补编》
黄传祖 陆朝瑛	扶轮续集	十五	顺治八年刻本	孙殿起《贩书偶记》
魏裔介	观始集	十二	顺治十三年刻本	《四库全书总目·集部·总集类存目》
钱谦益	吾炙集	不分卷	顺治十三年自题	孙殿起《清代禁书知见录外编》
黄传祖	扶轮广集	十四	顺治十二年刻本	孙殿起《贩书偶记》
陈祚明 韩　诗	国门集	六	顺治刻本	同上

[①]《振雅堂汇编诗最》(康熙二十七年刻本)。

续　表

选辑者	书　名	卷　数	成书/刊刻年份	所据资料
陈　瑚	离忧集	二	顺治十五年序刻本	《峭帆楼丛书》
程　棅 施　諲	鼓吹新编	十四	顺治刻本	《中国古籍善本书目》
姚　佺	诗源初集	十七	清初刻本	《中国古籍善本书目》
陈　瑚	从游集	二	顺治十六年刻本	《峭帆楼丛书》
魏　畊 钱价人	今诗粹	十五	清初刻本	孙殿起《贩书偶记》
陈允衡	诗慰	初集二十四卷二集十一卷	顺治刻本	同上
陈允衡	国雅初集	不分卷	康熙刻本	《四库全书总目·集部·总目类存目》
徐　崧 陈济生	诗南初集	十二	清初刻本	《鼓吹新编·凡例》
魏裔介	溯洄集	十	康熙刻本	《四库全书总目·集部·总集类存目》
陈允衡	诗慰续集	四	康熙初成书	孙殿起《贩书偶记》
黄传祖 陆朝瑛	扶轮新集	十四	顺治十六年刻本	孙殿起《贩书偶记》
顾有孝	骊珠集	十二	康熙九年刻本	《清史稿·艺文志》及《补编》
魏　宪	诗持一集	四	康熙十年刻本	孙殿起《贩书偶记》

续 表

选辑者	书 名	卷 数	成书/刊刻年份	所据资料
魏 宪	诗持二集	十	同上	同上
魏 宪	诗持三集	十	同上	同上
魏 宪	皇清百名家诗选	八十九	同上	同上
魏 宪	补石仓诗选	十四	同上	《中国古籍善本书目》
赵 炎	尊阁诗藏	十七	康熙刻本	同上
邓汉仪	诗观初集	十二	同上	同上
王士禛	感旧集	十六	乾隆十七年刻本	孙殿起《清代禁书知见录》
邓汉仪	诗观二集	十四	康熙十七年刻本	孙殿起《贩书偶记》
席居中	昭代诗存	四	康熙十八年刻本	《清史稿·艺文志》及《补编》
魏 宪	诗持四集	一	康熙十九年刻本	孙殿起《贩书偶记》
陆次云	诗平初集（一名皇清诗选）	十二	康熙刻本	同上
蒋 铙 翁介眉	清诗初集	十二	康熙二十年刻本	同上
曾 灿	过日集	二十	康熙曾氏六松草堂刻本	同上
孙 鋐	皇清诗选	三十	康熙二十七年刻本	《四库全书总目集部·总集类存目》

续表

选辑者	书名	卷数	成书/刊刻年份	所据资料
倪匡世	振雅堂汇编诗最	十	康熙二十七年刻本	《清史稿·艺文志》及《补编》
王尔纲	名家诗永	十六	同上	同上
邓汉仪	诗观三集	十三	康熙二十八年刻本	孙殿起《贩书偶记》
顾施祯	盛朝诗选初集	十二	同上	《清史稿·艺文志》及《补编》
顾施祯	盛朝诗选二集	十二	康熙二十八年刻本	《清史稿·艺文志》及《补编》
韩纯玉	近诗兼	不分卷	康熙三十五年序稿本	沈燮元《韩纯玉〈近诗兼〉稿本的发现》（北京图书馆馆刊1991:1，第126—128页）
陈维崧	箧衍集	十二	康熙三十六年刻本	孙殿起《贩书偶记》
马道畊	清诗二集	七	康熙四十二年刻本	同上
卓尔堪	遗民诗	十六	康熙刻本	孙殿起《清代禁书知见录》
周佑予	清诗鼓吹	四	康熙刻本	《清史稿·艺文志》及《补编》
吴蔿	名家诗选	四	康熙四十九年刻本	《中国古籍善本书目》
刘然	诗乘初集	十二	康熙刻本	雷梦辰《清代各省禁书汇考》
汪森	华及堂视昔编	六	康熙四十六年自刻本	孙殿起《贩书偶记》

续 表

选辑者	书 名	卷 数	成书/刊刻年份	所据资料
朱 观	国朝诗正	六	康熙五十三年刻本	《中国古籍善本书目》
陶 煊 张 璨	国朝诗的	六十三	康熙六十年刻本	孙殿起《清代禁书知见录》
陈以刚	国朝诗品	二十一	雍正十二年刻本	《清史稿·艺文志》及《补编》
汪 观	清诗大雅	不分卷	雍正十二年刻本	孙殿起《贩书偶记》
汪 观	清诗大雅二集	不分卷	同上	同上
查 羲 查岐昌	国朝诗因	不分卷	乾隆三年稿本	北京图书馆藏
吴元桂	昭代诗针	十六	乾隆十三年刻本	《中国古籍善本书目》
彭廷梅	国朝诗选	十四	乾隆十四年刻本	孙殿起《贩书偶记》
沈德潜	国朝诗别裁集	三十六 三十二	乾隆二十四、二十五、二十六年刻本	孙殿起《清代禁书知见录》

所列选本五十五种中，顺治朝十四种，康熙朝三十三种，雍正朝三种，乾隆朝前期四种。若以"不分卷"者作一卷计，共得723卷。

收录的依据、标准和年代的下限，都有说明的必要：

第一，调查所依据的文献，包括常用书目，如《四库全书总目提要》《清史稿·艺文志》，孙殿起《贩书偶记》《清代禁书知见录》及雷梦辰《清代各省禁书汇考》等。再参以《中国古籍善本书目》以及各大图书馆刊行的馆藏善本书目。①

第二，所收以"全国性"的选本为主。地方的专选（如沈季友《檇李诗系》）、一时倡和成编的选本（如冒襄《同人集》），以及诗名或诗风相近的合选（如钱谦益合方文、孙枝蔚、姚佺的作品为《三家诗》，宋荦刊刻的《江左十五子诗选》），依例不收。

第三，清初也者，以乾隆二十六年（1761）颁布沈德潜《国朝诗别裁集》的钦定本为下限。《别裁》初刻本三十六卷，刊于乾隆二十四年；越一载，有自定重订本三十二卷；又明年，乃有乾隆钦定三十二卷本的镌行。关于这段公案，论述已多。② 要指出的是：清初选诗，至此乃开政治干扰的先河，往后的选本，遂多"颂圣"之作。此其一。况且《别裁》以后所刊刻的，像王昶（1724—1806）的《湖海诗传》和吴翌凤（1742—1819）的《怀旧集》等，都不收录清初人的作品。此其二。基于这两点，以《国朝诗别裁集》作为清初诗选本的下限，应该还是比较适当的。

清初诗选中，也有明知曾经刊刻，却未见藏本的。现将所知十九种，制成"清初诗选待访目"一表：

表2　清初诗选待访目

选辑者	书　名	卷　数	所　据　资　料
周　京	近代诗钞	十三	孙殿起《贩书偶记》
吴　中	近代诗钞	不详	雷梦辰《清代各省禁书汇考》
王　持	国朝诗隽	不详	雷梦辰《清代各省禁书汇考》

---

① 孙殿起：《贩书偶记》（上海：上海古籍出版社，1982年）。孙殿起：《清代禁书知见录》（台北：世界书局，1979年）；雷梦辰：《清代各省禁书汇考》（北京：书目文献出版社，1989年）；又：《中国科学院图书馆藏中文古籍善本书目》《中国古籍善本书目》。

② 参考松村昂《沈德潛と「清詩別裁集」》，见《名古屋大學教養部紀要》，二三辑A（1979年）。

续 表

选辑者	书　名	卷　数	所　据　资　料
周雨郇	近代诗钞	不详	同上
朱 琰	近人诗钞	不详	同上
朱 预（或作豫）	国朝诗萃	不详	同上
叶 闇	诗逢初选	不详	同上
陈玉璂	诗统	不详	《过日集》陈序
施闰章	藏山集	不详	《过日集》施序
孙枝蔚	诗志	不详	《清诗大雅·凡例》《鼓吹新编·凡例》
不 详	岁寒集	不详	《鼓吹新编·凡例》
不 详	诗城	不详	《鼓吹新编·凡例》；《观始集·凡例》
不 详	诗昼	不详	同上
汪 森	国朝诗风	不详	《碑传集》卷十九汪氏《墓志铭》
顾有孝	丽则集	不详	苍雪《南来堂诗集·补编》卷一《答松陵顾茂伦徐介白诸友……》
顾有孝	台阁集	不详	《骊珠集·凡例》
顾有孝	丘樊集	不详	同上
顾有孝	诗略	不详	同上
顾有孝	百名家英华	不详	同上

合以上两表所列，清初百多年间所刊刻的清诗选本，包括今仍可见的，和还待发现的，共得七十四种。这实在是一个极可观的数字。如果从清初上溯至明嘉靖中叶，一百年间所刊刻的《唐人选唐

诗》,少者但收六种,多者亦不过十种[1],其数量远远不及"清初人选清初诗"。

四

如果将现存的五十五种清初诗选,就它们编撰的目的、材料的来源,以至诗歌选择的标准和各体的安排等方面,来作一个整体的分析,以期将选本分门别类,无疑是一件颇具意义的工作。可是,由于选本分藏中国大陆、中国台湾、日本和北美洲各地的图书馆,单凭个人的力量,去进行这样一项工作,技术上有待解决的困难自然不少;即使有人愿意去做,也断非短期之内可以完成。退而求其次,以下只能从各种选本的序跋、凡例和目录中所见,就纂辑者的背景、选本的卷帙、内容、性质等方面,作一简略的介绍。

五十五种选本的纂辑者,除重复者外(有一人而辑至五六种者)共得四十六人。从政治立场来看,四十六人之中有明遗民,有抗清义士,有先前降清而后以遗民自处者,有贰臣,有清朝培养的第一代官吏,有位极人臣的高官,有困顿场屋的士子,有囊笔游食的幕客。这些人在诗歌创作上的造诣也高下不一。上焉者,有被公认为当日诗坛祭酒的,有独树一帜开山立派的;下焉者,有名不见经传,甚至无片言断句传世者。

选本的卷帙不一,繁简有异。有标明为"不分卷"的薄物小篇,也有多至六十三卷的洋洋巨制。所收作者,少的只有六人,多的可达二千五百人以上。

收录作者的地域广狭不同,有的按照当时的行政区域,处处兼顾;有的但收师友或弟子的作品;有的撰"征诗引",以"启事"的方式公然邀请天下诗人邮寄作品。对僧道及闺阁的作品,态度也

---

[1] 见第216页注①。

各有不同。有为另置"别卷"的,也有摈而不录的。

诗歌体裁的甄别有宽严之别。有的是众体皆备,有的但录一体。

编撰的动机互不相同。有的标明为示人以作诗的方法;有的为保存平生交游的作品;有的想"以诗传人",或"以人存诗";有的欲借选诗来标榜某种诗歌理论;有的则想借以标榜个人;有的甚至是仅为谋利而已。

选本的书名,除了像"诗选""诗钞"那样常用惯见的,也有不少是编纂者别出心裁,想借书名来表达纂辑者的用心。下列所举的一些选本的书名,应足以进一步反映当时选诗风气的盛行和选本种类的繁多:

   诗正。诗品。诗南。诗志。诗乘。诗持。诗藏。诗源。诗观。诗因。诗最。诗永。诗兼。诗的。诗慰。诗粹。诗风。诗略。诗统。诗隽。诗萃。诗逢。诗城。诗存。诗针。诗平。

五

遗憾的是,上列的清初选本,经乾隆禁毁之后,已经大量散失。有的选本甚至已沦于若存若亡的地步;那些确知仍传世的,也大半成为天壤间的秘籍孤本了!

清初诗选在乾隆朝累遭禁毁之厄,主要是因为选本收录了为数不少政治操守可议的诗人们的作品。像钱谦益(1582—1664)这样为乾隆本人所深恶痛绝的人,他的诗歌当然是犯忌的。朱明的遗民诗人,包括傅山(1607—1684)、屈大均(1630—1697)、阎尔梅(1603—1661)等,他们的作品也在被摈斥之列。在清朝触忤王法的,如顺治十四年(1657)"科场案"的吴兆骞(1631—1684)和被雍正斥为"名教罪人"的钱名世,亦自不该收录。凡此种种,皆可理解。但乾隆要禁毁的,竟然也包括那些曾经为清朝效力,被列为"贰臣"们的作品;因此,凡收录了像王铎(1592—1652)、龚鼎孳(1615—1673)、周亮工(1612—1672)等人作品的选集,便也免不了遭禁之厄。其中最不可解的则莫如吴伟业(1609—1671)的作品了。《梅村诗》不但高居《四库全书》清人别集的首位,乾隆本人且于《御题梅村诗》中乐道"梅村一卷最风流,往复搜寻未肯休";但清诗选集、收梅村诗作的,却没有不被乾隆明令禁毁的!

乾隆禁书之役,对清初诗选打击面既然如此之广,也就难怪自嘉庆以来,这些选本都变作难得之物了;连一些博雅之士,也难得一观。像乾嘉之际以收藏著名的法式善(1753—1813),晚年著录所见清诗选本,所列举的便不外陶煊《诗的》、邓汉仪《诗观》、王士禛《感旧集》、魏宪《百名家诗》及朱观《国朝诗正》等五种而已。① 咸同之际极负盛名的目录学家莫友芝(1811—1871)的《郘亭知见传本书目》中所列的选本,也只有十八种。②

清末以来,图书比以前流通。但治清诗的大家所见的清初选本,仍极有限。如著《雪桥诗话》的杨锺羲(1865—1940),俨然清诗权威,只得见十二种。③ 沪上的藏书家王培孙在辑注苍雪《南来堂诗集》时,共引用十三种。④ 甚至《清诗纪事初编》的撰者邓之

---

① 法式善:《陶庐杂识》(北京:中华书局,1959年),页77—79。
② 傅增湘:《藏园订补郘亭知见传本书目》(北京:中华书局,1993年)。《集部·总集》所列:魏裔介《溯洄集》;王士禛《感旧集》;陈允衡《诗慰初集》《续集》;陆次云《诗平》(一名《皇清诗选》);陈维崧《箧衍集》;魏宪《诗持》一至四集;倪匡世《振雅堂汇编诗最》;魏宪《百名家诗选》;陈以刚《国朝诗品》;汪观《清诗大雅》初集、二集;沈德潜《国朝诗别裁集》(乾隆二十四年初刻本)。
③《雪桥诗话》诸条引用之清初诗选十二种:王士禛《感旧集》;陈允衡《国雅》;钱谦益《吾炙集》;冯舒《怀旧集》;陈瑚《从游集》《离忧集》;魏裔介《观始集》;魏宪《诗持》《百家名诗》;邓汉仪《诗观》;卓尔堪《遗民诗》;沈德潜《国朝诗别裁集》。
④《南来堂诗集》(1940年铅印本)。王氏注是书所用清初诗选十三种,计为:黄传祖《扶轮广集》;邓汉仪《诗观》;陈维崧《箧衍集》;陈瑚《离忧集》;卓尔堪《遗民诗》;魏耕、钱价人《今诗粹》;王士禛《感旧集》;曾灿《过日集》;陈瑚《从游集》;倪匡世《诗最》;魏宪《百名家诗选》;顾有孝《三体骊珠集》;沈德潜《国朝诗别裁集》。

诚（1887—1960），平生以搜罗清人诗集自任，所得亦不过二十种而已。①

清初诗选的难求，近代藏书家郑振铎（1898—1958）的经验最足研味。《西谛书话》中所著录的清初选本，共有三种；郑氏在购得每种选本后，皆作一短跋，述得书经过。郑氏在《过日集》和《诗慰》两则跋文中所表露出得书后那种志满意得的神态，应可进一步帮助我们了解清初诗选是如何的难得：

> 一九五六年春过上海，徐森玉先生告予云：君集明清人总集，适有《过日集》是禁书，惜已为文管会所得。予至文管会索阅此书，拟他日借阅之，盖不复作庋藏想。回京后，得景郑函云：沪上有《过日集》乙部，欲得之否？亟函购之。今晚从厂肆归，正苦无书，景郑乃邮此书至，灿灿有光。玄览堂中又多乙部佳本矣。六月十七日西谛记。时久雨初晴，凉暖匀恰，甚怡悦也。

> 余先得陈允衡《国雅》，但历访南北各肆求《诗慰》却不可得，即董某复刻本亦未有。顷乃于上海来薰阁得原刻《诗慰》四册，虽残阙不全，亦欣然收之。曾至北京图书馆抄得《诗慰》全目，计初集二十家。此本存者凡十四家，二集十家，续集八家，则此本均无有。北京图书馆藏本所缺高淳、邢孟贞《石臼后集》一卷，此本却有之。海内有此书者，恐无第三家也。此书入全毁总目，故流传甚少。一九五七年一月十日西谛记。时大雪方霁，弥望皆白，是今岁丰稔之兆也。②

到目前为止，以清诗总集进行过专题研究的只有二人，而又都是日本的学者。他们对清初选本的知见，却还不如上列数人。神

---

① 邓氏所藏，已归北京中国科学院图书馆。详见该馆所编之《中国科学院图书馆藏中文古籍善本书目》。
② 郑振铎：《西谛书话》（北京：生活·读书·新知三联书店，1983年），页618、627。

田喜一郎在一九二二年发表的《清诗の总集に就いて》一文中[1]，于清初部分，便自言所见者四种，知而未见者五种。不久前出版的松村昂《清诗总集一三一种解题》[2]所著录者，拿来和本文两表比对，亦只得十五种而已。

六

清初人好刊刻当代诗选，和有明一代对前代和当代诗歌，所作出的选辑和整理的工作，自然有极密切的关系。事实上，明代学者在这方面的贡献，无论是借选诗为某一诗歌理论来张目，抑或欲借诗歌来保存文献，都往往给清初的选家提供了颇为实用的"典范"。其中较有名的选本，如高棅（1350—1423）《唐诗品汇》、李攀龙（1514—1570）《唐诗选》、锺惺（1574—1624）《明诗归》和曹学佺（1574—1646）《石仓诗选》，或被尊崇，或受攻讦，都给清初选家们带来很重要的诱导作用。

其次，随着私家刻书的兴盛，明末以来的社会对具专业知识书物的要求日渐增多。这些书物，牵涉方面颇广，如有关行旅的、经商的、考试的、当官的、审案的，甚至讲究精致生活品味的，林林总总。清初诗选的刊刻，当亦和这种趋向不无关联。

清初刊刻诗选的流行，原因很多。以上只是从文学发展的内缘性及社会经济的外缘实质，作一些初步的剖析。至于这些选本对明清政治交替，以至社会转型等研究，又能提供一些什么新的讯

---

[1] 同第217页注②。神田氏得见者有王士禛《感旧集》、陈维崧《箧衍集》、邓汉仪《诗观》（共三集，神田氏误记作四集）、沈德潜《国朝诗别裁集》。知而未见者五种：卓尔堪《遗民诗》、钱谦益《吾炙集》、施闰章《藏山诗》、叶方蔼《独赏集》、曾灿《过日集》。

[2] 《清诗总集一三一种解题》（大阪：中国文艺研究会，1989年）。又参松村昂著，清风译：《〈清诗总集一三一种解题〉纲要及示例》，《苏州大学学报》（哲学社会科学版），1995：1，页48—49。松村氏于"诗歌总集"，取义甚广（"指集合两家以上诗人作品而成之书"），而所收清初"全国性"之选本，乃仅得十五种。

息，便更有待学者们来深入了解了。

上文提及神田喜一郎的文章，发表之时，徐世昌《晚晴簃诗汇》的编纂，尚在酝酿阶段。神田氏在文中向有意编纂《清诗综》的中国学者们再三呼吁：为求对清代诗歌作一通览，务必从清人所编的清诗总集入手。这个说法，是颇为高明的。

前些时听说中国大陆一些学者正合力计划编纂《全清诗》，神田氏数十年前的建议，不知是否也在考虑之列？

1996年9月30日于爱荷华郡礼学院

（原载《清初诗文与士人交游考》）

探论清初诗文对钱牧斋评价之转变

钱谦益(1582—1664)为明清之际之鸿硕,其一生治学与游宦,胥为流辈所注目,举足左右一时之视听。其早期既处身晚明动荡之政局,历东林党争、参与弘光朝事,乃至南京迎降、北上服官而南归,终则投身于复明之秘密活动,赍志以殁。数十年间,牧斋之行止,初未尝见忽于并世之人。尤以其蜚声于晚明清初之文坛,则所关系者又非戋戋。其错综复杂之经历,近人陈寅恪先生已有极精确之论述。①本文之作,旨在考探牧斋身后清人对其议论之若干转变,上起牧斋之殁,下讫乾隆中叶牧斋名列"贰臣"之时。

清初之论议牧斋者,端在其人之政治操守及学术成就二事,此殆与传统史学对人评价之标准,并无异致。按自牧斋新故,其门生故旧,表哀思之余,发为诗文,于牧斋之学术固备极推崇,然对牧斋之政治操守,则略而不谈,此一时也;其与牧斋并时而交往不深者,对牧斋之论议,则颇有分歧,争议亦烈。其间之尤辩者,在牧斋政治操守之一事,或掊击之,或为之回护,若其人则明遗民与清廷官吏皆有之。此又一时也。及康熙之末,去牧斋之世渐远,论议者既未及见牧斋,其视牧斋也亦仅一与己无涉之历史人物而已。此亦一时也。此三时期对牧斋之论议,皆出于士大夫之流,纯为论者一己之私见。及乎乾隆中叶,清廷明令禁毁牧斋著述,乃始有来自朝廷之官方言论。往后十数年间,高宗及其文学侍从之臣,遂渐为牧

---

① 陈寅恪:《柳如是别传》(上海:上海古籍出版社,1980年)。

斋定谳。及牧斋名列"贰臣",然后于牧斋乃有所谓定论焉。自是而其声名所遭逢之劫难,亦延续至清室之覆亡为止,此再一时也。

尝思清人笔记中有关牧斋之记载甚多,时贤于此等掌故文献之短长,亦已多有辨析之者。[①]故本文考述牧斋身后之论议,于此不拟赘论。今所援据者,以论及牧斋之清初诗歌为主,而以其余相关之各体文为辅。虽元遗山有心画心声每多失真之论,究以诗文实较足见作者立言之诚,不如掌故文献之辄据耳食而易流于浮夸也。复以从来之据诗文以考寻此一历史人物评价变迁之迹者,几乎乌有。是以不揣愚拙,别寻蹊径,冀获一二之见,并求正于当世之通人。

一 门生故旧之挽悼牧斋

今兹所举,聊示管中之一斑而已。

尤侗(1618—1674)《西堂杂俎》一集《游虞山记》中有云:

十五之夕,余与沈子石均、章子允文、汤子卿谋,买一叶鼓行而东。……十七日,游钱氏红豆庄。庄外有绿柳长堤,桃花古岸,墓门石马,麦陇泥犁。庄内有草堂竹榭,曲水斜桥。春鸟乱啼,落红满地。余顾而言:"昔乙亥一来,于今七载。入门出门,如见故人。然风景不殊,岁月顿异,乃知攀条流涕。吾辈于此,感复不浅。"遂缓步而归。

尤氏等人于乙巳(康熙四年,1665)暮春三月十七日游红豆山庄[②],上距牧斋之卒(康熙三年甲辰五月),未一载。其时牧斋

[①] 陈著《别传》于此等资料引证甚夥。有关明、清两代笔记,参张舜徽《清人笔记条辨》(北京:中华书局,1986年),谢国桢《明清笔记谈丛》(上海:上海古籍出版社,1981年)。
[②] 尤侗文见赵熟典编《国朝文会》本《西堂杂俎》,抄本。藏台北"中央图书馆"善本室。原文作"辛巳游虞山",辛巳为崇祯十四年(1641),时牧斋尚存,故疑为"乙巳"之误。乙巳为康熙四年(1665),上距牧斋之殁一年。文中又云:"昔乙亥一来,于今七载。"乙亥为崇祯八年(1635),疑为"己亥"之误。盖己亥为顺治十六年(1659),下距乙巳(1665)先后适为七载。故考定尤氏等人游虞山,时在康熙四年乙巳。

故居新墓,俱尚完好,未至荒废。①其门生故旧,追忆牧斋,哀思固新且深。尤氏如此,而当时名流与牧斋有素者,亦多有追挽之作。黄宗羲(1610—1695)《南雷诗历》卷二《八哀诗》之五《钱宗伯牧斋》云:

> 四海宗盟五十年,心期末后与谁传。凭裀引烛烧残话,嘱笔完文抵偿钱问疾时事。宗伯临殁,以三文润笔抵丧葬之资,皆余代草。红豆俄飘迷月路,美人欲绝指筝弦皆身后事。平生知己谁人是应三四句,能不为公一泫然应五六句。②

方文(1613—1669)《嵞山再续集》卷三《岁暮哭友》之一《钱牧斋宗伯》云:

> 八十三龄叟,何劳泪满襟。独怜投分晚,颇觉受知深。笔札犹盈筥,声诗最赏音。许为吾集序,酝酿转浮湛。先生云:"应酬之文,俄顷可就。若序君集,必酝酿半年始成。"今已矣。③

冯班(1614—1681)有《过拂水山庄》,亦悼牧斋者:

> 三径荒凉草色迷,一声邻笛日平西。死生修短伤心处,总是庄周也不齐。④

吴绮(1619—1694)《林蕙堂全集》卷二十二亦有《过拂水山庄有感》,诗凡四首:

> 朱楼一带映揉蓝,曾见藏书话玉潭。词赋可怜萧瑟尽,不留红豆在江南。

> 一代声名世罕俦,西园狎客旧同游。如何剑履尘埋后,难

---

① 乾隆以后,有关牧斋墓地之荒废,见《别传》页1223—1224。又见黄裳《钱柳的遗迹》,收入所著《晚春的行旅》(香港:三联书店,1984年),页88—95。
② 《黄梨洲诗集》(香港:中华书局,1977年),页49。
③ 《嵞山再续集》(上海:上海古籍出版社,1979年),卷三,页8下。
④ 邵松年辑:《海虞文征》(光绪三十一年[1905]石印本),卷三十,页49下。

235

保张家燕子楼。

  舞散歌消碧树层，遗棺空自胃枯藤。画船不少如渑酒，一滴谁浇下马陵。

  黄裪难寻事可嗟，平原空剩夕阳斜。行人莫漫伤零落，故国全无玉树花。①

上举诸作者，或服官于清，或名列遗民，皆牧斋生前故旧门生，于牧斋新故，俱有人琴之痛。然追忆往事，感念前游，或记知遇，或伤牧斋家难，至其一生之成就及德操，皆不置论。惟杨炤（1615—1699）《奉挽钱大宗伯牧斋先生三首》，详论牧斋之学术贡献，备致推崇：

  述作长存宇宙间，大名终古有虞山。诗篇穷力追韩杜，史学研精在马班。释典笺成诸佛喜，明书裁就百神惨。只令文字称宗匠，岳降斯人岂等闲。

  力排王李正文风，睨视温周作相公。天下英才瞻斗北，人间司命领江东。飞腾莫上凌烟阁，放逐长居磨蝎宫。初学集中经济在，耄期犹冀遇非熊。

  研朱点笔泽犹新，展卷灯前泪满巾。渐近自然蒙鉴赏先生手评余诗，有"妙处渐近自然"之语，别裁伪体荷陶甄癸巳夏，侍饮半野堂，因请问作诗之法。先生曰："别裁伪体亲风雅，此千古作诗法也"。齿牙不惜余波及先生尝向石林禅师屈指近代词人，孰为有后，而叹先君之有子，苫块频虚立雪亲。只道谪仙常在世，骑箕一旦上星辰。②

挽诗末首述杨氏与牧斋两世交谊，论艺谈诗，其着笔亦在追述往事。若第一、二两首，则论牧斋一生之成就，颇有可演绎者。第

---

① 《林蕙堂全集》，康熙三十九年（1700）刻本。《四库全书》本《林蕙堂全集》，是题改作《过亡友故居有感》。
② 《怀古堂诗选》，抄本，藏上海图书馆善本部。

一首推崇牧斋之博学有成：诗追韩、杜，史摹马、班，然后旁及内典，其在文坛之地位，得自天授。第二首述牧斋之不遇：既见欺于温体仁（？—1638），再蹶步于周廷儒（1588—1644）；然其论文宗旨，力排王世贞（1526—1590）、李攀龙（1514—1570），端正文风，卓然为一时表率。故其在文坛之声价，视其政治上之不遇，得失何啻倍蓰？此杨㷆对牧斋一生之论定也。

杨㷆推崇牧斋之博学，及其生前领导文坛之声势，时人中亦不乏相似之说。卢綋《祭牧斋诔章并序》即云：

> [牧斋]以林泉老，然益留心古学。经史百家而外，凡内典丹经，靡不精究奥义，手加编摩。一时执贽从游者，多知名士。户外屦几满。①

考《牧斋有学集》所收同时人著述之序文，诗文别集类即不下八十篇。清初作者中之精英，身列遗民（如归庄、叶襄、王猷定、顾湄等），服官清廷（如施闰章、周亮工、王士禛、季振宜等），或逃身方外者（如天童、退庵、石林等），莫不期得牧斋一言以自重。再观《有学集》中牧斋与当时人唱酬之诗作，益知牧斋在江南之文坛，固为雄长也。

抑有进者，牧斋生前之声名，实远逾大江之北。就今世所罕见由傅山（1607—1684）所手辑之《岁寒集钞》中，即可见远居山西之傅青主，亦尝与牧斋有非比寻常之友谊。《岁寒集钞》中收有《与钱牧斋》一札云：

> 读先生之文，已逾三十年矣。悉先生之德望才品，亦复廿余年。至受先生之知而神相往还者，又复十余年。乃台旌渡白沟，竟未得进前一揖，真所谓自绝于长者，夫何言！虽时从

---

① 《祭内翰林秘书院学士钱牧斋诔章并序》，载《四照堂文集》，康熙二年（1663）汲古阁刻本，卷二二，页24下—27上。牧斋《有学外集》有《蕲州卢府君家传》及《卢氏二烈妇传》，均应卢氏所请而作。事具陈著《别传》，页1205—1206。

> 止生鲁章,悉动定竟,未通一刺于左右者,终疏节也。人有言,天不轻通一人,亦不轻穷一人。以先生之卓然名世,显晦得失,若通之,复若穷之,颠倒困衡于其身。此政卜天心之有在。彼易通而易穷者,乌足当有无之数哉。小刻一部请教。①

就《岁寒集钞》所收函札先后之编次,可确定青主此札成于乙未(顺治十二年,1655)、丙申(顺治十三年,1656)之前不久。函中"乃台旌渡白沟",指牧斋迎降北上。札末穷通之说,似于牧斋失节后,青主犹婉辞安慰,于牧斋之出处尚隐然有所待,而未作断然之论也。

至牧斋于政途上之不遇,杨焮之外,亦尚有及之者。归庄(1613—1673)《祭钱牧斋先生文》有云:

> 先生通籍五十余年,而立朝无几时,信蛾眉之见嫉,亦时会之不逢。抱济世之略,而纤毫不得展;怀无涯之志,而不能一日快其心胸。②

归氏谓牧斋"抱济世之略,而纤毫不得展",与前引杨焮诗"初学集中经济在,耄期犹冀遇非熊",皆伤悼牧斋之志不获伸。第所述者,皆其在明末之际遇,于牧斋顺治二年迎降北上之一事,俱不置论,当自有故。

牧斋之门生故旧,其服官于清廷者,避而不论牧斋"迎降"一事,尚自可解。若其矢志忠义、身列明遗民,如黄宗羲、方文、冯班及杨焮等,竟亦不及其"迎降"一节,则事诚可思。其中杨、方二人,且皆属"遗民家族",杨之父杨补、方之侄方以智,均以不屑事清而名重一时,杨焮本人之作品,辄流露其对新朝之厌恶。《今日》

---

① 《岁寒集钞》(抄本,藏台北"中央图书馆"善本室。)又:傅山诗《为李天生作》第二首自注云:"宁人[顾炎武]向山云:今日文章之事,当推天生为宗主。历叙司此任者至牧斋。牧斋死而江南无人胜此矣。"钱仲联,《清诗纪事·明遗民卷》,第一册(南京:江苏古籍出版社,1987年),页225。则又为前此论牧斋者所未及见者也。

② 《归庄集》(上海:上海古籍出版社,1982年),页471。

一诗,即对清廷极尽揶揄:

> 偶见嘉隆万历钱,长怀全盛泪潸然。请看今日人情恶,个个都成薄小穿谚谓钱之恶者曰薄小穿。①

方文之《自题像》,更明标其自处之原则:

> 山人一耒字明农,别号淮西又忍冬。年少才如不羁马,老来心似后凋松。藏身自合医兼卜,涉世谁知鱼与龙。课板药囊君莫笑,赋诗行酒尚从容。②

以杨抡、方文之坚贞不拔,其果有不齿于牧斋"迎降"一节,恐亦非能以"为亲者讳"之传统足以解释之者。则以下所推论之两事,似较近乎情理。其一,杨抡、方文等门生故旧,对牧斋晚年参与复明运动一事,必有所知。则牧斋既曾献身复明之举,其前此之迎降失节,衡以大义物情,可予谅恕。此陈寅恪先生所谓"恕其前此失节之愆,而嘉其后来赎罪之意"也。其二,牧斋生前参与复明之举,足以取代其前此之"迎降",而视为其一生之"晚节"可也;惟复明之举,又岂能笔之于文网正密之清初,故遂并牧斋一生之政治德操,略去不谈,仅及其于晚明政途上之不遇,如斯而已。

二 清初对牧斋之争议

清初士流于牧斋之论议,舍牧斋之门生故旧而外,不乏其例。若其人则有清廷大吏,有前明遗民,殆均非与牧斋有素,且其活动范围又在江南之外者;而所致意者,类不出政治操守与学术成就两端。其间排击或回护牧斋者,与其人之政治立场,又似无关涉。此起彼落,诠论难齐,终历康熙一朝,意见始渐趋于统一。

---

① 引自邓之诚《清诗纪事初编》(上海:上海古籍出版社,1984年),页76,杨抡小传。
② 引自《清诗纪事初编》,页120,方文小传。

就所见当时人之诗文集，最先指摘牧斋之政治操守者，似为顾景星（1621—1687）。景星乃两湖之遗民，一生游食四方。其《白茅堂集》卷十四有《登虞山二首》，诗成于康熙七年（1668），距牧斋之殁仅四年。其第二首云：

> 海内争传钱少阳，绛帩短发老尤狂。而今身死遗文在，欲吊行藏泪两行。①

"绛帩短发"，用后汉向栩"好被发，著绛帩头"事。《后汉书》向栩本传称其"状似学道，又似狂生"。景星借后汉独行传人物，暗寓牧斋晚年放废，颇有贬抑之意。

曹尔堪（1617—1679）《钱牧斋先生挽词》则肯定牧斋之文学成就，而对牧斋迎降北上，有所指斥矣。尔堪，浙江嘉善人。顺治九年（1652）进士，入翰林，官至侍讲学士。其《顾庵诗选》，未见。挽牧斋诗收入王士禛《感旧集》卷十一：

> 入世雄心老渐灰，昔年钩党竟风雷。俊厨何救东京没，刁顾还从北渡来。天为文章留末路，人推碑版冠群材。先朝实录尤淹贯，多少微辞纪定哀。②

"天为文章留末路，人推碑版冠群材"，尔堪尚推崇牧斋之文学成就。然"昔年钩党竟风雷""俊厨何救东京没"③，对牧斋在东林之种种，已有微词；而"刁顾还从北渡来"，则直斥其迎降北上，贬谪其政治操守矣。

同时人中，攻击牧斋最烈者，殆以彭士望（1610—1683）为首。士望，江西南昌人。先佐史可法，后客杨廷麟，于清兵入关后，尚欲

---

① 《白茅堂集》，康熙刻本。
② 《感旧集》，乾隆十七年刻本。
③ "俊厨何救东京没"，典出《后汉书·党锢传序》："自是正直废放，邪枉炽结，海内希风之流，遂共相标榜，指天下名士，为之称号。上曰'三君'，次曰'八俊'，次曰'八顾'，次曰'八及'，次曰'八厨'，犹古之'八元'、'八凯'也。"（北京：中华书局，1973年，页2187。）

有所作为。廷麟事败,士望结庐江西翠微山,与李腾蛟、丘维屏及魏氏兄弟等,躬耕以给食,号"易堂九子"①,盖遗民中之坚苦者。士望早年结识牧斋,然友谊不深。其《耻躬堂诗钞》有《读虞山梅村诗后》一首,对钱、吴二人之政治操守,皆予责难:

> 党人倾国论难平,吾少犹曾漫识荆。早贵名高嗟晚节,风流江左误柔情。诗篇老去空垂涕,史策书来未忍听。珍重役人哀役死,鱼熊儿诵要分明。②

士望之外,汤修业亦有诗讥牧斋晚节。修业,字狷庵,江苏武进人。其《赖古斋文集》多录江南掌故,尤留心晚明、清初史事。《书某公诗集后》二首,咏牧斋也:

> 三月春残杜宇哀,巍然一老独悠哉。初年模楷李元礼,晚岁官阶褚彦回。响断槐厅仍怅怳,光分藜火漫追陪官终秘书院学士。汗青头白成何事,应悔南都不自裁。

> 文章一代领东南,小技雕镌万象涵。马勃牛溲都入药,残膏剩馥尚余甘。山庄拂水联诗社,手指拈花共佛龛。却笑灰心老居士,最消魂是柳毵毵。③

第一首"初年模楷李元礼",指后汉李膺;"晚岁官阶褚彦回",则拟牧斋为历事刘宋、南齐之褚渊矣。《南齐书》渊本传"史臣曰"有云:"褚渊、袁粲俱受宋明帝顾托。粲既死节于宋氏,而渊逢兴运,世之非责渊者众矣。"牧斋未自裁于南都,亦犹褚渊之有负于刘宋,狷庵之诗意明矣。第二首于牧斋之晚景,则极尽揶揄,诗人之立意虽严,然不免有失温厚矣。

---

① 彭士望生平及"易堂九子"事,见《清诗纪事初编》,页209—210;钱仲联:《清诗纪事·明遗民卷》,第一册,页267—269。
②《耻躬堂诗钞》,刊本。
③《赖古斋文集》卷三。转引自黄裳《翠墨集》(北京:生活·读书·新知三联书店,1985年),《再记南田少年时事——读〈赖古斋文集〉》,页88—92。

以上所举,皆直斥牧斋之政治操守,于牧斋之学术成就,即使未作表扬,然亦未尝攻讦。及康熙末年,唐孙华始并牧斋之学术,亦非议之。《东江诗钞》卷六有《读〈列朝诗集〉》二首,斥牧斋以党人意气,辑录明诗;且讥是书不录殉明诸作者,体例有可议处;复响应汤修业之说,以牧斋比褚渊:

> 一代词章缀辑全,鸟言鬼语入余编。独将死事刊除尽,千载人终笑褚渊。

> 高下从心任品裁,东林意气未全灰。看渠笔舌风霜在,犹是当年旧党魁。①

按:孙华所非议之《列朝诗集》一书,在牧斋生前,即受訾议;而牧斋本人,亦曾有所辩白。其事之始末,近人已有详论。②惟《列朝诗集》一书之体例是否得当,不独为一纯学术性之问题,与牧斋晚年之政治立场,自亦息息相关。故不避繁复,引述牧斋身故之后之论议是书者,以见回护牧斋者,固大有人焉。

与牧斋同时而稍后之遗民僧道隐(1614—1680)于牧斋此书极备推崇,其《列朝诗集传序》一文,不啻以是书为牧斋之政见与史学之结晶:

> 《列朝诗集传》,虞山未竟之书。然而不欲竟,其不欲竟,盖有所待也。传有胡山人白叔死于庚寅冬,则此书之成,两都闽粤尽矣。北之死义,仅载范吴桥,余岂无诗?乃至东林北寺之祸,所与同名党人一一不载。虞山未忍视一线滇云为厓门残局,以此书留未竟之案,待诸后起者,其志固足悲也。《覆瓿》《犁眉》,分为二集,即以青田分为二人。其于佐命之勋,名与而实不与,以为其迹,非其心耳。心至而迹不至,则其言长;迹

---

① 《东江诗钞》(上海:上海古籍出版社,1979),卷六,页22下。
② 陈寅恪:《柳如是别传》,页985—1006;容庚:《论〈列朝诗集〉与〈明诗综〉》,《岭南学报》(广州),十一卷一期,1951年,页135—166。

至而心不至，则其言短。观于言之长短，而见其心之所存。故曰，古之大人志士，义心苦调，有非旂常竹帛可以测其浅深者，斯亦千秋之笃论也。析青田为二人，一以为元之遗民，一以为明之功臣。则凡为功臣者，皆不害为遗民。虞山其为今之后死者宽假欤？为今之后死者兴起欤？吾不得而知，而特知其意不在诗。于是萧子孟昉取其传，而舍其诗。诗者，讼之聚也。虞山之论，以北地为兵气，以竟陵为鬼趣，诗道变，而国运衰，其狱词甚厉。夫国运随乎政本，王、李、锺、谭非当轴者，既不受狱，狱无所归。虞山平生游好，皆取其雄俊激发，留意用世，思得当，而扼于无所试，一传之中，三致意焉。即如王逢、戴良之于元，陈基、张宪之于淮，王翰之于闽，表章不遗余力。其终也恻怆于朝鲜郑梦周之冤，辨核严正。将使属国陪臣九京吐气，是皆败亡之余，而未尝移狱于其诗。则虞山之意，果不在于诗也。或谓虞山不能坚党人之壁垒，而为诗人建旗鼓，若欲争胜负于声律者。人固不易知，书亦岂易读耶？孟昉有俊才，于古今人著述，一览即识其大义。其力可以为虞山竟此书而不为竟，亦所以存虞山有待之志，俾后起者得而论之。呜呼！虞山一身之心迹，可以听诸天下而无言矣！[①]

畅哉论乎，旨哉言乎，故有不待辩而识者矣。道隐论牧斋之辑《列朝诗集》，旨在借诗存史；且故留此书于未竟，以待来者，实寓期望明室中兴之意。近人辨析之详矣。[②]然文中论牧斋析青田身兼"功臣""遗民"，及其表章元明间亡臣事，则事涉牧斋著书之微旨，尚有堪述者也。

按《列朝诗集·甲前集》录《刘诚意基》，而《甲集》又有《刘诚

[①] 道隐事见陈援庵（垣）先生《清初僧诤记》，收入《励耘书屋丛刻》，辅仁大学刻本，1934年冬，卷三，页67上—68上。道隐此文见《柳如是别传》，页985—1006；今据《遍行堂集》，光绪释惟心抄本，藏台北"中央"图书馆善本部。
[②] 《柳如是别传》，页985—1006。

意基》。《甲前集》所录,为刘基元季所作之《覆瓿集》;而《甲集》则录刘基入明佐命后所作之《犁眉公集》。此道隐所谓"《覆瓿》《犁眉》,分为二集,即以青田分为二人。……一以为元之遗民,一以为明之功臣"者也。夫刘基而得兼"功臣""遗民"于一身,则牧斋之为清之功臣及明之遗民,又何害之有?此牧斋欲自拟于青田者也。《甲集·刘诚意基》小传中,对刘基之以元遗民而仕于明,多所辩护:

> 余考公事略,合观《覆瓿》《犁眉》二集,窃窥其所为歌诗,悲惋衰飒,先后异致。其深衷托寄,有非国史家状所能表其微者。每蠹然伤之。近读永新刘定之《呆斋集》,撰其乡人王子让诗集序云……。呆斋之论,其所以责备文成者,亦已苛矣。虽然,史家铺张佐命,论麾项之殊勋;永新留连幕府,惜为韩之雅志;其事固不容相掩,其意亦各有攸当也。诵犁眉之诗,而推见其心事,安知不以永新为后世之子云乎!①

观此,则牧斋之为青田辩,亦非自辩耶?此一事也。

《列朝诗集》不录殉明作者,此唐孙华辈所以责难于牧斋者也。而道隐对此,亦置辩解。盖牧斋"未忍视一线滇云为厓门残局。以此书留未竟之案,待诸后起者",故于明清之际死义之作者,皆未入录。此固不足以见牧斋之不重死义也。以故《列朝诗集·甲前集》中,亟录明初之元遗民及元明之际之亡臣诗事,且表章不遗余力。此又一事也。

综上所述,知《列朝诗集》一书,于牧斋身后,招议颇多。而道隐以遗民僧之身份,为之极力回护,其著书微旨,尤表而出之。其意义固非寻常。

道隐而外,为牧斋辩者,尚有诗人吴祖修及潘问奇(1632—?)。祖修,江南吴江人,明诸生。其《柳塘诗集》有《书牧斋诗后》一首,以牧斋比汉之扬雄、蔡邕,为其不死辩。与前引汤修业及唐孙

---

① 《列朝诗集小传·甲集》(上海:古典文学出版社,1957年),页70。

华诗中比牧斋为褚渊者,恰成一强烈对比:

> 红豆山庄拂岫青,客来犹见子云亭。当年党论推尊宿,近日骚坛尚典型。不死拟将成汉史,孤生忍独守玄经。延登旧恨君休诧,目断台阶两两星。①

"不死拟将成汉史",用蔡邕事。《后汉书》邕本传:"即收付廷尉治罪。邕陈辞谢,乞黥首刖足,继成汉史。""孤生忍独守玄经",事本扬雄。《汉书》雄本传赞有云:"[雄]实好古而乐道,其意欲求文章成名于后世,以为经莫大于《易》,故作《太玄》。"祖修早年曾游于汪琬(1624—1690)之门;而琬与牧斋,则抵牾甚多(详下节)。故祖修之为牧斋辩,意义遂非寻常,其后沈德潜(1673—1769)辑《国朝诗别裁》,复演绎祖修此诗之意云:

> 牧斋不死,一以《明史》自任,一以受温体仁诋未得相位为恨;佐命兴朝,庶展抱负。此意为柳塘[祖修]指出。②

沈氏之论,发于乾隆修《四库》时,牧斋著作之被毁,与沈氏之论,不无关联。即此一端,可见牧斋之佐命清朝,在清初尚有谅解之者。

护牧斋最力者,莫如潘问奇。问奇,浙江钱塘人。不仕于清,而游食四方。论者谓其诗多以时事为题材,有异代禾黍之悲。如《读吴梅村宫詹萧史青门引有感而作》《芜城吊史可法》及《玉容歌为长平公主作》等,皆就明清间事,发为议论。其《拜鹃堂诗集》卷二《读钱牧斋先生文集漫志》,亦属此例:

> 虞山太史读书种,碑版当年名最涌。首倡东林为立名,甘陵党祸遭幽挚。既而宇宙改沧桑,天宝累臣存骨董。硕果灵光剩不妨,衡茅一去辞恩宠。腐儒容易肆讥评,人祸天刑吾

---

① 转引自《清诗纪事·明遗民卷》,第二册,页934—935。
② 同上。

所恐。从来坛坫启戈矛，局外看人徒讻讻。我谓先生有定论，丹黄试比前贤踵。虽无节义抗文山，亦有篇章迈江总。吾儒只字系春秋，月旦何容溷排拥。军中左袒本无心，聊缀陈言藏笔冢。①

从"腐儒容易肆讥评"一语观之，则当时攻牧斋者，恐尚不止前引曹尔堪、彭士望、汤修业及唐孙华等人。问奇则力斥掊击牧斋者之不明底里，且囿于门户之见。从而论定牧斋之政治德操，虽不堪比拟于宋之文天祥，然其文学成就，则已迈越陈、隋之际之江总。《陈书》江总本传称"总笃行义，宽和温裕。好学，能属文，于五言七言尤善；然伤于浮艳，故为后主所爱幸"。则问奇于牧斋之学有明论矣。

康熙以后，去牧斋之时渐远。其论议牧斋者，举视为与己身不相涉之历史人物。牧斋之参与复明一役，其事既随时间而湮没无闻，挺身而为之辩白者，遂亦无人矣。虽然，其发论者尚存敦厚，对牧斋之政治操守，固不无微词，然不复有人衡以极严厉之道德标准，为苛刻之论。雍正朝获罪被诛之汪景祺（1672—1726），有《舟次虞山过牧斋先生故居》诗，即属此类也：

影堂深树雨萧萧，苔闭重门久寂寥。管领眼前新俎豆，不堪回首望南朝。

廷野争传谢傅名，出山可是为苍生？疏桐叶落空阶月，疑是尚书旧履声。

燕许文章屈宋才，岂无麦秀黍离哀。余生且缓须臾死，为录成仁事实来 先生有《成仁录》，载死事诸臣甚详。②

---

① 《拜鹃堂诗集》，康熙三十四年（1695）傅泽洪刻本，卷二。问奇小传见《清诗纪事初编》，页107。

② 汪景祺有《读书堂诗集》，未见。转引自《翠墨集·汪景祺遗诗》，页100—106。

其第三首以牧斋之不死,志在修史,则为牧斋宽解耳。其意与吴祖修诗中以牧斋比蔡邕,如出一辙。

与汪景祺同时之查慎行(1650—1727)亦有诗论牧斋,其中"生不并时怜我晚,死无他恨惜公迟"两句,流传最广,亦最为后人所乐道。《敬业堂诗集》卷十六《拂水山庄》三首云:

> 名园未到已神伤,指点云山入渺茫。老屋尚支秋水阁,墓田新拆耦耕堂。藤阴漠漠余花紫,梧径离离夕照黄。犹有游人来买醉,两湖烟月属邻庄。

> 沧桑残局等闲分,野史亭边日易曛。异代文章归纪述,盛时裙履属传闻。画图梦蝶寻红豆,书劫焚鱼感绛云。留取旧栽花木在,罢官还说李司勋。

> 松圆为友河东妇,集里多编唱和诗。生不并时怜我晚,死无他恨惜公迟。峥嵘怪石苔封洞,曲折虚廊水泻池。惆怅柳围今合抱,攀条人去几何时。①

以上所述清初诗人对牧斋之论议,或掊击其政治操守,或为其不能死义作辩;或推崇其学术成就,或讥刺其以私心修史;其立词也,或激昂慷慨,或婉转咏叹。一言以蔽之,皆着笔于牧斋一生中之一二事。其以牧斋毕生行事为主题,而以诗歌体裁为牧斋立传者,惟王沄之《虞山行》一首耳。诗载杨锺羲《雪桥诗话续集》,以体论两佳故,兹特录全篇,以为本节作结:

> 虞仲山上柳垂丝,虞仲山下唱柳枝。行人折柳相视笑,借问道旁唱者谁。为言山中旧宗伯,吴越琼林名藉藉。艺苑敦盘狎主盟,江左风流光夺席。汉家下诏征贤良,公孙毫董群翱翔。春殿传胪榜花发,吴兴占得状元郎。吴兴早恨江潭放,虞

---

① 《敬业堂诗集》,卷十六《并辔集》(上海:上海古籍出版社,1986年),中册,页447—448。

山独立凤池上。禁苑惊看蛱蝶飞,清流笑逐桃花浪。鸣珂委佩登玉京,一点青蝇白璧轻。东国人伦疑月旦,西州豪杰漫齐名。世路险巘羊肠狭,宦海风涛起苕霅。世仪满腹空精神,太真行酒多鳞甲。明王有梦行旁求,好将名姓覆金瓯。雷霆一震白麻坏,胥靡仍向岩间游。岩间高卧休惆怅,且在山中作宰相。丝竹亭台别样新,虞山顿负东山望。闲来画舫五湖滨,烟月风花是主人。长把清尊倾北海,自开东阁傲平津。门前忽有停车客,群玉山前未曾识。安仁掷果何处来,叔宝神清欣入室。室中幻出天女花,粲然一笑摩登伽。天花不落柳花落,飞来飞去到君家。君家红楼矗天起,画栋珠帘高莫比。安妃携得绛云归,紫薇喜唱齐牢礼。楼上眉妩云欲浮,楼下新歌云不流。夜珠远自鲛宫至,鸿宝先从蛤枕收。朝朝暮暮欢未了,温柔乡里真堪老。仙舟惟见望尘多,龙门共幸登堂早。梦断春明十七年,灵光此日尚岿然。吴兴状元归宿草,吴兴宰相随寒烟。轩辕台崩天柱折,金陵王气半明灭。未及江干奉代来,已见秩宗跻九列。舜华有女赋同车,正是河东旧校书。桃叶渡头来迎汝,莫愁湖上欲愁予。乌啼哑哑白门柳,博山香暖长携手。蜃市楼台曾几时,青溪小姑复何有。一朝铁骑横江来,荧惑入斗天门开。群公蒲伏迎狼纛,元臣拜舞下鸾台。推冠戴笠薰风里,耳后生风色先喜。牛渚方蒙青盖尘,更向龙潭钓龙子。名王前席拂朱缨,左拍宗伯右忻城。平吴利得逢双俊,报汉何曾有少卿。靡靡北道岁云暮,朔风吹出蚩尤雾。趋朝且脱司空履,洛中那得司空坐。回首先朝一梦中,黄扉久闭沙堤空。终朝襆带嗟何及,挂冠归去及秋风。风景不殊红颜在,重吟白头双鬓改。南国当年国已倾,佳人今日人难再。再到山中问草堂,猿悲鹤怨生凄凉。麻姑有爪堪爬背,碧海无尘谁种桑。虞山复举东山燕,巢由稷契重相见。拂水岩前洗耳尘,芙蓉庄上分娇面。晚年携杖照青藜,梵夹诗签次第齐。校雠偏纪词臣字,彤管纤纤手自题。路旁女子欻相遇,云往东海糜家去。雨师风伯动地来,绛云飘缈归何处。吁嗟盛名古难成,子鱼佐命褚渊生。生前莫饮乌程酒,死来休见石头城。死生恩怨同蕉鹿,空向兴亡恨失足。诗卷终当覆酒瓿,山丘何用嗟华屋。可怜薄命度残春,终随飞絮委芳尘。山上虽无望夫石,谷中还有坠楼人。泉路悠悠朝露重,宗伯前行少妇送。他日应题燕子楼,从今醒却巫山梦。君不见东皋草堂千载悲,岭头碧血啼子规。年年柳枝怨离别,惟有虞山似旧时。①

此诗之最后十韵,不啻为诗人对牧斋一生之定谳。既哀叹其不能死节于明,复佐命于清,终又难谐其志;兼致讥于其有愧于爱妾柳如是及门人瞿式耜。其中微词,是皆为康熙以后士大夫于牧斋之共识也。

三 四库馆臣对牧斋之所谓定论

逮乾隆中叶,牧斋声名之备受攻击,如同一辙。其力既来自朝廷,言出官府,故其声势之浩大,用辞之狠毒,乃绝非康、雍两朝之文士所可比拟。自此之后,牧斋一生遂有所谓定谳:名节固然有亏,学术亦自庸劣。而前此对牧斋之种种论议,遂为之声销迹匿焉。

乾隆一朝之攻讦牧斋,肇始于高宗禁毁牧斋著述,并抽毁与牧斋有关之著作。中历《四库全书》之纂修,而底定于牧斋名列"贰臣"。第一、三两事,世所熟知,不必赘述。兹所析论,在《四库》馆臣为牧斋定论之一事。

《四库全书》不收牧斋著述,馆臣之攻讦牧斋,遂不得不假其

---

① 《雪桥诗话续集》(北京:文物出版社影印求恕斋刻本,1984年),卷一,页57上—59上。

所撰清初人著述之提要中出之。考四库所收清初别集作者而与牧斋有关者，仅朱鹤龄(1606—1683)、吴伟业(1609—1672)、施闰章(1618—1683)、尤侗(1618—1674)、吴绮(1619—1694)、汪琬(1624—1691)及王士禛(1634—1711)等数人。[①]而馆臣之指名攻击牧斋，又仅见于朱鹤龄之《愚庵小集》。

今流行之影印本文渊阁《四库全书》本《愚庵小集》，《提要》有云：

> 至其[鹤龄]与钱谦益同郡，方谦益笺注杜诗时，尝馆于其家。乃集中无一语推重之。所作《书元裕之集后》一篇，称裕之举金进士，历官左司员外郎；及金亡不仕，隐居秀容，诗文无一语指斥者。裕之于元，既足践其土，口茹其毛，即无诟詈之理，非独免咎，亦谊所当然。乃今之讪辞诋语，曾不少避，若欲掩其失身之事，以诳国人者，非徒诐也，其愚亦甚云云。其事盖隐刺谦益而发，尤可谓能知大义者矣。

较以单行之《四库全书总目提要·愚庵小集》条颇有异文：

> [鹤龄]与钱谦益为同郡，初亦以其词场宿老，颇与唱酬。既而见其首鼠两端，居心反复，薄其为人，遂与之绝。[②]

按：单行本之《提要》，乃据《四库全书》中之《提要》修改而成。可见馆臣对牧斋之攻击，愈后则愈烈。而综合《愚庵小集》之两种《提要》以观之，又知馆臣之攻牧斋，实合其政治操守及学术成就二事而言之：所谓《愚庵小集》中无一语推重牧斋，明言其学术乃至不为与其同郡之人所敬重；所谓鹤龄作《书元裕之集后》一文隐刺牧斋，则直斥其政治操守乃至为其同里人所唾弃。馆臣之攻评牧斋，用心亦良苦矣。然其议论果公允乎？今试为详析如次：

---

① 据台北故宫博物院影印文渊阁《四库全书》本。
②《四库全书总目》(北京：中华书局，1983年)，下册，页1523。

朱鹤龄《愚庵小集》初刊于康熙十年(1671)。时朱氏尚健在，故得以手订其稿无疑。是本为朱氏之内侄计东(1625—1676)所刻(以下称计本)，书前有计序及王光承(1606—1677)序，凡十五卷，附录两卷。1940年，燕京大学图书馆就计本排印刊行。文渊阁《四库全书》影印本流通之前，计本殆惟一之刻本无疑。今将计本与《四库》本《愚庵小集》作一比较，乃知《四库》本将计本书前两序删去，书亦作十五卷，惟附录作一卷。细勘两本之内容，则《四库》馆臣曾将计本作大量之修订。凡所修订者，又莫不与牧斋有关。质言之，凡计本中有关牧斋之诗文，馆臣或删或改。今先举出计本被删改之篇目如下：

（一）被删者

卷四五言排律：《投赠钱宗伯牧斋先生二十五韵》；卷五七言律诗：《呈牧斋先生》《陪牧斋先生登洞庭雨花台即席限韵作》《和牧斋先生登莫厘峰同子长作》；卷十（文）：《与吴梅村祭酒书》。

（二）被改者

卷四五言律诗：《闻牧斋先生讣二首》，《四库》本作《闻友人讣二首》。卷五七言律诗：《假我堂文醼次和牧斋先生韵》，《四库》本作《假我堂文醼》；《牧斋先生过访》，《四库》本作《友人过访》。

仅就上举被删改之诗文篇目观之，即已足见提要所谓《愚庵小集》中无一语推重牧斋之说，非独不公，实至荒唐。苟细读一二被删改之诗文，更可见鹤龄与牧斋生前过从之密、情谊之深，以及鹤龄对牧斋之无比敬重。计本卷五《假我堂文醼次和牧斋先生韵》：

> 萧萧落叶正愁予，哲匠高论戒酒除。养拙自嗤同土木，成书漫拟注虫鱼。樽传白堕挥渠碗，馔具伊蒲佐蟹胥。招隐桂丛今得主，东皋十亩伴诛锄。

卷四《投赠钱宗伯牧斋先生二十五韵》首五韵：

> 耆旧今谁在？巍然独海虞。圣时留硕老，天末遁潜夫。

251

> 道诎风尘日，名垂造化炉。儒衣推袺袷，学海仰蓬壶。早岁班三殿，英声播九区。

《四库》馆臣所删剔之诗文中，最足代表鹤龄对牧斋之敬重者，莫过于尚存于计本卷十之《与吴梅村祭酒书》一文。此札首序鹤龄作书之缘由：

> 忆先生昔年枉顾荒庐，每谈虞山公文章著作之盛，推重谣诼，不啻义山之叹韩碑。乃客有从云间来者，传示宋君新刻，于虞山公极口诟詈。且云其所选明诗，出于笔佣程孟阳之手；所成《讳史》，乃掩取太仓王氏之书。愚阅之不觉喷饭。

宋君者，宋徵舆（1618—1667）也，其所著攻讦牧斋之书，未见。程孟阳即程嘉燧（1565—1643）。牧斋始辑《列朝诗集》，孟阳曾参与其事，牧斋于此未尝讳言。太仓王氏，指王世贞（1526—1590），有《弇山堂别集》，记明初至万历朝史事。宋徵舆公然指牧斋剽窃程、王二人之著作，鹤龄则力护牧斋，为其《列朝诗集》《国初群雄事略》及《太祖实录辨证》等著述辩白：

> 夫虞山公生平梗概，千秋自有定评。愚何敢置喙？若其高才博学，囊括古今，则夐乎卓绝一时矣。身居馆职，志在编摹。金匮之藏，名山之业，无不穷搜遐览。乱后悯默，乃取而部分之，自附唐韦述、元危素之义，未及告成，燔于劫火。《讳史》之名，何自而兴？夫古之撰史者，自司马迁班固而下，如《新唐书》之修，因于刘昫；《五代史》之修，因于薛居正。凡载笔之家，莫不缀缉旧闻，增华加厉。弇州藏史，未定有无，即使果出前贤，采为蓝本，排缵成书，亦复何害？宋君乃用此为哓哓耶？鹊巢鸠居，厚诬宗匠，不足当识者之一粲。

鹤龄此札之末段，求梅村为此事争公道，用词则更见激昂矣：

而愚敢斥言之于先生者,以其文援先生为口实也。先生夙重虞山公文章著作,岂有以郭象《庄》解、齐丘《化书》,轻致訾謷者?愚以知先生之必无是言也。先生诚无是言,当出一语自明,以间执谗慝之口。如其默默而已,恐此语荧惑见闻,好事之徒将遂以先生为口实。而语阱心兵之险,流于笔墨文字间者,间起竞作,无已时也。

宋徵舆之攻讦牧斋,与鹤龄之护卫牧斋,其间之是非公允,无关重要。所须注意者,殆为鹤龄之肯挺身护卫牧斋。且宋徵舆后死于牧斋仅三载,鹤龄是札,最晚亦当成于牧斋身后之一二年间。而鹤龄既曾手订其稿,又未将是札删去,可见鹤龄之于牧斋,始终敬重。又何至于如《四库》馆臣所谓无一语推重之者耶?

《四库全书》所收清初别集,凡有关牧斋之文字,一律予以删改。此例于《愚庵小集》外,亦多可寻,如吴绮《林蕙堂集》康熙三十九年(1700)初刻本卷二十二有《过拂水山庄有感》三首,《四库》本则易题为《过亡友故居有感》,此改之一例也。[①]陈廷敬(1639—1710)《午亭文编》有《吴梅村先生墓表》一文[②],内涉牧斋,遂遭删削,此删之一例也。《四库》馆臣既震慑于朝廷所颁《查办违碍书籍条例》,又或为阿媚高宗对牧斋其人深恶痛绝之"主心"[③],乃将清初别集,爬剔割裂,用以掩天下后世耳目。凡此专制政权下"御用文人"之伎俩,馆臣虽未必先启其例,而馆臣之后,则复后继有人。治史者,痛心疾首之余,亦徒寄奈何之情而已。然馆臣之删改《愚庵小集》,其用心之可鉴,而其手法之愚拙,则往古

---

① 见第236页注①。
② 赵熟典编《国朝文会》本《午亭文编》。《梅村家藏稿》前收陈氏所撰《墓志》,惟"牧斋"二字,均空格。又,清初著述因牧斋而遭禁毁者,据庄吉发之统计,有七十二种;据陈乃乾之统计,达八十七种。详下注。
③ 详徐绪典《钱谦益著述被禁考》,《史学年报》,三卷二期,1940年12月,页101—109;庄吉发《清高宗禁毁钱谦益著述考》,《大陆杂志》,四七卷五期,1973年11月,页22—30。

所未有。苟衡之以馆臣之用心，则又有应删而未删、有不应删而删者。终至破绽重重，徒滋费解。今就前引《假我堂文醮次和牧斋先生韵》为例，先明其应删而未删者。

此诗《四库》本作《假我堂文醮》，删去"次和牧斋先生韵"七字，已如前述。此不足怪。然鹤龄另有《假我堂文醮记》一文，详记当日文酒之盛，《四库》本亦为收录，而仅将文章开头"牧斋先生侨寓其中假我堂"一句中之"牧斋"，易为"梅村"。然此文后半有云：

> 可无赋诗，以纪厥盛，饮罢，重其拈韵。先生首唱云："岁晚颠毛共惜余，明镫促席坐前除。风烟极目无金虎，霜露关心有玉鱼。草杀绿芜悲故国，花残红烛感灵胥。文章忝窃诚何补？惭愧荒郊老荷锄。"

既易"牧斋先生"为"梅村先生"于前，则此"先生"当指"梅村"无疑。而所录诗，亦遂为梅村之诗。此一改动，移易撰主，于文献牵涉极大，其甚者则或可至招死罪于馆臣也。

高宗于清初诗人，独钟爱梅村。此馆臣所当熟知者。《四库》收清人别集，以《梅村集》居首。此集提要前且"恭录"高宗《御题梅村诗》一首：

> 梅村一卷足风流，往复搜寻未肯休。秋水精神香雪句，西昆幽思杜陵愁。裁成蜀锦应惭丽，细比春蚕好更抽。寒夜短檠相对处，几多诗兴为君收。

所谓"往复搜寻未肯休"，可见高宗自诩熟读《梅村集》。馆臣今将牧斋之作羼入梅村诗中，岂非甘冒欺君之弥天大罪？《四库》本《愚庵小集》既已将有关牧斋之其他文字全部铲除，又何必独存此记述文酒之会一文，而遗此犯险戕身之破绽？则又殊为费解者也。

其不应删而删者,则鹤龄《书元裕之集后》一文也。《提要》既以此文为鹤龄用以隐刺牧斋之政治操守者,则其重要可知。然遍查影印文渊阁《四库全书》本之《愚庵小集》,乃独不见此文。陈寅恪先生晚年著书于岭南,恐未得援据《四库》本,故未及此事。第仅据燕京大学图书馆排印之计本而已。《书元裕之集后》一文,见计本《补遗》卷二。

馆臣之删去此一篇于己论极有佐力之文章,而甘冒大不韪以保留一纪游之作,去取之间,了失衡准,其出于有意或无,颇足令人有置思之余地也。

然则鹤龄《书元裕之集后》一文,果如馆臣所言为牧斋而发者耶?是亦有待商榷者也。

牧斋生前,为《杜诗笺注》及《李义山诗注》二事,与鹤龄确曾有过节。牧斋与鹤龄,于此皆不讳言。鹤龄以此怀恨于牧斋,乃撰文以讥刺之,此一可能性,似未可排除。然即便如此,《书元裕之集后》一文,恐亦鹤龄为逞一时之快而作,不足以表见其对牧斋一贯之态度。此文仅见于《愚庵小集》之《附录》,亦绝非偶然。此一推断,理由有三:

鹤龄与牧斋往来既密,交谊且深,于牧斋晚年参与复明一役,不能无所知。然则鹤龄何独不能如牧斋之其他故旧门生,"恕其前此失节之怨,而嘉其后来赎罪之意",乃至于撰文隐刺牧斋,而甘为新朝之喉舌耶?此其一。

再者,鹤龄果鄙视牧斋之政治德操,则又何事计较于宋徵舆辈对牧斋之攻击,而至于笺通于梅村,以为牧斋争一公道?鹤龄所处之时,政治德操与学术成就,辄被视为一体。鹤龄果而唾弃牧斋,当其得读宋氏之书,自快尚且不及,何至于"阅之不觉喷饭"?此其二。

牧斋殁后,鹤龄有诗挽之。诗题计本作《闻牧斋先生讣二首》,《四库》本则改为《闻友人讣二首》。诗云:

燕许推今代,龙蛇厄此辰。牙签谁捡点?斑管竟沉沦。客断西州路,山韬谷口春,斯文嗟不起,嗣响属何人?

音旨应难沫,空庭惨绿苔。架残韦述史,编剩子山哀。黯淡丛兰色,徘徊粉蝶灰。伤心白茆水,犹绕画堂回。

计东评此二诗云:"凄凉婉折,情味无穷。"偏重诗中所表露之悼情。第一首首联"牙签谁捡点?斑管竟沉沦",则不但如实记鹤龄生前襄赞牧斋注杜诗之一事,亦渗透诗人对死者无比之崇敬。鹤龄果而鄙视牧斋,而又挽悼其殁如此,则鹤龄岂非亦"首鼠两端"者乎?此其三。

抑犹有进者,清初之若干作者之诗文之得见收于《四库》者,其与馆臣之刻意攻击牧斋,似不无关系。兹就汪琬、吴伟业、朱鹤龄三人为例,附论如下。

汪琬之于牧斋,讥刺不遗余力,二人之撰文以相讥毁者甚多。汪氏早年《读初学集》一文,对牧斋极唾诟之能事:

夫理学固非牧斋所知。姑以文字言之,集中如《天台泐法师灵异记》《万尊师》《徐霞客》诸传,骈骏不经,曾郢书燕说之不若。尚未能望见班马藩篱,况敢攀六经乎?[①]

汪氏之诋呵牧斋,意在扬己,以与牧斋争执文坛之牛耳耳。而《四库提要·尧峰文钞》条乃推许汪"学术既深,轨辙复正,其言大抵原本六经",持论恰与汪氏掊击牧斋者无异。汪氏于清初,与侯方域(1618—1654)、魏禧(1624—1680)同称"古文三大家"。苟汪之与牧斋不相敌对,《尧峰文钞》恐亦与侯之《壮悔堂集》及魏之《魏叔子文集》,同刊落于《四库》之外。馆臣之收录汪集,颇疑与彼等攻击牧斋之宗旨有关。

---

① 《钝翁类稿》,康熙刻本,卷五十,页14上。汪琬与牧斋争,详《清诗纪事初编》,页322。

《梅村集》见收于《四库》,固由高宗对吴诗之钟爱。然梅村以明遗臣之身,一度服官于清,既而罢官归里。此段经历,与牧斋之遭际正同。惟梅村罢官后,始终谨言慎行,未若牧斋之在文字及行动上,与清廷相抗。四库之收《梅村集》,既可表示新朝对事二姓、亏名节者,并非一律排斥。亦可借以表明梅村之政治操守,尚有非如牧斋辈之所可比拟者。

　　至于朱鹤龄《愚庵小集》之获收,则当非偶然。考《四库》别集所收清初之遗民作者,除朱氏之外,别无一人。鹤龄之学术文章,果足为遗民作者之表率耶?清初及后世之论者,当不以为然,[①]而此亦非馆臣所措意者。鹤龄与牧斋同里,交谊且深;后以著述事,二人曾有抵牾。鹤龄又适有《书元裕之集后》一文,似涉牧斋者。馆臣借鹤龄之口,以攻牧斋,不独因利乘便,况以鹤龄为牧斋同里相好之身分,其言论之分量,又自非寻常可比。不然,如鹤龄者,其坚贞不拔、拒与清廷合作之精神,则曾不稍逊于顾、黄、王辈,而其学术,则远逊此等遗民,然则其《愚庵小集》一书,又曷足以为清初遗民作者之表率哉!

四　余论

　　自高宗列牧斋于"贰臣",世之论牧斋者,遂不得不以高宗之御论为依归。光绪三十一年(1905),邵松年刊其乡邦文献《海虞文征》,所录牧斋诗文若干,仍仅标"钱某"二字而不名。则牧斋之论定,自乾隆以来,未尝有若何之更替。事越三载,《国粹学报》载署名"北平朱天民"所撰《列朝诗集跋》一篇,则于牧斋著是书之

[①] 张舜徽《清人文集别录》(北京:中华书局,1980年)对朱氏学术之成就,持论颇平允。《愚庵小集》条有云:"大抵鹤龄之学,得诸友朋切磋之助为多。尝自言始而泛滥诗赋,既而黾勉古文。后因老友顾宁人以本原之学相勖,始湛思覃力于注疏、诸经解以及儒先理学诸书。……然则鹤龄肆力问学,为时甚晚,宜其所诣不能如顾黄之大也。"(页6)。

用心，剖析至明，其持论乃与前述道隐之序《列朝诗集》者竟极相同。于时清鼎未革，朱氏虽有见于牧斋著述之微旨，故表而出之之际，仍不得不以攻击牧斋之语气为之。盖兹跋关系于牧斋之重行论定者，意义殊深，故不得不全录之如次。跋之全文云：

> 数年来三见是集，皆无序文。盖为人所删去。惟是本尚完好无缺，殊可喜也。序文自云托始于丙戌（顺治三年，永历元年）。彻简于己丑（顺治六年，永历四年）。时北都定鼎已六七年。牧斋既身入本朝，复谬托于渊明甲子之例。于国号纪年，均削而不书，为他日开文字之狱，加一重罪案，皆咎由自取。至自述丁字之义，则曰金镜未坠，珠囊重理；鸿朗庄严，富有日新。盖是时南明君臣，犹拥众于岭越间；江浙义民，与海上之师，互为响应。故牧斋自附于孤臣逸老，想望中兴，以表其故国旧君之思。与世所传《投笔集》，同一首施两端之见。真一钱不值也。序后所钤章曰"鸿朗笺龄"、"白头蒙叟"。鸿，大也；朗，明也。笺龄即长寿命。意尤为显然。读其序，文特哀丽；推牧斋之心，盖犹知恻怛反本者。惜其不能前死，乃欲致叹孟阳，以遗山野史自文，求谅于后世。呜乎！岂可得哉？岂可得哉？①

朱氏跋文，成于牧斋辑《列朝诗集》之后凡二百五十余载，然尚能依据当时稀见之有牧斋自序之版本，上窥作者之用心，于牧斋著书之旨，得其奥蕴，亦可谓读书得间者矣。独跋文末段，臆断牧斋"以遗山野史自文，求谅于后世"为终不可得，则未免言之过早矣。朱氏跋文之既出，越三年而清亡，继而牧斋之著述，乃得先后覆刊行世，于牧斋论定之转移，至是而大有借资焉。其首倡为牧斋声名翻案者，则牧斋同里金鹤冲氏也。其《钱牧斋先生年谱》，不独辨析牧斋晚年与郑成功及瞿式耜等抗清志士密有往来，以实牧

---

① 《国粹学报》，四五期，《撰录》，1908年9月，页2。

斋生前之有期于明室之中兴,非徒托诸空言而已;且复力斥世之妄责牧斋者,徒为专制帝王之诏令摇旗呐喊。金氏于谱后之识语,直以遗民之身以视牧斋。其言曰:

> 先生当危亡之际,将留身以有待,出奇以制胜,迄无所成,而为腐儒所诟詈,亦先生之不幸也。夫姚孝锡尝仕于金,元遗山不以为金人;侯朝宗登顺治之榜,黄梨洲仍以为明人,原其心也。先生之不忘乎明也,姜新建、文夷陵、张静涵、蘖和尚、梨洲兄弟及归玄恭、邓起西等并世之贤豪君子,皆识其苦衷而引为同调,是诚不在乎降不降也,在先生行其所是,本无求于后人之知。而后之人,读史论世,则不可不求昔人意志之所在而扬抠之,无使其湮没不彰,此则后死者之责也。①

观近十年来,世之论牧斋者,亦多为牧斋剖白,而尤重者在其政治操守。如郑秉珊、陈旭轮、潘重规诸先生②,为文亦一本斯义。及陈寅恪先生《柳如是别传》出,始与《四库》馆臣对牧斋之论定,大相径庭。惟钱锺书独以清初对牧斋论议之憎爱殊观,一归之于论者对其人或其文之好恶,标立新说。其《管锥编·全后周文》论《哀江南赋》有云:

> 按全祖望《鲒埼亭集·外编》卷三三《题〈哀江南赋〉》:"甚矣庾信之无耻也!失身宇文而犹指鹑首赐秦为'天醉',则信已先天而醉矣。后世有裂冠毁冕之余,蒙面而谈,不难于斥新朝、颂故国以自文者,皆本之'天醉'之说者也。……""天醉"二句抒慨,……意亦寻常,何至逢全氏尔许盛怒,发指龂龁以骂? 当是陈古刺今,借庾信以指清贰臣而自居明遗民

---

① 《钱牧斋先生年谱》,1941年铅印本,页13—14。
② 郑秉珊《关于钱牧斋》,《古今半月刊》十八期,1943年3月,页13—16;陈旭轮《钱牧斋与黄毓祺》,《古今半月刊》二十四期,1943年6月,页30—32;潘重规《投笔集校本》(台北:文史哲出版社,1973年)。

如钱谦益之类，犹夫朱鹤龄《愚庵小集·补遗》卷二《书元裕之集后》。……《日知录》卷一九："古来以文词欺人者，莫若谢灵运。……宋氏革命，不能与徐广、陶潜为林泉之侣。既为宋臣，……觊望至屡婴罪劾，兴兵拒捕，乃作诗曰：'韩亡子房奋，秦帝鲁连耻。本自江海人，忠义动君子'，……若谓欲效忠于晋者，何先后之矛盾乎！"与全氏责庾，适堪连类。盖"韩亡"、"天醉"等句，既可视为谢、庾衷心之流露，因而原宥其迹；亦可视为二人行事之文饰，遂并抹杀其言。好其文乃及其人者，论心而略迹；恶其人以及其文者，据事而废言。半桃啖君，憎爱殊观；一口吐息，吹嘘异用；论固难齐，言不易知也。①

则孟氏所谓知人论世者，亦谈何容易！钱氏之引谢山、亭林之责难庾信、谢客，连类及于牧斋，因断言于历史人物评论，辄系乎论者之于其人其文之好恶，"好其文乃及其人"，或"恶其人以及其文"，泾渭云泥之判，皆由此生。取钱氏之所持论，揆诸本篇所述清初对牧斋之论议，则又似有未安。盖攻评牧斋之至力者，莫若高宗及其《四库》馆臣，此钱氏所谓"恶其人及其文"者，事犹可解。然维护牧斋者，莫若其门生故旧之深知牧斋者，然苟绳以钱说，则彼辈亦因好牧斋之文，乃及其人耶？又于理何居？况康雍之际，如查慎行、汪景祺辈，于牧斋之文学修养，备极推崇；然于牧斋其人，则亦稍致叹息而已，而未及于憎恶之甚也。是则彼我之论，尚有当深致意者焉。

1989年8月初稿于台北南港
1990年元月修订于香江旅次

---

① 钱锺书：《管锥编》（北京：中华书局，1979年），第四册，页1519—1520。

此文付印后，承友人抄示宋徵舆《林屋文稿》卷十五《书钱牧斋〈列朝诗选〉后》一文，即拙文中所述朱鹤龄致书吴梅村所及者。徵舆《林屋文稿》有康熙刻本，世之留意此一公案者可备参考。

1990年10月5日于爱荷华郡礼

附：书钱牧斋《列朝诗选》后

文字之祸，盛世所无。本朝自世祖亲政以后，崇尚儒术，常召文学之臣讨论翰墨。燕市所有书籍，稍知名者，无不经御览。时鼎革未久，文字中或关涉时事，多触忌讳。诗歌中尤甚。乙夜（？）览，未及尝问也。乙未冬，上在南海子行幄中，与翰林王君熙及宗兄之绳，语次忽问曰："钱谦益来时为何官。"两君对曰："曾为学士，告病去。"上笑曰："彼为学士，著书当尔耶。"两君不知上所指，默不敢对。时舆以尚宝卿从，两君出以告。且曰："上宽大钱，必无虑。"然绝不知为何书。康熙元年春，客有以《列朝诗集》见赠者，钱所撰也。其《自序》曰："斯集始于丙戌，彻简于己丑，告成于玄默执徐之岁为壬辰。"则是书之作，始终在本朝，所载皆明人诗，应称《明朝诗集》，何得云"列朝"？若谓其时，永历尚存，明绪未绝，为遗臣者，不忍斥言国名，以见希望之意，此在未仕本朝者则可。钱既为学士，北面受禄而归，奈何设此疑贰之名也。且《诗集》首列圣制，皆先朝人主之诗；书中称及庙号，俱于本行内空一字，其自称曰臣谦益。夫既臣清矣，疑贰称臣，即明之列圣，恐有所不受也。盖钱既仕清，其交游颇有显者。探知上右文，必不罪文士。而满州贵人又尚质，必不从书籍中推索，以为是书虽流行，可无祸，故敢于受梓，尤冀传之后世。谓其心不忘明，显然著书，虽取危法，亦所不惮，有足取者，其所望如是。呜呼，用心亦苦矣。夫君臣大义，日益

261

明白,后世既不可欺,虽作伪何益?此固不足论,今其书亦不甚行。钱年逾八十,度无有忍人起而难之者。惟是世祖所指之书,必为是书,而终置勿问。真盛德之事。人或未知,此不可不记者也。

娄东王冏伯名士骐,官吏部郎,弇州先生长子也家有一书,乃编辑先朝名公卿碑志表传,如焦氏《献徵录》之类。而益以野史,搜讨精备,卷帙颇富。冏伯甚秘惜。钱牧斋知有是书,不得见也。冏伯殁,后人不肖,家渐落。先世所藏图籍,次第流散。钱乃令人以微赀购得其书,欲攘为己有。乃更益以新稗及闻见,所记傅会,其中尤喜述名贤隐过。每得一事,必为旁引曲证。如酷吏煅炼,使成狱而后已。其意以为彼名贤实,然于己行乃便。以是捃摭十余年,书未就,漫题卷上曰《讳史》。俟成,择令名名之,如秦阿房宫云。庚寅,钱寿七十,欲于悬弧日成书。因置酒高会,竟以篇目繁多,不能如期。后数日乃告成。书成之夕,其所居绛云楼灾,即编纂之地也。是夕大雨如注,而火势更猛,亦不旁延他所,惟此楼尽烬。于是所谓《讳史》者,遂不可复见。而王氏旧本亦亡矣。钱意犹未已,乃取嘉定笔佣程孟阳所撰《列朝诗集》一书,于人名爵里下,各立小传,就其烬余所有,及其记忆所得,差次成之。小传中将复及人隐过。会有以鬼神事戒之者,乃不敢。然笔端稍滥,则不能自禁,盖天性也。丙申,予在京师,吴梅村祭酒言如是。今观此书序曰:"庚寅阳月,融风为灾,插架盈箱,荡为煨烬,此集先付杀青,幸免于秦火汉灰之余,于乎悕矣。"所言皆与祭酒合。且祭酒娄人,与冏伯同里。购书之说,必非诬也。并为记之。(宋徵舆《林屋文稿》卷十五)

(原载《清初诗文与士人交游考》)

顾炎武、曹溶论交始末

——明遗民与清初大吏交游初探

曹溶的《静惕堂诗集》[1]收有他酬赠顾炎武的诗九题十一首。根据这些诗作,可以考定投靠清朝、名列"贰臣"的曹溶,和以明遗民自处的顾炎武,晚年曾在山西见面论交,两人之间且进而保持了一份长达二十年的深挚友谊。

顾炎武(1613—1682),字宁人,号亭林;[2]曹溶(1613—1685),字洁躬,号秋岳。[3]二人同年生(万历四十一年,1613),也同是明清之际知名的人物。亭林原籍江南昆山,秋岳原籍浙江秀水,两地相隔不远,都属江南富庶之区。两人背景相似的地方,仅此而已。其他如科第仕宦的经历,入清以后的出处,以至二人在当时和后世的声名,却绝不相侔。

清人定鼎北京以前,亭林仅是一名蹭蹬科场的士子,从未受过朱明的俸禄,而秋岳则科名和仕途两皆顺遂:自二十五岁(崇祯十年,1637)中进士后,即授官御史。因此,两人在明朝时的活动圈子

---

[1]《静惕堂诗集》四十四卷,雍正三年(1725)李维钧刻本,收诗四千余首。上海图书馆及哈佛燕京图书馆均分别庋藏此书于善本部。

[2] 兹列本文所用有关顾炎武的资料如下:《顾亭林诗文集》(北京:中华书局,1959年);王蘧常《顾亭林诗集汇注》(上海:上海古籍出版社,1983年);谢国桢《顾亭林学谱》(上海:商务印书馆,1956年);赵俪生《顾亭林与王山史》(济南:齐鲁书社,1986年);沈嘉荣《顾炎武论考》(南京:江苏人民出版社,1994年)。

[3] 曹溶的传记资料参考王锺翰点校《清史列传》(北京:中华书局,1987年)卷七八《贰臣传甲》,页6491—6493;《清史稿》(北京:中华书局,1982年)卷四八四《文苑传》,页13326—13327;李集、李富孙、李遇孙,《鹤徵录》(同治十一年刻本)卷三,页7上。

本就不同：亭林十七岁时（崇祯二年，1629）参加了"复社"，以在野党人自居；秋岳则服官于京师，力求建立政声。[1]

清朝建立后，亭林与秋岳在政治立场上分别作出了大相径庭的抉择，以致两人显隐异迹，穷通殊际。秋岳在顺治初年便投靠新朝，先后做过御史、会试考官、广东布政使、山西按察副使等中央和地方官。反观亭林，则不但始终拒绝和新朝合作，而且一度积极参与抗清活动：他曾服官于南明的弘光政权，又先后身预江南各地的抗清军事行动；及至眼见复明无望，仍然继续以遗民自居，奔波西北的残山剩水之间，有所企待。

从当时的伦常大节来看，秋岳身事二姓，生前既不齿于清议，身后又被列名"贰臣"；乾隆时有人且将他和钱谦益（字受之，号牧斋，1582—1664）、龚鼎孳（字孝升，号芝麓，1616—1673）、陈之遴（字彦升，号素庵，1615—1662）、吴伟业（字骏公，号梅村，1609—1672）合称为"江浙五不肖"，被视作"蒙面灌浆人"。[2] 而亭林则终生坚苦守节，被奉作"遗民"的典范。两人政治操守的评价，无论在当时或后世，都早有定论。

亭林以遗民的身份，和屈节仕清的秋岳见面论交，数度同游共处，二人之间的情谊且维持达二十年之久，则其事之不寻常可知。但两人交往之迹，亭林诗文中既无一字提及，故历来未为研究亭林者所措意。本文先根据秋岳的诗作，考述二人论交往还的始末，进而就遗民与清初大吏间的交游所透发出来的意义，略作阐释。

---

[1] 李清（1602—1683）《三垣笔记》（北京：中华书局，1982年）述曹溶在崇祯朝服官云："章都谏正宸掌吏垣时，浙中新台省有马给谏嘉植，倪给谏仁桢，曹侍御溶，人称鼎足。"（页189）
[2] 乾隆时人沈梅史《重麟玉册》中《李暎碧传》后附记有云："当时钱牧斋、吴梅村、龚芝麓、陈素庵、曹倦圃为江浙五不肖，皆'蒙面灌浆人'也。"暎碧，李清字也。曹倦圃，即曹溶。《重麟玉册》无刻本，原稿本藏上海图书馆。参考谢国桢《增订晚明史籍考》（上海：上海古籍出版社，1982年），页394—396及黄裳：《银鱼集》（北京：生活·读书·新知三联书店，1985年），页65。

一　康熙元年(1662),亭林初访秋岳于山西大同

《静惕堂诗集》卷六有《答顾宁人》五古一首:

> 北鄙寡同俦,中情正枯槁。谬蓄四方略,救溺甚援嫂。束缚无所施,空堂对衰草。有美三吴杰,险要动深讨。良马碧玉鞍,兴到踏丰镐。爆土既经时,行李湿秋潦。西南征调繁,万里赋纳稿。囊有本务书,利病满怀抱。采掇及细流,访我平城道。艰辛戈戟间,匡坐说苍昊。撞钟得洪音,大朴去纤缟。汲古沃其根,枝叶倍姣好。下视班张徒,炫目但虚藻。是月凉露零,长边静杲杲。旨酒偶一御,愁绪怒如捣。岂无千金药,惰僻使人老。外物丧真常,进德贵及早。戢君肝胆言,瞑眩足相保。自知良独难,民鉴以为考。[①]

诗中说:"采掇及细流,访我平城道。"平城是山西大同的古名。可证亭林和秋岳见面,地点在大同,正是秋岳在山西任按察副使的时候。考秋岳从广东布政使降调山西,事在顺治十四年(一六五七),至康熙三年(1664)被罢官为止,秋岳以按察副使的身份,整饬阳和道。他的官署便在大同。又考亭林自江南北上,在顺治十四年,往后四五年间,足迹不出山东、河北。康熙元年(1662)五月,亭林始自山东入都,折而西行,经曲阳入山西。亭林的《诗谱》记载说:

> [康熙元年]十月,至大同之浑源州。[②]

合而观之,可确定亭林和秋岳在大同见面,是康熙元年秋冬之间的事。上引秋岳的赠诗,当亦成于此时。

根据秋岳诗中的描述,可以想见二人见面时,相谈甚欢。"艰辛戈戟间,匡坐说苍昊。撞钟得洪音,大朴去纤缟。汲古沃其根,枝

[①]《静惕堂诗集》,卷六,页4下—5上。
[②]《顾亭林诗集汇注·诗谱》,页1309。

叶倍姣好。下视班张徒,炫目但虚藻",写出了秋岳对亭林经世实学的衷心推许。两人"旨酒偶一御",杯光交错下所谈论的,又正是生民利病的问题:

> 西南征调繁,万里赋纳稿。囊有本务书,利病满怀抱。

第一、二句,指顺治末年用兵西南,追讨永历帝事。三、四句指亭林当时携带在身的《天下郡国利病书》和《肇域志》两部著述的稿本。原来亭林自二十七岁时(崇祯十二年,1639)便开始搜辑、摘录有关社会经济、地理兵防的史料。他北上时,挟之与俱。而重理旧业,将这些史料整理成书,便恰在他初访山西的时候。①

亭林在北方飘泊流离,目的在亲身印证史书上所记载的民生兵防的利害。秋岳对此也表露出无限的崇敬:

> 有美三吴杰,险要动深讨。良马碧玉鞍,兴到踏丰镐。燥土既经时,行李湿秋潦。

当秋岳反观自身的处境,便不免愤懑兼自怜:

> 北鄙寡同俦,中情正枯槁。谬蓄四方略,救溺甚援嫂。束缚无所施,空堂对衰草。

亭林在大同盘桓一个多月,于康熙二年(1663)春天辞别秋岳,经代州作五台之游。秋岳有诗送行:

> 银鞍新自晋祠来,香草清凉问古台。断碣尚存宫篆湿,战兵初罢佛楼开。雁飞秋转诸天静,虎窟冰深万籁哀。礼斗峰前窥地胜,知君兼蓄济时才。②

亭林游五台时,结识了陕西富平的李因笃(字天生,号子德,

---

① 参考《天下郡国利病书序》及《肇域志序》,均见《顾亭林诗文集》页137;《顾亭林与王山史》,页84—91。
②《静惕堂诗集》,卷三三,页14上。

1633—1692)。①两人后来成为莫逆知交。此事言者亦多有之。但天生和秋岳之间早有密切的关系,而亭林之获交天生,实通过秋岳事先的安排,而非偶遇于五台,这都似乎尚未为人留意。《鹤徵录》里说:

> 子德先生[李因笃]少孤,外祖田时需抚之成立,受业其门。吾乡曹倦翁[溶]观察三晋,先生以故人之子相从。②

可见天生以故人之子,得到过秋岳的照拂。天生对秋岳感恩知遇,在他的《受祺堂诗集》里是明白可考的。

事实上,和亭林初会时,天生正在驻代州的"雁平兵备"陈上年的官署中当幕客。而天生取得这个职位,便是通过秋岳的关系。亭林在游五台后,天生即与挈同到陈上年的官府。秋岳《寄陈祺公》中的两句诗可证:

> 大有应刘供谳席谓天生、宁人,肯无铙角奏肤功。③

亭林自代州南行抵太原,和当地名重一方的遗民傅山(字青主,号啬庐,1607—1684)见面论交。④亭林对青主的书道推崇备至,曾说:"萧然物外,自得天机,吾不如傅青主。"青主后亦成亭林晚年的知交。但秋岳和天生皆分别和青主有密切的往还,青主的《霜红龛集》还保存有秋岳、天生和青主酬赠之作。⑤那么,亭林和青主在太原见面,事前秋岳、天生当亦曾作安排。

和青主见面后,亭林继续南行,取道汾州、浦州,入潼关,到达

---

① 李因笃传记资料参吴怀清《天生先生年谱》,收入《关中三李年谱》(北京:中国书店戊辰影印本)。
② 《天生先生年谱》卷一"康熙三年"条注引,页17上。
③ 《静惕堂诗集》,卷三三,页13下—14上。
④ 关于傅山的研究,参山西社会科学院编《傅山研究论文集》(太原:山西人民出版社,1985年)。
⑤ 《霜红龛集》(太原:山西人民出版社影印宣统三年山阳丁氏刻本,1985年),《附录》收有秋岳酬青主诗二题三首,天生赠青主诗两首。

陕西。在天生的安排下，亭林先到华阴拜会当地的遗民领袖王弘撰（字山史，号无异，1623—1702），然后往西行，首次踏足古长安。在大同的秋岳，写有《怀顾宁人游秦二首》：

> 子午关前月，君看八度圆。定因朋好隔，不向酒垆眠。节暖催人柳，心孤泣杜鹃。西都新赋稿，驿使竟谁传。

> 怀贤宣室下，歇马灞陵东。一洒兴亡泪，谁云道路穷？冰霜曾梦草，秦汉几飞鸿。归日论碑碣，英华满橐中。①

亭林到古长安，时值康熙二年八月，因此秋岳诗中说："子午关前月，君看八度圆。"第一首结句"西都新赋稿，驿使竟谁传"，明指亭林在西安所写以《长安》为题的五言古诗：

> 东井应天文，西京自炎汉。都城北斗崇，渭水银河贯。千门旧宫掖，九市新廛闬。云生百子池，风起飞廉观。呼韩拜殿前，颉利俘桥畔。武将把雕戈，文人弄柔翰。遗迹俱烟芜，名流亦星散。愁闻赤眉入，再听渔阳乱。论都念杜笃，去国悲王粲。积雨乍开襄，凄其秋已半。惆怅远行人，单衣裁至骭。②

诗中"遗迹俱烟芜，名流亦星散"，写的是亭林当日凭吊兴亡、抚古伤今的情怀。这和秋岳诗里所说"怀贤宣室下，歇马灞陵东。一洒兴亡泪，谁云道路穷？"是一脉相承的。可见上引秋岳怀念亭林的诗，是在他得读亭林的新作后写成的。

康熙二年，亭林结束长安之游。他折返太原，仍然取道大同入京。秋岳有《送顾宁人入都》七绝一首：

> 倚歌匹马渡桑乾，笑着羊裘六月寒。北望未酬知己泪，匣

---

① 《静惕堂诗集》，卷二十，页6上。
② 《顾亭林诗集汇注》，页857。

中风雨吊燕丹。①

"笑着羊裘六月寒",可见亭林在大同辞别秋岳,时值六月时分。到他抵京时,已是七月。②

以上述亭林第一次山、陕之游,前后历时一年又八个月。无论交游与治学,亭林的收获都很丰硕。此行伊始,亭林因秋岳的关系,先后结识了李因笃、傅山和王弘撰;这三人也都成了亭林的知交。就治学而言,亭林遍游五台、雁门、华岳、古长安,对他整理《天下郡国利病书》的工作,提供了宝贵的印证。这许多的收获,和他在大同与秋岳见面订交一事是分不开的。

在结束山、陕之游后,亭林和秋岳继续保持联系。未几,两人又在北京聚首。

二 康熙三年(1664),秋岳挈亭林访孙承泽于北京香山

亭林于康熙三年七月抵京,一直停留到该年年底始返山东泰安度岁。这段时间,适逢秋岳"赍表长安",到北京述职,两人因此又得相见。而见面的地方,是秋岳的好友、同是"贰臣"的孙承泽在北京郊区的别业。兹抄录秋岳记此事的七律一首《同宁人饭北海斋》:

> 瘦石苍藤帝里春,巍然黄发望犹新。时时爱客张高燕,落落论心见古人。阁有宸章褒脱屣,囊余藻镜等垂绅。招携但觉承平久,忘却羁栖塞上贫。③

诗题"北海",指孙承泽(字耳伯,号北海、退谷,1592—1675),顺天

---

① 《静惕堂诗集》,卷四二,页13下。
② 亭林该年行踪,参《顾亭林诗集汇注·诗谱》"康熙五年"条。
③ 《静惕堂诗集》,卷三四,页12下。

大兴人。①北海是前明崇祯四年（1631）进士，官至刑科都给事中。李自成入京，北海曾降附。清人入关后，北海先后任兵部、吏部侍郎。这些仕途上的经历，和秋岳以及龚鼎孳②有极相似的地方。南明弘光时，北海被定入"从贼案"，到乾隆纂《钦定国史贰臣传》，北海也名列其中。

北海在顺治初年服官于北京时，以宦囊所得，就近郊香山卧佛寺后之樱桃沟，筑一别业，名曰"退谷"。③顺治十一年（1654）北海罢官后，即隐"退谷"；而他生平好客，"退谷"不久便成为当时在京服官的"贰臣"们经常聚首的地方。秋岳任京官时，便是"退谷"里的常客之一。他有《北海招同芝麓饮藤花下》一诗，约成于顺治十二年（1655），叙记了当年"贰臣"们诗酒唱酬、咏赞太平的情景：

> 吏部堂开宿雨清，书床高挹凤凰城。凉花影对邀宾好，密蔓风吹解绶经。燕市几人修隐业，酒钱今日罄交情。闻君且剧津门圂，扶老还看四海平。④

当时适逢吴伟业北上服官；梅村既是北海的"同年"，又已摇身一变为清朝的新贵，因此也成了"退谷"的常客。梅村的《退谷歌赠同年孙公北海》，以及秋岳的《春夕行北海少宰席上同梅村作》⑤，都可以看作清初"贰臣"之间宴游的记录。

---

① 孙承泽传记资料，参考王崇简《孙公承泽行状》，收入钱仪吉《碑传集》（北京：中华书局，1993年），卷十，页223—226；《清史列传》（北京：中华书局，1990年），卷七九《贰臣传乙》，页6597；Dean R. Wickes, "Sun Ch'eng-tse," in *Eminent Chinese of the Ch'ing Period*, edited by Arthur W. Hummel（Washington D. C.: Library of Congress, 1943）, pp. 669–670。

② 龚鼎孳传记资料，参考Tu Lien-che, Kung Ting-tzu, in *Eminent Chinese of the Ch'ing Period*, p. 431；《清史列传·贰臣传乙》，页6593—6595；邓之诚《清诗纪事初编》（上海：上海古籍出版社，1985年），页552。

③ 冯其庸、叶君远合撰：《吴梅村年谱》（南京：江苏古籍出版社，1990年），页287，注12。

④《静惕堂诗集》，卷三二，页3上。

⑤《吴梅村年谱》，页287，注12；页311，注4。

回头再看秋岳《同宁人饭北海斋》一诗。

秋岳挈亭林访北海于退谷,时在康熙三年,上距他和龚鼎孳、吴梅村等人的宴游,时近十载。那时的北海已年逾花甲,但"时时爱客张高燕,落落论心见古人",仍然好客如故。"阁有宸章褒脱屣",知北海退官后,曾获顺治赐以御书。结句"招携但觉承平久,忘却羁栖塞上贫",合前引与龚鼎孳"饮藤花下"所说"扶老还看四海平"比观,"贰臣"们颂赞新朝的情态,跃然纸上。

观亭林诗文中,又绝无一字述及北海。他此行和"贰臣"们在高悬着顺治的"御书"的"退谷"里杯酒言欢时的心情究竟如何,已不可知。十余年后,北海临殁前对子孙嘱咐后事时,却是引亭林为平生知己的;可见两人之间也是确曾有过微妙关系的:

> 公[孙承泽]殁,诸子泣涕顾予曰:"公病间谓不孝等:'我生平无善状,宗伯王公敬哉、处士顾子宁人、陆子翼王,知吾仕学之本末,质之足矣。'幸为赐状。"①

这段话见王崇简(字敬哉,1602—1678)替北海所撰《行状》。北海殁前所提及"知吾仕学之本末"而足为他立状的有三人,亭林竟是其中之一。即此一端,可断定亭林在康熙三年前后,和北海继续有往还,而两人的情谊,想亦必非泛泛。

平心而论,北海虽然名节有亏,却是学有所成的人。他对朱子学既有独到的见解,其他的著作,如《水利考》《治河纪》《春明梦余录》《元明典故编年考》《寰宇志略》《典制纪略》等,无论路向和方法,都和亭林有极相似之处。仅此一点,足以说明亭林愿意和北海成为论学之交的因缘所在。亭林和其他有学问的"贰臣"交往,大概亦本此态度,下文当另有论证。

亭林于康熙三年岁末返山东泰安。不久,他将珍藏的一批汉唐碑刻拓本邮寄秋岳。秋岳有诗《得宁人书寄汉唐碑刻至》纪

---

① 王崇简《孙公承泽行状》,页225。

其事：

> 圭璋席上珍，不乐处幽翳。东游陟梁父，西与流沙际。稽古见斯人，旷野独挥涕。不逢故所欢，安救齿发敝。曜灵感推迁，长绳莫能系。跌荡车马间，史迁有遗制。临文助豪雄，考索表孤寄。知我嗜琳琅，穷搜到遥裔。济上剥荒苔，孔林出深瘗。龙蛇灿盈箱，仆夫走迢递。重令齐鲁邦，菁华冠六艺。斯篆俨云虬，扁刻或如蛎。谁云野火焚，想像猝难继。巍巍上圣傍，神妍亦相俪。末技苟成名，足以寿千世。况秉大道区，绚等日星丽。及时当努力，撰述绍微系。君子相勖勤，金石有潜契。①

诗题有"得宁人书"四字，知亭林有书札随拓片寄出。诗中"知我嗜琳琅，穷搜到遥裔。济上剥荒苔，孔林出深瘗"，知亭林所举以贻赠的汉唐碑刻拓本，原是他先前在山东曲阜所得之物。考亭林于顺治十五年（1658）的春天，曾到曲阜谒孔林，并得当地学者马骕（字宛斯，号骢御，1621—1672）陪同，在附近的邹县、邹平等地搜访碑刻。②而"龙蛇灿盈箱，仆夫走迢递"，则可见亭林所赠，为数正自不少。结句"君子相勖勤，金石有潜契"，正表明了秋岳与亭林交谊的厚重。

三 康熙五年（1666），秋岳与亭林同游雁门

康熙五年春，亭林二访山西。他此行不再绕道北京，而是从山东泰安南下兖州，然后往西北行，取道河北的曲周而到达太原的。③

---

① 《静惕堂诗集》，卷七，页6下。
② 亭林山东访碑事，见《诗谱》"永历十二年"条，页1307。
③ 亭林此年行踪，见《诗谱》"康熙五年"条。

亭林重访山西时，秋岳已被清廷罢去官职，奉命留伫山西"待用"。这是秋岳自顺治十四年以来在仕途的又一次挫折。对一个热心功利的人来说，其打击之大可知。幸而在罢官前不久，秋岳得他早年结识的同乡晚辈朱彝尊（字锡鬯，号竹垞，1629—1709）[1]自浙江来投靠；不久，又有以前在广州论交且又是竹垞好友的屈大均（字翁山，号华夫，1630—1696）[2]自岭南来访。因此，在山西"待用"的秋岳，倒也颇不寂寞。而亭林此行，便因秋岳的关系，得交竹垞和翁山。在考述这段经过之前，先说秋岳和竹垞、翁山的关系。

清兵下江南时，竹垞曾经参加浙东一带的抗清军事活动。事败后，遍游吴、越，再渡岭到广东，结交了当地的抗清志士，而和翁山的情谊最深。那时正值秋岳在广东任布政使，竹垞为衣食计，以同乡晚辈的身份投靠秋岳，当了幕客。竹垞《篷轩落成曹方伯溶招饮纳凉即席分韵》一诗，便是当时宾主酬赠的典型之作：

  卷幔溪光夕，开轩露气澄。参差交月树，升降护风灯。幕府容疏放，蛮天罢郁蒸。南园多胜友，况把酒如渑。[3]

及秋岳奉调山西，先返浙江故里，临别岭南时，竹垞作诗送行。结句道出他对秋岳知遇的感恩布诚：

送曹方伯还里

  惆怅红亭酒，登舻奈别何？秋风空日夜，岐路渺关河。重以归与叹，因之劳者歌。还凭长短笛，吹出感恩多。[4]

康熙三年（1664）冬，竹垞北上大同，又得以和秋岳聚首。两人诗词唱酬，几无虚日，并以词学相砥砺。竹垞晚年追忆他和秋岳

---

[1] 有关朱彝尊生平，参考朱则杰《朱彝尊研究》（杭州：浙江古籍出版社，1993年）。
[2] 有关屈大均生平，参考汪宗衍《屈翁山先生年谱》（澳门：于今书屋，1970年）。
[3] 朱彝尊《曝书亭集》，《四部备要》本，卷三，页13上。系"强圉作噩"，即顺治十四年（1657）。
[4] 《曝书亭集》，卷三，页15上。亦系顺治十四年。

先后在广州、大同的交往,尚言之津津:

> 彝尊忆壮日从先生南游岭表,西北至云中,酒阑灯炧,往往以小令、慢词更迭唱和。有井水处,辄为银筝檀板所歌。①

竹垞得秋岳的推介,一度到山西布政使王显祚在太原的官署作幕客。亭林和竹垞初次见面,地点便在太原。亭林有诗纪其事:

朱处士彝尊过余于太原东郊赠之

> 词赋雕镌老,河山骋望频。末流弥宇宙,大雅接斯人。世业推王谢,儒言纂孟荀。书能搜五季,字必准先秦。揽辔长城下,回车晋水滨。秋水吹雁鹜,夜月卧麒麟。玉碗人间有,珠襦地上新。吞声同太息,吮笔一酸辛盗发晋王墓,得黄金数百斤。与尔皆椎结,于今且钓缗。羁心萦故迹,殊域送良辰。草没青骢晚,霜浮白堕春。自来贤达士,往往在风尘。②

秋岳和翁山论交,亦在他广东布政使任内。两人且曾合作辑刊明末高僧德清(1546—1613)的《憨山大师梦游全集》一书。③上文说秋岳北上大同前,曾返浙江故里短住。翁山其时亦适有吴越之游。顺治十七年(1660),秋岳、翁山、竹垞曾在浙江嘉兴聚首。翁山不久返岭南,秋岳有诗送行:

送一公还罗浮

> 只履初回万里槎,亲看射虎突黄沙。已知鹤去原无迹,不信山深尚有家。半偈夜圆炎海月,冷香秋照铁桥花。经过识

---

① 朱彝尊《静惕堂词序》,收入陈乃乾辑《清名家词》(上海:开明书店,1937年)。
②《顾亭林诗文集》,页373。又:亭林与竹垞见面后二年(康熙七年)被山东人姜元衡诬告,牵连陈济生《启祯两朝遗诗》一案,被捕下济南狱。时竹垞适在山东巡抚刘芳躅的幕府中当幕客。亭林好友颜光敏当时有《送竹垞至济南》诗:"携手河梁怅去尘,历山遥望柳条春。讼庭尚有南冠客,莫向燕台思故人。""南冠客",谓亭林也。亭林系狱仅七阅月,或与竹垞任巡抚之幕客有关,姑备一说。参陈济生《天启崇祯两朝遗诗》(北京:中华书局,1958年)所收陈乃乾著《附考》(页2100)。
③《屈翁山先生年谱》,"永历十一年"条。

我留题处,手拂苍崖醉墨斜。①

在亭林二访山西前不久,翁山又自岭南北上,先到古长安,和同是秋岳、亭林的知交李因笃相见。然后到潼关,访华岳,写出了他的名作《华岳》百韵。他到大同之前,秋岳已风闻该诗传诵一时:

怀屈翁山二首

君是骚人裔,椒兰践远游。壮能驱塞马,醉屡宿江楼。瑶草烦勤寄,金戈勿浪愁。弥天留短褐,长啸揖诸侯。

欲见狂生久,离亭独立时。赠人珠浦月,骇俗华山诗。白璧征歌伎,青春狎酒卮。汉台虽莽草,眺望莫教迟<small>翁山华岳百韵</small>
□□传颂。②

亭林初会翁山,是在他和竹垞见面先后不久。李因笃的《年谱》里"康熙五年丙午三十六岁"条有明确的记载:

五月,番禺屈翁山大均至长安,因定交。翁山偕至富平,登堂拜母。六月,偕赴代。时顾宁人亦至,访先生于道署。③

所谓代州"道署",即雁平兵备陈上年的官署。可见亭林与翁山相识,是通过李因笃的引带,而初会之处,又恰是三年前亭林和大生聚首的地方。亭林的《屈山人大均自关中至》和《重过代州赠李子德在陈君上年署中》④,便是这时期的作品。

以上叙亭林重访山西时,先后得交秋岳的挚友朱彝尊和屈大均,又与李因笃重作陈上年的座上客,皆有文献可稽。可亭林与秋岳重聚一事,亭林则不但只字未留,即在《静惕堂诗集》中,亦无

---

① 《静惕堂诗集》,卷三三,页1下。
② 《静惕堂诗集》,卷二二,页11下—12上。
③ 《天生先生年谱》,卷一,页24下。
④ 两诗见《顾亭林诗集汇注》,页924—933。

以考寻。事诚可憾。但若细读其他相关史料，则可断定亭林此行确曾和秋岳重会；而两人相见的地方，先在雁门，后在大同，亦可论定。

首先，根据亭林《诗谱》的记载，确知亭林在代州和翁山相见后，即北出雁门关，在滹沱河上游的地方和李因笃及其他二十余人合作垦荒。①在给门人潘耒(字次耕，号稼堂，1646—1708)的信中，亭林叙述此事说：

> 近则稍贷赀本，于雁门之北，五台之东，应募垦荒。同事者二十余人，辟草莱，披荆棘，而立室庐于彼。然其地苦寒特甚，仆则遨游四方，亦不能留住也。②

信里说及"辟草莱，披荆棘，而立室庐于彼"，则兹事体大，所以垦荒伊始，亭林在雁门起码也得停留三数个月。

其次，根据翁山和天生的诗作，可以确定亭林在雁门垦荒之际，秋岳曾有雁门之游。同行人除翁山、天生外，尚有秋岳的同乡兼幕客俞汝言(字右吉，号渐川遗民，1614—1679)。天生的《长至前二日同右吉陪曹秋岳先生宿雁门关即事四十韵》③，与翁山的《雁门关与天生送曹使君返云中四十韵》④都是秋岳当年游雁门的最佳证据。然则亭林和秋岳既同在雁门，两人又岂有不见之理？

再者，翁山另有《送宁人先生之云中兼简曹侍郎》诗，亦作于康熙五年。诗末五韵云：

> 云中魏尚旧宣威，今日曹公肃鼓旗。缓带投壶垂雅望，彩毫题赋掩晴晖。容仪欲见如琼树，书札相将隔紫微。八月

---

① 亭林此时有《出雁门关屈赵二生相送至此有赋二首》，见《汇注》页936。又参赵俪生《顾亭林与王山史》，页48。
②《与潘次耕》，见《顾亭林诗文集》，卷六，页140。
③ 诗见《天生先生年谱》，卷一，页38下。
④ 屈大均《道援堂集》，收入王隼《岭南三大家诗选》香港潘小磐影印同治七年(1868)陈氏重刻本，无年月，卷十六，页8下—9下。

龙沙飞急雪,中军置酒琵琶咽。令德高言相献酬,君欢好把酡颜啜。①

"云中"为大同旧称。从"云中魏尚旧宣威,今日曹公肃鼓旗",及"八月龙沙飞急雪,中军置酒琵琶咽",可知亭林、秋岳在雁门见面后,秋岳先归大同,亭林亦随后于是年八月经过大同,两人又复聚首。否则翁山送亭林诗何得云"兼简"秋岳?

秋岳和亭林相继离开雁门后,翁山仍留下与天生为伴,直至该年的冬天。两人年龄相若,本来分居南北,却因秋岳和亭林的关系,变成知交。翁山有《长亭怨·与天生冬夜宿雁门关作》词一阕,记叙两人在北地苦寒之夜,烧烛对饮时那种凄凉而温馨的情景。翁山此词,或有助于吾人缅想当年亭林与秋岳同游雁门的境况:

记烧烛、雁门高处。积雪封城,冻云迷路。添尽香煤,紫貂相拥夜深语。苦寒如许。难和尔、凄凉句。一片望乡愁,饮不醉垆头驼乳。　无处。问长城旧主,但见武灵遗墓。沙飞似箭,乱穿向草中狐兔。那能使口北关南,更重作并州门户。且莫吊沙场,收拾秦弓归去。②

下片"那能使口北关南,更重作并州门户",恐怕不单是词人吊古伤怀的泛泛之语。盖朱明立国,和在大同、雁门一带所取得的军功有不可分割的关系。《明史》里有朱元璋如何命常遇春发兵"北取大同"③,以及大将军徐达"攻庆阳,行次太原,闻大同围急,遂出雁门,次马邑,败元游兵"④的实录。而终明一代,大同与雁门均号称难守。然则古称"云中"的大同,既是朱明军威鼎盛、胡人覆灭的

---

① 引自《屈翁山先生年谱》,页81—82。
② 翁山词见《天生先生年谱》,卷一,页29注。
③《明史》卷一二五《常遇春传》(北京:中华书局,1974年),页3736。
④《明史》卷一二六《李文忠传》,页3743。

象征,所以明末忧时伤国之士,每好以"云中"为题,发为歌诗。[1]援古伤今,实有其特定的历史意义。

亭林与秋岳同游雁门时,此种情怀,当亦不能无所触引吧?!

四 康熙八年(1669),亭林与秋岳共饮于大名

《静惕堂诗集》卷廿一有《再同赤豹宁人饮介庵署二首》。从此诗的年份编排,当系于康熙八年。诗说:

客自殊方至,同探古署寒。盛名悬玉节,公谳密雕盘。曏近吹葭短,觞因授简宽。及时扬大业,送喜到征鞍。

地势燕齐合,官阶屏翰尊。肯容诸傲士,累夕共清言。夜久潜阳动,天遥古怨存。尘中分手易,岁晚卧蓬门。[2]

此题之前有《同赤豹饮介庵金滩署二首》,知当时秋岳、亭林、赤豹聚饮的地方,在介庵的"金滩署"。金滩属河北大名府治;介庵者,未知何人。

亭林《诗谱》"康熙八年"条说:"秋,返至大名。"[3]该年诗作有《自大名至保定子德已先一月西行赋寄》五律一首。[4]诗有"木落燕台早,霜封华掌迟"之句,所谓木落霜封,时序当属深秋。这和秋岳诗中"同探古署寒",和"岁晚卧蓬门",所咏情景相同。然则亭林在大名,虽然和李因笃之会失之交臂,却得和秋岳又一次重聚。

当日共饮大名的"赤豹",指史可程;他和死守扬州、以身殉明

---

[1] 陈子龙(1608—1647)的《云中边词》五首,即其中一例。见施蛰存、马祖熙标校《陈子龙诗集》(上海:上海古籍出版社,1983年),下册,页578。
[2] 《静惕堂诗集》,卷二一,页10上—10下。
[3] 《顾亭林诗集汇注》,页1313。
[4] 《顾亭林诗集汇注》,页1000。

的史可法是同祖弟。①亭林初访山西时,有《酬史庶常可程》诗,②是则两人早已相识。赤豹是崇祯十六年(1643)进士,授庶吉士。李自成陷北京,赤豹投降。后又归顺清廷。他的出处行藏,和秋岳当可引为同类,则亭林所交之"降臣",秋岳与孙承泽外,还有史可程一人。

秋岳诗作里述及亭林的,尚有两首。一首约成于康熙十六年(1677),题为《寄顾宁人都下》:

> 彩笔羞从里社操,褐方积日帝台高。眼中耆旧今谁在?陌上骅骝客自豪。□□山深曾雨泣,永和春暮各霜毛_{予与宁人同生癸丑}。亭成野史空留约,军幕无心倒浊醪。③

颈联"□□山",当作"天寿山",乃崇祯陵墓所在。到该年为止,亭林已六谒天寿山。"永和春暮各霜毛",则至于今日,两皆垂垂老矣,故不无感喟也。结言"亭成野史空留约",典出元好问晚年筑"野史亭"于家,以修金源氏一代之史自期。④可见秋岳和亭林,曾相约共修朱明一代的历史。

另一首《哀顾宁人殁于华阴》,是秋岳挽悼亭林之作,当成于康熙二十一年(1682)正月初九日亭林殁于陕西华阴之后:

> 朔风栗冽未曾停,吹落关南处士星。车马未酬秦筑愤_{宁人以避仇入北},文章足浣瘴云腥。贞心慢世冰花洁,异物摧人鹏鸟灵。幽魄故园招未得,只随华岳斗青荧。⑤

二人廿年交往,情义之深,肝胆之契,此诗尽见之矣。

---

① 史可程生平,王蘧常考证颇详,见《顾亭林诗集汇注》,页831。
②《顾亭林诗集汇注》,页831。
③《静惕堂诗集》,卷三五,页19上—19下。
④ 元好问传记资料见《金史·文艺传·元德明》。另参续琨《元遗山研究》(台北:台湾中华书局,1974年)。
⑤《静惕堂诗集》,卷三七,页16上—16下。

五　结论

　　南明弘光政权告终,亭林即以遗民自居,行藏素称谨慎,轻易不肯与清廷官吏往来。此事已为历来研究亭林者所注意。亭林的外甥徐氏三兄弟——乾学(字原一,号健庵,1631—1694)、秉义(字彦和,号果亭,1633—1711)、元文(字公肃,号立斋,1634—1691)——在康熙中叶前都曾是炙手可热的高官大吏,累欲为舅氏买山置宅,均被亭林拒绝。甚至在亭林作出终老关中的决定后,徐氏兄弟还不断向他招手,劝他返吴门定居,亦迭遭亭林坚拒。他在《答原一、公肃两甥书》中有一段这样的话:

> 且吾今居关、华,每年日用约费百金。若至吴门,便须五倍。吾甥能为办之否乎?又或谓广厦之欢,可以大庇寒士;九里之润,亦当施及吾侪。而曰:吾尔皆同声气同患难之人,尔有鼎贵之甥,可无挹注之谊?……吾甥复能副之否乎?虽复田文、无忌,不可论之当今,假使元美、天如,当必有以处此,而如其不然,则必以觖望之怀,更招多口之议。况山林晚暮,已成独往之踪;城市云为,终是徇人之学。然则吾今日之不来,非惟自适,亦所以善为吾甥地也。①

信内用辞委婉,似乎处处在为徐氏兄弟设想。但归根结底,仍然不外是恐怕"招多口之议"。对服官清廷的至亲尚如此,又何况外人?

　　那么,亭林何以在五十岁时甘冒大不韪投刺秋岳于其大同官署呢?这和秋岳平生好交游、勤治学、富收藏,以及他当时的职掌,都不无关系。

　　首先,在和亭林结交前,秋岳曾经和很多的明遗民有过密切的关系。《静惕堂诗集》里所见和秋岳有诗文唱酬的遗民,如胡介、杜

---

① 《顾亭林诗文集》,卷三,页57。

濬、周筼、余怀、徐松、张穆、蒋易、僧今释、龚贤、巢鸣盛、曾灿、林云凤、王猷定、陈允衡等,都是当时各地遗民圈子里有代表性的人物。而在秋岳众多"遗民之交"里,竟有些还是曾因抗清而名重一时的。像上文所说他在广东的幕客中既有曾在浙东抗清的朱彝尊[①],平时交游也包括像屈大均那样的人物。及至服官山西,知交中的傅山,便曾因牵连"朱衣道人案"而被拘系入狱。[②]凡此种种,都说明了身为"贰臣"的秋岳,有怜才好士之风,向无自绝于遗民之意。这一点,亭林在投刺之前,当有所知。

其次,秋岳并非一个徒知追求功名富贵的俗吏。他对生民利病,时见关怀。每于官事之余,治学甚勤。对宋元两代的学述著作,兴趣既浓,所得亦深。现存的《静惕堂宋元人集目》[③],列举了他手藏的宋人著述一百九十六种、元人著述一百三十九种。而他就所藏的这些典籍中选辑而成的《学海类编》[④],亦一直被视作研治宋元学术的津梁。亭林当年初访大同,正着手整理《天下郡国利病书》,亭林曾否借助过秋岳的庋藏,尚未能考定。但秋岳诗中既说亭林"囊有本务书,利病满怀抱",两人曾讨论过亭林的辑述,可无疑问。是则亭林初访秋岳,意在学术的可能性甚高。

从政治学之余,秋岳又擅诗歌辞章,且酷爱文酒之会。和亭林论交的前后,秋岳每官一处,都和当地的义士有诗酒往还,这在《静惕堂诗集》中是彰彰可考的。亭林本人亦是学者兼诗人,两人论学既投契,往后的诗酒唱酬,便自然有发展了。

复次,亭林在大同投刺秋岳之前,正是他决定离开山东,意欲到山、陕一带另谋发展的时候。以秋岳在山西的官职,无论是旅途

[①] 朱彝尊抗清事迹参朱则杰《朱彝尊研究·下编》第一节"朱彝尊抗清考"。
[②] "朱衣道人案"邓之诚考证极详。见其《骨董琐记》(北京:中国书店,1991年所收《骨董三记》),卷五,页570—581。
[③] 见《古学汇刊》(上海《国粹学报》铅印本,1912—1914年)第二集《目录类》。
[④] 曹溶辑、陶越增删《学海类编》子目,见上海图书馆编《中国丛书综录》(上海:上海古籍出版社,1982年),第一册,《总目》,页63—67。

上的安排，或人事上的关节问题，都能给初次涉足西北的亭林以种种的助力。这一点亭林于事前不能没有考虑过。后来的事实也证明，秋岳对亭林晚年在西北的事业，起码作出过推波助澜的作用。亭林在山、陕一带的新交，可以说全是直接或间接通过秋岳而认识的。甚至雁门关以北垦荒一役，秋岳虽未身预其事，却仍亲履其地。这许多的发展，当非亭林始料所及，但都说明了秋岳平生勇于助人的性格；亭林于事前应是有所知闻的。

亭林和秋岳间的友谊，一直保持到亭林身故之日。这二十年间，亭林先以珍藏的汉唐碑刻拓本赠秋岳，继而数度相见，且以修史互相期许。凡此种种，都说明了两人间的情谊并未因政治上的趋舍殊途而有所减损。

从现存亭林的诗文里，知道曾和他有过往还的清初大吏，除徐氏兄弟外，尚有施闰章（字尚白，号愚山，1618—1683）和汤斌（字孔伯，号潜庵，1627—1687）等人。施闰章和汤斌，都是主动先给亭林写信，切磋学术。亭林和这两人，也未发展到像他和秋岳的那种出入共处、诗酒流连的友谊。然而，亭林晚年手订诗文，却将和秋岳有关的作品全部剔出，而将和施闰章、汤斌二人往还的书札保留。可见秋岳的"贰臣"身份，终究不能不使亭林有所顾忌。当时清议的可畏，足见一斑。

亭林和秋岳的论交始末，向来未受注意。[1]亭林集中无一字及秋岳，固然是原因之一。而秋岳的《静惕堂诗集》，到目前为止，仍只有雍正三年（1725）的初刻本，以至流布未广，也是一个原因。除此之外，对二人交往的忽视，恐怕也和清初以来史家用以衡度当时士人政治操守的"阐释架构"不无关系。

这个"阐释架构"，从实质上来看，建基于儒家思想里"忠节"的观念。简言之，明清之际的士人可归纳为两大类：忠明的和仕清

---

[1] 钱仲联主编《清诗纪事》（南京：江苏古籍出版社，1987年）第三册《顺治朝卷·曹溶》条选《答顾宁人》七古一首，按语云："读此知亭林曾与洁躬往来，对降臣亦不尽绝之也。"这是目前所见惟一提及两人往来的材料。

的。两者之间，水火不相容，"汉贼不两立"，界限至杲。传统史学里既有"合传"之例，史家为当时的士人立传，遂取"忠节"的观念为"合传"的依归。于是，忠明的入《遗民》《殷顽》之录，仕清的列《贰臣》《从周》之传。① 所谓"一分为二"，清楚明了，莫此为甚。

　　这种以政治操守为惟一的标准来衡量清初士人的风气，自清初以来，从未衰竭。到乾隆末年为止，官私撰述的史籍，无不如此。迄清末倡议种族革命，以至抗日战争前强调对异族的抗拒，学者回顾明清之际的历史，亦大多采取此一"阐释架构"。所不同者，只是儒家的"忠节"观念，变作了"爱国主义"；而"遗民"与"贰臣"，换成了"爱国主义者"与"汉奸"而已。②

　　采取这个"阐释架构"来探索理解明清之际历史的学者，既以儒家的"忠节"观念来衡量士人的政治操守，是很难置信于像亭林那样坚贞的明遗民，竟会主动去和一个屈节仕二姓、事异族的秋岳结识论交的。即使偶然有人发现了"遗民"和清初大吏往还的史实，但在对这些史实加以诠释时，仍不免自限于上述已定的架构。以下试举一例加以说明。

　　三十多年前，周汝昌发表的《曹雪芹家世生平丛话》里有一段这样的话：

　　　　若提到清初的明代遗民，假如不原心略迹，单是检查他们和朝士是否严格断绝往来，并因而论其人品，那么真是少有"完人"。③

---

① 参谢国桢《增订晚明史籍考》卷十七至十八。并参拙作《清初所见〈遗民录〉之编撰与流传》，收入拙编《明遗民传记索引》(上海：上海古籍出版社，1992年)。
② 1963年12月5日至7日，南京举行纪念顾炎武诞生三百五十周年学术讨论会，与会者二十多人，宣读论文凡二十一篇。会中讨论的一个重要主题便是《关于如何估价顾炎武的爱国思想问题》。见沈嘉荣《顾炎武论考》，页355—370。
③ 周汝昌：《曹雪芹家世生平丛话(六)》之《鹭品鱼秋》(《光明日报》，1962年8月18日)。又周氏《红楼梦新证》(北京：人民文学出版社，1976年)第七章《史事稽年》有关于曹寅与明遗民交游的叙述。散见该章"康熙十八年"条及"康熙五十二年"条。

周先生跟着列举了遗民和朝士往来的一些例子：傅山和王士禛，钱澄之和张英，谈迁和吴伟业、曹溶等，而且说"这样的例子举不尽"。周先生所列举的史实，无疑是正确的。

但是如何对待这些史实，周先生却只建议"原心略迹"，劝人不可"不问真际如何，但核形迹"，以免非议古人。他所说"原心"的"心"，指的仍旧是传统儒家思想里"忠节"的"心"。可见这个建议，依然没有脱离已定的"阐释架构"的范畴，是有待商榷的。即以本文所述亭林与秋岳的论交经过而言，如果遵照周先生"原心略迹"的办法来分析，那么，亭林又该是何等人物了呢？

以上的论述，绝无意低估已定的"阐释架构"来分析清初士人行实的意义。事实上，士人身处易代之际，个人的出处行藏的确是不容忽视的大问题。上文反复指出亭林虽然视秋岳为知交，但晚年手订诗文时，仍不得不小心翼翼，不许所作中有一字涉及秋岳，正是这种意识的最好说明。而上述的"阐释架构"的形成和延续，又分别和不同的客观背景有关，已简述如上，治明清之际历史文化的学者，对此当亦能了然于胸。

本文意在指出清初士人于政治操守以外，尚另有所宝爱。政治上所作的抉择，亦并无碍于他们在其他方面的认同。亭林和秋岳对民生利病所共有的关怀，以及他们在汉唐碑刻和修撰先朝历史的声气互通，都说明了"遗民"和"贰臣"之间，在政治立场以外可以建立起种种的共识和认同。遗民诗人方文（字尔止，号嵞山，1612—1669）有句称："迹虽分显晦，道不限穷通。"[1]多少给吾人暗示了对清初士人的研究，如果仍坚持采取已定的"阐释架构"作为惟一的运作程序，则对当时许多复杂的人际关系，终必无从理解。

事实上，清初的大吏，无论是像秋岳那样身事两朝的"贰臣"，如周亮工（字元亮，号栎园，1612—1672）、梁清标（字玉立，号蕉林，

---

[1] 方文：《庐山访无可道人即从子密之四律》第四首。见所著《嵞山集》（上海：上海古籍出版社影印清初方氏古櫰堂刻本），卷五，页16上。

1620—1691)、龚鼎孳,或在新朝得第入仕的魏象枢(字环极,号寒松老人,1617—1687)、施闰章、宋琬(字玉叔,号荔裳,1614—1673)等,都分别和明遗民有密切的交谊。在这些人服官的地方,无论京师,或外而江浙、皖赣、闽粤、鲁豫、山陕等地,都有他们和遗民往还的足迹。反观遗民之中,真正坚苦守节、对清朝官府采取决绝态度的,像湖南的王夫之(字而农,号姜斋,1619—1692)、安徽的沈寿民(字眉生,号耕岩,1607—1675)和江苏的徐枋(字昭法,号俟斋,1622—1694),为数实在不多。在康熙中叶以前,清廷大吏和明遗民之间,或于论学上通声气,或于诗歌辞赋创作的讨论上引为同道,甚或在幕府中建立起府主和宾客的关系,情谊的深浅,各有不同。这许许多多复复杂杂的关系,有的是出于清朝官吏的慕名访求,有的是出于明遗民的主动干谒,也有的是通过师友、同年、同乡、姻亲、世好等已成的关系建立起来。凡此种种,都值得作进一步的探讨。

总而言之,清初士人与大吏间、遗民与士人间、遗民与大吏间种种复杂的关系,特别是明朝遗民与清朝大吏的往还,如果依然墨守已定的"阐释架构"作一律等同的论观,是很难取得更合理和更有意义的解释的。

1995年6月29日,定稿于香江旅次
(原载《清初诗文与士人交游考》)

清初的遗民与贰臣

——顾炎武、孙承泽、朱彝尊交游考论

清初学者陆陇其(1630—1693)《三鱼堂日记》"丁巳十一月初四"条说：

> 陆翼王来会于寿泉楼下。翼王博闻而朴实君子也。家多藏书。……翼王言孙北海学博而才敏。其所著诸书，虽不皆精，然多有益于学者。博学之士，皆收入门下，相助校对。朱锡鬯、顾宁人其尤也。顾宁人有《日知录》，多发先儒所未发。①

丁巳为康熙十六年(1677)，时值《日记》作者陆陇其解任嘉定县县令不久。②寿泉楼当为嘉定名胜。陇其，字稼书，浙江平湖人。③康熙九年(1670)进士，是清初著名的理学家，以尊朱子而黜王阳明见称。陆翼王名元辅(1617—1691)，嘉定人。④明末诸生，曾师事黄淳耀(1605—1645)。淳耀殉明，翼王亦拒不应试出仕，但屡挟所学以游京师，和清廷的大臣王崇简(1602—1678)和魏象枢(1617—1687)等相友善。翼王于宋明理学，其主张与稼书有相近处。但他治学似较恢宏，经学、史学，也卓然成家。

---

① 陆陇其《三鱼堂日记》(上海：商务印书馆，1937年，《国学基本丛书》本)，卷上，页1。又见吴光酉、郭麟、周梁等撰，《陆陇其年谱》(北京：中华书局，1993年)，页45。
② 《陆陇其年谱》，页四二："丁巳十有六年(1677)年四十八。二月，解任。"
③ 陆氏生平，见房兆楹所撰传，收入 Arthur W. Hummel ed., *Eminent Chinese of The Ch'ing Period* (Washington, D. C.: United States Government Printing Office, 1943-1944), pp. 547-549。除上引《年谱》外，《清史稿》《清史列传》均为立传。
④ 陆元辅生平，见《清史列传》卷六六，本传。钱仪吉《碑传集》(北京：中华书局，1993年)，卷一三〇，有张云章撰《墓志铭》。

寿泉楼中二陆月旦所及的三个人，便更是清初著名的学者了。孙承泽（北海，1592—1676）、顾炎武（宁人，1613—1682）和朱彝尊（锡鬯，1629—1709）三人在经史、舆地、音韵、金石之学上的钻研，以及在各种体裁上的文学创作，其成就之高，无论在当时和后世，都广受推崇。翼王对他们的称许，亦在意料之中。

翼王话里提及孙北海与顾亭林和朱竹垞之间曾有"主客"关系一节，却事非寻常，且较难取信于后世。这是因为北海、亭林、竹垞于明清易代之际，分别作出过截然不同的政治抉择；从儒家的忠节观念来看，三人的政治操守是高下有别的。简言之，北海身仕明清两朝，中间且曾降附李自成，是一个行谊受物议的"贰臣"。[①]亭林于明亡后，则不但坚拒仕清，还曾执戟抵抗新朝，是一位受尊敬的"遗民"。[②]而竹垞一生则变化多端：明亡之后，曾一度身预抗清的军事活动。及事败之后，为保身立命计，乃游食于清廷大吏之门，南北奔走，逐渐走向仕清的道路。二陆寿泉楼之会后的一年，竹垞入京应博学鸿儒试，终于正式投身新朝，彻底改变了早年的政治立场[③]，以至晚节颓唐，论者惜之。

夫"贰臣"与"遗民"之间而有"主客"之分，这在强调儒家伦常准则的社会里，是一件匪夷所思的事。所谓"道不同不相为谋"，遗民焉能甘心去作"贰臣"的门下客？更何况是耿亮忠节的顾亭林？

历来治亭林生平的学者，对他和孙承泽交往一事多讳而不谈，其原因也正在于此。对《三鱼堂日记》中所载翼王的话，他们更

---

① 孙氏生平，见 Dean R. Wickes 所撰传，收入前揭 *Eminent Chinese of the Ch'ing Period*, pp. 669-670。《碑传集》卷十有王崇简撰《行状》。孙氏论学主张，见钱穆《中国近三百年学术史》（上海：商务印书馆，1937年），页261—262。
② 有关顾炎武之著述甚多，不能具列。参考房兆楹所撰传，收入前揭 *Eminent Chinese of the Ch'ing Period*, pp. 421-426；沈嘉荣：《顾炎武论考》（南京：江苏人民出版社，1994年），第十一章、一、二节；《附录》三：《顾炎武年谱考录》。
③ 竹垞生平，见房兆楹所撰传。收入 *Eminent Chinese of the Ch'ing Period*, pp. 182-185；朱则杰《朱彝尊研究》（杭州：浙江古籍出版社，1993年）。

是坚拒接受的。有人甚至认为那不过是翼王用来厚诬亭林的话。道光年间编《顾亭林先生年谱》的张穆(1805—1849),便曾大声疾呼:

> 翼王此语尤诬。承泽何人,乃能收亭林于门下哉？①

翼王的话,果真为诬语吗？

就目前所见的史料来看,虽然尚未能断定亭林曾是北海的门客,但亭林和竹垞均先后和北海建立过深挚的友谊,却是毋庸置疑的史实。

首先,北海、亭林、竹垞三人的交游,翼王并非得自传闻,而是亲眼目睹、身预其间的。这从朱竹垞于康熙九年所填的一阕《点绛唇》词下简短的自注,便可确定:

> 九日同顾宁人陆翼王登孙氏石台赋呈退翁少宰。②

"退翁少宰"指孙承泽,"孙氏石台",则为承泽别业中的一胜景无疑。关于竹垞这阕词,下文另有讨论。这里要指出的是:翼王本人既是亭林和竹垞与北海交游的见证人,他的话显然是有根据的。

其次,翼王的话,也非孤证。计东(1625—1676)于二陆寿泉楼之会的前五年所撰的《耆旧录》里述北海和亭林的关系说:

> 今康熙十一年……[孙]侍郎[承泽]年八十,……隐君[顾炎武]年六十……侍郎之学,以朱子为宗,于五经俱有篆述注疏,自行其意。……隐君专精经传训诂及五音四声之学,考订详慎,为侍郎密友。③

---

① 张穆重订,缪荃孙校补:《重订顾亭林先生年谱》,收入周康燮主编,《顾亭林先生年谱汇编》(香港:崇文书店,1975年),"康熙九年庚戌五十八岁"条,页333。
② 朱彝尊《曝书亭集》(台北:中华书局,影印《四部备要》本),卷二五,页4上。
③ 计东《耆旧录》,原书未见。此据阮葵生(1727—1789)《茶余客话》(上海:中华书局,1959年),卷八,页203,《耆旧录》条。

计东是汪琬(1624—1690)的挚交①,而亭林和汪氏亦密有往还;②计东的话,当亦有所依据。可见北海与亭林之间密切的关系,在当时即已流传颇广,实非翼王一人凭虚妄说的。

然则亭林何以甘心和大节已亏的孙承泽论交?而当时游食于公卿大吏之门、身为幕客的朱彝尊又如何得与孙、顾攀交?他们三人之间究竟有过什么样的关系?这自然都是有趣而值得探讨的问题。

一　孙承泽的治学与收藏

孙承泽,字耳伯,号北海,又号退谷、退翁,顺天府人。③崇祯四年(1631)进士,与名诗人吴伟业(1609—1671)同科。北海在明、清两朝都宦途顺遂:除了在崇祯朝当过两任县令外,均在京师服官。到他于顺治十年(1653)退休为止,历任兵部、吏部侍郎,官至都察院右都御史、太子太保。

北海官运虽隆,却没有什么特殊的政绩可言。他在清初所享的大名,显然是和他广博的治学兴趣、丰富的图籍和文物收藏以及他慷慨好客的性格有莫大的关系。

《四库全书》所收北海的著述只有三种,但《存目》著录他的著作,却有二十种。最近有人将北海一生的述作统计下来,数目竟达四十三种之多④,涵盖经、史、子、集四部。足可说明北海治学兴趣之广。

---

① 参汪琬《与计甫草论道书》,见汪氏《尧峰文钞》(《四部丛刊》本),卷三二,页10上、11上。
② 参汪琬《与顾宁人先生书》,见上引《尧峰文钞》,卷三三,页14上、下。《亭林文集》卷三有《答汪苕文书》,收入《顾亭林诗文集》(上海:中华书局,1959年),页60。又:亭林尝视汪氏为其平生"知契"之一。见《文集》卷四,《答李子德书》,页78。
③ 同第287页注①。
④ 刘焱《孙承泽及其著述》,《典籍与文物》(北京),1995:3,页18—24。

北海的众多著述之中，并非样样皆精。概括来说，他对经子的阐释，如《五经翼》二十卷、《春秋经传补》二十卷和《考正晚年定论》二卷等，论者或以为体例未醇，或讥为持论偏激，所得评价并不太高。① 至于他的诗文，也仅刻有《己亥存稿》一卷，收顺治十六年一载的作品。而且即此一种，也因流传不广，今日已不可得了。编纂清初人的诗集选本中，如黄传祖《扶轮广集》及曾灿《过日集》，所选收北海的诗作，仅是薄物小篇②，未见大家之风。钱仲联先生之《清诗纪事》，于清初诗人搜罗至为宏博。③ 然北海之名，终付阙如。可见北海未尝以诗名家。

　　相对来说，北海在史事和舆地方面，成就颇为可观。像同时的谈迁（1594—1657）和张岱（1597—1689）一样，北海也尝有志于撰修有明一代之史，只是他用志不专，所得也就不如谈、张二人了。但他的《畿辅人物志》二十卷、《四朝人物略》六卷、《天府广记》四十四卷、《春明梦余录》七十卷和《山书》十八卷（又名《崇祯事迹》）等，对史实、人物和舆地的考订和记述，仍为治明史者提供了宝贵的材料，至今传诵不废。

　　北海专精之学，当推书画金石和钟鼎彝器的鉴赏。而他在这方面最重要的著述——《庚子销夏记》八卷——一直置于艺林中经典之列，历久不衰。即便是乾隆时的四库馆臣，虽然对北海身事两朝失德的事攻击不留余地，但在是书的《提要》中，仍不能不说"其人可薄，其书未可薄也"。④

　　北海广泛的治学兴趣，以及他在鉴赏方面的成就，当然和他丰

---

① 见第287页注①所引钱著《中国近三百年学术史》，页261—262。
② 黄传祖《扶轮广集》（顺治十二年刻本），卷八，及曾灿《过日集》（康熙曾氏六松本堂刻本），卷一、三、九，皆分别收有孙氏诗作。北京图书馆善本部藏查羲、查岐昌辑稿本《国朝诗因》卷一，亦选有孙氏诗。
③ 钱仲联《清诗纪事》（南京：江苏古籍出版社，1987年）。
④ 《四库全书总目》（北京：中华书局，1983年），卷一一三《子部·艺术类二》"庚子销夏记八卷"条，页968上。

富的收藏有莫大关系。事实上，就书画金石奇珍秘玩而言，北海所藏既多且精，在清初北京私人收藏之中，无人能敌，已是早有定论的。缪荃孙（1844—1919）论北海的收藏，便曾说：

> 京师收藏之富，清初无逾孙退谷者，盖大内之物，经乱皆散逸民间。退谷家京师，又善赏鉴，故奇迹秘玩咸归焉。①

缪氏之说是有根据的。北海于明清易代之际，确曾处心积虑地搜购自明故宫中流出的大量"文物"。他在《庚子销夏记》里自叙这段经历说：

> 甲申［崇祯十七年，1644］后，铜驼既在荆棘，玉碗亦出人间。二三同好，日收败楮断墨，以寄牢骚。予有"墨缘居"在室之东，或有自携所藏，间相过从。千秋名迹，幸多寓吾目焉。②

"墨缘居"在北京前门外，下文当再详述。北海在那里所从事的，几不下于近人之所谓"文物收购"了。

北海藏书之富，也是当时和后世所乐道的。汪琬曾说北海"有鼎有彝，有图有史"③；朱彝尊也说北海有"藏书万卷之楼"④。曹溶（1613—1685）则尝记述北海于明末在河南祥符县令任上，得见明宗室朱灌甫的藏书后，请人抄录，载归京师，其中经注一项便多达二百余册。⑤

清初私人藏书之富，以北海和梁清标（1620—1691）称并世双璧。这个说法，似乎始于黄虞稷（1629—1691）和周在浚。⑥直到

---

① 缪荃孙《云自在龛随笔》（北京：商务印书馆，1958年），页30。
② 孙承泽《庚子销夏记》（乾隆二十五年至二十八年鲍廷博刻本），卷八《寓目记》。
③ 汪琬《孙侍郎像赞》，收入前引《尧峰文钞》，卷三七，页3下—4上。
④ 朱彝尊《退谷先生像赞》，收入前引《曝书亭集》，卷六一，页3上。
⑤ 叶昌炽《藏书记事诗》（台北：世界书局，1965年），卷四，页200，"孙承泽耳伯梁清标玉立"条引曹溶《万卷堂艺文跋》。
⑥ 说见二氏《征刻唐宋秘本书目》（光绪三十四年刻《观古堂书目丛刻》本），页5上："近代藏书，惟北平孙北海少宰，真定梁棠村司农为冠，少宰精于经学，司农富于子集。"

291

近人叶昌炽(1849—1917),仍公认此一事实。[①]至于北海身后,藏书大半归黄叔琳(1672—1756);[②]黄氏乃乾隆一朝大藏书家,鉴别之精,一时无两,北海藏书价值之高,亦从可知矣。

北海的收藏,被分置于他在北京城内及城郊所置的物业里。在城内的,地处"前门琉璃厂之南,有'研山斋'、'万卷楼'"[③]和上文提及的"墨缘居"。"万卷楼"是藏书之处;"研山斋"则庋藏他部分的书画金石。王士禛(1634—1711)于《池北偶谈》中记述他在康熙十年(1671)五月访北海于其"城南书屋"[④],所指正是北海此一物业。

北海的好友王铎(1592—1652)为这幢物业留下了堪称珍贵的记载。王氏有《前门行》七古一首,《小序》里记北海的"城南书屋"说:

> 京师以"正阳门"为"前门"。北海有老屋一区,在门之南。青藤梧竹,最称幽胜。藤下黄石高五尺余,通体玲珑。宋艮岳物,陈江伯载至京师。灵璧石亦高五尺余,米元章物,后有手题曰"泗滨浮玉"。陈眉公集载在南中吴伯与家,米太仆友石取至京师。[⑤]

可见池亭园林中,无一物无来历。王氏又有《题孙北海池亭即鲜于伯几别业》[⑥],则其地原为元朝名诗人鲜于枢(1256—1301)别业的旧址。

---

① 同上页注⑤。
② 卢文弨(1717—1795)序鲍刻《庚子销夏记》有云:"余于黄昆圃先生家见退谷手书《畿辅人物志》。……退谷万卷楼藏书,今太半在黄氏昆季家。"
③ 前引《云自在龛随笔》,页30。
④ 王士禛《池北偶谈》(北京:中华书局,1982年),卷十一,页365。"退谷论经学"条云:"辛亥五月望后一日,雨后过孙退谷先生城南书屋,先生教以读书当通经。"
⑤ 王铎诗收入孙承泽《天府广记》(北京:北京古籍出版社,1982年),卷四四,页761。
⑥ 前引《天府广记》,页762。

《前门行》一诗对"城南书屋"的收藏和胜景,也有扼要的描述:

> 北海先生佩兰荪,日拥书画住前门。退食委蛇饶灵气,典坟披罢共琴言。金鱼池间别墅景,轩渠心不离丘樊。移来突兀两奇石,紫藤络绎皆春色。古鼎朱砂带青蓝,羊欣喜改谢琨席。①

北海在京师郊外的物业则名"退谷"。那里也储藏有他部分的珍玩。

"退谷"的经营始于顺治初年。迨北海于顺治十年退出官场,即以"退谷"为隐居之地。北海对此物业,钟爱异常。晚年撰述,往往署名"退谷"。他的朋友们,也就多以"退翁"来称呼他了。

北海撰有《退谷小志》,于"退谷"的地望有详细的交代:

> 京西之山为太行第八径,自西南蜿蜒而来,近畿列为香山诸峰。乃层层东北,转至水源头一涧最深,退谷在焉。后有高岭障之,而卧佛寺及黑门诸刹环蔽其间。冈阜回合,竹树深蔚。幽人之宫也。②

"退谷"的一山一水,因北海筑别业于其地而名声大著。当时便有人说:

> 愚溪因子厚而名,退谷待北海而著。噫!山水亦俟知己耶?③

事实上,"退谷待北海而著"一语绝不夸张。光绪年间编纂《畿辅通志》的人还特别给"退谷"记上一笔:

---

① 同上页注⑤。
② 惠栋《渔洋山人精华录训纂》(《四部备要》本),卷二下《晚入退谷却寄孙北海先生》,页13下,注引。
③ 此王崇简语,见上注。

> 退谷在［宛平］县西，香山东北。谷中小亭翼然，曰"退翁亭"。亭前水可流觞，东上石门巍然，曰"烟霞窟"。①

"退谷"得享大名的另一原因，和当时诗人所留下的那些有关"退谷"的诗篇当不无关系。清初著名的诗人中，像吴伟业、王士禛、曹溶、王崇简、龚鼎孳（1615—1673）等，都曾是"退谷"的座上客，也分别有诗纪其事。曹溶于顺治十二年（1655）所写下的《春夕行北海少宰席上同梅村作》七言古诗一首，不过是一个较显著的例子而已：

> 西山玉润蟠苍雪，太乙坛空金石辍。泥融数尺门外深，驽马出行难自绝。故人生菜旋相招，珍重欢娱如惜别。静馆新醪无俗辈，凤楼圆月依然在。云华覆席良夜长，握手宁知此关塞。扼腕休悲□□频，安生已觉升平再。天街灯火灿银花，城阴细草团青纱。弹弦击鼓动邻巷，星桥缯树相交加。乌啼斗转人未散，珠摇翠袖随风斜。皇都春色贵潋滟，盛事不得讥豪奢。定有侯家张广宴，戏舞鱼龙迟夕箭。但爱酒盏吸百川，岂解笔阵掣飞电。近日长杨射猎回，天子端居未央殿。禁御森沉漏水平，三十六官无甲煎。娄东学士新应诏，文采何辞万人羡。丽句常追长信恩，得时敢诧黄金贱。停杯俯仰客未还，铜盘烂烂开朱颜。戢兵简狱朝野阔，且劝山公颓玉山。随时不复限哀乐，世上无如今夕闲。②

退谷乃北海每年秋冬时的居所。其地当然庋藏不少为北海所宝爱的书画珍玩。藏画之中，以杨补之画竹、赵子固水仙、王元章墨梅及吴仲圭松泉图最为著名。北海自谓以八十之老，婆娑其间，和这四帧名画合称为"岁寒五友"；③退谷里藏画之室，也就因此名

---

① 光绪《畿辅通志》（上海：商务印书馆，1934年），页2589上。
② 曹溶《静惕堂诗集》（雍正三年刻本），卷十一，页10下—11上。
③ 同第291页注①。

叫"岁寒堂"了。

每逢冬尽春来，北海则自退谷移居城南的别业。顺治十七年（1660）为《庚子销夏记》所写的《自序》中，是这样描述他在北京城南的生活的：

> 庚子四月之朔，天气渐炎。晨起，坐东篱书舍，注《易》数行，闭目少坐，令此中湛然无一物。再随意读陶、韦、李、杜诗，韩、欧、王、曾诸家文，及重订所著《梦余录》《人物志》诸书。倦则取古柴窑小枕，偃卧南窗下，自烹所蓄茗。连啜数小盂。或入书阁整顿架上书，或坐藤下抚摩双石，或登小台望郊坛烟树，徜徉少许。复入书舍，取法书名画一二种，反复详玩，尽领其致。然后仍置原处，闭扉屏息而坐。家居已久，人鲜过者，然亦不欲晤人。老人畏热，或免蒸灼之苦矣。退谷逸叟记。[①]

北海在城南和城郊的园居生活，充分表现出他以书画珍玩自娱之余，有一种怡旷之怀，也有一份萧散安闲之致。更难得的是：北海不是吝情的人；相反的，他一生好客，更乐于与友朋分享他珍藏的图籍和文物。他待客之道，也展示出他慷慨的性格，以及他借天下的奇珍秘宝以潇洒送日月的胸襟：

> 有客诣之，必示［所藏］数种，留坐竟日。肴蔬不过五簋，酒不过三四巡。所有皆前代器皿，颇有古人真率之风。[②]

顺康之际三数十年间的著名士人，很多都曾得到北海这样的款待；除了上文所提及的以外，还包括钱谦益（1582—1664）、周亮工（1612—1672）、魏裔介（1616—1686）、宋荦（1634—1713）、李良年（1635—1694）、潘耒（1646—1708）、纪映钟、颜光敏、蔡湘、杜镇、谭吉璁（1623—1679）等在内。这些人虽然年辈参差，政见歧

---

① 前引《庚子销夏记》，卷一。
② 同第291页注①。

异,但都无碍于他们之间诗酒流连和鉴古识珍之余所获得的乐趣。

在康熙初叶一段长达十多年的时间里,顾亭林和朱竹垞也先后被引进了北海这个谈文研艺的圈子里。

二 顾炎武与孙承泽

亭林与北海初晤,最迟不会超过康熙三年(1664),地点在北京城南北海的别业。这个论定主要是依据曹溶(字洁躬,号秋岳)一首七律的诗题《同宁人饭北海斋》。①

从该诗在秋岳《静惕堂诗集》里的年序安排来看,已能断定它的写作年份为康熙三年。再从秋岳和亭林两人的行踪来考察:秋岳于该年以山西按察副使,"赍表长安",自大同入京述职;而亭林的《年谱》也明言他于是年"自大同至西口入都。七月,至昌平"。②秋岳和亭林是否结伴而行,不得而知。但两人于康熙三年同在北京,则是确然无疑的。

在此之前两年,亭林和秋岳在大同见面论交,两人相处得如水投乳。亭林是时在山陕一带的旅程,秋岳且为他作了很好的安排。凡此种种,从秋岳酬赠亭林一些情深词挚的诗篇里,都彰彰可考,也是早有论定的了。③

至于秋岳和北海,两人原是旧交:既同官于崇祯朝,复于入清后相继变作"贰臣"。从某些迹象来看,秋岳和北海之间一直保持着密切的情谊。譬如,著名的史家谈迁(1594—1658)于顺治十一年(1654)入京,屡访秋岳,就修明史事而经常晤面相商之际,秋岳

---

① 前引《静惕堂诗集》,卷三四,页12下。
② 张穆《顾亭林先生年谱》,收入前引《年谱汇编》,"康熙三年甲辰五十三岁"条,页229。
③ 亭林与秋岳见面论交,见谢正光,《顾炎武、曹溶论交始末——明遗民与清初大吏交游初探》,《中国文化研究所学报》(香港中文大学)新第四期(1995),页205—221。

便曾以北海著述的手稿相示。[1]而秋岳的诗,如上文所引的《春夕行北海少宰席上同梅村作》和《北海招同芝麓饮藤花下》[2]等,也给他经常作客于退谷一事提供了明证。

亭林和北海初晤,出于秋岳所安排,也是顺理成章的事。

回头看秋岳这首题作《同宁人饭北海斋》的七律:

> 瘦石苍藤帝里春,巍然黄发望犹新。时时爱客张高燕,落落论心见古人。阁有宸章褒脱屣,囊余藻镜等垂绅。招携但觉承平久,忘却羁栖塞上贫。[3]

这诗原是应酬之作,对主人北海,着笔最多。亭林和北海初晤,主客之间的反应如何,也就全无痕迹可寻了。

虽然如此,八句诗中,至少有两句还是值得注意的。

起句"瘦石苍藤帝里春",点出了"瘦石"和"苍藤",与上文所引王铎《前门行序》中所描述的景色一致。可知见面的地点在北海的城南别业,而不是城郊的"退谷"。[4]

颈联"阁有宸章褒脱屣",更有足述者。"脱屣",指北海退出政坛后,已视昔日富贵繁华如敝屣。"宸章"也者,当指顺治帝所赐的御书。可知北海罢官后,顺治尝赐法书以褒耀之,一如日后徐乾学(1631—1694)罢官,康熙赐以御书之例。[5]而顺治之所赐,北海悬之于厅房,以傲来客,自亦人之常情。

但是,素以明遗民自处且以耿亮见称的亭林,和北海初晤时,

---

[1] 谈迁《北游录》(北京:中华书局,1981年),《纪邮上》,"甲午·二月丁亥"条,页五五:"阴。过曹太仆借书。出刘若愚《酌中志》三帙。孙侍郎北海(承泽)《崇祯事迹》一帙。……侍郎辑崇祯事若干卷,不轻示人,又著《春明梦余录》若干卷,并秘之。"
[2] 前引《静惕堂诗集》,卷三二,页3上。
[3] 同第296页注[1]。
[4] 参第292页注[6]。
[5] 《清史稿》(北京:中华书局,1977年),卷二七一,《徐乾学本传》:"[康熙]二十九年春,陛辞,赐御书'光焰万丈'榜额。"

在那苍藤绕屋，又有顺治御书高悬的北海斋中，和秋岳北海两位"贰臣"举杯共酌之时，其心境究竟如何？这恐怕已是永难获得答案的问题了。

不管如何，可以确知的是：亭林于康熙三年和北海共饭于其城南书屋之后，并没有断绝往还，相反的，两人的友谊始终延续下去。在一段长达六七年的时间里，亭林且曾是北海的常客，或借读北海所藏丰富的典籍，或鉴赏北海所陈列的书画鼎彝。或在退谷，或在城南，二人论文谈艺，说经道史，相处得非常融洽。这份"遗民"与"贰臣"之间所铸就的不寻常却深挚的友情，一直维持到康熙十五年（1676）北海物故时为止。

现存的亭林集中，并无一诗一文是专为北海而写的。可是，亭林先在一篇序文里提到北海，又在四封致其门人及朋友的短札中信笔语及北海。这些文字，为数虽然不多，但如仔细爬梳，却可勾画出他和北海往还的一个轮廓来。

首先，《亭林文集》卷二《钞书自序》说到北海于亭林有借书之雅：

> 今年至都下，从孙思仁先生得《春秋纂例》、《春秋权衡》、《汉上易传》等书。清苑陈祺公资以薪米纸笔，写之以归。[①]

"思仁"为北海另一别字。"今年"，指康熙六年（1667）[②]，时距亭林和北海初晤，已历三载。此三年中，亭林足迹大都在山东、山西、陕西之间，在北京的时间较少。《自序》中所及亭林所借书三种，皆与经学有关，这自然和北海的藏书中以经学书籍多至精者有关。而两人治学有共同的兴趣，也是原因之一。

亭林治经成绩，具见《日知录》，不必多说。北海亦勤于治经，

[①] 前引《亭林文集》，页29—31。
[②] 亭林《年谱》系此文于康熙六年。按《钞书自序》有"念先祖之见背，已二十有七年"。康熙六年上推二十七年为崇祯十四年，恰为亭林祖父逝世之年。

有关的著述也颇可观。《四库全书总目提要》所著录的北海述作,经学一类,便有五种,凡九十八卷。①

事实上,康熙六年(1667)亭林得承北海借书之雅,只是一个开端而已。他在康熙十一年(1672)前后,似曾有过系统性遍览北海藏书的构想。是年他在《与李良年(武曾)书》里的几句简短的话,便是明证:

> 弟夏五出都,仲秋复入。年来踪迹大抵在此。将读退谷先生之藏书,如好音见惠,亦复易达。②

"年来踪迹大抵在此。将读退谷先生之藏书"云云,明言亭林准备在北京住下来,以便利用一段较长的时间,遍读北海藏书。这一计划当曾先得到北海的首肯无疑。但从亭林往后的行迹来看,这个计划似未实现。③

此札最末两句,亦堪玩味。所谓"如好音见惠,亦复易达",亭林简直是以北海的居停,作为他和其他友人的联络站了。这不正好说明了北海和他是经常会面的吗?

这个推测,在亭林当年给其他友人的信札里找到了重要的佐证。《颜氏家藏尺牍》所收亭林《与颜修来〔颜光敏,1640—1686〕书》末有云:

> 退谷先生常问起居,附及。④

这短短八个字的附言,已道出亭林和北海间往来的频密。《与王弘撰六札·其三》也说:

---

① 前引《四库全书总目·经部》及《经部存目》。
② 《亭林佚文辑补》,收入前引《顾亭林诗文集》,页237。
③ 北海于康熙十五年逝世前,亭林数度入都,然每次均往返匆匆,未及久留。见《年谱》有关各条。
④ 此札又见《亭林佚文辑补》,页237,作《与人书》。今据《颜氏家藏尺牍》(海山仙馆丛书本),卷二,页6上,定为与颜光敏修来札。

299

> 频倾北海之樽,复睹酉山之秘,何快如之！①

而亭林观赏之时,乃得北海所赠之酒助兴,则其地或即为北海之居停亦未可知。

亭林在《与[门人]潘次耕手札》里,亦提及北海:

> 昨退翁见召,午后趋往,而太史公已行,不得一晤,幸致意。②

此札信笔写来,从语气来推测,不像是记述一件偶一为之的事。而札中所及的"太史公",即指朱彝尊。③盖亭林与北海游处之时,和二人最亲近的,莫过于竹垞。

以下先述亭林和竹垞的关系。

三 顾炎武与朱彝尊

亭林与竹垞见面论交,时为康熙五年(1666),地点在山西太原。而亭林之得交竹垞,亦如他和北海初晤一样,是曹秋岳玉成其事的。

原来竹垞与秋岳同是浙江秀水人。秋岳于顺治中叶任广东布政使时,竹垞曾任其幕客。秋岳左迁山西,竹垞亦随于康熙四年(1665)北行入晋;翌年,得秋岳的介绍,任山西布政使王显祚的幕客。其时恰值亭林二访山西,两人遂得于太原见面。④

初度论交,亭林对竹垞即奖爱有加。竹垞《与顾宁人书》里说:

---

① 《亭林佚文辑补》,页240。
② 《亭林佚文辑补》,页238。
③ 李因笃《受祺堂诗集》卷六有《再作六绝寄宁人先生》,第一首云:
    一片白云归汉官,千年词赋起秋风。传书远述西河子,下榻兼知太史公。
  末句自注云:谓朱学士。知朱彝尊尝为其朋侣戏称为"太史公"。
④ 亭林与竹垞见面论交,同第300页注①。

太原客馆,两辱赐书,赠以长律二百言,久未得报。去夏过代州,遇翁山[屈大均,1630—1696]、天生[李因笃,1633—1692],道足下盛称仆古文辞,谓出朝宗[侯方域,1618—1654]、于一[王猷定,1599—1661]之上。①

今本《亭林诗集》卷五有《朱处士彝尊过余于太原东郊赠之》一律,五言十二韵,百二十言耳。篇首四韵,即见亭林对竹垞经史词章的推许:

词赋雕镌老,河山骋望频。末流弥宇宙,大雅接斯人。世业推王谢,儒言纂孟荀。书能搜五季,字必准先秦。②

是年亭林五十五岁,在北方奔波已达十载。而竹垞虽年未及四十,但自于岭南入秋岳幕,却已浪泊有年。他"壮岁欲立名行,主山阴祁氏兄弟,结客共图恢复。魏耕之狱,几及于难,踉跄走海上。会事解,乃赋远游"③,亭林于此不能无所知;二人见面后,亦不能无所语。俯仰身世,亭林与竹垞,当不仅是学问上的诤友而已。亭林赠竹垞诗篇末有"古来贤达士,往往在风尘"句,固为竹垞而发,亦亭林自伤之语吧!

四 孙承泽与朱彝尊

与亭林订交于太原之翌年,竹垞自山西入京。同年冬,竹垞初访北海于退谷,首次获观北海珍藏的金石碑刻、钟鼎彝器和书画图籍,并先后有《朱碧山银槎歌孙少宰席上赋》④《题杨补之墨梅》⑤一

---

① 前引《曝书亭集》,卷三一,页4下。
② 王蓬常辑注,《顾亭林诗集汇注》(上海:上海古籍出版社,1983年),卷五,页918—919。
③ 邓之诚《清诗纪事初编》(上海:上海古籍出版社,1985年),卷七,朱彝尊小传,页747。
④ 《曝书亭集》,卷七,页2下—页3上。
⑤ 《曝书亭集》,卷五四,页3下。

诗一文记述其事。是年,亭林亦自陕西入京,自北海处借得经注三种(见上文)。二人之同时在京,恐非偶然。再揆以日后亭林、北海、竹垞三人宴游之频密,可推见竹垞和北海结识,该是通过亭林的安排的。

竹垞自康熙六年(1667)冬初访北海,往后七载之中,获睹了不少自故明大内流出而为北海猎得的奇珍宝玩。譬如,在《朱碧山银槎歌孙少宰席上赋》一诗里,竹垞明言"朱碧山银槎"原是朱明皇室旧藏:

> 主人博搜金石文,向我更话天历间。丹丘先生爱奇古,命制芝菌如初攀。当时虞揭相献酢,是物亦得流人寰。①

接着,竹垞笔锋一转,叙甲申之变时皇宫所藏文物流散的情况说:

> 自从闯贼蹢燕市,大掠金帛仍西还。纷纷入肆寻锻冶,否亦道半委榛菅。②

又如北海所藏《王维伏生图》,且有崇祯皇帝的御题。竹垞为该图所撰的《跋》有云:

> 然艺事既神,其精思所感,如或见之。观是图者,不问知其为[伏]生。此思陵所以宝惜而亲题之也。③

再如竹垞为北海作《杨补之墨梅》题跋,竹垞当时所用的墨砚,便也是大有来历的。该跋文的结句说:

> 岁在丁未[康熙六年,1667]冬,坐孙侍郎退翁蛰室,斫冰试谢道韫研书。④

---

① 同上页注④。
② 同上页注④。
③ 《曝书亭集》,卷五四,页1下。
④ 同上页注⑤。

从上述的例子看来，北海在前门"墨缘居"收购文物，其收获当是颇可观的。

北海死后，竹垞曾撰文哀祭。文章里追述两人未晤面前，北海已对竹垞的诗作称赏备至：

> 往岁丁未，我未公觌。公获我诗，宾座赏击。①

这也许是两人晤面前的事。但两人论交以后，竹垞"考古能鉴"的功力，其实才是维系两人情谊的主要因素。竹垞出身世家，对书画碑版、金石彝器，自少即习于闻见，积有相当丰富的知识以及高度的鉴赏能力。竹垞在康熙十三年为王士禛《感旧集》所作的序文里，便曾忆述他儿时家中所用的陈瓷说：

> 彝尊儿时见先王父母治酒食燕宾客，瓷碗多宣德、成化款识，近亦嘉靖年物；酒杯则画芳草斗鸡其上谓之鸡缸，若万历窑所制，至或下劳傔从，见闻所习，无足异也。②

所用的食具尚如此讲究，其他可以想象矣。

在《汉淳于长夏承碑跋》(《曝书亭集》卷四十七)一文中，他忆述少年时随其六叔父习隶法一事，也足见他的家学渊源：

> 崇祯癸未[十六年，1643]，予年十五，随第六叔父子蕃[朱茂曜]观同里卜氏所藏[《汉淳于长夏承仲兖碑》]，犹是宋时拓本。今为土人重摹，失其真矣。

北海在文物鉴赏一事，必曾有所倚获于竹垞。试拈两例，略作说明。

第一例涉及北海藏品中的《赵子固水仙卷》。北海在《庚子销夏记》中著录此画，说的纯是个人观赏此卷的直觉感受：

---

① 《曝书亭集》，卷八十，页12上。
② 《曝书亭集》，卷三六，页6下，《感旧集序》。

303

> 彝斋［赵子固］倜傥不羁，风神迢上，精于绘事。晚年尤好画水仙，欲以敌杨补之梅花。一日，刺舟严陵滩，见新月出水，大笑曰："此所谓绿净不可唾，乃我水仙出现也。"余观此卷，风枝雨叶，纵横奇宕，如读蒙庄迁史文，莫可端倪。殆如子固出现。此宇宙奇观，不可作画图看。①

迨竹垞得睹是卷，却注意及画作的真赝问题。且凭家学所得，断定北海所藏，绝非赝品。其《书彝斋赵氏水仙花卷》云：

> 赵子固水仙横幅，观于北平孙侍郎砚山斋。记先子恒言，世多赝本。其真迹有九十三茎者最佳。今数之果然。侍郎所蓄，有杨补之墨梅、顾定之墨竹与是卷，称岁寒三友。梅竹无多花叶，而水仙独繁。然对之不异神仙冰雪之容，正乐府诗所云"寂寥抱冬心"者也。②

赵子固水仙横幅，得竹垞一言而定。好古如北海，能不感佩？

但竹垞对北海所藏的古物，并未尝一意投其主人之所好，而把它们说成件件皆精。相反地，竹垞对若干藏品的真伪，有时采取了保留的态度，或坦言自己的意见，甚至直言否定北海本人鉴定所得的结论。第二例所涉及竹垞对北海所藏两把宝剑的鉴定，即可概见：

退谷所藏宝剑三把：一为铜剑，经北海考定为春秋时延陵吴季子的佩剑；一为玉剑；一为鱼肠。北海对这三把剑珍爱无比，且从未对三剑的来历有所置疑。王士禛（1634—1711）尝得见"延陵季子剑"和"鱼肠剑"，于是有《双剑行孙退谷侍郎席上作》长歌一首③，又在《池北偶谈》里将季子剑的长度及剑上铭文，详细记录下来。④王渔洋《双剑行》篇末有云：

---

① 《庚子销夏记》，卷二，页6下—页7上。
② 《曝书亭集》，卷五四，页3下。
③ 《渔洋山人精华录训纂》，卷二下，页4上。
④ 同上注，页4下注引。

孙公八十目如电,博古直擅欧刘前。为公作歌惊四筵,乌尾毕逋河汉悬。灯明酒尽雪亦止,回看剑气相腾旋。①

寒夜酒阑,退谷里的宾客将宝剑摩挲传观,彼此更从想象中描绘宝剑的来历,终乃相继为北海获得奇物而庆贺。《双剑行》所描述这样的一幅画图,在退谷里恐怕出现过很多次了吧。

竹垞得睹吴季子剑,时在康熙九年(1670)十二月的一个寒夜。同观者尚有嘉兴李良年、吴江潘耒(1646—1708)和上海蔡湘(1648—1672)三人。经北海邀请,宾客四人即席联句,成《孙少宰蛰室观吴季子剑四十韵》。篇首七韵所叙事,颇值得注意:

穷冬蛰室寒,重扃昼飞雪。(李良年)

役车虽已休,客子远相挈。(朱彝尊)

萧然主人意,示我太古铁。(潘耒)

黯淡四座光,模糊百夫血。(蔡湘)

精气所结聚,入手讵敢亵。(李良年)

摩挲读遗铭,千春字不涅。(朱彝尊)

始知延陵佩,曾挂徐君碣。(朱彝尊)②

竹垞对这把被珍视为吴季子佩剑的铜剑,却采取了保留的态

---

① 同上页注③。
② 《曝书亭集》,卷七,页12下至页13上《孙少宰蛰室观吴季子剑四十韵》。蔡湘《竹涛先生遗稿》(乾隆壬子[1792]序刻本)卷二作《观吴季子剑联句四十韵为孙退谷少宰赋》。李良年《秋锦山房集》(康熙刻本)卷十八有《退谷题名记》述是游颇详:
　　同游四人:秀水朱彝尊,嘉兴李良年,吴江潘耒,上海蔡湘。游之日四:自人日己未迄于壬戌,所历之地十有三,为山五。……。饭以退谷,宿以退谷,导予辈游者,退谷主僧也。是游也,得古今诗四十有六,赋一、记一、铭一、题名二。游既毕,诸子感良会之不常,顾瞻山间,怃然而叹,于是良年为记,而彝尊书于亭左,以诏后之游者。
署"康熙辛亥正月"。知四人固在退谷度岁者也。
是游也,蔡湘亦有诗纪之。《竹涛先生遗稿》卷三《立春日集孙退谷少宰砚山斋同朱锡鬯李武曾潘次耕分韵》:
　　旧事从君忆,衔觞次第论。缥缃今古恨,兵火画图存(自注:时阅先朝书画,故云)。树色青霜薄,葭灰玉律温。预愁明岁近,芳草思王孙。

度。他的诗说:"摩挲读遗铭,千春字不涅",这和上引王渔洋《双剑行》诗题下小注所说"其一有铭云吴季子之子永宝用剑凡九字",是明显有出入的。在《周延陵季子剑铭跋》里,竹垞又复述了该剑铭文不可辨读的话:

> 腊有铭篆,文字不可辨。合之韦续五十六体书,无一似。①

所谓"韦续五十六体书",指唐韦续所著《墨薮》二卷上卷所列的五十六体书。②可见竹垞是经过细密的考订之后,才对季子剑的来历作出这样的结论来的:

> 其曰季子剑者,先生[北海]审定之辞云尔。③

北海所藏的玉剑,竹垞则考定为琰圭之属,并且以六经皆无玉剑的记载,否定玉剑之说,所持态度便更坚决了。《答孙侍郎书》劈头便对自己所持的观点先作交代:

> 昨酒间以玉剑相示,彝尊疑不能决。归而中夜辗转,思古经籍所载,未之或闻。疑古琰圭之属,因作《释圭》一篇以献,先生不罪其妄,赐之手教甚温。④

竹垞所作《释圭》,有一段最关键性的话:

> 宛平孙先生藏古玉一,相传盗发成汤墓得之,传世已久。先生出以示予。其光黝然,若山玄而水苍。长尺有二寸,博二寸,中凿以孔,可以穿组。剡其上,若芒刃。殆古琰圭之属,而尺寸过之。疑即康成所云大琰者也。……由此观之,是玉也,焉知非诗书所云,而成汤既没,纳诸其墓者乎?客有先予观

---

① 《曝书亭集》,卷四六,页4下。
② 《四库全书总目提要》,卷一一二,页955,《子部,艺术类一》,"墨薮二卷"条。
③ 同本页注①。
④ 《曝书亭集》,卷三一,页8上。

者，为赋《玉剑歌》。予考桃氏为剑，未闻攻玉。玉剑之载于六经者无之。遂定以为圭。①

竹垞在考订古物上所表现出的博识与才华，必曾获得北海无数的激赏。在年龄上相差达三十八岁，在政治立场上一度敌我分明的北海和竹垞，因为彼此间在研艺上有共同的爱好，遂结成忘年之交。竹垞在《祭孙侍郎文》里追忆两人间的交情说：

> 庚戌八月，谒公之堂。我袪公揽，偕步于廊。款语未已，旋罗酒浆。自是过从，月必三四。公召我趋，我归公至。嗟世论交，不乐草茅。虽在丘园，以位自高。谁肯忘年，执谦用劳。公以自觉，自称同学。②

庚戌为康熙九年（1670），亦即上文所及竹垞、李良年、潘耒、蔡湘同观所谓"吴季子佩剑"于退谷之年。但该年尚另有一颇关重要的事，即顾亭林于九月自山东入都，并于重阳日偕竹垞与陆翼王到退谷作客。此事最能勾勒出孙、顾、朱三人生平交契的轮廓。

五　退谷重阳之会及其后

康熙九年重阳退谷之会，亭林及翼王集中均无一字道及。幸竹垞《曝书亭集》有跋文一篇并词一阕。据之犹可追索当日众人宴游的一些踪迹。

竹垞的跋文，题作《李龙眠九歌图卷跋》。涉及北海所藏李公麟《九歌图卷》。《庚子销夏记》极称是卷"画法灵秀生动"：

> 昔人称其［李公麟］人物似韩滉，潇洒似王维。若论此卷之妙，韩王避舍矣。他不具论，即湘夫人一像，萧萧数笔，嫣然

---

① 《曝书亭集》，卷六十，页5下—6上。
② 同第303页注①。

欲绝,古今有此妙手乎?①

康熙九年重阳日,北海在退谷里,向亭林与竹垞所展示者,正是此画。竹垞的《跋》文末明言:

> 康熙庚戌秋九月九日,偕昆山顾炎武宁人、嘉定陆元辅翼王、永年申涵光凫孟、嘉兴谭吉璁舟石,观于宛平孙氏研山斋。②

竹垞所提及的,除亭林和翼王外,申涵光(1619—1677),河北永年人,为著名的遗民诗人,乃亭林旧交。③谭吉璁浙江嘉兴人,为竹垞内兄,时在京任中书舍人。④都和亭林、竹垞有密切关系。

亭林《年谱》的作者们,自顾衍生、吴映奎,到张穆等,均根据竹垞此跋而断定亭林等人是年"同在北平孙侍郎家详定所藏古碑刻"⑤。亭林与竹垞,皆精于碑刻,且富于收藏,这原是不错的。但竹垞所记只及《李公麟九歌图卷》,而没有提及订正碑刻的事。《年谱》所载,不知另有何依据?

竹垞的《跋》文,自是退谷重阳之会的一条极重要的证据。而上文所及竹垞的一阕《点绛唇》词,则证明亭林、竹垞和翼王,且曾于是日有登高之举。为行文方便起见,将该阕词题下小注重录

---

① 《庚子销夏记》,卷三,页4上—4下《李伯时九歌图》。
② 《曝书亭集》,卷五四,页3上。
③ 申涵光生平,见谢正光、范金民《明遗民录汇辑》上册(南京:南京大学出版社,1995年),页120—121所收传记。《亭林诗集汇注》卷四有《雨中送申公子涵光》,页829,王蘧常案语,明言亭林与申氏交,在顺治十年。
④ 谭吉璁,《清史稿》入《文苑传》,附《朱彝尊》,见卷四八四。《碑传集》卷九一有邵长蘅《登州太守谭君吉璁传》。谭氏尝序杨自牧《潜籁轩诗集》(收入缪荃孙、刘万源《光绪昌平州志》,北京:北京古籍出版社,1989年,页478)中有及亭林者:
> [杨氏]所为赠答者,率皆四方名士。而独于昆山顾宁人往来尤数。……余自康熙癸丑冬见宁人于燕台旅次。别去数年,宁人教授西河,余僻居榆塞,且驰驱戎马间,音问隔绝,未尝不忽忽慕之。

癸丑为康熙十二年(1673)。《亭林年谱》云是年在京度岁。
⑤ 《年谱》"康熙九年庚戌五十八岁"条。

如下:

> 九日同顾宁人陆翼王登孙氏石台赋呈退翁少宰。①

所言及之"孙氏石台",当为退谷名胜之一。竹垞词云:

> 花径登台,旧时此地重阳讌。天涯相见,最喜翁犹健。　望极疏林,瑟瑟金风蔌。凭阑遍。夕阳一片,送尽南飞雁。②

"天涯相见,最喜翁犹健",当指北海,时年七十九岁矣。

重阳会后,亭林出都返山东度岁;竹垞则滞留京师,至翌年夏始南下扬州。这期间,竹垞继续替北海的收藏进行鉴定的工作。《曝书亭集》中所收和北海藏品有关的题跋,当多于此期间完成。

竹垞与北海,既同晨共夕,于春秋佳日,必宴游不辍。竹垞《同纪处士映锺杜太史镇谭舍人兄吉璁集孙侍郎承泽研山斋四首》中所记,恐怕只是其中一例而已。

诗题所及:谭吉璁已见上文;杜镇为地方官③;纪映锺是诗名卓著的明遗民,和竹垞一样,以贫贱故,经常游食于公卿大夫之门。像曹溶和龚鼎孳,都曾经是纪氏的"米饭主"。④

竹垞这四首诗,第三首和亭林有关,最值得注意:

> 野趣行无次,林栖坐不辞。书看金薤出,杯喜竹根持。户牖分今古,朋游隔岁时。齐东回首望。最忆虎头痴。⑤

结句"最忆虎头痴",竹垞自注说:"谓顾子炎武也。"

时亭林已抵山东,故云"齐东回首望"也。两句合观,则退谷

---

① 《曝书亭集》,卷二五,页4下。
② 同上注。
③ 杜镇,见徐世昌《大清畿辅先哲传》(天津徐氏刻本),卷二九小传。
④ 纪氏生平,见前引《明遗民录汇辑》上册,页480所收传记。
⑤ 《曝书亭集》,卷七,页11上。

昔年的游侣,于亭林延颈企盼之情,跃然纸上矣。

北海于康熙十五年(1676)逝世。在此之前的三数年间,竹垞是否经常和他晤面,已无文献可考。但根据竹垞的《祭孙侍郎文》,却可断定两人之间深挚的情谊,一直保持到北海身殁为止。

照竹垞在祭文中所说,北海在退谷里病重时,恰值竹垞奔父丧于原籍地浙江秀水。北海命其长子作书致贶于竹垞,已有虑不复及见的话,祭文里说:

> 我考之丧,见星而奔。公命哲嗣,驰贶国门。书言卧疴,未克躬唁。期子重来,虑不尔见。①

竹垞跟着描述接信后自浙江兼程北上的境况:

> 我时临发,对书载咷。朔南攸隔,岁月其慆。既达于京,公果逝矣。不睹公容,睹公孙子。②

祭文末段,道出了知己之感,人琴之痛,词简而情真:

> 回忆公言,声悲益吞。仅一人知己,而又不存。觞酒在筵,挺烛在几。我涕有尽,我哀何底？③

康熙九年"退谷"重阳之会后,亭林和北海在康熙十一、十二年都经常在北京见面论学,已如上述。但北海殁时,亭林身在山西祁县。现存的亭林诗文里,也不见有挽章哀辞。亭林对北海之逝,曾有何反应,也就无从考索了。

然而,北海到死前为止,始终视亭林为平生有数的知己之一,却是无可置疑的。王崇简《孙公承泽行状》里记北海诸子复述其父病亟时吩咐后事的话,即为有力的明证：

> 公殁,诸子泣涕顾予曰:"公病间谓不孝等:'我生平无善

---

① 《曝书亭集》,卷八十,页12上。
② 同上注。
③ 同上注。

状,宗伯王公敬哉、处士顾子宁人、陆子翼王,知吾仕学之本末,质之足矣。'幸为赐状"。①

敬哉即《行状》的作者王崇简,河北宛平人,以崇祯十六年(1643)进士仕清,和北海既是同乡,又同是"贰臣";他和北海缔交,当远在亭林之先。而北海之交亭林,前后不过短短十余载,却已视亭林为知其生平"仕学本末"的三个知己之一。然则两人在退谷及城南书屋过从时,恐怕不仅是樽酒论文、凉亭观画而已了。

被北海视为平生知己的第三人为陆翼王。翼王和北海间的交游,除上文所及的重阳之会外,已不可知其详。但北海既曾视翼王为知己之一,则翼王于北海和亭林、竹垞之间的过往,知之甚悉,当为常理的事。因此,本文开端所引翼王在嘉定寿泉楼和陆稼书月旦人物的话,不但不是"诬语",而是确有根据的,便再也明白不过了。

亭林和竹垞之间的友情往后的发展又如何呢?

北海逝世后不久,清廷为了笼络那些始终对前明保持忠贞的士人,决定举行"博学鸿儒"试。②亭林与竹垞,和其他一百多位在当时极具有名望的士人,自然在清廷"网罗"之列。于是,他们便不得不在"仕"与"隐"之间作一个重要的抉择;他们也无法摆脱一场严峻的"政治操守"的考验。

亭林和竹垞私交甚挚,但却作出了截然相反的抉择。

当"荐声"四起之际,亭林再三明确地表明他不仕清朝的立场,坚拒应试,并且以"非死则逃"的话来相胁。③最后,他远走山陕一带,从此绝迹不至京师。

竹垞则是应诏参加了"博学鸿儒"试的,虽未可说为"欣然前往",然亦未闻有如傅山(1607—1690)及李因笃(1633—1692)之

---

① 《碑传集》,卷十,页225。
② 有关博学鸿儒试,迄今未见有专著。参考孟森《己未词科录外录》,见氏著,《明清史论著集刊》,下册(北京:中华书局,1959年),页494—518。
③ 语见《答潘次耕》,《亭林文集》,卷四,页78。

"抗议"行动或"怨声"。①他并且因为高中,立即被授为翰林院检讨。往后的宦途虽非顺遂,但直到亭林于康熙二十一年(1682)逝世为止,却似乎颇满足于身为康熙帝"文学侍从"的职位。②至是,早年曾参加抗清军事活动的竹垞,"以明显宦之后,磨剑十年,结客五陵,声华藉甚,终不免于轻出,论者惜之"③。

像这种惋惜竹垞中年以后失节的话,自清初以来,真不知被复述过多少遍!而亭林之于竹垞,自"博学鸿儒"试后,隐显殊途,操守有异,两人之间的友情,定必破裂,亦在一般人的测度之中。

自来治亭林生平的学者,大多主张此说。一些整理亭林遗诗的专家,甚至指出:

> 竹垞等仕清后,名字即不再入[亭林]集。④

这种说法是有待商榷的。

首先,所谓"仕清"后名字即不再入集一说,是难以成立的。原因很简单:现存的《亭林诗集》中所收有关竹垞的诗只有一首,即上文已讨论及的《朱处士彝尊过余于太原东郊赠之》一长律(亭林撰该诗于康熙五年),所谓竹垞名字入集,仅此一次而已。又岂

---

① 傅山生平,见C. H. Ts'ui 及 J. C. Tang 合撰小传,收入 *Eminent Chinese of the Ch'ing Period*, pp. 260-262;丁宝铨《傅青主先生年谱》附见《霜红龛集》(太原:山西人民出版社,1985年,影印宣统三年刻本),"康熙十七年""康熙十八年"条。李因笃生平,详吴怀清《天生先生年谱》,收入氏著《关中三李年谱》(北京:中国书店,影印原刻本)。又:李氏有《与颜修来(光敏)书》收入吴曾祺,《历代名人书札》中册(上海:商务印书馆,《国学基本丛书》本,页53),中述其被荐应试后之境况云:
> 而弟适为虚名所误,致诸公谬采上闻。号泣控辞,半载殆无日宁。甫得敝乡两台垂悯,取结移容。乃部驳既严,而温纶再三敦促,不得已而舍白头老母,匍匐京师。缮统陈情,扼于当路。泪枯力尽,沟壑是甘。幸总宪魏公为弟密题教孝一疏,又流泪面奏,圣心恻然,可免考图归矣。

② 参《曝书亭集》,卷十、十一所收康熙十八年至二十三年诸诗。
③ 引自叶元章、锺夏选注,《朱彝尊选集》(上海:上海古籍出版社,1991年),前言,页6。
④ 《顾亭林诗集汇注》,卷五《朱处士彝尊过余于太原东郊赠之》,王氏《解题》引"尹云"。

待十三年之后竹垞应试仕清时名字始不再入集?

其次,以《亭林文集》而言,竹垞之名见于卷四《答李子德》中;而亭林此札,作于康熙十八、十九年之顷(1679—1680),时"博学鸿儒"试已发榜,亭林于信末提及中试诸人,竹垞之名便在其列:

> 同榜之中相识几半,其知契者,愚山、荆岘、钝庵、竹垞、志伊、阮怀、荪友。以目病不能多作字,旅次又无人代笔,祈为道念。①

李子德即李因笃,亦亭林知交中应试者,时尚在北京,而亭林则已西行入关。所谓"旅次又无人代笔,祈为道念",亭林托李因笃代候高中"鸿博"者,竹垞即其中一人;而词气平和诚恳,绝无诃责之意。

当然,应诏参加"博学鸿儒"科的士人,在当时确曾招来过各方的物议。所谓"一队夷齐下首阳",只是当时有意"丑化"这班晚节不保的明遗民的一个较为人熟知的例子而已。事实上,即便在清廷所培养的第一代官吏之中,也颇有些人对"奉旨应试"持批评的态度的。而较令人意外的是,这些在职的官吏竟也包括了竹垞的挚友王士禛在内。以下试看王渔洋在"博学鸿儒"科榜发后,在给他的同乡京官颜光敏②的信中的一段话:

> 而博学鸿词,止有诸城李渭清一人。其余大半皆江浙间人。昨有偶为邗江友人题墨菊一绝句云:"由来苦节本难贞,莫向东篱问落英。征士今年满京洛,不知何处著渊明。"吾兄见之,定为一轩渠也。③

---

① 《答李子德》,收入《亭林文集》卷四,页74。
② 颜光敏,《清史稿》及《清史列传》均有传。《碑传集》,卷四四有李克敏《曲阜三颜公传》,第二传即光敏。又:颜氏为亭林挚友之一。《亭林佚文辑补》收《与颜修来手札十五首》,即为明证。
③ 《王士正[禛]与颜修来书》,收入前引《历代名人书札》中册,页64。

渔洋的态度，自不排除官场上的嫉妒和地域性的竞争等因素在内。但他对应"鸿博"科士人的批评，远比亭林的态度来得严厉，却是极明显的。

总之，根据目前可见的材料来推测亭林未尝因竹垞应试出仕而与之决断，应该是合理的。何况亭林知交中应试的，除他信中所举的"知契者"外，还包括他的门人潘耒，和收函人李因笃。潘、李二人皆未因应试而为亭林所唾弃，亭林又何独强求于竹垞？

亭林于康熙二十一年（1682）在山西曲沃逝世。现存的《曝书亭集》不见有竹垞的哀辞挽章。但自"鸿博"一役到亭林逝世为止的三数年间，两人却始终是保持联系的。竹垞《静志居诗话》卷二十二"顾绛"条说：

> 兵后尽鬻其产，寄居章丘，别治田舍，久而为土人攘夺。乃又迁于山西，营书院一区，尽取家中所藏十四经二十一史，暨明累朝实录，插签于架。予尝分书题其柱云："入则孝，出则弟，守先王之道，以待后学。诵其诗，读其书，友天下之士，尚论古人。"①

考亭林在山西定居，兼营书院，事在康熙十八年（1679）。②时竹垞已应"博学鸿儒"试，但亭林新居的书室，却挂着竹垞新撰的楹联。③可见两人的关系，确未因政治抉择的歧异而破坏。

六　结论

顾亭林、孙北海和朱竹垞三人之间在康熙初年所建立的深挚友谊，对一些恪守程朱之学而好讲节义的道学家来说，是难免觉得费解的。特别是亭林和北海，二人在明清易代之际所作的政治抉择，正好

---

① 朱彝尊，《静志居诗话》下册（北京：人民文学出版社，1990年），页672。
② 见亭林《年谱》，"康熙十八年"条，同第288页注①引书。
③ 此联又见吴映奎，《顾亭林先生年谱》（收入前引《顾亭林先生年谱汇编》中《顾亭林先生像》后）。乃浙江杭州人江日濬手书。

代表了道学家用以量度士人节操之量尺的两极:北海是属于被人鄙视的"贰臣",而亭林则是受人崇敬的"遗民"。一般的理解是:"遗民"和"贰臣"是属于两个不同世界中的人物,二者之间又是水火不相容、"汉贼不两立"的。若说像亭林那样耿亮的"遗民",居然和身为"贰臣"的北海共游共处,且相视为莫逆,那是违背常理而难以令人接受的。本文开篇提到道光年间张穆干脆将亭林和北海间交往的史实归之于"诬语",正好把这种心理表现得淋漓尽致。

事实上,"遗民"和"贰臣"之被推向于两个极端,并不只限于道学家的催化,也由于一些专门为"遗民"立传的"明遗民录"的史家于有意无意之间为之定型。试检阅现存的各种"明遗民录",便不难发现所谓"遗民"大都被描绘为"遗世而独立之民"。而"遗民"之中最能守苦节的,又往往是远离城市、誓不与官府中人往还的。其中有不少甚至是多方逃避清廷官吏的。像《皇明遗民传》里所描述的徐枋(1622—1694),便是一个典型的例子:

> 隐居[苏州]灵岩山中,土室树屋,人莫得见也。抚军汤斌慕其人,再屏驺从诣山中,辄闭户不纳,乃嗟叹而去。①

又如安徽宣城籍的沈寿民(1607—1673),在邵廷寀(1648—1711)的《明遗民所知传》里,也有和徐枋相似的地方:

> [入清后]寿民变姓名,入金华山。益入穷山,采薇自给。郡守朱元锡寄十金,置壁中三年,未尝发现。②

像徐枋、沈寿民这样"不事王侯、高尚其志"的明遗民,是"伯夷叔齐式"的,是逃世的,至少也是"陶渊明式"的,避世遂志的。如果从这种避世的"清高"角度来考察"遗民"和"贰臣"的往还,自然难免于获得"费解"的结论。甚或因不能正视此一史实,而归

---

① 前引《明遗民录汇辑》上册,页541。
② 前引《明遗民录汇辑》上册,页354。

之于"诬语"。

但是,如果将政治操守的量尺暂且搁置起来,而从一个较宽宏的文化观点去考察亭林和北海间的情谊(说得具体点,从社会伦理的角度来考察),则"遗民"和"贰臣"往还,亦非绝不可解。

首先,亭林并不属于徐枋、沈寿民那种"伯夷叔齐式"或"陶渊明式"的遗民。他不但没有逃世避俗,而且是坦然而积极入世的人。殆以入清之后,亭林对文化传统和社会现实,始终保持着一份热切的关注。而且在和他所坚持"不仕清廷"的大原则不相违背之下,亭林在山东、山西、陕西、京畿等地区,还积极参与了种种的文化建设活动,像对碑刻的调查和整理,地方志的修纂及其义例的商讨,以至在陕西华阴参与修建朱子祠堂的计划等。因此之故,亭林没有遵守其他一些明遗民"不入城市""不入官署"等"清规戒律"。相反地,他北上以后,游屐所至,都曾和当地的官府有颇密切的往还。凡此种种,在他的诗文信札里,都是有迹可寻的。

其次,亭林和北海在治学上有极相类似的兴趣和抱负;在研艺方面,二人亦有共同的嗜尚和专知。加上北海对藏品所表现出来的豁然大度,和亭林晚年在文物图书上的热切借资,二人遂能将政治立场的歧异暂时抛开。始而文酒之会、凉亭观画,继而北海尽倾所藏,彼此传观,终而超然于政治之外,相视为莫逆。凡此皆不难理解。

事实上,清初的"贰臣"之中,除孙北海之外,亭林和曹溶也保持过密切的往还。外如程先贞(1607—1673)和史可程,都是明臣而降清、操守可议的人,亭林和他们的私交,亦非止于泛泛。凡此皆已有论定。[①]另有龚鼎孳,亭林亦尝饮于其宅,[②]两人交情如何,

---

[①] 见第296页注③。又见谢正光《顾炎武与清初两降臣——程先贞、史可程——交游考论》,台北《故宫学术季刊》,15:3(1998·4),页129—143。
[②] 李因笃《受祺堂诗存》卷二十五《哭顾征君亭林先生一百韵》有句云:
    缟带曾贻晋,清觞再集燕。
  第一句自注:先生初同曹司农公过雁门晤余于陈使君席上。
  第二句自注:嗣饮龚宗伯公宅。

便有待进一步的研究了。

至于清廷所培养的官吏之中,和亭林有往还的便更不乏人了。《亭林文集》中所见有函札往还的,便包括了徐氏兄弟、施闰章(1618—1683)、叶方蔼(1629—1682)、汤斌(1627—1687)、汪琬、梁清标、颜光敏、陈僖、陈锡嘏等。而在康熙十八年(1679)所举行的"博学鸿儒"试中式的人中,亭林也自承"识者过半"[①],则为数已达五十人之多了! 这都说明了亭林虽不仕清,但未以与清廷官吏往还为忤为耻,表明了他在政治伦理与社会伦理上的两种清晰的观点。

亭林晚年没有忘情于当世,而且对世事始终在积极参与。以下再从他行事中举一些例证加以说明。

《亭林佚文辑补》收有《与颜修来手札》一首,作于康熙七年在济南讼事缠身之时。收函人颜光敏,时在京师官礼部主事。信的内容涉及亭林央请颜氏对将入京补官的谢重辉予以照拂事,颇堪玩味:

> 兹有德州方山谢年兄入都,附此申候。方山为内院清义公之冢嗣,翩翩文雅,更能熟于古今,少年中鲜其俦匹。属以荫职赴部,一切仰祈照拂。缘弟夏秋主于其家,昕夕对谭,心所归依惟在门下,至于居官涉世之道,亦望时时提命。[②]

方山是谢重辉的别字,后官至刑部郎中,在北京诗坛颇具声名。王渔洋所称"金台十子",方山即其一。[③]函中言"弟夏秋主于其家",可见亭林实方山之师。后人之考论亭林弟子,方山未被入列,可谓怪事。[④]

---

① 同第313页注①。
② 《亭林佚文辑补》,页230。
③ 谢重辉生平,见《清史列传》卷七十本传。清初诸家评方山诗,见前引《清诗纪事》,页3712—3714。
④ 谢国桢:《顾亭林学谱》(上海:商务印书馆,1957年);又前引《顾炎武论考》均不及谢重辉师事亭林一事。

方山入京，"以荫职赴部"，"部"也者，礼部也。盖方山以父荫，已具居官的资格，但仍须到礼部"报到"，始能"落实"官职。亭林挚友颜光敏，恰在礼部任主事，函中"一切仰祈照拂"之语，不排除亭林有请托颜氏之意。

对应试出仕一事，亭林一直坚守着"人人可出而炎武必不可出"的原则。[1]他的亲属门生之中，徐氏兄弟及潘耒均出仕清廷，这是人所共知的。较少为人提及的是：亭林的侄子洪善也是康熙十五年（1676）的进士。而晚年所立嗣子衍生，遵父命师事李既足，所习亦不能无制艺之学。[2]但这都只说明了亭林对子弟门生的出仕，未尝加以阻止。今读上引《与颜修来手札》，始知亭林对后辈仕清的态度，竟亦有近于"积极进取"的一面了。

亭林晚年在处理"立嗣"一事上，也表现出类似的态度。

亭林原配王氏无所出，中年置一妾，得子名诒谷，惜不幸早殇。五十九岁时，亭林在太原遇傅山，"浼之诊脉，云尚可得子，劝令立妾"[3]。于是再动得子为后的念头，在静乐买一妾。不料妾既无所出，而亭林于一二年间，"众疾交侵"，不得已，只好遣妾他去，立族子衍生为嗣。[4]不独如此，当其六十四岁时，又几经波折，为早已死去的儿子诒谷立后，并劝谕外甥徐乾学为自己"立孙"一事，引经据典，撰文来证明此乃"圣人之所许"的事。[5]由此可见亭林在家族伦理上对儒家思想的一贯信服与坚持。

亭林之甘心与失节的"贰臣"和仕清的官吏往还，必须从这些角度去理解。

---

[1]《亭林文集》，卷三《与叶讱庵书》，页53。
[2] 顾洪善事，见前引《顾亭林诗汇注》，页1098。衍生从李既足读书事，见《汇注》，页1160。
[3]《亭林文集》，卷六《规友人纳妾书》，页137。
[4] 亭林晚年立妾旋即遣去事，见《年谱》"六十三岁"及"六十五岁"等条。初议抚族子衍生为嗣，见《年谱》"六十岁"条。
[5] 徐氏《立孙议》不见其《憺园集》（锄月种梅室抄本，藏南京图书馆）。全文录入张穆《年谱》"六十四岁"条。

通过对亭林与北海交游的考察,起码可令人认识到以下两点:

第一:清初的明遗民之中,耿亮守节者,不必尽是山野及田园中的人。所过的生活,亦不必都是"伯夷叔齐式"的,或"陶渊明式"的。其中也有像亭林那样坦然入世、积极进取而又无碍于其政治操守的人。

第二:明末以后,"治统"与"学统"渐趋于一元。此乃近世史家的共识。但从亭林晚年的行谊来看,他似乎是要争取"学统"独立"治统"之外的。浅言之,政治上的歧异,并无碍于"学统"上的求同。

亭林于康熙二十一年(1682)正月死于山西曲沃①,得年七十。死前两月,尚为抚子衍生议婚,而作媒者四人之中,两人为清廷的官吏。亭林殁时所居地,乃康熙十八年(1679)进士韩宣之家。而经纪亭林之丧者,又都是曲沃一地的官吏和乡绅。在在说明了亭林于入清以后,虽然没有臣事清廷,但直到他物故为止,却始终没有和当前的社会脱节。在异朝统治下生活的亭林,在政治伦理(即上文所及的"治统")上,有着他一贯所坚持的原则。但在社会伦理和家族伦理(即上文所说的"学统")上,仍旧是遵循着儒家所提倡的积极态度,并不是像一般人所理解的遗民,只是一味的消极,在这三个层面上所表现的混淆不清的态度。

1998年6月9日定稿于爱荷华郡礼之荒村
(原载《清初诗文与士人交游考》)

---

① 亭林下世前后事,均据《年谱》。

钱遵王诗集考

——《钱遵王诗集笺校》自序

清初江南的藏书家钱曾在目录、版本学上的贡献,自近世以来,学术界已有定评。但是钱曾在诗歌创作上的成就,知道的人恐尚不多。到目前为止,文学史和诗史里固然没有他的名字,就连讨论他的诗歌的论文也还没有。这当然是由于他的诗流传不多、他的诗集也始终在若存若亡之间的缘故。

《钱遵王诗集校笺》一书,便是要填补这个空白的一项筚路蓝缕的工作。

一

钱曾,生于崇祯二年(1629),卒于康熙四十年(1701),字遵王,自号也是翁、贯花道人、篯后人、述古堂主人。籍隶江苏常熟。

遵王出生于一个仕宦书香的人家。曾祖父和祖父都是明朝的进士,做过大官。父亲也是明朝的举人,喜欢聚书和刻书。在绮襦纨绔之间长大的遵王,从少年时代起便能以问学自励,自然和他的家世有关。而常熟一地在清初文风鼎盛,那里的学者们在目录、版本、古文、诗歌等方面都取得了可观的成就,这必然也给遵王以一定的影响。遵王的乡先辈像陆铣、何云、叶奕、钱谦贞、许道林、钱陆灿,和冯舒、冯班兄弟等人,都曾给遵王在学问上以启迪和激励,使遵王到老犹感念不忘。这在他的诗作中,还是斑斑可考的。

对遵王一生治学影响最大的,莫过于他的族曾祖、那位在明末清初文坛享大名的钱谦益(1582—1664)。

遵王在目录、版本学上的成就,得自牧斋的诱导,是世所熟知的。遵王在诗歌创作上,也得到牧斋的培养和揄扬。细读《有学集》中两人唱和之作,可见牧斋对这位比他年少四十七岁的族曾孙的期许。牧斋死前四年,把《初学》《有学》两集诗歌的笺注工作托付遵王[①],更足见他对遵王倚重之深。牧斋致遵王的信里说:"居恒妄想愿得一明眼人,为我代下注脚,发皇心曲,以俟百世。今不意近得之于足下。"他简直以遵王为天下惟一的知己了!

《有学集》里保存了好些牧斋对遵王诗的评论,可以看出遵王诗在牧斋心目中所占的地位。

《怀园小集序》里说:

> 遵王生长绮纨,好学汲古,愈于后门寒素。其为诗,别裁真伪,区明风雅,有志于古学者也。

《交芦言怨集序》里说:

> 遵王之学益富,心益苦,其新诗陶洗镕炼,不遗余力矣。而其天然去雕饰者自在。

他激赏遵王的绝句:

> 断句诗神情轩举,兴会络绎,颇似陆鲁望《自遣》三十首,殊非今人格调,良可喜也。[②]

又认为遵王在七律上的成就,是"胎性"使然,非学所能:

> 余苦爱退之《秋怀诗》云:"清晓卷书坐,南山见高棱。"高寒凄警,与南山相栖泊,警绝于文字之外。能赏此二言,味

---

① 见《判春集·判春词》第十八首自注。
② 《遵王绝句跋语》。

其玄旨,斯可与谈胎性之说矣。遵王近作《秋怀诗》十三首,余观其有志汲古,味薄而抱明,冏冏乎南山之遗志也。[①]

和同时代的诗人比较,遵王的成就又如何呢? 牧斋的回答,可从他编《吾炙集》而以遵王的诗置诸卷首一事看出。

顺治十三年(1656),遵王写成了《秋夜宿破山寺绝句十二首》。他把诗抄在扇头,送呈牧斋。当牧斋读到诗中"莫取琉璃笼眼界,举头争忍见山河"两句时,赞赏之余,豪兴大发。遂开始采集时人的诗篇,辑《吾炙集》一书,并把遵王这十二首绝句作为压卷。牧斋对这段"因缘",有过详细的描述:

> 每观吴越间名流诗,字句襞绩,殊苦眼中金屑。秋灯夜雨,扇头得遵王新句,不觉老眼如月。因语郭指曰:"诗家之铺陈攒俪,装金抹粉,可勉而能也。灵心慧眼,玲珑漏穿,本之胎性,出乎毫端,非有使然也。'莫取琉璃笼眼界,举头争忍见山河',取出世间妙义,写世间感慨,如忉利天宫殿楼观,影现琉璃地上,殆亦所谓非子莫证,非我莫识也。"正欲摘取时人清辞丽句,随笔钞略,取次讽咏,以自娱乐。遂钞此诗压卷,名曰《吾炙集》。[②]

《吾炙集》是牧斋未竟之作。从现存的本子来看,牧斋把遵王的诗放在龚鼎孳、钱澄之、黄翼圣、杜绍凯、王潢、许友等人的作品之前,不就显示遵王的诗在牧斋心目中的地位了吗?

牧斋晚年的拂水山庄和红豆村庄里,"海内学者,屦满其门"。遵王自二十岁起从牧斋游,到他三十六岁那年牧斋亡故为止,十六七年间,在牧斋座上,得与当时的名人交接。曾和遵王有文酒唱酬的诗人中,像吴伟业、陈维崧、冒襄、徐乾学、方文、姜宸英、陈允衡、顾湄、宋实颖、许旭,以及太仓王氏昆仲等,都是清初诗坛上

[①]《题遵王秋怀诗》。
[②]《吾炙集》遵王《秋夜宿破山寺绝句》诗跋语。

的俊彦。可见遵王在诗歌的成就,不仅是牧斋一人之言;他在生时的诗名,也不只囿于常熟一地而已。

二

可是,遵王在世时的赫赫诗名却没有显彰于后世。这和他的诗集始终若存若亡的际遇很有关联。《四库全书》收录了遵王目录学的著作,而没有收他的诗集;四库馆臣对遵王能诗的事,亦一字不提;现存的《禁毁书目》中,遵王的诗集也不见著录。这都已是很不可解的。而更奇怪的是:清初以来一些选清诗成集的人,没有见过遵王诗集的,也大有人在。

遵王身后第一个赏识他的选家是王应奎(1684—1757)。应奎是遵王的同乡后辈,辑《海虞诗苑》,收录了遵王诗二十五首,是选家中收遵王诗最多的。应奎说"遵王诗学晚唐,典雅精细,陶练功深",和牧斋的评论,仍是一脉相承的。但不久王豫(1698—1738)编《江苏诗征》,却只收遵王诗三首。王豫不但没有评论遵王的作品,而且把遵王的《交芦言怨集》误作"文芦集";王豫没有见过遵王的诗集,是可以想见的。

以籍隶江苏丹徒的王豫既没有见过遵王的诗集,其他省籍的选家对遵王诗懵然不知,那就毫不足怪了!像魏宪所辑的《诗持》四集及《皇清百家诗选》、孙铉的《皇清诗选》和陈以刚的《国朝诗品》,这些选集的刊刻都在遵王亡故后不久,且又皆是以网罗宏富自居的煌然巨著(孙铉的《诗选》收顺治、康熙两朝作者达一千五百人之多!),遵王却都榜上无名。

第一部收录遵王作品的全国性的清诗选应推沈德潜(1673—1769)的《清诗别裁集》。《别裁》成于1760年,已近乾隆中叶。沈氏说遵王注牧斋诗,是一位博闻之士。又说他的诗"流易有余,不求警策,得牧斋一体",似乎对遵王诗了解颇多。但《别栽》所收那三首遵王的作品,恰巧是王豫已收入《江苏诗征》中的三首。因此,沈氏是否见过遵王的诗集,也是颇有疑问的。

乾隆以后的选本中,便更少见遵王的作品了。道光年间,广东的张维屏(1780—1859)辑《国朝诗人征略》两编,遵王是得与其列了。但张氏却连一首完整的遵王诗也没收进去,仅在"摘句"目下抄录了遵王诗两句:"借箸漫言山聚米,引杯兼笑海生桑。"这两句诗出自一首题作《梅村先生枉驾相访酒间商榷〈绥寇纪闻〉》的七律,全诗见王豫《江苏诗征》。而且张氏著录遵王的诗集,亦把《交芦言怨集》误作"文芦集",犯了和王豫同样的错误。可见张氏所依据的,很可能便是《江苏诗征》一书。

到了民国时代,研究清诗著名的杨锺羲(1865—1940),并没有评述过遵王的诗集。徐世昌(1855—1939)刊印《晚晴簃诗汇》,书凡二百卷,有意为清朝一代的诗人作结集。但遵王的诗,《诗汇》只收《秋夜宿破山寺绝句十二首》中的一首。这首诗已见《海虞诗苑》;整组诗又是牧斋用作《吾炙集》压卷的。《吾炙集》早为丁祖荫(1871—1930)在民国四至八年间收入他所刊印流传的《虞山丛刻》里。辑《晚晴簃诗汇》的人,恐怕便是从《海虞诗苑》或《吾炙集》中抄得遵王这首绝句的吧。

其实,不但遵王的诗集长久以来难得一见,就连诗集的数目和集名,也很少有人能弄清楚。王应奎是收录遵王诗最多的选家,但《海虞诗苑》却只著录了《怀园》《莺花》《交芦》《判春》《奚囊》五集,竟连曾在康熙十一年刊刻过的《今吾集》也没有著录。方志中的记载,也并不高明:《[乾隆]苏州府志》和《[光绪]常昭合志稿》的遵王小传,都只列举《交芦》《判春》两集。《常昭合志稿·艺文志》著录遵王集七种,数目是正确的。但把《笔云》与《怀园》误为两集,把《交芦言怨集》切分为《交芦集》与《言怨集》,又没有著录《夙兴草堂集》,都是错误的。遵王后人钱大成所编的遵王年谱,也承袭了这些错误。

对遵王诗集有较全面了解的似乎只有章钰一人。在《钱遵王读书敏求记校证》一书中，章氏自诩得读遵王诗五集：《怀园集》《交芦言怨集》《莺花集》《草堂集》《奚囊集》。但在"自注"中承认他所读的不过是以上五集的"摘录本"，跟着又以不得见《判春集》和《今吾集》为憾。虽然如此，章氏对遵王诗集数目和集名的认识，基本上仍是正确的。

近代著名的藏书家和目录学家中也有对遵王诗集缺乏认识的。在北京琉璃厂贩书数十载的孙殿起（1894—1958），著录了遵王《今吾集》和《笔云集》的稿本，但却没有加上按语。这两集稿本，后经陈乃乾（1896—1971）介绍，为郑振铎所购得。郑氏自言他初见稿本时，"一见狂喜，兴奋异常"。在《劫中得书记》中，郑氏毫无掩饰地描述他购得稿本的得意情状：

> 余夜睡甚早。于微酣后，尤具"吾醉欲眠君且去"之慨，不问客为何人也。盖疏懒成性，早眠早起惯矣。昨夜，乃乾来，挟以与俱者为钱遵王《今吾》《笔云》二集。余一见狂喜，兴奋异常，竟谈至深夜。此二集为旧抄本，……字迹苍老，极类遵王手笔。……询价颇廉，遂收之。细细翻读，殊为得意。

郑氏所得《今吾集》《笔云集》，现藏北京图书馆。《今吾集》有康熙十一年（1672）刻本，流传很少，中国大陆仅有的一册，也藏在北京图书馆（原为瞿氏铁琴铜剑楼于1911年送给京师图书馆的，因此得以幸存）。将刻本《今吾集》和郑氏所得相比对，便发现郑氏当年所购的，其实只不过是《今吾集》刻本的一个过录本，既没有《笔云集》在内，也绝非遵王的稿本。因为郑氏所购的《笔云集》"稿本"，内容和《今吾集》刻本的后半部完全相同，而所谓《今吾集》"稿本"也者，和《今吾集》刻本的前半部则完全相同。细审这个抄本的笔迹，和现存的遵王的笔迹亦不相同。况且，《笔云集》又名《怀园小集》，集中的诗，遵王手订自刻《今吾集》时，连一首也没收进去！作伪的人留下了这许多的破绽，但仍足以愚弄博闻的郑氏，便更可见遵王的诗集，是如何难求了！

三

遵王诗集若存若亡的际遇，是历史上种种政治和个人的因素所造成的。《初学》《有学》两集，在乾隆三十四年（1769）被清廷明令禁毁。遵王和牧斋既有密切的关系，他自己的诗集，也必为子孙们或藏家们封藏密秘，这是可以想象的。现存的《禁毁书目》中没有著录遵王的诗集，可能便是这个原因。但细读遵王诗，便不难发觉其中诋訾清廷之词很多，即无牧斋的连累，亦必为清廷所查禁无疑。

清人定鼎北京那一年，遵王才十六岁。史传称遵王为"茂才"或"文学"，可见他曾入学为诸生，而入学的年代又在明朝不在清朝，因为曾倬《[康熙]常熟县志》列他在《处士传》，而《国朝虞阳科名录》顺、康两朝取进生员也没有他的名字。遵王在清朝，也没有应试或服官。因此，虽然各种《明遗民录》里没有遵王的名字，他实际上却是一名标准的遗民。

遵王诗中所表现对明清之际史事的触角是敏锐的，对清政权的仇视则是明确的。顺治二年（1645）清兵下江南，正值牧斋去迎降之际，十七岁的遵王却写下了《悲歌十首》，描写清兵在江南一带大肆杀戮的惨况，露骨地指出"平明胡骑入城中，乱杀居民无处避"，以至"荒城茫茫秋欲暮，衰草寒烟满城路。都人避乱半存亡，高楼大宅无人住"，"路旁病妇吞声哭，面黑耳焦头半秃"。五年后，他的乡先辈瞿式耜（1590—1650）抗清被执杀于桂林。他写了《哭留守相公一百韵》。在这首长诗中，遵王用丰富的想象力来刻画桂林城陷的境况："笼水濋浠咽，坏垣罗妖兽。頞台看回鹘，侮食性侏俪。左言矜靺鞨,胡装袖窄隘。辫发头髦髯,馋抆探火熏。"所用"妖兽""回鹘""胡装""辫发"等词,对清室表示深恶痛绝。同一年,他仿晚唐诗人卢仝的《月蚀诗》写成《问月诗》。在这首长歌里,遵王以月为阴,暗喻满清;以日为阳,暗喻朱明,诗首段便有"既云圆缺避阳光,何能横来掩日,却令诗人辛卯歌灾异"的质询。然后设"六问""四怜",写尽人民流离失所的苦况。最后以"后羿若能射月取嫦娥,昼夜阴阳亦未错。必然玄夜要光明,但愿只使太阳挂空长不落"作结,对明室的恢复,寄以无限的希望。像这些作品,都蕴含着明遗民所共有的一股强烈的民族意识,以及绝不妥协的确立不移的政治立场。

及至眼见复国无望,遵王诗中也表现了明遗民对恢复失败的痛惜和无奈的情怀。顺治十六年(1659),郑成功舟师败绩江宁,他写《海上》一诗以纪之。三藩举兵失败,他又写《读郝伯常东师议有感作长歌》一首,借郝经上元宪宗的《东师议》中"先荆后淮,先淮后江"的策略,痛惜吴三桂在军事上的失策。再如《悲秋二十首》中的"规外乾坤空半壁,岭边日月浪重华。那知筹策终遗恨,左衽唯传廖立嗟";"唾壶击破留芒履,如意敲残剩角巾。休向长安更西笑,菰芦愁老过江人",以及《读宋遗民录泫然题其后》中的"浮云惨澹蔽扶桑,鞮唱羌歌尽犬羊。赤伏荒塘天尚醉,白翎哀怨国终亡"。这类作品,无论造意或遣词,在清初都是极犯忌讳的。

政治因素之外,牧斋的爱妾柳如是在牧斋亡故后不久即被逼殉家难一事,也可能是导致遵王诗集流传不广的另一原因。柳氏之死,遵王受嫌极大。除了柳氏的女儿和女婿具文控遵王于官府外,在牧斋生前的朋友和门生中,遵王也不理于众口。像归庄、顾苓等人,都曾飞书诘责遵王。这事的前后,陈寅恪先生在《柳如是别传》中已有极详尽的论述。遵王的声名,因此事而大受影响,连同他的诗集也被人唾弃,这是极有可能的事。在清初的社会里,文学作品的价值仍往往是被道德价值所统驭的啊!

这个推测如果是合理的话，那就不难了解为什么在遵王师友的诗文集中，很少保存有关于遵王的材料。上文所提及遵王的师友中，只有冯班、陆贻典、钱陆灿、方文和王摅的诗集中保留了和遵王唱酬之作，而数量又是寥寥可数的。像吴伟业于顺治十六年（1659）与顾湄游虞山，造访遵王，三人又同游苏州山塘，遵王都有诗纪其事。但现存各本的《梅村诗集》中却只保留了和顾湄同游诸作，而和遵王的唱和，显然是被删弃了。这类例子，恐怕尚多。而删弃有关遵王的作品，不管是出于作者，或编集刊刻的人，亦恐怕不是偶然的巧合吧。

遵王在悼念牧斋诸诗中，历叙牧斋生前对他的恩惠，其感情是极诚挚的。牧斋死后的三数年间，为了刊刻牧斋遗著《杜诗笺注》，遵王又屡次仆仆于常熟与泰兴之间，就商于季振宜，使《杜诗笺注》在牧斋死后三年间便顺利出版。五年后，遵王自刊《今吾集》，集前有族叔钱陆灿的序，序中极言牧斋生前对遵王的期许，甚至把二人的关系比作唐代的杜审言和杜甫。遵王所自订的集中又尽录他和牧斋唱和的作品。从这些事看来，遵王在牧斋身后不但没有讳言他所得自牧斋的恩惠，也没有忘记牧斋生前的嘱托。但是对于柳如是之死，遵王却始终没有一词以自辩。他的行谊，是否果如《河东君殉家难事实》所载的那样令人齿冷？到目前为止，也只好依据归庄和顾苓等人的一造之词来定谳了。

四

本书共收遵王诗集七种，连所辑《集外诗》共得五百一十三首。七集之中，只有《今吾集》有刻本。本书所采用的，是北京图书馆所藏中国大陆仅存的孤本。其他《怀园小集》《交芦言怨集》《莺花集》《凤兴草堂集》《判春集》和《奚囊集》，都没有刊刻过。这六集收入抄本《虞山钱遵王诗稿》，原为盛宣怀旧物，钤"愚斋图书馆藏"及"武进盛氏所藏"朱文印各一。现藏美国堪萨斯市博物馆中国馆馆长何惠鉴先生之响山堂。从《诗稿》的笔迹来看,尚不能确定它是遵王的手稿或清稿本。但原抄者对清初诸帝都不避讳,应该避讳的地方,又都经后人改动(如"玄"改作"元")。从这点看来,抄者即非遵王本人,亦应是与遵王同时,或距遵王不远的一位明遗民。《诗稿》又不见公私书目,连孙殿起的两集《贩书偶记》中也不著录。这都说明《诗稿》是极珍贵的。

和现存的另一《辑本钱遵王诗稿》相比,便更足见何氏响山堂藏《诗稿》的弥堪珍贵了。《辑本诗稿》也是抄本,见《恬裕斋书目》,原为瞿氏铁琴铜剑楼旧藏(以下简称瞿本),现归常熟图书馆,属该馆深藏不轻露人的"特藏善本",以至无缘披览。幸而四十年代龙榆生主编《同声月刊》,曾将瞿本的大部分刊载,未及刊载的七绝一体,亦幸得有心人辗转录示,瞿本遂得成为本书所依据的一部分。而这一常熟图书馆的"特藏善本"的面貌也因此而得供诸世间。以下就四方面来比较响山堂本和瞿本的优劣:

第一,响山堂本所收遵王诗六集,其创作年份都大概可以考定。《判春集》的自序,且说明成集的经过。瞿本按诗体分类,又不提供集名,既使创作年份混淆不清,也离遵王原意甚远。

第二,响山堂本所提供的集名,每能看出遵王的学养和寓意所在。如"交芦言怨",典出《楞严经》五:"由尘发知,因根有相。相见无性,同于交芦。"可见遵王和他的族曾祖牧斋一样,是精通内典的。又如"夙兴草堂",取义于《诗·小雅·小宛》:"夙兴夜寐,无忝尔所生。"表面上是思念父母,实际上是遵王对大明的怀念。更明显的是"判春",取义《春秋》"春王正月",奉周正朔;而判者,割也,"判春"便是大明正朔已被割裂的意思。甚至《奚囊》一集,所收既是诗人历游江浙诸作,因此根据李商隐叙李贺出游时"从小奚奴,背古锦囊"的故实来命名。瞿本把集名都删弃了,那是很不可解的。

329

第三，瞿本对遵王的诗题和诗中自注，也往往任意删削。在本书中，已一一指出。这里只略举一二例证。像《常山至玉山居民凋弊于兵燹之余过此凄然感慨》一诗（见《奚囊集》），瞿本仅题《感慨》；《戊午上巳徐健庵吴蔄次李武曾吴志伊姜西溟陈其年盛珍示集述古堂文讌酒阑有作》一首（见《判春集》），瞿本略去了自徐健庵起以下七个人的姓字，而把题目改成《戊午上巳同诸友集述古堂酒阑有作》。又如《莪匪楼成诗以自贺八首》（见《判春集》），诗中的自注都不见瞿本。类似的删削，是不忠于原作的，也给读诗的人在了解诗意上增加了不必要的困难。

第四，响山堂本比瞿本多收四十五首诗，而这些诗，又都是古体。①这些古体诗，都是诗人感时伤事之作，也最足以表明遵王的民族意识，以及他对明清之际一些重大史事的态度。把这些诗删弃不录，适足以说明瞿本的辑者在抄录遵王诗时，是有所顾忌的。辑者的动机容或有不得已的地方，但瞿本的价值远不如响山堂本，也就可以想见了。

五

《钱遵王诗集校笺》的出版，在于提供一份清初诗史的稀有材料，让学者们得以对遵王在清初诗坛的地位，予以新的评估。关于笺校部分，兹约略说明如下：

笺的部分，尽量考出诗的创作年份，及其有关的人物、史事和地名，借以勾画出遵王和同时人物的关系，以及他对一些史事的看法。凡是与遵王唱和或酬赠的其他人的作品，也尽求适当地录入笺内。这些作品，或见于各种清诗选集，或收入个人的别集，为数虽然不多，但大都是不经见的了。至于诗中涉及的典故，除非和该诗有

---

① 严格说来，瞿本应题作《钱遵王近体诗钞》才对，因为遵王的古体诗一首也没有收录。

重大关联的,大都不及考出,用俟来者。少数人名和地名,限于见闻和学养,亦只能暂付阙如。有部分清初别集,如孙旸《蔗庵诗集》、释道源《寄巢诗》及遵王的儿子钱沅的《钱楚殷诗文集》,都应保存有关于遵王的材料,但数度求索,始终无缘,也只好俟诸他日了。

校的部分,除《今吾集》用康熙原刻本为底本外,其他六集的底本,用的都是何氏响山堂本,校以上述的瞿本,以及清初以来的各种选本。响山堂本偶有经后人改动的地方,除避清帝讳者外,则均以"原作""改作"标明之。

本书所收的诗,都是遵王五十三岁以前的作品。遵王享年七十有三,他死前的二十年间是不可能没有诗作的。这些晚年之作,就有待于今后的新发现了。

响山堂主人何惠鉴先生以珍藏的《虞山钱遵王诗稿》抄本复印相赠,是本书得以完成的最大助力。北京图书馆允将所藏《今吾集》刻本和抄本借阅,并以刻本的微卷相赠,使遵王的诗集更臻完备。在整理的过程中,一直得到苏州大学钱仲联教授的关心和指导,书成后复辱承赐序。上海图书馆顾廷龙、瞿凤起、沈津三先生,和北京图书馆丁瑜先生,都在提供材料上给予极大的方便。书成之后,先后得原南京图书馆古籍部副主任沈燮元先生,和香港中文大学中文系佘汝丰兄在体例、内容,或文字上提供意见。而书名亦承佘兄题字,在此一并致谢。

本书属创之初,先母尚未弃养,曾经多次来示催责。现在书终于完成了,但先母的墓木已拱。谨识此以慰先母在天之灵。

1986年5月19日时客沪上

附:《钱遵王诗集笺校》增订版自序

《钱遵王诗集笺校》初版问世,在1990年。出版者为香港三联书店。嗣后览读清初诗文，见有相关资料，辄另纸别录。积稿日多，遂萌再版之念：一以增补昔年见闻之陋，一以订正初刊之讹。而所增者又统在"笺"中，盖以遵王诗集无别本须重校故也。

今兹新增之"笺"，其标义除仍循初刊之重在诗之创作年份、诗中所及之人物、史事、地名外，另于诗之咏事、用典、遣辞，就所得凡与钱牧斋所作有近似者，俱为录出。此余年来所倡"以牧斋注遵王"一义之展现也，足觇二人之诗作，有密不可分至如此者。至兹编所引用之典籍，溢出于初版几达百种，已详所附"参考书目"。不赘。

犹忆增订稿之初成，即蒙挚友熊秉真博士推介之于台湾"中央"研究院中国文哲研究所严志雄博士；志雄以治明末清初诗有名于时，一见以为许可，乃力荐之于该所同寅王瑷玲博士、彭小妍博士等，加入"文人"研究项目，因得纳入该所之出版计划。全书定稿之前，复承该所邀聘之匿名审稿者二人，细为审核。至书之编校与订正，志雄力任其劳，付出实多。兹值付梓之际，谨述书成及刊布之因缘如上，以志铭感云尔。是为序。

2007年7月30日，酷暑，时客香江

辑三

南宋袁谢两家《诗》注表微

班固有言曰："哀乐之心感,而歌咏之声发。"盖远在文字之先,已有吟咏之事。及先王盛时,以礼乐流化天下,置官人焉,采四方之诗,献诸朝廷,用警君心、观民风、察世变,故《诗》三百篇,一字一句,莫不有关于治道,有补于世教,为人君者,明乎性情,察乎流俗,然后考其得失,则可以立天下风化之本;公卿大夫,知所鉴戒,商略涵濡,则可以辅翼王教,安国保民,《诗》之功用,孰有逾于此者乎?然自王者之迹熄,而《诗》教亡,《诗》义废而不讲;后之说《诗》者,旁搜远绍,寻其坠绪,各逞殊见,谓己为贤,以为风雅微旨,舍我莫求。于是竞逐深巧,坚竖壁垒,合我则圣王余绪,异己则蛊说邪论,呜呼,其果如斯耶?夫《诗》义可乱,而人之性情,历千载而若一,苟能讯其端,通其志,昭昭然复见先王之所以垂教而不失其正者,则安知先王之泽,不在于是哉?余维斯义,宋人得之至精,自庐陵欧氏著《诗本义》,谓"先儒于经,不能无失",于是"尽其说而理有不通,然后以论正之",不斤斤于汉人家法,而本诸性情之正以说《诗》,由是新义日增,旧说几废。虽然,郑樵《辨妄》、王柏《诗疑》,终不免乎好奇树异之讥,然破旧求新,思合于当世以解经之风,实原于通经致用之传统,本篇所论袁燮、谢枋得两家《诗》注,即其表者也。

袁氏之书,成于宋室偏安,庸臣柄国之世,故因经旨而论时事,忧愤切直,深得风人指谏之义;谢氏之作,成于板荡之朝,抱黍离之痛,说《诗》见志,于《小雅》忧伤哀怨之什,尤再三致意,故陈义所在，皆指切当世，无复优游婉顺，又非空作议论者可比，盖所遭之变然也。于夫子兴观群怨、事父事君之旨，二先生盖深有契焉。余读二先生书，既伤衰世忠臣精诚恻怛之用心，亦慕亡国遗民坚确不拔之志节，故辑其精语各若干条，寻其微旨，表而出之，于以见《诗》教之用，固在此而不在彼也。

袁燮《絜斋毛诗经筵讲义》表微

袁燮，字和叔，庆元府鄞县人，少读东都《党锢传》，慨然以名节自期。入太学，登进士第，与同里沈焕、杨简、舒璘以道义相切磋，后师事陆九渊。宁宗朝，兼崇政殿说书，时史弥远当国，力主和议，燮独以振兴恢复之事望其君，至为台论所劾，罢官去朝。《絜斋毛诗经筵讲义》一书，乃其兼崇政殿说书时撰进之本，《宋史·艺文志》、马氏《通考》、朱彝尊《经义考》皆不列目，盖久佚不传矣。清初四库馆臣自《永乐大典》各韵经文下，裒集编定，得四十九条，厘为四卷，止及列国之风而已，《雅》《颂》诸篇讲义，则仍缺如。燮另有《絜斋集》二十四卷，今行于世。

《邶·式微》

袁氏曰：

臣闻人君有志，则危弱可为安强，苟惟无志，则终于危弱而不振，故曰："祸福无常，惟人所召。"趋向一差，而天渊不侔矣。吁，可畏哉。太王迫于狄人之侵，去邠之岐，微弱甚矣。而邠人则曰："仁人也，不可失也。"从之者如归市，于是乎肇基王迹，而诗人称曰：居岐之阳，实始翦商。越王勾践大败于吴，栖于会稽者，才五千人尔，而卧薪胆，念念复雠，卒如其志，转危弱为安强，岂不伟哉！黎侯失国，以狄人之故，寓于他邦，非得已也，诚能居患难之中，励刚强之志，朝夕思念，求反其国，惩创既往,改弦易辙,夫岂终不可为哉,而乃即安于卫国,曾无奋发之心,岂不哀哉。……观《式微》之诗,黎侯一失其国,而卑微如是,真万世人主保邦之龟鉴也。

此极称太王、勾践转弱为强,而贬黎侯无奋发之心,谓盘乐偷安者亦将如黎侯之卑微,惟光复中原,可以尊大长久,盖志在劝其君志存恢复,转懦怯为刚强也。

《邶·击鼓》

袁氏曰：

兴师动众,争地争城,兵锋一交,肝脑涂地,甚可畏也,其可轻用也哉。然有国有家者,非兵无以宣威灵、制强暴,故亦不得已而用之。外御其侮者,为固圉而举；以仁伐不仁者,为救民而举。兵出有名,故罔不吉,何者,人心固以为当……说以使民,民忘其劳,说以犯难,民忘其死,如是而用兵,人亦何怨之有,君人者,盍亦深思熟讲,求所以顺乎人心者哉。

按孝宗初立,主收复失地,起用老臣张浚,追复岳飞官爵,一时颇有恢复之意。然主宰殿前司李显忠,与建康都统邵宏渊不和,终为金人所乘,遂有"浚与诸将贬窜有差"之诏,另遣胡昉求和,乾道元年,和议乃定。和叔此说,盖在振其君之柔弱,谓御侮保民,兵出于义,虽曰凶器,亦当用之,再三致意,求其君顺民心,复中原,是亦可谓庶几风人之旨矣。

《王·黍离》

袁氏曰：

呜呼,周虽不竞,镐京之地,犹在境内,而忠臣过之,犹悲忧如此,况有甚于此者乎,我国家建都于汴,既九朝矣,宗庙宫阙,于是乎在,靖康之祸,鞠为禾黍,非能如东周之在境内,神皋未复,敌人据之,往时朝会之地,今为敌人之居,此天地之大变、国家之大耻也。使周大夫生于今日，过其故都，其悲忧惨戚之情，又当如之何哉。平王惟不自强，所以迄不能复西都之盛，圣主诚能反其所为，卧薪尝胆，以复雠刷耻自期，则大勋之集，指日可俟也。

"往时朝会之地，今为敌人之居"二语，沉痛惨戚，直以汴京宗庙宫阙为言，以励其君，不知宁宗闻此，亦有怆恻于其中乎？陆游诗云："自恨不如云际雁，南来犹得望中原"，与和叔此解，正有同慨。

《卫·芄兰》

袁氏曰：

> 臣闻人君之德，莫大于刚健，人君之患，莫甚于柔弱，刚健则日进无疆，足以有为于当世，柔弱则安于苟且，不能少见于事业，智愚相去，岂不远哉，今一介之士，苟惟柔弱，则不能自立于乡党，况于国君，一举一错，安危所关，其可以柔弱自处乎。惠公者，宣姜之子，朔也，不强于为善，而忍于为恶，子之得罪，朔实为之，即位之后，上不能以礼防闲其母，下不能制公子顽之恶，至柔至弱，拥虚器于人上，何足以君其国乎。……人而无能，其害止于一身，君而无能，其害及于一国，纪纲之不振，法度之不修，人心之不服，国势之不强，皆柔弱无能之故，为人上者，可不惧哉。

此感伤近事而发也。孝宗以春秋方盛之年，急传位于光宗，自为"至尊寿皇圣帝"。光宗既愚顽，后又妒悍，乃至孝宗之崩，光宗及后亦不在侧，终有废立之事，船山谓孝宗于其子"教之无方"，"辅之无人"，"俟之不待其时"，"昏懦之习不察"，"悍妻之煽无闻"，可谓切矣。和叔借惠公之柔弱以风其上，可谓直矣。

《周南·樛木》

袁氏曰：

> 尝观世之好嫉妒者，惟小人与女子为甚，新或间旧，则爱有

所分,非己之利,则不得不多方以隔绝之,阴私险诐,其质相若,故其嫉妒之心,亦不谋而同尔。古之后妃,岂其然哉。……孟子曰:"身不行道,不行于妻子。"表仪不正,人心不服,骨肉至亲,若仇敌然,终日戚戚,不得须臾宁,何福之有? 后妃之不妒忌,固盛德也,然刑于寡妻,其本固在矣。君天下者,盍致思焉。

此借美后妃之德而刺光宗李后也。史称李氏为武人女,性妒悍。和叔既刺其嫉妒,复以"刑于寡妻,其本固在",而谓盛德之流化,皆自上而下,君人之行,天下之仪表,此《春秋》之义也。则其于光宗,亦责之深矣。

《邶·北风》

袁氏曰:

臣闻人君之为政,莫善于宽仁,莫不善于威虐,宽仁则民爱之,威虐则民畏之,爱之若父母焉,畏之若仇雠焉,父母之亲,不忍一日离,而仇雠之恶,惟恐其不相远也,为人上者,不能抚爱其民,而专以威虐从事,人心岂有不离者哉,人皆去之,君谁与立,则是戕其民者,乃所以自戕也,岂不甚可惧哉。北方肃杀之风,凛乎可畏,而加之大雪,其寒益甚,所以喻卫君之威虐也。……君者,民之父母,而疾如仇雠,孤立于上,国势岌岌,威虐之所致也,并为威虐,则不独卫君为然,亦必有同恶相济者,此所以重失人心也。今仁圣在上,子惠黎元,可谓仁矣。而监司帅守,犹有急于财赋,刻剥穷民者,亦有敢行诛杀,害及流民者,此皆不仁之人,为国失人心者也,人心一失,所系甚大,伏维圣主哀之救之,以活生民之命,告之戒之,以衰酷吏之风,此诚今日之急务也。

按《絜斋集》卷二有《轮对建隆三年诏陈时政阙失札子》,中云"……且夫人命至重,贼杀不辜,汉法甚严,虽张敞之才,不免罪废,今仁圣在上，而牧守苛酷，或罪不至死，辄行腰斩，或盗不尽获，诛及主将，轻蔑朝廷，专恣无忌，……吾民困于征敛，非一日矣，而近年尤甚，已放而复催，已输而复纳，刻肌及骨，无所赴愬……陛下亦闻之乎。"当时民困而吏酷之情，可以概见矣。

谢枋得《诗传注疏》表微

谢枋得，字君直，号叠山，信州弋阳人。登宝祐丙辰第。德祐元年冬，任江西招谕使，时元兵渡江，枋得领军力与周旋，累遭败绩。弃家入闽，隐于逆旅，以卖卜为生。及宋既亡，天下粗定，元廷累下旨诏之，皆不起。至元二十五年秋，参政魏天祐强执之北上，绝粒死于大都。当其仕宋时，适丁季世，倡大义以诋权奸，提孤军以保封疆；及事不济，妻子弟侄，并死狱中，亦无顾恤，宋室既屋，犹拳拳以宗社为念，誓死不臣夷狄，《宋史》传赞称其"嶔崎以全臣节"，可谓当矣。《诗传注疏》一书，原本已佚，今存者乃清初吴长元辑本，采自《永乐大典》及元人《诗经纂注》等书，共得三卷，三百零一条。枋得另有《叠山集》十六卷，并行于世。

《小雅·巧言》

谢氏曰：

小人进言于其君，君知其不可信也，如《书》之"暨谗"，《中庸》之"去谗"，彼无所容其奸矣。今也不然，始也，知其不可信，而涵，涵者，有包容而无分别，有覆护而无明白，有问而无察，有听而无断，小人窥见上之心可欺也，诬善行私，何所不至，此乱之初生也。谗言之始进也，未敢必其君之尽信也，以浸润之谮，用尝试之术，君虽未能信之，已涵容之矣，涵容之，则必不窒绝之，小人于是无忌惮矣，言愈巧，辞愈游，自非聪明智慧之君,未有不堕其术中者,不惟涵之,尽信之矣,此乱之又生而不可阻也。王者闻谗人之言,如能怒而威之,乱庶几遄阻矣,王者闻贤人之言,如能喜而福之,乱庶几遄已矣。一喜一怒,一威一福,劝惩昭然,易乱为治,特反掌耳。

宋至南渡以后,当国大臣大率皆乱政误国之人,如韩侂胄、史弥远、史嵩之、贾似道等,及其相继罢去,而宋室亦亡矣。理宗时,史弥远卒,诏令其侄嵩之起复,太学生黄伯恺等百四十四人叩阍上书,中有云:"曩者开督府以和议隳将士心,以厚赀窃宰相位,罗天下之小人为之私党,夺天下之利权归之私室,蓄谋积虑,险不可测,……今钞法屡更,利之归于国者十无一二,而聚之于私帑者已无遗算;国家之土壤日削,而嵩之之田宅益广,国家之帑藏日虚,而嵩之之囊橐日厚,……史氏秉钧,今三世矣,军旅将校,惟知有史氏,天下士大夫,惟知有史氏,而陛下之左右前后,亦惟知有史氏,陛下之势孤立于上,甚可惧也。天欲去之,而陛下留之,堂堂中国,岂无君子,独信一小人而不悟,是陛下欲艺祖三百年之天下,坏于史氏之手而后已。"可见其时亦非无人敢斥权奸之非,独恨国主昏庸,迷于小人而弃绝君子,谢氏此解,盖亦有所为而发者也。

《小雅·节南山》

谢氏曰:

大师之职,任大责重,处国事,则必公平,如衡之均物,虑四方,则必安定,如舟之有维,天子倚其辅佐,则可以无忧,下民得其启迪,则可以不迷,尹氏以世臣为大师,此我周之根本,其人之忠邪,其政之臧否,王室之存亡系焉,尹氏独不念之乎。

又曰:

朝廷政事,皆由大臣,今尹氏之为大师也,不躬其事,而悉委之私人,不亲其事,而息忽荒政,庶民岂能信之乎,尹氏所用之小人,不学无术者有之,未尝入仕者有之,而不更事者有之,不可以此而欺罔天子也。

此责史弥远、贾似道以宰相误国也。《宋史·史弥远传》:"擅权用事,专任憸壬,……济王不得其死,识者群起而论之,而弥远反用李知孝、梁成大等,以为鹰犬。"此何异乎尹氏之引用群小以欺罔天子乎?

又:弥远卒后,陈埙尝语上曰:"天下之安危在宰相,南渡以来,屡失机会,秦桧死,所任不过万俟卨、沈该耳,侂胄死,所任史弥远耳,此今日所当谨也。"此与叠山所论大师之职,"任大责重"者,若桴鼓相应焉。

《大雅·瞻卬》

谢氏云:

> 君有君之威仪,臣有臣之威仪,今幽王自乱于威仪,不类乎人君之威仪矣。又曰:国有贤人,如一身之有元气,元气亡,则身必丧,贤人亡,则国必危,殄如脉绝,瘁如病危。

《宋史·贾似道传》云:"理宗崩,度宗又其所立,每朝必答拜;称之曰'师臣'而不名,朝臣皆称为'周公'……入朝不拜,朝退,帝必起,避席,目送之出殿廷始坐。"度宗者,亦自乱于威仪、不类人君矣。

《小雅·彤弓》

谢氏曰:

> 孔子曰:"惟器与名,不可以假人,君之所司也。"又曰:"器以藏礼,礼以守信。"东迁之后,礼乐征伐,不自天子出,名为辟,实不得以作威福;名为君,实不得以司赏刑,然彤弓之赐,惟晋文侯、文公二人得之,先王盛时,爱惜名器,可知矣。

按《宋史》卷四〇六《洪咨夔传》:"弥远死,帝始亲政。"又卷四三七《真德秀传》:"弥远卒,上亲政。"由是观之,则史弥远在相位时,理宗不能有权可知也。"名为君,实不得以司赏刑",则不君;礼乐征伐自诸侯出,则不臣;国柄操于权奸,不亡何待乎?叠山美先王之盛,刺时政之衰,论彤弓之赐,以见名器之不可以假人,盖深有感于宋室之不竞也。

《小雅·巷伯》

谢氏曰:

> 谮人者,必有凶族邪类,与之合谋,故曰:彼谮人者,谁适与谋。谗人者,贼害善类,斫丧国脉,小则覆人家族,大则祸人宗社,豺虎不食,禽兽亦恶其人也,有北不受,夷狄亦恶其人也。投彼有昊,人君不能正其罪,不若付之天,自断其罪,天必不使之漏网也。

此对当时朝廷群小极其痛恨之辞也。谗谮人者,"有北不受,夷狄亦恶其人也",而忠义之士,则夷狄亦所叹服,此文天祥之所以见重于北人者乎?

《小雅·十月之交》

谢氏曰:

> 阴盛阳微,而日为之食,幽王之时,臣欺君,妾惑主,小人凌君子,犬戎侵中国,阴道长、阳道消,人事所感,天象示之,此日所以微也。日,众明之本,而为阴所食,其恶甚矣,非日之丑,乃天之变,国之灾也,国亡,则民受祸烈矣,今此下民,亦可哀之甚也。

此托天变以论时事也,明指幽王,实切当世。南宋士人之言天变者,大抵亦如汉儒之言灾异,《宋史·徐霖传》:"会日食,霖应诏上封事曰:'日,阳类也,天理也,君子也,吾心之天理不能胜乎人欲,朝廷之君子不能胜乎小人,宫闱之私昵未屏,琐闼之奸邪未辨,台

343

臣之讨贼不决,精祲感浃,日为之食。'"《赵景纬传》:"……(纬)又曰:'雷发非时,窃迹今日之事而有疑焉,内批叠降而名器轻,宫阃不严而主威亵,横恩之滥,已收而复出,戢贪之诏,方严而随弛,宫正什伍之令,所以防奇邪,而或纵于乞怜之卑词,缁黄出入之禁,所以严宸居,而间惑于襘禳之小数,以至弹墨未干,而扙拭之旨已下,驳奏未几,而捷出之径已开,命令不疑,则阳纵而不收,主意不坚,则阴闭而不密,陛下可不思致灾之由,而亟求所以正之哉。'"借日之有食,假雷发非时,而剀切指陈时事,无一言涉及玄虚,片语出于妄诞。读徐、赵二氏所上封事,则叠山《诗》注之用意可见矣。

《大雅·绵》

谢氏曰:

> 兴王之主,志必勤,气必锐,是以能建功立业也。大王立国,极其艰难,寝处于陶复陶穴之中,栋宇且无之,何知有宫室之乐,后王闻此,必不敢逸乐矣。

此指理宗之歌舞湖山,宴游无度而言也。《理宗纪赞》云:"由其中年嗜欲既多,怠于政事,权移奸臣。"可以见之。此曰后王,盖直指理宗言之也。

《小雅·正月》

谢氏曰:

> 忠臣不事二君,义士不食周粟,所可哀者,一世之人,不知当从何人而受禄。

悠悠苍天,此何人哉?是直以宋末遗民之血泪所书成者也。按《宋史》叠山传谓宋亡后,"枋得乃变姓名,入建宁唐石山,转茶坂,寓逆旅中,日麻衣蹑履,东乡而哭,人不识之,以为被病也。……天下既定,遂居闽中,至元二十三年,集贤学士程文海荐宋臣二十二人,以枋得为首,辞不起。又明年,行省丞相忙兀台将旨诏之,执手相勉劳,枋得曰:'上有尧舜,下有巢由,枋得名姓不祥,不敢赴诏。'丞相义之,不强也。二十五年,……尚书留梦炎以枋得荐,枋得遗书梦炎曰:'……纣之亡也,以八百国之精兵,而不敢抗二子之正论,武王、太公,凛凛无所容,急以兴灭继绝谢天下,殷之后遂与周并立,使三监、淮夷不叛,武庚必不死,殷命必不黜;夫女真之待二帝亦惨矣,而我宋今年遣使祈请,明年遣使问安,王伦一市井无赖,狎邪小人,谓梓宫可还,太后可归,终则二事皆符其言,今一王伦且无之,则江南无人材可见也。今吾年六十余矣,所欠一死耳,岂复有它志哉。'终不行。……魏天佑……欲荐枋得,……枋得骂曰:'天祐仕闽,无毫发推广德意,反起银冶病民,顾以我辈饰好耶?'"呜呼,如枋得者,"一与人论古今治乱国家事,必掀髯抵几,跳跃自奋"(《宋史》本传)。岂真年衰求死,无意人世者哉?特以国亡主灭,宗社丘墟,故屡征而不起,引身岩穴全节耳。夫吾国已亡,吾主已逝,怀抱先王经世之学,当为何人所用?遗民血泪,于此注中,一一见之矣。

严嵩诗诣评价析论

严嵩(1480—1566)晚年手订平生所撰诗文成《钤山堂集》,在《自序》里自述学诗的经历说:

> 予昔在童年,即学为声律。既窥科目,恒苦疢疾。一造金马之署,寻返碧山之庐。环堵萧然,吟啸终日。久之出而从仕,获与二三同志扬榷风雅之道。历览唐贤诸家,曾未涉其津涯,惟取颐诸情性,晚登政途,万务劳形,百责身萃。回忆旧业,如弁髦然。然因事记言,抚景寓兴,猎心未免。抑皆触口纵笔,率尔应酬,不能求工,亦不暇求工也。由前则多山林之致,由后则皆朝省之事。时既不同,词体各异。①

既说对唐贤诸家,"曾未涉其寻津涯",又说自己的诗作"触口纵笔,率尔应酬,不能求工,亦不暇求工也"。可见严嵩未尝刻意去作诗人。序末说"垂老无成,费精何补?殊悔雕虫之技,徒贻覆瓿之诮"。虽是自谦的话,但严嵩始终不想以诗人之身见知于后世,仍是很明显的。

严嵩一生以余事为诗,共写下了1300多首作品,从数量来说,是相当可观的。李白的作品,不过900多首,比严嵩少;杜甫一生得1400多首,亦只是比严嵩稍多而已。

---

① 《钤山堂集》(三十二卷本,嘉靖三十年原刻,1986年南京大学图书馆影本)严嵩《自序》。

更重要的是：严嵩的诗作，无论在他生前或身后，都一直受到诗评家的注目；对严诗的成就，也有过种种不同的评价。按时代的先后，对严嵩诗诣的评价可以约略划分为三个时期：严嵩生前作为第一时期；从严嵩身死到明朝覆亡作为第二时期；从清初到乾隆修《四库》作为第三时期。

将三个时期中评论严嵩诗歌成就的材料排比之后，可以发现两个值得注意的地方：

第一，严诗得到批评家的赞扬，不限于他在生之年。在严嵩身败名裂之后，一直到明朝覆亡为止（即第一及第二时期），严嵩的作品，始终获得很高的评价。严诗之被贬抑，是清初才开始的。而且情况愈来愈激烈。乾嘉时期，严诗甚至是被排斥于当时人纂辑的各种明诗选集之外的；他在中晚明诗坛所取得的席位，至此可谓岌岌可危。有人甚至对严诗痛恨到要举火烧毁而后快的地步。

第二，三个时期中的诗评家，对严氏诗诣的评价，角度各有不同。总括来说，严氏在世时，有人从文学的角度来讨论严诗的风格和成就，也有人从严嵩本人在政治上的成就来看他的作品，出发点虽然不同，却一致对严诗予以表扬。

从严氏身死到明亡的数十年间，诗评家单从文学的角度来看他的作品的，始终给以很高的评价。而有趣的是：在这时期里，似乎没有人从严氏的政治操守来评论他的诗作；可以说，晚明的诗评家基本上放弃了政治操守这把量尺。

然而，自清人入关之后，评论严诗的人，却大都把他的诗诣和政治操守紧扣起来。换言之，严氏在生时有人从他的操守来表扬他的诗作，到了清初，也有人用同一尺度来加以痛贬。那种一度流行于晚明、纯从文学的角度来评论严诗的风气，到清初居然变得销声匿迹。

以下请看一些例证。

严嵩高寿，先后得与主导中晚明文坛的前后七子相往还。

这些人对严嵩的诗作,都大力褒扬。譬如前七子中的李梦阳(1472—1520)用一个"淡"字来形容严诗;何景明(1483—1521)用"达"字来评述严诗的风格。(唐龙[1477—1546]解释说,"达者其词和,淡者其词平。夫和平而后谓之至大"①,就是依本于李何所作的评论的。)而王廷相(1479—1544)甚至说严氏"诗思冲邃闲远,在孟襄阳伯仲之间"②。被视为后七子之冠冕的王世贞(1526—1590),虽然和严嵩有家仇如海之恨,但撰《明诗评》时,却仍然对严嵩早期诗作很推重:"嵩诗少年如碧荇依依,水清石见,春云缀空,浓淡有情"③。

严嵩在世时,也有人把他的诗诣和他的政治成就连结起来,认为他的诗歌反映出他在仕途上的经历。如唐顺之(1507—1560)便指出严氏早年在钤山山中写成的作品,"多道岩壑幽居之趣",而把他晚年掌大权后的作品,看作嘉靖朝后期的"时政纪":"诵其诗,知其人,是以论其世也。……然则公之诗谓之'时政纪',亦可也"。④又如杨慎(1488—1559),将严诗的成就,归功于他本人有志于周公、召公的功业。杨氏序《钤山堂集》说:"若汉之韦孟匡衡,江左之沈约王俭,篇咏之富,传于艺苑。在唐则曲江燕国之二张,巨山文饶之两李,又悉功著槐衮而咏播藻绘"⑤。

这里所举韦孟、匡衡、沈约、王俭、张九龄、张说、李峤和李德裕,都是政治家兼诗人。杨慎心目中的严嵩,可想而知。

严嵩事败身亡后,终明之世,他的诗名未见衰竭。晚明论诗者,对严诗推崇的很多。如何良俊(1506—1573)说严诗"秀丽清

---

① 《钤山堂集》,唐龙《序》。署"嘉靖辛卯"(十年,1531)。
② 朱彝尊《明诗综》(台北世界书局影康熙四十四年原刻本,1970)卷二十八,"严嵩"条引。
③ 《明诗评》(《丛书集成》影《纪录汇编》本)卷一,页32。
④ 《钤山堂集》唐顺之《序》。署"嘉靖己未"(三十八年,1559)。
⑤ 《钤山堂集》杨慎《序》。署"嘉靖丙午"(二十五年,1546)。

警,近代名家鲜有能出其右者"[1]。沈德符(1578—1642)欣赏严诗"清丽","五言尤为长城,盖李长沙流亚"[2]。胡应麟(1551—1602)特别推重严嵩的七律,"炼锻精工,炉锤尽泯,虽格本中唐,而气骨过之",而且许之为"弘正之后,嘉隆之前"的第一人[3]。而顾起纶在所辑《国雅品》中,将晚明诗评家对严诗的评价综合比观,尤其值得重视:

> 严相公惟中:先辈评公诗者颇多,如仪封王司马曰:"冲邃闲远。"成都杨修撰曰:"冲澹朗秀。"兰溪唐文襄曰:"澹而远。"长洲皇甫司勋曰:"调高律细。"四公其知言哉。其《灵谷》云:"窈然深谷里,疑与秦人逢,涧底藏余雪,窗间列秀峰"。《登岳》云:"仙家鸟道迥莫到,石壁猿声清忽闻。幽泉树杪飞残滴,瑶草岩中吐异芬。"真境与秀句竞胜,杂之极玄,亦足矜赏,其集大率多类钱、刘语。[4]

晚明的其他选家,也多珍爱严诗。曹学佺(1574—1646)《石仓历代诗选》收严嵩的作品达129首[5];"云间三子"陈子龙(1608—1647)、李雯(1610—1647)、宋徵舆(1618—1667)合编的《皇明诗选》,虽然薄物小篇,也收严诗三体七题,而且给予很高的评价[6]。

根据以上的论述,可见晚明人论严诗,并未因严氏政治声名的败裂而贬损他在诗歌创作上的成就。换言之,诗歌技艺和伦常道德,尚未至于一元化。

---

[1] 何良俊《四友斋丛说》(北京中华书局排印本,1983)卷二十六,页239。
[2] 沈德符《万历野获编》(北京中华书局排印本,1980)卷八,页206。
[3] 胡应麟《诗薮》(北京中华书局上海编辑所排印本,1958)续编卷二,页337。
[4] 引自台静农《百种诗话类编》(台北艺文印书馆,1974),页1145。
[5] 《石仓历代诗选》(《四库全书》文渊阁本影本,台湾商务印书馆)卷四百八十一,《明诗次集》卷一百一十五,全卷收严嵩诗。
[6] 《皇明诗选》(上海华东师范大学出版社影清初刻本,1991)卷八,页504—505;卷十一,页726—728;卷十二,页861。陈子龙评曰:"严相气骨清峭,应制诸篇,颇为雅瞻。"

清人入关以后，严氏诗名逐渐为其在政治上狼藉的声名所连累。顺治末年，钱谦益（1582—1664）《列朝诗集》对严诗仍多所许可："清丽婉弱，不乏风人之致。"但跟着又说："余录其诗，……使读者论其世，知其人，庶几有考焉，亦有戒焉云尔。"[1]艺文的高下和操守的评价，已见混淆；牧斋的话，和上述唐顺之"诵其诗，知其人，是以论其世也"观点和腔调都是一致的。

　　及康熙中叶，朱彝尊（1629—1709）撰《明诗综》，则对严氏之"诗品"及"人品"均一并攻击，而且辞气凌厉，不留余地矣："其《与友人赠答诗》云：'自非肉食相，藏拙安所宜'。又云：'故园多所欢，薄宦何为者'。《赠相士颜生》云：'本无蔡泽轻肥念，不向唐生更问年'。一似恬澹自持，无意荣利者。迨爱立之后，骄纵贪黩，忿愎慆淫，失其本心，终以致败。暮年自序诗集云：'晚登政途，百责身萃，回忆旧业，如弁髦然。触口纵笔，率尔应酬，不能求工，亦不暇求工也'。对应德亦云：'少于诗务锻炼组织，求合古调，今则率吾意而为之耳。'分宜能知暮年诗格之坏，而不自知立身之败裂，有万倍于诗者。《生日诗》犹云：'晚节冰霜恒自保。'昧心之言，将谁欺乎？"[2]

　　朱氏对严诗的评论，和杨慎的出发点相同。不同的是：杨持褒扬，而朱作贬抑而已。换言之，严氏的诗名随其"政治行情"而有所上下也。

　　康熙之后，严氏诗名更一落千丈。沈德潜（1673—1769）《明诗别裁集》即不收严嵩的作品。《四库全书》则置《钤山堂集》于《存目》类，馆臣且加按语说："迹其所为，究非他文士有才无行可以节取者比，故吟咏虽工，仅存其目，以明彰瘅之义焉。"[3]《四库全书

---

[1]《列朝诗集小传》（上海古典文学出版社排印本，1957）。丁集中，页535—536。
[2] 朱彝尊《明诗综》卷二十八"严嵩"条引，又见朱彝尊《静志居诗话》（北京人民文学出版社排印本，1990），页259。
[3]《四库全书总目提要》卷一百七十六，《钤山堂集》条。

总目提要·凡例》里,且将《钤山堂集》和明初"助逆兴兵"的姚广孝(1355—1418)所著《逃虚子集》相提并论,同列见斥不收之列。"虽词华之美,足以方轨文坛。而广孝则助逆兴兵,嵩则怙权蠹国,绳以名义,匪止微瑕。凡兹之流,并著其见斥之由,附存其目。"①

严嵩诗名受累的原因,说得再明白不过的了。

乾嘉时代的学者们,也有不少是赞同清廷的"官方意见"的。像卢文弨(1717—1796)便曾说:"余家旧有《钤山堂集》,友朋见者,辄命毁之。"②

而恽敬(1757—1817)《读钤山堂集》一文,则公然指斥严嵩的诗作"庳陋无足言者"③。这种观点,似乎一直延续到清末。不然,晚清人陈田辑《明诗纪事》,卷帙浩繁,收有明一代诗人近4 000家,为何独不收中晚明诗评家都大为赞扬的《钤山堂集》里的诗作呢?

评论诗歌创作,究竟应该强调作品内容的社会性,或者是作品所表达的艺术性,在明清以前,已经有所讨论。对严嵩诗作的衡量,在他有生之年,是两种尺度并用;但他死后的数十年间,评论家只着眼于诗中的艺术性。入清以后,则先看人品,再看诗品;作品的艺术性,似乎已没有独立的客观标准了。这种转变,产生于明清易代之际,自非偶然。但主要原因何在,则仍是有待探讨的。

再从诗的实质来看,一个说法是"诗言志":诗是个人的心声。持这种主张的人,将严嵩的操守和他的诗作合而观之,遂至他在生时,因好其人而美其诗;相反地,清初以后,却因恶其人而贬其诗。

另一方面,也有人认为诗歌未必足以征人品。元遗山所说"心画心声总失真,文章宁复见为人",已具此意。晚清俞樾(1821—1906)有"诗与人不类"说,便论辨得更详细了:"皮日休

---

① 《四库全书总目提要·凡例》。
② 引自莫伯骥《五十万卷楼群书跋文》(东莞莫氏1947年序刊本),集四,页545,《钤山堂集》三十五卷条。
③ 恽敬《大云山房文稿》(四部丛刊本)初集卷二。

《桃花赋序》称'宋广平铁心石肠,而所作《梅花赋》,轻便富艳,得徐庾体'。此言至今流传以为口实。《渔隐丛话》谓寇莱公诗含思凄婉,不类其为人。今观《合璧事类》所载公《春恨》一首、《春昼》一首,思致缠绵,更出《梅花赋》上矣。王渔洋《居易录》言,赵清献集中《暖风》一首、《芳草》一首、《杜鹃》一首、《寒食》一首、《观水》一首,此数诗掩卷读之,岂复知铁面者之所为也。然则以《闲情》一赋为白璧微瑕,固哉高叟矣!"[1]

今人钱锺书认为不能以文章观人,指出"大奸能为大忠之文"[2],而道学家也能作出侧艳词赋,恐亦演绎俞氏之说而来。

《钤山堂集》初刻于嘉靖三十年(1551)。后来虽然有乾隆(1758)和嘉庆(1806)重镌本,但终不是易得之物。十年前南京大学图书馆影印所藏嘉靖原刻,严嵩的诗作才得化身千百,广为流传。该原刊为汪辟疆(1887—1966)旧藏。汪氏于民国初年著《小奢摩馆脞录》,其中有论《钤山堂集》云:"严分宜,人品心术一无足取,而诗文实有不可劖灭之处。《钤山堂集》中,前稿三卷,冲邃闲远,在孟襄阳、王右丞之间。《使粤稿》以后,则应酬之作太多。而辞旨大雅,气象从容,终是大家轨范。"[3]

汪氏将严嵩的行谊和诗诣,分别讨论,而并没有因恶其人,而贬抑他的作品。这原是晚明人评论严诗的宗旨,而不是钱谦益、朱彝尊等清初诗评家所可想望的。

---

[1] 俞樾《九九销夏录》(北京中华书局排印本,1995)卷七,页77。
[2] 《谈艺录》(北京中华书局,1984),页161。
[3] 收入《汪辟疆文集》(上海古籍出版社,1988),页648。

崇祯·田妃·翔凤琴

1985年，我携带家小移居沪上，以便阅读上海图书馆所藏明末清初别集。每周一至五，早上步行到图书馆，黄昏时刻打道回家。往返途中，必经凤阳路，一条取名自明太祖家乡的热闹街市。街上有一座"太阳庙"。庙很小，玻璃门窗亦虽设而常关。朝庙里窥看，明显可见一个站立的塑像，双手分持剑和绳索；塑像代表崇祯，剑用作亲杀长平公主，绳索则自缢的工具，皆无可疑。

事历三纪，沧海桑田，"太阳庙"早已烟消云散无疑！近日整理有关崇祯旧稿，偶忆前事，爰为捻出，置诸稿端。亦聊记岁月云尔。

2021年2月12日，时逢牛年元日

选妃

崇祯元年（1628）的一个春日，是登位不久新主选妃的黄道吉日，紫禁城中朱阳馆里喜气洋洋。[①]

时年二十六岁的崇祯处处显得有作为：登基后才三个月，即公布"钦定逆案"[②]，将"凶残祸国"的魏忠贤，连同"乳保悖恩"的客氏凌迟

---

① 崇祯选妃事，见《崇祯实录》（台湾银行排印本，1971），页31—42。有关田贵妃事，除特别注明外，皆取材自王誉昌《崇祯宫词》（收入《昭代丛书》戊集）。

② 《钦定逆案》，见文秉（1609—1669）《先拨志始》（上海：神州国光社，1951），页218—268。

处死,二人的余党亦随被一网打尽。新主重用廷臣,留意边事。四海之内,人心大快;这位昔日的"信王",遂摇身一变为"信天子"[①]!

这天陪伴在他身边的,宫娥内侍外,还有他先兄的寡嫂懿安皇后,和曾与他共患难的信王妃、当今的周皇后。[②]两位皇后间,曾有颇不寻常的关系:原来崇祯在信王府选妃时,周氏因体格瘦弱,排名第三,时尚为昭妃的懿安恃见宠于崇祯之先兄,尝替周氏抱不平:"今信王殿下,睿质方冲。黄花女得婚姻配合,自然长大,合得配信王,赞襄之下,乾坤因而定位矣。"[③]

懿安当日一言,让周氏跃升为信王妃,从而顺理成章登上皇后的宝座。这天,崇祯在懿安的指点下,选了两个妃子。照当时的成规,皇帝选婚,中选者由皇太后以青纱手帕和金玉跳脱系其臂。[④]其时崇祯生母早已下世,皇太后既然是懿安了。得懿安系臂的二人:一是大兴袁进贤的女儿,一为扬州田弘遇的千金。

懿安对这两门亲事满心欢喜。加上所出的皇太子慈烺刚诞生[⑤],心情甚佳。选妃结束,亲自为下聘礼,迎新妃入宫,安排居处:袁妃居西边翔坤宫,即二百年后慈禧的住所;田妃居东边的承乾宫,廿多年后顺治的董妃曾在那里住过。[⑥]

西宫袁妃

据史载:西宫的袁妃为人"谨退"。闲来在宫中放鸽为乐,又"善剪彩花。每入冬,即制花朵以为妆物,宫中谓之消寒花。"[⑦]其父即"崇信伯",为人也安分。袁妃因此很得周后的欢心。盖周后本

[①] 崇祯继统斗争,见张岱(1597—1679)《石匮书后集》(上海:中华书局,1959)《烈帝本纪》,页1。
[②] 《石匮书后集·烈皇后本纪》,页43。
[③] 玄弱翁《旧京遗事》,收入张江裁辑《京津风土丛书》(台北:进学书局,1969),页39。
[④] 玄弱翁《旧京遗事》,收入张江裁辑《京津风土丛书》,页39。
[⑤] 标点本《明史》(上海:中华书局,1974)《庄烈帝纪》,页311。
[⑥] 据谢敏聪《明清北京的城垣与宫阙之研究》(台北:学生书局,1980),页82。
[⑦] 据谢敏聪《明清北京的城垣与宫阙之研究》,页74。

人即经常"裁抑外家恩泽":登位之初,禁止家人穿御赐黄色衣物;自己生母丁夫人入宫,则坚持先拜见皇后,然后行家人礼。她且是个节俭的人,在"宫中常服布衣,茹蔬食","一切女红纺织,皆身自为之"[①]。由是之故,周后和袁妃相处甚为融洽:周后常约袁妃"游赏嬉戏"。袁妃拜见周后,被免去常仪,两人"便坐甚欢"。

东宫田妃

相比之下,东宫的田妃在紫禁城中引起不少风波。原来田妃是个多才多艺的人,她在宫中,像她早年"束发缨前"那颗"碧焰如盘"的大明珠,熠熠生光。袁妃固然为之失色,连周后也逐渐感到威胁!

论姿容,田妃"美颜如玉",周后与之相伯仲。但论才艺,田妃则处处出周后之上:田妃善书,"幼习钟王楷法",尤善大书。入宫后"得禁本临摹,遂臻能品"。她工写生,能作兰蕙群芳之图。春郊试马,田妃"姿形既妙,回策如萦。名骑无以过之"。宫中蹴鞠,亦"风度安雅,众莫能及"。

田妃又善体圣意,与崇祯对弈,经常佯负一二子。宫里后妃的轿子,本由小太监扛抬,她献议改用宫婢,以便合礼。

总而言之,田妃才貌双全,善解人意,崇祯愈来愈钟意,自在料中。他欣赏她的画,将她所作的"群芳图"置诸御几之上,又命她写一小兰面,一边"携之怀袖"。他喜欢她的法书,便告诉她可随意在宫中所藏卷轴上题字。一次,崇祯得意忘形,在周后面前称赞田妃的"双缠三寸"小脚,而"嗤袁妃之脚几倍之",使周后怫然不乐良久!

琴操

最令崇祯倾倒的,是田妃的琴技。

崇祯本即对音乐极有修养。他不像他那土包子老祖宗朱元

[①] 前引《石匮书后集·烈皇后本纪》,页43。

璋,将所见乐工"严刑以束之"①。他登位后,即搜求善音律又善鼓琴的人。袁、田两妃进宫那一年,适逢大军收复山海关宣、栾诸城,有一名叫杨正经的年轻军人,领兵立了大功,作了"铙歌十曲"上献崇祯,深得圣心②。于是命杨氏定郊庙乐章,赐官太常,赐琴一床,命其人在宫中"以琴声音理应诏"③。甲申前四载,又召以著《长物志》名满天下的文震亨(1585—1645)宣定五音正声,改撰琴谱,作为郊祀乐章。崇祯本人且作了《百僚师师》等曲,命文震亨及其弟子尹紫芝,联同理琴一张姓太监,训练宫嫔诸贞娥弹奏最新御撰。

崇祯能作曲,亦擅琴。藏琴名"翔凤",取意于班固(32—92)《幽通赋》"翔凤哀鸣集其上,清水泌流注于前"。他又是个像嵇康所说有志于"理重华之遗操,慨远慕而长思"的人,故能欣赏他人的琴技。

与他同年出生的李渔(1611—1680)便曾说过:

> 丝竹之音,推琴为首。然此种声音,学之最难,听之亦不易。凡令姬妾学此者,当先自问其能弹与否。主人知音,始可令琴瑟在御。④

田妃的主人,毫无疑问是"知音"的。她第一次在宫中弹琴,他即发觉她"指法洪纤,深得宜也"。乃问她:"在家何师?"她答说是生母所授。他"次日召母入宫,与妃一再弹,厚赐而遣之。自此隶籍宫门,出入听之"。后世诗人,追忆当年宫中母女古琴双弹的情境,曾写道:

> 七弦挑抹何清畅,一室师承不等闲。此曲自经天听后,肯

---

① 《明史》"乐志"一,页1499。
② 邵廷采(1648—1711)《明遗民所知传》,见所著《思复堂文集》(台北:华世出版社影《绍兴先生丛书》本,1977)上册,页435。
③ 前引《旧京遗事》,页43。又见同撰《鼎湖篇赠尹紫芝》,收入沈德潜(1673—1769)《国朝诗别裁集》(北京:中华书局影乾隆教忠堂本,1975)下册,页584。
④ 李渔(1611—1680)《闲情偶寄》(台北:淡江书局,1956),页156。

分余响落人间。①

不久,崇祯另谱出《访道五曲》:崆峒引、鼓爻歌、据桐吟、参同契、烂柯游。作为田妃独奏之用。继又援唐明皇此杨贵妃设"琵琶班"旧事,命田妃于乾承宫中设"琴班"授徒,并挑选了姓范和姓苏的太监二人作为她的弟子。

诗人追记其事云:曲分畅操传何远,音响高深意自赊。应笑玉环诸弟子,枉将心力事琵琶。②

铁狮

田妃琴技,得自母授。对宫禁之事,也自幼即熟知。原来田弘遇夫妇从扬州移家北京,乃为筹划获取皇亲国戚的地位,"盖有明中叶以后,选妃多在京师,不及远方"③。弘遇有一友人名杨宛叔,曾侍内廷,年迈退居林下,弘遇特意邀宛叔来同住,以便闺女从学宫中情事。田家早年栽培田妃,确曾花费过一番苦心。谁又会料到白居易《长恨歌》中的名句"可怜天下父母心,不重生男重生女",在八百多年后的晚明,又另得一新解?!

田弘遇夫妻的苦心,终于没有白费!崇祯御赐田家院落在北京西安门,本是前太监王体乾的旧宅。宅前有铁狮一座,气派宏伟非凡。铁狮与田皇亲宅等称,连所在那条巷子也叫"铁狮"④。明亡后二十年,诗人吴梅村(1609—1672)是这样描写那座铁狮的:

田家铁狮屹相向,䶂䶃蹲夷信殊状。良工朱火初写成,四顾咨嗟觉神王。先朝异物徕西极,上林金锁攀槛出。玉关罢

---

① 前引《崇祯宫词》,页6下。
② 前引《崇祯宫词》,页19下。
③ 赵翼(1727—1814)《廿二史札记》(台北:世界书局,1958)卷三二,《明代选秀女之制》条。
④ 《吴梅村诗集笺注》(香港:广智书局影本)卷六,《田家铁狮歌》注引陈奋《永寄台集》,页179。又见《旧京遗事》,页38。

献兽圈空,刻画丹青似争力。武安戚里起高门,欲表君恩示子孙。铸就铭词镌日月,天贻神兽守重阃。①

"铁狮"里,"园亭声伎之美,倾甲于都下"。弘遇又是个佟荡的人,好招权贵饮酒,"铁狮"的夜宴常使北京城中其他外戚,为之侧目:

在行主人,老不任劝酬,颓唐径醉。诸妓歌喉檀扳,辄出自帘下。诸朝贵无分司洛下之才。而谕言惊满座之放。是以长安诸外戚,虽以意气自豪矣,亦颇讥田家家法之不检。②

"铁狮"主人不但在京师过放荡的生活,而且以皇亲身份,在外地流连声伎。崇祯十四年(1641),他以到浙江定海普陀寺进香为名,道经苏州,在那里的金昌亭妓院流连忘返。崇祯风闻其事,大怒,"责妃曰:祖宗家法,汝岂不知,行将及汝矣。"田妃惊惧,托人带讯回"铁狮":"汝辈于外犯事,已风闻大内矣。若再上闻,吾当自杀耳。"弘遇这才稍为收敛。

因为君恩不平权,本来大度的周后,逐渐对田妃不满。崇祯毕竟尊重曾和自己忧患与共的正室,再加上田皇亲恃宠专横,崇祯终于命田妃移居西二长街螽斯门西名叫"启祥"的冷宫去"省愆"。此后三个月,崇祯不再召见田妃。后来还是周后把田妃安排回承乾宫,三人始相值如初。③

天寿山

崇祯十五年(1642)初,田妃与袁妃同时被封为贵妃。同年三月二十一日,田妃长子年才十岁的慈焴晋封为"永王","短发才留未入囊",原尚未到封王之龄,但由于田妃返回承乾宫后,即患病卧床,几经调养,均不见起色。自忖快到生命的终点,恐怕见不到自

---

① 前引《田家铁狮歌》。
② 《旧京遗事》,页38。
③ 前引《吴梅村诗集笺注》《永和宫词》注引《胜朝彤史拾遗记》,页93。

己的儿子封王了。崇祯为了满足她的心愿,提早封慈炤为王[①]。

果如崇祯所料,慈炤封王后,田妃病愈剧。崇祯十五年(1642)夏,田妃病殁。崇祯将她葬于天寿山。

田妃入土后不及两载,李自成兵陷京师,崇祯领周后与袁妃相继自缢。十数日后,李自成部下将崇祯和周后葬于田贵妃墓内。如此安排,崇祯泉下有知,当亦首肯。[②]

鼎湖篇

甲申以后,崇祯宫中的琴声自成绝响。但先帝所藏"翔凤琴"和所谱诸琴曲,在往后四十年间,于淮阴、济南和广东一带残山剩水间,摇身一变为明遗民身份认同和群体联系的象征。

甲申后一载春,曾协助文震亨训练宫娥的尹紫芝,于兵荒马乱中,抱琴一床,挟着先帝琴谱,在苏州香草坞和震亨相见。紫芝为细叙国亡之日,宫中善琴者皆投湖自尽。

同年夏,清兵陷苏州。震亨和徐汧(?—1645年)等人投湖死。[③]紫芝则抱琴挟谱,继续其流亡生涯。三十九年后,紫芝在吴县寒溪找到震亨的儿子。时两人已白发苍苍,震亨的儿子已剃发披缁,取名同揆,自号轮蓭居士。两人相见,恍如梦寐。紫芝意欲从同揆学佛,同揆悲从中来,写出《鼎湖篇》长歌一首:

> 鼎湖龙去秋溟溟,惊风吹雨秋山青。白头中翰泪凝霜,叫霜断雁栖寒汀。烈皇御宇十七载,身在深宫心四海。一朝地老与天荒,城郭依稀人事改。当年删定南薰曲,内殿填词征召促。琴张好学直乾清,先公屡赐金莲烛。雅乐推君独擅场,望春楼下拜君王。高山一奏天颜喜,奉敕新翻旧典章。昭仪传谕何谆切,予赍先颁儿女葛。山林避暑抚丝桐,温语贞娥尊秘

[①] 田妃生四子,见《明史·诸王传·庄烈帝诸子》,页3678起。
[②] 徐鼒(1810—1862)《小腆纪年》(上海:中华书局,1957)上册,页105。
[③] 前引《小腆纪年》上册,页376。

诀。流泉石上坐相邀,薇省风清玉佩摇。神武门前轻执戟,永和宫里薄吹箫。如意初殇泪沾臆,那堪又报河南失。钿蝉零落葬田妃,池水苍茫尚凝碧。寒食花飞不见春,冬青冢树斫为薪。煤山一片凄凉月,犹照疆场血化磷。世间万境颁叟梦,老臣剩有西台恸。四十年来寄食艰,何人更听高山弄。鉴湖南去云门外,古寺松篁景掩霭。维舟无意忽相逢,恍惚梦魂同晤对。夕朝影里话前朝,天寿诸陵王气消。留得闲身师白足,满头白发影飘萧。[1]

遗民琴会:淮阴

曾以琴声音理侍诏的杨正经太常,也有一番离奇可悯的际遇:国亡后,杨太常抱着先帝所赐琴,从京师南下淮阴。时则世变之外,父母双亡,感时伤事,先后作《风木操》悼念亡亲,作《西方操》寄思先帝。嗣是《西方》《风木》二操,经常发声自太常的御琴,给江浙一带遗民,带来无限故国的怀思。[2] 1655年,江西南昌人王猷定(于一,轸石,1598—1662)因事到淮阴,便曾听到杨太常的琴声。

王猷定父时熙乃东林党人,甲申后,猷定以先朝拔贡之身,为史可法(1602—1645)招为记室。史可法迎立福王传诵一时的檄文,即出猷定手笔。福王败亡,猷定拒不仕新朝,乃一坚贞遗民。他久闻杨太常的琴名,恰好逢上淮阴一年一度的"三月十九日崇祯皇帝忌辰纪念会"。

那天,杨太常"布衲芒屩",作僧装,抱琴与会。王猷定听罢太常弹琴,想起这七十老翁一生的际遇:早年的战功、中年在宫中的

---

[1] 同揆《鼎湖篇赠尹紫芝》,收入沈德潜(1673—1769)《国朝诗别裁集》(北京:中华书局影乾隆教忠堂本,1975)下册,页584。
[2] 有关杨正经事,参前引邵廷采《明遗民所知传》,陈子升《崇祯皇帝御琴歌》,收入邓之诚(1887—1960)《清诗纪事初编》(上海:中华书局,2012)上册,页300。

琴会、晚年抱御琴隐居等情事,提笔写下五律四章。其中两章,尤其感人:

> 野哭排阊阖,终朝祝圣君。青霄尝独立,白眼望高云。大地声频吼,幽潭咽不闻。此中人少解,鸦噪乱斜曛。

> 楚骚终古怨,拟议即俱非。蕤铁湮没久,黄钟甲砾微。元穹听邈漠,残梦到依稀。十载钟期绝,相逢有布衣。[①]

翔凤琴的礼赞:山东

此后不久,杨太常得知崇祯的翔凤琴的下落。原来宫中御琴翔凤,在甲申年李自成兵陷北京前,"七县无故自断",被一名太监携出,兵荒马乱之中,几经转徙,售与晚明文坛"后七子"之一、济南李攀龙(1514—1570)的后人。李家本有琴百张,藏诸一高楼。得"翔凤"后,置"诸古琴环绕御琴数匝,若有君臣之象"。每年三月十九日李家必邀请四方八面的遗民,举行"拜琴""鼓琴"的琴会。杨太常是琴会的主持人:每年三月初,僧衣芒鞋,手抱藏琴,怀着朝圣的心情,从淮阴出发,北上运河转黄河,到济南李家去。

顺治十五年(1658)之会,岭南的屈大均(翁山,1630—1696)远道赶来参加。时年二十九岁的翁山先到北京"求威宗烈皇帝死社稷所在",并从吴太监问宫中遗事[②]。因此得知先帝翔凤琴的下落。对先朝内府所藏御器,也曾多方采访:他知道崇祯善书,书成钤以御玺,其名有曰"崇祯御笔",有曰"大明崇祯皇帝万几余暇之笔"。惜诸玺皆散落不可问!他又见过明武宗御琴"绿绮",曾作《绿绮琴歌》纪之,序云:

---

① 王猷定(1598—1662)《四照堂集》(《豫章丛书·明季六遗老集》本)卷二《听杨太常弹琴》。传记见上引邓之诚《清诗纪事初编》。《清史列传》(台北:中华书局,1962)册九,页30下—31上。

② 屈大均《翁山文钞》(《广东丛书》本)卷二《御琴记》。

> 琴为武宗毅皇帝内府之物,其名绿绮,向藏于中书舍人邝露家。庚寅冬,舍人殉难,朔方健儿得之,以鬻于市。金吾叶卿见而叹曰:"噫嘻,是御琴也!"解百金赎归。闲日放舟登湖,命客一弹,再鼓。大均闻而流涕,乃作歌曰……①

在济南李家,屈翁山得观崇祯旧藏"翔凤",有记:

> 琴长可四尺,神光闪烁。饰以金玉象犀,背镌广运之宝,及大明崇祯皇帝御琴八字。②

翁山捧着"翔凤","仿佛天威咫尺,情不自禁,竟伏拜再三"。然后由杨太常将"翔凤"重置于玉座之上。让与会者祭奠如仪。礼成,杨太常用崇祯皇帝所赐琴,连奏数曲,"叙写国破家亡之故。变声凄惨,林叶陨落,惊风飕扬"。一时酒酣,悲歌相和,与会者皆泣不成声。翁山《御琴歌》有云:

> 我从李卿请琴观,楚囚相对泣南冠。湘妃锦瑟秋风咽,山鬼萝衣夜雨寒……甲申三月燕京乱,此琴七弦忽尽断……从此中华礼乐崩,八音遏密因思陵……感君恩重此琴归,九庙神灵实凭依。鼓之舞之元气驰,帝出乎震是今时……欲续断弦双手酸,余音绕梁何缠绵……请君罢弹莫终曲,恐令南北诸陵哭……③

翔凤琴的礼赞:广东

康熙元年(1662)"翔凤"在广东的遗民间也引起同样的共鸣。时则三十三岁的屈翁山结束长达四载的旅程,安抵广东番禺老家。他"留发一握,为小髻"④。虽然如此,别人还往往称他作"罗浮道

---

① 《翁山诗外》卷三。
② 屈大均《翁山文钞》(《广东丛书》本)卷二《御琴记》。
③ 《烈皇帝御琴歌》,《翁山诗外》卷三。
④ 汪宗衍《屈翁山先生年谱》(澳门:于今书屋,1970),页26。

士"。中秋节那天，罗浮道士召集广东遗民陈恭尹（1631—1700）、梁佩兰（1629—1705）、张穆、王邦畿、陈子升（1614—1692）、庞嘉玺、梁观、屈士煌（？—1658）、高俨、岑梵则等饮宴于西郊草堂。酒罢，翁山历叙过去四年在辽阳、北京的际遇，兼及济南李家崇祯皇帝忌辰琴会的种种。座中陈恭尹乃父与陈子升乃兄子壮皆以身殉明，感慨独深。恭尹和子升分别写成《崇祯皇帝御琴歌》。恭尹之作，咏叹翁山北游访求先朝遗物事：

> 君王三月骑龙去，神物潜行越河泗。罗浮道士搜遗弓，五拜亲瞻翔凤字。来归泣语临秋浦，白日晶晶倏飞雨。况乃风高水波立，海隅咫尺非吾土。①

子升所作，则大有欲挥鲁阳之戈的气概：

> 烈皇安兮琴肃肃，臣不及钧天侍宴调丝竹。烈皇怒兮琴轰轰，臣愿得挥云拨雾扬天声。但愿见舞阶格苗之干羽，不羡彼登楼下凤之瑶笙②。

明遗民的人格认同

顺治十年（1653）侯方域（1618—1655）致书时已剃发披缁的方以智（密之，1611—1671），邀请他到河南商丘自辟的壮悔堂一聚。信有云：

> 密之或他日念仆而以僧服相见。仆有方外室三楹，中种闽兰粤竹，上悬郑思肖画无根梅一轴，至今大有生气。并所藏陶元亮入宋后诗篇，当共评玩之③。

---

① 陈恭尹《独漉堂诗集》。屈大均《道援堂集》有《御书歌》及《绿绮琴歌》，详记其事。
② 陈子升（1614—1692）《中洲草堂遗集》。
③ 侯方域《壮悔堂文集》卷十《与方密之书》。

侯方域壮悔堂中方外室,有兰竹,有郑思肖所画的无根兰,有陶渊明入宋后的诗篇,无一不代表侯方域个人在人格上的"认同"[①]。同样地,淮阴杨太常主持的琴会,济南和广东两地遗民对翔凤琴的礼赞,既道尽彼等对大明的怀恋,又象征他们在人格上追求共有的"认同"。当然,昔年承乾宫里田妃的琴声,乃至崇祯本人对音乐的耽爱,可能不为部分遗民认许,甚至还有攻击的余地。但在情感上,那张历尽沧桑的"翔凤"琴,却成为遗民共同礼赞的对象。先前翔凤无故七弦自断,象征中华礼乐的崩坏,而后来"欲续断弦双手酸",则象征对复国无望的无可奈何的心境!

于是,那无弦的翔凤,在明亡后数十年间,默默地领受无数遗民的礼赞。

2021年2月15日于美西停云阁重订
1981年1月4日爱荷华州旧稿

[①] 明遗民人格认同一事,余英时首先提出,见氏著《方以智晚节考》(香港:新亚研究所,1972),页105。

太炎跋崇祯行书唐人诗轴书后及平素所见崇祯御书五则

一

上海博物馆藏《崇祯行书唐人诗轴》，无款，上押"崇祯御极之宝"朱文方印一。

诗云：

> 昨日到城郭，归来泪满巾。遍身绮罗者，不是养蚕人。

轴左下方有章炳麟跋：

> 右明思宗书五言集句，不知何时作也。观其辞旨悲厉，盖有陈古谕今之意。案：甲申三月，自成已薄京师，上出访，诸贵近皆相聚宴客。夜欲出城，城闭，斫之不得开。是纸所书，殆近之乎，则为绝笔也。癸丑八月，章炳麟记。

跋开笔"集句"二字，是指从前人不同的作品中摘取一句或若干句，重新拼合成一首新的诗作。惟崇祯所书乃北宋张俞所撰之五言绝句，亦即清人厉鹗（樊榭，1692—1752）《宋诗纪事》卷十七所收《蚕妇》一题，并非集句。太炎之言，谬矣！诗云：

> 昨日入城市，归来泪满巾。遍身绮罗者，不是养蚕人！
> （据程千帆《宋诗选》，详下）

起句"昨日到城郭"，厉樊榭所录则作"昨日入城市"。意相近，文字稍异。上博著录为唐人诗，亦误。

跋末署癸丑，民国二年（1913）。《太炎先生自定年谱》癸丑年条有云：

> 袁公［世凯］就职岁余，渐恣肆……三月，盗杀宋遁初［教仁］于上海……七月十二日，［张］溥泉、［章］行严突至余宅，以讨袁檄文相示。余曰："冒昧作此，将何为？"行严曰："兵将动矣，檄文何如？"余曰："此何必工，如弟所属草可也。"十五日，［黄］克强果起兵江宁……八月，冒危入京都……

宋遁初之死，太炎哀痛逾常。《太炎文录》所收《宋教仁哀辞》云：

> 炳麟不佞，七年与君同游。钧石之重，凤所推毂。如何苍天前，我名世殂殒之夕，犹口念酆生，非诚心相应，胡酽感于万里哉。即日去官奔赴，躬与执绋，拜持羽扇，君所好也。若犹有知，当见颜色。

夫太炎以恢复汉迹为己任，至是已十五载。彼窃夺革命成果之袁世凯及"筹安六君子"之流，意欲复辟，乃公然鼓吹君主制。太炎乃于八月冒危入京，同月十日抵天津，而跋崇祯御书，适在启程前夕。回念今昔，袁氏不犹"绮罗者"，而己身则为"养蚕人"耶？知借他人酒杯，浇自己块垒，千古如一！跋中遂称御书"辞旨悲厉，盖有陈古谕今之意"，岂非太炎夫子自道之语耳。

前文所及程千帆（原名会昌，号闲堂，1913—2000）所刊《宋诗选》，亦收《蚕妇》一题。闲堂者，太炎弟子黄侃之及门也。《宋诗选》注诗之作者仅曰："张俞，字少愚，益州郫（今四川郫县）人。"未释收录是作之故。惟书之《前言》有云：

> 宋代的诗人们还开始注意了手工业工人和城市贫民的痛苦生活。在《陶者》里，梅尧臣描写了窑业工人；在《鬻海歌》里，柳永描写了盐业工人；在范成大的几首绝句（《雪中

闻墙外有鬻鱼菜者,求售之声甚苦,有感》)中,诗人更在对大雪天沿街叫卖的小贩们寄与了无限的同情。反映农民以外的贫民生活的作品在宋诗中虽然不很多,然而却是值得特别注意的。

《蚕妇》一题之得入选本,自不能与闲堂广宽之视野无关。

审太炎之跋与其徒孙之选,相距不过四十余载;诗惟二十字,明白易解,与元好问"独恨无人作郑笺"之所叹,奚啻千里!然太炎所感在己,而闲堂所感在人。此固世变之亟,亦当重深思于学者之中有"为己"与"为人"之区分者耶?

二

上博所藏崇祯御书外,所遗书迹尚所在多有。清初名僧道忞(山翁,1596—1674)于顺治十六年九月应召入京,明年五月获准南还后,撰《北游集》,记有与时方逾冠之福临交谈。一曰,二人谈论书法,始知宫中所藏崇祯御书甚富。《北游集》载二人对话曰:

> 皇上天纵之圣,自然不学而能。第忞辈未获睹龙蛇势耳。

福临笑曰:

> 朕字何足尚?崇祯帝字乃佳耳。命侍臣一并将来,约有八九十幅。上一一亲展视。"

片刻间,侍臣能出示崇祯手迹八九十幅,数目之多,固出人意表,福临对崇祯手迹习玩之勤,亦可相见。惟木陈所记就此戛然而止为憾耳!

可幸崇祯御书在清初名民流传颇广,得观者颇不鲜,且俱各有描述。以下略按作书之先后,逐一审视如下。

三

高承埏（1599—1646）《烈帝御书歌二首》：

御书乃宣德笺。诗云："未央钟动曙光生，隐隐初闻柳外莺。风静御垆香篆细，天高斧座衮衣明。螭头陛拥黄麾仗，豹尾斑联白玉珩。最喜及时勤庶政，苍蝇声里闻鸡鸣。"后有御题"丙子春赐戚臣有福。"盖书先臣章文懿懋诗赐宁德长公主驸马都尉刘有福也。上用御宝，其文曰"大明崇祯皇帝万几余暇之笔"。又御书折叠扇诗曰："萧萧翠竹野人家，静里经春玩物华。绿树千张啼百舌，香风吹尽紫藤花。"上用御宝，其文曰："崇祯御笔"。

先皇睿智诚奕奕，高文典册同圭璧。即如书法迈锺王，能令观者尽辟易。一自龙髯去鼎湖，累朝墨宝悲狼藉。剡溪尘封亦已久，忽堕吴门练光白。委诸草莽人莫知，如龙一爪鸾片翮。孤臣捧视泪沾襟，不违天颜犹咫尺。何以荐之古锦囊，敬收宝椟敷重席。

吁嗟小臣受君恩，功在封疆天语温 自迁安令调宝坻，固守全城。当路尼之，大计调简。奉旨，仍着从优另叙。忽逢阳九兼百六，神京风雨悲黄昏。小臣是时宰泾县，未能身殉缘亲在。黍离行吟感周室，新亭挥泪声暗吞。趋朝见此悚然异，再拜展视伤心魂。回思秉国者为谁，独使艰难贻至尊。宵旰之暇亦游艺，得留宸翰在乾坤。周鼎商彝何足道，唐碑晋帖犹儿孙，含悲捧入鸣鸠署 自泾县令迁南京工部虞衡司主事，永藏宗祐垂后昆，告诫在笥勿轻启，接触恐有云雷奔。

钱受之《嘉兴高氏家传》叙诗中自注所及云：

弘光元年四月，工部虞衡司主事高承埏为其父屯田司郎中道素伏阙讼冤，诏复原官。越十四年，虞衡子佑、钇乞为家传。屯田君讳斗光,字明水。改名道素,字玄期。万历己未进士。承埏字寓公,崇祯庚辰进士。知迁安、宝坻、泾三县。弘光初,量移工部虞衡司主事。

朱彝尊《前进士高公墓表》有云:

公一字泽外,以虞衡归。誓墓不出,隐居竹林村窝。著有《稽古堂集》。

以上均转引自叶昌炽《藏书纪事诗》卷三,《高承埏》条。

诗序"丙子春赐戚臣有福",丙子,崇祯九年(1636)。"盖书先臣章文懿懋诗赐宁德长公主驸马都尉刘有福也",章懋(1437—1522),字德懋,浙江兰溪人,《明史》卷一百七十九有传。宁德公主下嫁刘有福,见《明史》卷一百二十一。

四

徐倬(1624—1713)《崇祯皇帝御迹歌并序》:

杨嗣昌视师襄汉时,怀宗赐之诗歌,亲挥宸翰,以壮军行。师徒既衄,遂负灵宠。倬从燕京客舍获睹遗迹,龙髯莫逮,凤藻如新。感事呜咽,遂赋此诗。

忆昔崇祯年间事,盗贼纵横数千里。崤函天险失重关,嵩少连云逼寇垒。湖湘以南多鼓鼙,烽烟直接白铜鞮。汉家陵寝终难问,龙种王孙当路啼。可怜烽火甘泉昼,天子沉吟下殿走。麒麟高阁空嶙峋,铁马金戈欲谁授。武陵元相自登坛,九重推毂万人看。腰带文犀玛瑙赤,尚方宝剑雪霜寒。此日军容谁比数,百万羽林雄貔虎。长麾大纛过龙楼,亲洒宸书壮威武。比拟车攻六月篇,翰墨淋漓走风雨。旌旆悠飏渡汉来,风凄野旷角声哀。十道将军齐解甲,六师金鼓骇奔雷。前军大星落空壁，呼天仰药复何恤。鱼龙已散习池云，鸟雀愁窥岘首赤。共怜房琯败成陶，还说朝廷倚安石。黄沙废垒长荆榛，独留御翰光辉赫。人间流落旧乌丝，尘埃堆积掩蛟螭。竟同玉匣昭陵迹，谁道歌风壮士诗。野人掩卷吞声哭，为想明堂勤梦卜。只今玉薤金笺书，恍惚英灵聚尺幅。安得珊瑚玳瑁装，拂拭宝轴悬高堂。江南开宝存遗老，得毋见此神彷徨。（徐倬《道贵堂类稿》，《梧下杂钞》卷下）

杨嗣昌事，吴梅村诗文及《梅村诗话》俱有详记，广为人知。不赘。

徐倬（1624—1713）字方虎，号蘋村。浙江德清人。晚明受知于倪元璐（玉汝，鸿宝，1594—1644），甲申之变，蘋村方逾冠，以明诸生举兴朝进士。燕都旅中，偶见先皇宸翰，感事呜咽，赋诗纪事，亦属难得。

五

徐方虎所见崇祯赐杨嗣昌诗，江西宁都人魏禧（冰叔，叔子，1624—1681）亦尝观其拓本，且有幸展视御书唐人句十四字，乃撰《崇祯皇帝御书记》云：

> 己未三月，禧就医泰和过赣，会捉船，不得行，卧故贾将军季公子重仪所，偶论故帝王工书法，实天纵，非人力也。重仪因言"吾家藏有崇祯皇帝御书，盖先将军举葬杨文正公，公子以是报"，云公官翰林时所赐。禧敬请瞻仰，免冠叩头展视，草书唐人句"当轩半落天河水，绕径全低月树枝"十四字。上朱玺"崇祯之宝"，玺上押帝字大如钱，所书诗字大五寸许，笔法遒劲秀好，焕然天章，皇恐凄怆者久之。禧往见御书"松风水月"及赐督师杨嗣昌诗，皆墨刻；又于扬州兴化李廷尉清所见

御书御批考选卷面科九二小字，并未足方是书。时天下多故，皇帝砺精求治，宵衣旰食，惟日不给。而以其间精艺事如此，非天纵聪明，其孰能之。禧因顾重仪当珍藏，为世世子孙宝，勿谓得之易也。

　　文正公讳廷麟，清江人。初，乙酉，公将入闽过赣，见虔督万公元吉独支岩城，遂以义师留赣办军事。丙戌十月城破，公死青水塘池中。时辽东贾将军熊为右军，有部丁献佩刀者，刀镡及室皆黄金饰。将军曰："此必非常人。"亲驰往视尸。识者曰："此杨阁部也。"将军恻然曰："忠臣固无彼此。"乃召部画工写其像，趣匠以四门扇为棺，瘗之西门外河上。他日将军镇宁郡，建牙禧故宅，邀相见道此事。禧，公门下士也。辛卯四月，请于将军将改葬。将君命故瘗者从禧往，率锹钼七八人河上，凡发土十余处不得。盖金王之变，营西郊，冢墓皆夷，不识其故处也。禧既希到赣，亦不复闻问。顷重仪乃言，庚戌岁，公公子来求尸，得之。将军为改葬，立墓碑，致祭成礼。葬后十年，其家人无有至者。重仪使人道禧往，道迷，久而后得之，拜伏，不胜呜咽，岂与国休戚，荒冢蔓草，芜秽不治，公固当有是欤？墓临西河上，在杨柳渡滩儿下杨秀亭即康大灵王庙右百步。禧两求公墓，皆有诗在别录。（魏禧《魏叔子文集》，胡守仁、姚品文、王能宪校点，北京：中华书局，2003年，外篇卷十六）

己未，康熙十八年（1679），时徐方虎已前逝六十六载。叔子所见崇祯草书唐人句"当轩半落天河水，绕径全低月树枝"，出唐人苏颋（廷硕，670—727）《侍宴安乐公主山庄应制》诗。"上朱玺'崇祯之宝'，玺上押帝字大如钱，所书诗字大五寸许"，叙述全面，至堪宝爱！

六

崇祯御书上石刻碑者,尚有《赐曹化淳法书碑》。邓之诚(文如,明斋,五石斋,1887—1960)尝得见,且留下颇详细之记录:

> 德胜门大街大石碑胡同协和修道院,故广化寺也,有明《怀宗赐曹化淳御笔草书碑》。高丈余,字径五六寸,笔势挺秀。文曰:"明理记实,心领神会。五韵精严,八法清贵。周旋于规矩之中,超越乎万象之外。有以似其人乎?然也。若止于笔,文焉则未。司礼掌印曹化淳,有作辄佳。特赐。崇祯戊寅八月穀旦。"上有"敬天法祖亲圣贤爱民之宝"。左右别有二碑稍小,皆镌所赐御札。(《骨董琐记全编》北京:中华书局,2008,页44)

文末所及小碑所镌崇祯赐曹化淳之御札,用辞遣语,近似私人函件,足见崇祯对曹氏之倚重与关怀:

> 崇祯七年五月十二日京军援豫著捷,钦奉御笔奖谕。谕:京营废弛已久,料理无人。尔提臣曹化淳以实心作实事,情谤周顾,劳怨不辞,整饬顿然改观。又能调度将士剿贼,屡著捷功,真可振起惰玩,风励九边。兹特赐金花二朵、披红二匹、金杯三只,用稍酬劳。尔还大展忠猷,益加精练,务使其能制其命,方为大称委任。特谕。

> 崇祯八年二月二十五日省愆居密奏,钦奉御批:览奏诸款,俱切中朕过,尔不言,谁其言之?朕当一一改行。以后如有过失处,即直言无隐。毋视君于不义,自沮尔忠爱至意。

> 崇祯十二年四月十五日请告梨园,钦奉圣谕:尔忠勤多年,劳怨备历。今暂休暇调摄,需召朕亦勉允。但前时劳绩未酬,近日剿御未叙,御前左右鲜才,各官所务未议,又朝夕匡

正。何人大事？尊议何资？使予失左右手也。纵不可强留，仍须面商诸事完妥，再请未晚也。特谕。

　　崇祯十二年四月十八日回奏手谕，再申请告，复奉御批：览奏，知尔积劳感寒原非假托，朕心恻然，着加意静摄。馀知道了。(《北京图书馆藏中国历代石刻拓本汇编》，郑州：中州古籍出版社，1990年，册60，页98。)

七

　　崇祯御书流传最广者，当莫若吴中顾苓(云美，1609—1682后)所藏"松风"二字。云美《松风寝记》有云：

　　崇祯甲申，烈皇帝殉社稷。明年，南京国子生顾苓退耕于野。越四年，筑室虎丘，勒烈皇帝御书"松风"二字于楣间，名其室曰"松风寝"，而为之记曰：御书纵横盈尺，中钤玺，广四寸，文曰"崇祯御笔"。室三面各有长松数十株，沐日浴月，吐纳烟云。风谡谡，昼夜不绝。当春秋晴畅，而声若悲以思。暴雨迅雷，而遂郁以怒。秋高气爽，而声转悲以凄。雪冱霜繁，而乃震以杀。每瞻御书，若有是焉。其外固吴王阖闾之所葬也。干将夜鸣，金虎晨啸，则风钪然应之。又生公说法台也，暮鼓晓钟，塔铃偈语，则风蓬蓬和之。至于画船笙管，城头鼓角，牧人筇吹，妇女琵琶，则风飒然扫而去之矣。于是入其室者，瞻御书或肃焉改容，瞿然深思；或报焉惭惶，悚然恐惧。亦有叩头流涕者，皆发于心而不容己也。室中木榻、竹几，置颜真卿书及古尊彝雅物。苓将老于此焉，乃刻石而陷置壁间。

当时人尝得览御书"松风"二字者共五人，分别有记。

(一)徐州万寿祺(年少,介若,内景,慧寿,明志道人,1603—1652)

《游顾氏塔影园记》:

堂之右有斋,一楹曰成野,后有寝曰松风,烈宗皇帝书……岁在戊子,太原顾苓携妻子来居之……苓以文氏甥,尚气节,不入城市,来隐于此。……闭户著书,伏腊辄入松风寝,春秋佳夕,策杖登虎阜,望云气拜跪以为常。壬辰春,隰西寿道人至吴郡,闻虎丘有园,问之则顾氏顾苓,是道人十年前故人,所谓云美者也。嗟乎!自烈宗以至南渡,海内战争今又数岁矣。故旧凋落,园田易姓,不知其几何,而此园遂归顾氏以比柴桑栗里意,怆然哀之,因退而书其事于行脚纪。(《明季三孝廉集》本《隰西草堂诗集》卷一)

(二)番禺屈大均(介子,翁山,1630—1696)

《顾云美六十》:

寂寞松风寝,先皇御翰留君斋悬御书松风二字。心飞天寿月,泪尽海棠秋烈皇崩海棠树下。故国谁高卧,斯人更远游。乱离过六十,知己在沧州。

汝壻忠臣子大学士瞿公式耜子初生时两宫赐犀带,三岁即授锦衣卫金书,初生端水时。两宫犀带赐,三岁羽林儿。丧乱孤谁托。艰贞尔独知。遗民今日少,珍重鬓如丝。(欧初、王贵忱主编《屈大均全集》所收《翁山诗外》卷六)

(三)蕲州顾景星(赤方,黄公,1621—1687)

《烈皇帝御书松风二大字,顾苓得之某司香,遂揭于斋中苓字云美。庐阊门外半塘。绕屋引水自隔》四首:

檐榜松风字,崇祯御笔留。龙宾犹拱护,燕雀解啁啾。内使开黄帊,遗民泣白头。图书满天府,零落更谁收。

　　天藻奎章阁,芸香处士庐。不妨南渡讳,为是大行书昌按:韦昭说大行者,不返之辞,音衡。湖海龙蛇地,荆蛮战斗余。匹夫藏圣迹,草莽恸何如。

　　玉露园陵满,珠丘蔓草新。南阳无赤伏,北阙丧黄巾。弓剑桥山痛,衣冠汉庙神。千秋浑寂寞,遗墨宝幽人。

　　奇峰名淑景,御座正当中。五粒皆银鬣,双珠倚玉童。分批九霄露,不是庶人风。独有华阳洞,天书贮几通。万岁山淑景峰有石刻,御坐二白松覆焉,松风本陶弘景事。

(四)徐枋(昭法,俟斋,1622—1694)

《顾氏松风寝记》:

　　吾盖深有感于顾苓氏之松风寝也。顾氏世著江东,自典午渡江⋯⋯四传而至苓,而克大厥绪,益振家声。当弘光时,以明经廷对,既膺上第,而南都陷,弘光帝逊去,同举者或言当再观变以图去就,苓竟拂衣出,重茧而归,且行且哭曰:"吾不忍以祖父清白之身事二姓也。"既得抵里,遂隐居虎丘山麓,奉烈皇御书"松风"二字以颜其寝室,名之曰"松风寝",息偃其中,不交世事,若将终身焉。苓之言曰:"吾寝于斯,食于斯,而出入瞻仰于斯,以无刻不觐吾先皇之耿光也。先师不云乎'岁寒然后知松柏之后凋',则吾所不违咫尺者,庶几有以自勉,而终身无忘乎故君可也。徐子盍为我记之。"徐枋曰:诺。昔李膺风裁峻整,天下楷模,人目之如谡谡劲松下风,言其非花月秾鲜之所可比也。又虎丘迫近城郭,故自古之隐居者鲜处焉,而何求独能避世于此,以栖遁终,斯二者固史册之所美谈也。苓今将兼而有之乎。非所谓东南之美而隐不达亲者耶。枋固愿苓之峻节如李膺,而潜德不逊于何求也。若华阳隐居,生平最爱松风,所居庭院多植松,然身为齐室旧臣,而兴言符命,以邀梁祖,其为松风也愧苓远矣。而枋更有感也。宋道君以无道亡国,生降沙漠,而奎藻秋风,犹博思陵之一恸。若吾先皇之殉社稷,千古为烈,而遗墨仅得托于野人楣柱之间。嗟乎!悲夫!此苓之所以昕夕低徊也。(《居易堂集》,上海:华东师范大学出版社,卷八)

(五)湖北黄冈杜濬(原名绍先,于皇,茶村,1611—1687)

《松风墨宝记》:

吴郡顾苓,濬之老友也。所居塔影园,去虎丘才数武。濬舟过虎丘,数往觅苓于园中。一日,导濬啜茗于其草堂西偏之密室,仰视梁间悬一小扁,作松风二字。大不盈尺,端劲轩翥,非一时文士笔力所能及。濬心异之,以问苓。苓具告所以,则巍巍宸翰也。濬肃然下拜,伏地悲泣,良久不能起。自是以后,每过苓,辄先入室中叩首已,然后与主人揖。苓以为知礼,谓濬盍记之……计此二字……幸而藏者有苓,拜者有濬……岁在癸丑暮春之望仅记。

(《变雅堂遗集·文集》卷七,光绪二十年黄冈沈氏刻本)

癸丑,康熙十二年(1673),暮春之望,三月十五日。

偶见吴江人史玄(弱翁,?—1648)记崇祯学书事云:

神庙初年,先习赵孟頫字,其后乃好章草。先皇笃好二王,平常宸翰,俱极意仿十七帖。寅卯之间(崇祯十一、二年)考选诏对所赐策题,俱御墨挥洒,有风翥龙翔之妙。天纵之能,圣祖神孙,其揆一也。(《旧京遗事》,收入张江裁辑《京津

风土丛书》,台北:古亭书屋,1959年,页5上)

所称"寅卯之间(崇祯十一、二年)考选诏对所赐策题",或即魏叔子于"扬州兴化李廷尉清所见御书御批考选卷面科九二小字",亦未可知。

　　崇祯善书,且好挥洒以赐臣下。太炎所见御书《蚕妇》诗二十字,足为一例。惟跋末断之为崇祯绝笔,证据殊不充分,不敢苟同。因知有俟诸来者尚多也!

2019年9月12日于美西兰亭渡之停云阁
(原载《中国文化》第51期)

清人入关前的剃发令

一

顺治二年(1645)五月,清兵攻陷南京。凭借着新增的雄厚兵力,以及对统治日趋稳固的自信,乃重新颁布剃发令,限全国人民于令到三天之内,一律剃发,以示降顺。这一道严令,一方面引起了江南各地连续发生的反剃发的武装斗争,使无数人民因拒剃发而死难[1],另一方面又造成了此后数十年间,明遗民纷纷逃禅,"示不仕决心"的现象[2]。

自清末以来,由于革命党人的鼓吹排满思想,继之以民族主义的抬头,清初的剃发令及其反响已大为世人所熟悉。其较为一般性但却极具煽动力的文章,就我所知,莫如刊于《民报》上的"死发乎!抑死民族!!死自由也!!!"[3],以及鲁迅的《头发的故事》[4]。专门学术性的清史著作,以及通史、教科书等,都对这一历史事实有详尽的交代。

但综观有关剃发令的记载和讨论,不管是一般性或学术性的,都偏重于清人入关后的措施,所述汉人因拒剃发而死难者,又多为

---

[1] 关于顺治二年剃发令在江南所引起的武装斗争,见辽宁《清史简编》编写组编:《清史简编·上编》(沈阳:辽宁人民出版社,1980),页98—101。
[2] 语见陈垣:《明季滇黔佛教考》(北京:中华书局,1963),页238。
[3]《民报》,第二号(东京,1906年5月8日)。
[4] 鲁迅:《呐喊》(北京:人民文学出版社,1979年注释本),页41—47。

大江以南的故事。甚至有人误以为清人所推行剃发令,完全是一些降附清朝的汉奸为讨好主子所献议的计略。如《研堂见闻杂录》所载,便绘声绘影,指手于"山东进士孙之獬"为剃发令的元凶:

> 我[清]朝之初入中国也,衣冠一仍汉制,凡中朝臣子,皆束发顶进贤冠,为长袖大服,分为满汉两班。有山东进士孙之獬,阴为计,首剃发迎降以冀独得欢心。乃归满班,则满以其为汉人也,不受;归汉班,则汉以其为满饰也,不容。于是羞愤上疏,大略谓:"陛下平定中国,万事鼎新,而衣冠束发之制,独存汉旧,此乃陛下从中国,非中国从陛下也。"于是削发令下,……江南百万生灵,尽膏野草,皆之獬一言激之也。原其心,止起于贪慕富贵,一念无耻,遂酿荼毒无穷之祸[①]。

顺治元年(1644)五月,清廷确曾下令暂停剃发。[②]到翌年(1645)五月重颁剃发令,这一年间,在清廷任职的汉人,是否都"束发顶进贤冠,为长袖大服",不得而知。但清廷重颁剃发令,绝非"(孙)之獬一言激之"而成,则可确定。孙之獬"贪慕富贵,一念无耻",或皆有之,但清朝强令汉人剃发,却是入关以前便实行的一贯政策。

二

清人入关之前,廿多年间,在辽东一带攻城略池,每克一地,必强令当地居民及投降的明朝官兵削发垂辫,作为降顺的表示和保证。清朝早年的官书实录,对这个政策的推行,皆不讳言。

天命六年(1621),努尔哈赤克辽阳,《满文老档》和《太祖实录》都有这样的记载:

[①] 佚名:《研堂见闻杂录》(中国近代内乱外祸历史故事丛书本),页268。
[②] 《清史简编》,页80引《清世祖实录》卷五,页10。

> 辽阳既下，其河东之大小七十余城，官民俱削发降。①

蒋良骐的《东华录》也说：

> 其余官民皆剃发归顺。②

辽阳之役后，努尔哈赤遣书朝鲜国王。根据《满文老档》和《太祖实录》，书中有这样的话：

> 今辽东官民，皆已剃发归顺。③

满人以辽阳作新的根据地，向辽阳城附近的汉人招降，作"统战工作"。但即使如此，仍然不甘愿对剃发的要求，作彻底的妥协。《满文老档》载天命七年（1622）正月的一道招降令说：

> 外城各地方之人，速宜剃发归降。凡愿剃发归降者，宜来叩见圣上。年老之人，剃发与否，听其自便；其年幼者，必皆剃④。

明朝边将立意降附清人的，也知道剃发是首要的条件。像天聪三年（1629）十月，皇太极克龙井关，驻兵汉儿庄外，《东华录》说：

> 明副将标下官李丰率兵剃发出降。⑤

至于在清军占领区居住的汉人，若不剃发，则必杀无赦。天聪四年（1630）镇守永平城的大贝勒阿敏所颁布的剃发令，可说是往后清人在关内所施行的"留发不留头、留头不留发"的政策的滥觞。阿敏的命令说：

> 我兵久留于此，意在养民，以成大业。尔等妄意谓我将

---

① 《满文老档》（东京：东洋文库，1955），册一，页295。《太祖实录》（台北：华文书局影本），页89。
② 蒋良骐：《东华录》（北京：中华书局，1980），页13。
③ 《满文老档》，册一，页293。《太祖实录》，页80。
④ 《满文老档》，册二，页500。
⑤ 《东华录》，页24。

返,且间有不剃发之人,是不知兴师之意也。今尔等宜各坚意剃发,有不剃者,察出处死[1]。

明朝所委任的永明通判张尔云,于清兵陷城后,因为"未剃发"而被处斩[2];监军道张春,"不肯剃发",《明史》为立《忠义传》[3],都是清人于入关前便厉行剃发令有力的旁证。

三

异族入侵中国,兵威所至,强令汉人照他们的样式剃发,满洲之前,有金国的女真族。《大金国志》中有这样的记载:

> 行下禁民汉服,及削发不如式者死。时金国所命官刘陶守代州,执一军人于市验之。顶发稍长,大小且不如式,斩之[4]。

《建炎系年要录》也有类似的记载:

> 建炎三年九月乙亥,金元帅府禁民汉服,又下令髡发,不如式者杀之。青州观察使李邈,陷金三年,及髡发令下,邈祝发为浮屠,金人怒杀之。保义郎李舟者,被拘,髡其首,舟愤懑一夕死。

女真与满人同属剃发的民族,其发式都是剃四周发而留颅后作辫。而且自1616年努尔哈赤建元天命,到1636年为止,清人号其国为"金",是则清人在入关前便厉行剃发令,并不是一回偶然

---

[1] 《太宗实录》,页106。
[2] 《太宗实录》,页97。
[3] 《明史》卷二百九十一。
[4] 转引自李思纯:《江村十论》(上海:上海人民出版社,1957),页55。《吊伐录》亦载有金人剃发令,见Jing-shen Tao(陶晋生):*The Jurchen in Twelfth-Century China, A Study of Sinicization*,(University of Washington Press, 1976)p. 34。

381

的事了啊。

补　记

拙文《清人入关前的剃发令》(刊《抖擞》43期)写就寄出后,得读郑天挺先生《满洲入关前几种礼俗之变迁》一文(收入郑著《探微集》,北京:中华书局,1980年)。其第七节"剃发"有这样的结论:

> 清太祖天命四年以后,凡其他部族投降加入满洲集团的,无论汉人朝鲜人,全以剃头为唯一表示。(页81)

郑文此节之持论,与拙文大致上是相同的,但所根据的文献,彼此不同耳。然郑文所引用《武皇帝实录》、王先谦《东华录》中所载清人入关前汉人剃发降附的情事,和拙文所引用《满文老档》、蒋良骥《东华录》、《明史》中的记载,则完全相同。郑文和拙文不同处有三点:

(一) 郑文定剃发降附事于"天命四年以后",拙文定其事始于天命六年;

(二) 郑文据王先谦《东华录》,论定"当时朝鲜人降附亦须剃发",拙文所据之史料则只题及汉人;

(三) 拙文引《满文老档》及《实录》中所载入关前的两道"剃发令",则是郑文没有采用的;郑文所论,只是剃发降附的情事而已。

郑先生文成于1945年,初收入所著《清史探微》,同年刊于昆明(见郑氏此文之末,及《探微集》后记)。拙文所用的《满文老档》,1955年才由东京东洋文库刊行,郑氏撰文时,恐不及见。

我撰拙文时,没有参考郑氏《清史探微》一书,那是我自己孤陋寡闻而又不能辩白的事实。但惟其因为这样,我才能从不同的文献中,找出类似的证据,获得一个和郑先生大致相同的结论。郑文与拙文之成,前后相隔三十六年,所用史料不同,而结论则酷似,则清人入关前即厉行剃发令一事,或可确定不移矣。

又:拙文谓女真人与满洲人同属剃发之民族,并证明女真统治北方时,亦厉行剃发令,涉及女真和满洲的关系一问题。郑先生《探微集》中"清人入关前满洲族的社会性质"一文有这样的话:

> 元灭金后,入居中原的金人久留不返,金和后来的满洲族没有直接的关系。(页3)

金和满洲是否没有直接的关系,这问题似尚有待进一步的考定。

最后,我要补充说:拙文结尾部分在引用《建炎(以来)系年要录》的史料时,因未及翻检原著,致欠详尽。兹将原文迻录如下,以备读者参考。

李心传《建炎以来系年要录》(北京:中华书局,1956)卷二十八,页560—561载:

> [建炎三年九月乙亥]金元帅府禁民汉服,又下令髡发,不如式者杀之。青州观察使李邈……城陷入燕,留金三年,……及髡发令下,……自祝发为浮屠,金人大怒,命击杀之。……保义郎李舟者被拘髡其首,舟愤懑一夕死。

同书卷一二九页2093又载:

> [绍兴九年六月丁丑]是夏,金人以知代州李郱为翰林学士承旨,行台户部尚书冯长宁为东京户部使,自大名至东京,凡五千里,命下日,各削发左衽而赴任。

1981年3月20日正光记于绮色佳旅次

(原载《抖擞》43,1981年3月)

383

道开自扃法师与清初贰臣龚鼎孳

顺治三年(1647)六月,服官于朝之龚鼎孳(字孝升,号芝麓,1616—1673)接乃父之噩耗,携爱妾顾横波(1619—1664)仓皇南归合肥治丧。及其北上复官,已是五载之后。近人孟森(字莼孙,号心史,1868—1938)据芝麓《定山堂诗集》撰为《横波夫人考》[①],细叙二人此行湖山文酒之乐,独惜文中无一字及与名僧道开自扃(1601—1652)之诗歌唱酬。今作此文,重构道开方外之交,及其方内之际遇,以志其具悲剧性之一生。

一 苏州初晤

顺治三年除夕,龚、顾舟抵吴门。翌日,应虎丘禅院道开之招,围炉夜饮,有《道公招饮虎丘以百史壁间韵索和归来薄醉率尔成篇正使百史见之当笑狂奴故态也》诗纪其事:

> 春阴初覆雨花坛,石虎高凌绝壑寒。入社攒眉容栗里,围炉饶舌笑丰干。松房雪欲停回棹,梅驿书应劝挂冠。共喜灯前煨芋熟,不知何客五云端。[②]

题所及百史,即陈名夏(字百史、伯史,1601—1654)。其《虎丘道开方丈云子集诸友赋诗予归金陵》诗云:

---

① 孟森:《明清史论著集刊·续编》(北京:中华书局,1986年),页128—161。
② 龚鼎孳:《定山堂诗集》(民国甲子龚氏瞻麓斋重校本),卷十八,页24b。

> 探奇虎阜即鸡坛,烧烛群游不畏寒。独我怀书多隔岁,逢僧说法旧长干。江枫半剪沉山雨,铃阁齐摇响石湍。载得好音吟似雪,落花相赠绮千端。①

考百史,江苏溧阳人。崇祯十六年(1643)会试第一,殿试第三,入翰林。明年,京师破,百史投李闯。名列计六奇(1622—?)《明季北略》"从逆诸臣"。南都立,一度为弘光朝臣所追杀。后得脱,盖蒙一虎丘僧送从海岛入北,事见徐波《初夏赠虎丘竹亭昙上人》诗:

> 纱笼墨迹笑堪传,满壁涂鸦总弃捐。食报未尝沾雨点,衔悲忽已就弓弦。壁间遗溧阳故相残墨。申、酉(1664—1665)间亡命,匿师所。送从海道入北,骤贵。迨死,未尝加报。②

知当时传闻,直以百史为知恩不报负心之人。收篇"衔悲忽已就弓弦",知诗作于顺治十一年(1654)百史为清廷绞杀之后。

芝麓题中"归来薄醉,率尔成篇,正使百史见之,当笑狂奴故态也"等语,颇具兴味。一者,禅语薄醉归来,则席上所饮非仅茗茶而已。二者,故作狂态以揶揄百史,所揶揄者,或即原唱中"独我怀书多隔岁"及"载得好音吟似雪"两句所表达,热中宦途之情怀。

诗中"梅驿书应劝挂冠"句,则似讽示原唱所期待之"梅驿书"应为"劝挂冠"之讯息。芝麓与百史皆先陷于李闯,后又降清,身事三姓,皆同路中人。芝麓以热中讽语百史,足见二人交情之深。道开随芝麓相与笑乐,知彼此一见即投缘也。

芝麓另有《再用前韵酬道公兼怀百史》:

> 相逢车笠喜同坛,青眼能容范叔寒。谁到珠林吟白雪,回如清庙立朱干。未驯懒僻嵇康腹,竟笑纷纭贡禹冠。南望应

---

① 陈名夏:《石云居诗集》(台南:庄严文化事业有限公司,1997年《四库全书存目丛书·集部》第201册,影印北京图书馆藏清初刻本),卷二,页1(总页644)。
② 徐波:《天池落木庵存诗》第三一四题,收入严志雄辑编,谢正光笺释:《落木庵诗集辑笺》(上海:上海古籍出版社,2020年),页495。

怜春色好，酒狂生事已更端。[1]

"同坛"，借张岱（1597—1679）《夜航船》中所记五代时三人筑坛以丹鸡、白犬歃血而盟典[2]，表达百史、道开与芝麓间的友情，非贫富能移。"青眼"句以阮籍比道开，而以沦落之范叔自况，典出范雎布衣微行，须贾赠以绨袍。诗中两联所用"吟白雪""立朱干"，及"嵇康牍""贡禹冠"诸典故，则芝麓前作中"故作狂态讽恼之语"之解说。结句寄语百史，回念江南，应独忆其春色佳美，于我等早前"酒狂生事"，不必介怀。

芝麓携横波访吴期间，与道开过从甚密；《定山堂诗集》中所收篇章颇富。卷十八有《和答道公见赠之什》，又有《道公订同秋岳过山中雨阻不果以诗见讯依韵和答》[3]；卷六另有《秋岳枉驾寓园留诗四章依韵答谢》，其三"入座逢支遁"一句，自注"时虎丘道公在座"[4]。

曹溶字洁躬，号秋岳，秋岳、芝麓年辈相若，二人嗜好诗文相同，人称"龚曹"。甲申难作，二人出处亦相类似。《静惕堂诗集》卷三十收《酬虎丘道公》《道公致梅花十树赋谢》两题可证。[5]

过山中阻雨不果，芝麓携横波轻舟访十里山塘，但见两岸到眼繁花，耳听寺院钟磬。及抵虎丘，得道开享以蔬笋，因有《雨中泛舟看花因至道公方丈仍用前韵》诗：

> 乘兴真成访戴游，凭高烟景淡如秋。半塘花送蓬窗湿，一寺钟含藓树幽。斋日笋蔬欣共饱，余生瓢笠我何求。轻舟不

---

[1] 龚鼎孳：《定山堂诗集》，卷十八，页25b。
[2] 张岱：《夜航船》（上海：上海古籍出版社，1995年《续修四库全书》第1135册，影印宁波市天一阁博物馆藏清抄本），卷五，页52a（总页574）。
[3] 龚鼎孳：《定山堂诗集》，卷十八，页25a—26a。
[4] 同前注，卷六，页14a。
[5] 曹溶：《静惕堂诗集》（上海：上海古籍出版社，2010年《清代诗文集汇编》第45册），卷三十，页13a—b。

惜频来往,沧海滔滔正急流。①

诗中感叹浪急风高,遂发一瓢一笠之愿。恐亦钟鸣鼎食者偶尔之遐想耳。

另有《白椎庵看梅兼赠关主闻照上人》,亦与道开有关:

> 青林过雨石桥斜,鸥桨晴摇当鹿车。闰岁柳迟春饯腊时正月晦日也,幽扃人借客看花。乱离桧柏云相守,步屧林塘兴未涯。生计转惭灵运拙,十年闭户已无家。②

白椎庵俗名鸭脚浜,在苏州凫溪。庵主闻照乃道开旧交。道开《凫谿即事》诗:

> 霜茅葺缚未能成,惭负松风与涧声。载月何期来菊候,烹泉不觉到鸡鸣。无营稍识闲中味,有累偏嫌老去名。漫说法门须荷担,方应谋得一身轻。③

芝麓访白椎庵,道开尽地主之谊为事先安排,乃情理中事。芝麓诗注"时正月晦日也",知芝麓与道开同游至此已一阅月矣。

徐崧(1617—1690)《百城烟水》记庵"初名清照,万历间湛明法师建,文湛持太史为书'晋生公放生处',更今名"④,殊不如钱牧斋所述为传神:

> 去虎丘一牛鸣地,有庵曰白椎,相传晋生公放生池。林木翳如,花药错列,笙歌酒肉,尘坌隔绝。信大士悉心之宅,学人营道之区也。⑤

---

① 龚鼎孳:《定山堂诗集》卷十八,页26a。
② 同前注,页26a—b。
③ 收入毛晋辑:《和友人诗卷》(台北:新文丰出版公司,1989年《丛书集成续编》第171册,影印《虞山丛刻》本),页28a(总页101)。
④ 徐崧、张大纯辑:《百城烟水》(上海:上海古籍出版社,1995年《续修四库全书》第733册,影印上海图书馆藏清康熙二十九年刻本),卷三,页5b(总页452)。
⑤ 钱谦益著,钱曾笺注,钱仲联标校:《白椎庵建造弹指阁华严堂募缘疏》,《牧斋有学集》(上海:上海古籍出版社,1996年),卷四一,页1416。

道开墓即在文中所及之白椎庵。芝麓曾往哭之，留有《白椎庵拜道公墓和苍公韵纪感》：

> 乍披宿草泪潸然，投老青山计未全。五月幽林花过雨，百年春梦柳吹绵。几时寒菊诗盈袖，送我溪桥雪压肩。笔墨尚留衣钵在，移床频许竹扉眠。①

二　同游扬州、淮北

龚鼎孳《道开以像册索题漫成》二绝：

> 支公海鹤瘦相看，丽藻汤休兴未阑。曾记虎丘春雪后，老梅疏影一枝寒。

> 落木空崖昨夜风，柴门想像月明中。隐居莫讶无山老，庾信罗含正转蓬。②

此题前有《初夏偕善持君游法相寺坐石浪轩笔墨闲适看作兰数枝于壁间因漫题一绝冀他日重游山中幽窗竹石吾两人不谓生客也》，后为《秋分同善持君冒雨重游天竺灵隐漫成口号十二首》。知方值龚、顾畅游杭州，正孟心史所谓芝麓"丙戌南归以后，湖山文酒，时时有横波点缀其间"之时。

横波擅画兰，又能画人物，道开不能不知。以自画像寄芝麓索题，亦有示横波同为丹青中人之意耶？

第一首起句"支公海鹤"，指东晋高僧支遁（道林，314—366）。"瘦相看"，与钱牧斋所记道开"长身疏眉，风仪高秀"③近似。

第二首收篇"庾信罗含正转蓬"，出杜少陵《舍弟观赴蓝田取妻子到江陵喜寄三首》末首"庾信罗含俱有宅，春来秋去作谁

---

① 龚鼎孳：《定山堂诗集》，卷二五，页19a—b。
② 同前注，卷三六，页17a—b。
③ 钱谦益：《道开法师塔铭》，《牧斋有学集》，卷三六，页1268。

家"①。带出少陵当年飘泊之感,亦不无芝麓于道开有手足之情。

龚、顾湖上之游,道开未预,惟不久三人即在扬州再续前缘。《定山堂诗集》卷三十三有《与道开诸子过穆倩寓园》五言排律一首,可证。

穆倩,即程邃(青溪,1605—1691),歙县人,寄居扬州。其人博学工诗文,兼擅丹青、篆刻。扬州一地,车马辐辏,南北文士客商之所聚,亦艺人如穆倩者治生之居处。穆倩集名《萧然吟》,以诗歌记平生游侣甚详,康熙中叶前,路过扬州之文士,多得列名集中。

客居广陵期间,横波三十设帨之辰,继为芝麓生辰,芝麓有《冬仲三日善持君三十设帨之辰十七日又余始降达公于此月朔为诵经竟日感其意至因赋二首兼记岁月》诗,心史《横波夫人考》已详其事。惟文中乃无一语及题中"为诵经竟日"之达公,即道开之法侣,僧名宗元,字达旨者。此题前为《道开达旨慧谦三上人同于皇穆倩友沂集寓斋限韵二首》。且芝麓卷十八有《同达旨楚玉清瑟文漪登银山绝顶》及《偕善持君至山半西来精舍同赋》两题,所及银山与西来精舍俱在杭州,可证达旨原即龚、顾杭州之游伴;西湖游罢,联袂北上探淮。

达旨僧名宗元,原作"宗玄",诸记作"元",盖避康熙讳。衡阳吴氏子,桂林香林寺住持。冒襄《同人集》中《三十二芙蓉斋唱和》有芝麓《后三日同诸上人再集芙蓉斋》诗:

客罢竟无事,虚堂景物澄。留闲开白社,送影立苍藤。饥鹤归难料,空山懒最能。参差斜照外,落木冷如僧。②

下一题为次韵和作,标名"释宗玄达旨",诗曰:

---

① 杜甫著,仇兆鳌注:《杜诗详注》(北京:中华书局,1979年),卷二一,页1843。
② 冒襄辑:《同人集》(台南:庄严文化事业公司,1997年《四库全书存目丛书·集部》第385册,影印北京师范大学图书馆藏清康熙冒氏水绘庵刻本),卷五,页50b(总页224)。

> 试茗一窗绿,论诗众虑澄。乱枫香破衲,残照卷苍藤。所习性如此,争奇愧未能。故云形迹外,寂寞有孤僧。①

邗上游竟,芝麓挈横波同程邃、道开北走淮阴。穆倩有《从龚孝升先生联船淮阴余赴马司李颀公招也》诗。抵淮阴后不久,道开即与芝麓作别。芝麓有《将发淮阴过放生池别道开等伦二上人适彦清张君出邸中藏酒小饮椿巢兼示古器二种即席赋赠并留别两公二首》:

> 客居张仲蔚,今日破蓬蒿。雪色临河壮,茅斋倚树高。人从愁里别,贫向酒中逃。君自要离偶,风尘惜宝刀。

> 溪上莲花社,攒眉许一开。樽罍涵古色,风物淡荒台。世觉平原左,居同阮籍哀。不堪江馆暮,雁外有疏梅。②

第一首开篇张仲蔚,名见西晋皇甫谧(215—282)《高士传》:"平陵人也,与同郡魏景卿俱修道德,隐身不仕。明天官博物,善属文,好诗赋。常居穷素,所处蓬蒿没人。"③李白《鲁城北郭曲腰桑下送张子还嵩阳》中"谁念张仲蔚,还依蒿与蓬"④,已早著先鞭!

第二首"溪上莲花社,攒眉许一开"中之"一开",似为双关语:攒眉一开,自是一义;酒樽一开,恐又一义也。远公莲社一开,陶来谢来,是"三关"矣,呵呵!上文述是年元日,芝麓与道开夜饮于虎丘禅房,薄醉而归,是夜道开身为主人,恐亦不能终席以茶代酒也。然则二人初晤即夜饮,此日淮阴道别,又逢客中主人款以旧藏之琼浆。道开与芝麓,共道阮籍(210—263)不拘礼俗之事,彼此举杯,互道珍重而别,可以想见。"世觉平原左",当指陆机(261—

---

① 同前注,页51a(总页224)。
② 龚鼎孳:《定山堂诗集》,卷七,页11a—b。
③ 皇甫谧:《高士传》(台北:新文丰出版公司,1986年《丛书集成新编》第101册),卷中,页571。
④ 李白著,王琦注:《李太白全集》(北京:中华书局,1977年),卷十六,页789。

303），芝麓盖云世人笑我"入洛纷纭兴太浓"，孰知嗣宗身仕乱朝之"不得已怀"？古今达者，重丧而饮酒食肉，亦以阮自解。

综上所述，道开与芝麓于苏州初晤，继而同游扬州、淮北。途中皆得芝麓以诗记其事。读其诗，知道开持戒不严；与芝麓共席，行酒一如方外之人。其率性而行，不受绳墨。孟森尝谓芝麓之"于礼节大防，直为本性所不具。惊才绝艳，自是天赋，以此为乐，遂不择地而施之"[①]，与道开赋性实相近，似共宿契。何况道开"能诗，好石门；能画，宗巨然"[②]，凡此皆道开赢得芝麓敬佩之由。

三 道开之丛林生涯

道开于丛林所历，自以牧斋所撰《道开法师塔铭》最为周详。今先引用牧斋之言，旋就所见，略作笺释。

> 道开，吴门周氏子。父其乡书生，早死。舅夺母志，投城东俗僧剃染，十年犹为哑羊僧。

《大智度论》卷三："譬若白羊，及至人杀，不能作声，是名哑羊僧。"[③]比喻不知悟解者。隐言此盖城东俗僧之过也！

> 游武林，听讲于闻谷禅师，未竟，听相宗于灵源论师。昼则乞食屠肆，夜则投宿木筏。孤篷残漏，风号雪餍，束缊篝火，一灯如磷，指僵手瘃，墨坚笔退，灯炧就枕，口喃喃如梦呓不休。由是贯穿论疏，旁搜外典，所至白犍椎，打论鼓，扬眉竖目，非复吴下阿蒙矣。

闻谷禅师，即杭州真寂寺之闻谷广印（1566—1636），得法于

---

① 孟森：《明清史论著集刊·续编》，页144。
② 钱谦益：《道开法师塔铭》，《牧斋有学集》，卷三六，页1268。
③ 龙树菩萨造，鸠摩罗什译：《大智度论》，收入《大正新修大藏经》（台北：新文丰出版公司，1983年），第25册，第一五〇九经，卷六，页80a。

云栖袾宏（1535—1615）。生平详牧斋《闻谷禅师塔铭》①。灵源论师，字大惠（1564—1636），云栖再传弟子。两人俱当时东南丛林一时之彦。然细审牧斋之意，道开之终得悟道，非关师授，纯乎在己。故塔铭中"昼则乞食屠肆，夜则投宿木筏。孤篷残漏，风号雪餍，束缊篝火，一灯如磷，指僵手瘃，墨坚笔退，灯炧就枕，口喃喃如梦呓不休"云云，即道开个人悟道之历程也。

还吴，参苍雪［1588—1656］于中峰。一见器异，命为维那。《楞严》席罢，留侍巾钰。

道开何年还吴，牧斋失记。惟道开年十八，尝为苏州广生庵之前身观音庵"增拓堂宇"，则无可疑。盖其事既文震孟（字文起，号湛持，1574—1636）所亲见，且撰有《广生庵记》述其本末：

> 庵在郡城东，与玄妙观连址，旧名观音庵，……至万历四十六年戊午，僧道开局增拓堂宇。始倡东林社，诸方龙象，望风遥集。大士威神之力，求子得子，有感必通。刺使毛公文炜有孙，抱危症，梦中以药丸授之，遄已其疾。刺使尝著《感梦》纪其事。余因易其名曰广生庵。庵与先忠烈祠相望，隔一桥。子与道公结世外交，每瞻拜先祠，必过其地，笑语移时，如远公之过虎溪也。时天启甲子。②

今尚有位于阊门内桃花坞下塘之文山寺，祀宋丞相信国公文天祥（字履善，又字宋瑞，号文山，1236—1283）。文文山尝官平江知府，故自明正德以来，屡世奉祀。嘉靖二十年（1542），朝命改建，文侍诏参与其事，并为书文山《正气歌》于堂之壁。越七十余载，祠宇

---

① 钱谦益著，钱曾笺注，钱仲联标校：《牧斋初学集》（上海：上海古籍出版社，1985年），卷六八，页1565—1569。
② 冯桂芬纂，李铭皖、谭钧培等修：《［同治］苏州府志》（南京：凤凰出版社，2008年《中国地方志集成·江苏府县志辑》影印清光绪八年江苏书局刻本），卷四一，页34b（总页292）。

日圮,湛持斥资重修。故忠烈祠者,初为朝廷教忠而建,终则成吴中文氏宗祠。广生庵既与之隔桥相望,湛持护惜之殷,可以想见。庵又为东林社友聚会之所,为之护持者,不独文氏一族可知。《记》所及《感梦篇》之作者毛文炜,字肇明,万历四年(1576)举于乡,累官至袁州府通判。及辞官归,以行辈高,讲理学气节劝勉后生,大有声于乡里。卒年八十四,为之传者,即湛持同族兄弟从简[①]。

湛持所记亦见《苏州府志》:

> 广生庵在亨二图醋坊桥南,旧名观音庵。元大德中僧智衍建,明万历四十六年道开扃重兴。[②]

万历四十六年,合公元1618年。道开生1610年,时正十八岁。

文湛持长道开二十七岁,二人盖忘年之交。《记》末借"远公之过虎溪"故实,喻一己与道开之交谊。道开在湛持心目中之地位,从可见矣!其后湛持兴复吴之华山寺、中峰寺,得雪浪洪恩(1545—1608)之法孙汰如明河(1588—1640)及苍雪分任住持,时在启、祯之间。而道开于此时先后得侍苍雪、汰如,当与湛持之力荐有关,毋庸置疑。

莲社不止用慧远典故,道公当日于广生庵,实结此社。《坚瓠集》辛集卷二《道开》:

> 广生庵莲社已七十余年,苍书叔少时过庵,见道开师卧室粘燕子楼诗,因笑谓曰:"此岂禅室语,欲效临去秋波耶?"道公曰:"'见说白杨堪作柱,怎教红粉不成灰。'此亦说法也。"道开名自扃,能诗,善书画,去世已四十余年,为之怃然。[③]

据此,道开方外之友,另有同里褚篆(苍书,1607—1700)。

---

① 此条蒙北大中文系陆寅教授提供,谨此致谢。
② 参上页注②。
③ 褚人获:《坚瓠集》(上海:上海古籍出版社,1995年《续修四库全书》第1261册,影印上海图书馆藏清康熙刻本),辛集卷二,页39a(总页299)。

《塔铭》:

[顺治]六年苍、汰二师,约践更讲《大疏》,实尸劝请。汰师至华山,命为监院。及其顺世,开讲堂、建塔院,刻《续高僧传》,覆视遗嘱,若操券契,盖苍师之传云尔。

所及刻《续高僧传》事,可补释如下:

首者,苍雪《中峰大殿落成呈湛持文相国及诸檀护》诗有"百务谁堪兼一身"句①,谦言非其独力可当之。悼道开诗有"开山谁是久相依"句②,则明言中峰开山时,与其相依不弃不离者,惟道开而已!

其次,汰如《崇祯庚辰闰正,协同护法诸公,立道开法友监院。实喜法脉得人,不独山门有寄。赋诗志感》诗:

法门已秋晚,付授难其人。百炼出弘器,位序若有神。吾友集灵秀,谦慎迈等伦。承事无间然,水乳如一身。学者少惭愧,所至随风尘。擎钵嫌臂酸,尚可同艰辛。阔步忽蹉跌,至德尊盐薪。乃知监院大,今日非无因。标榜挽颓壤,磨砺成精金。知心会与广,千古常为邻。③

诗中"随风尘""嫌臂酸""忽蹉跌"等语,知汰如虽有憾于爱徒之操守,惟传法传衣,终未作他想!

汰如生前得道开之助,辑成《大明高僧传》初稿,惟工程浩繁,汰如圆寂后,道开独力杀青,得毛子晋为刻成,复撰长跋,就汰如委托之经过,以及其后传法不传衣之种种,略作叙论:

嗟乎,吾先高松,弱冠未迨,蚤事参请,知命甫逾,旋示泥洹。屈指流光,仅浮生之三十耳。电光驹隙,寿量几何?乃讲论疏解,著述观心,繇因地至于果觉,孜孜矻矻,不知作几许事

---

① 释读彻:《南来堂诗集》(上海:上海古籍出版社,2010年《清代诗文集汇编》第5册,影印民国二十九年上海王氏铅印本),卷三下,页2b(总页57)。
② 同前注,补编卷三下,页20a(总页128)。
③ 周永年:《吴都法乘》(台北:丹青出版社,1985年《中国佛寺史志汇刊》第3辑第19—28册,民国二十五年上海影印宋版藏经会传抄本),页2342—2343。

业。自非愿力宏高,载来示现,其孰能与于此?即斯《僧传》一书之成也,年未强仕,慨然以僧史有阙为心。遂南走闽越,北陟燕台。若雁宕、石梁、匡庐、衡岳,绝壑穷岩,荒林废刹,碑版所在,搜讨忘疲,摹勒抄写,汇集成编,而后竭思覃精,笔削成传。……师门墙既广,桃李成蹊,翘楚僧英,不无其类。不肖以椎鲁无文,确怀固守。当纷纷转徙之时,予惟脚跟牢跕。故蒙先师嘉愍厥志,别贻青盼。山斋寂阒,手授净瓶。摩顶至三,记莂亦再。曰转相传授,流注不绝,俨如黄梅半夜,信衣初付,非任力斗智所可力攘者也。其次,不肖住山,则曰:"不独山门有幸,实喜法脉得人。"诗篇志喜,启札相延,手迹犹存,墨痕未燥,此阖郡护法所共同心,不能偏废者也。至若拈华微笑,末后机缘,则简端六字,掷笔神游,曰"高僧传托道开"是也。……孰谓示寂之后,异议纷然,变端遽起。所以退让名山,躬先剖劂。负书行耳,遑及戈矛?肩抱书之白门,饥荒两值,变乱相仍,海宇更张,人心鼎沸,遂不能卒业杀青。彷徨无措,归而谋诸隐湖居士,乐成先志,助襄厥功,始克告竣。其艰难困苦之状,未易以一言遍告也。幸有济上平章、临安司马为之弁序。此二公者,表表人杰。殉难捐躯,足征先师德业所致。黼黻典彝,并垂不朽。……使师而有年,今且敷玄竖妙于此,非师之千古也。即予膺先师之命,辛勤拮据,尚居此山,亦未为报先师也。惟此数编乃师之千古,今幸不负所嘱,得寿诸梓,实所以报先师于千古也。先师以寸管发扬六百年来之硕德耆英,其功于法门不浅。肩以寸心报师三十年来之苦辛,实不敢负遗命而已,敢谓有功于先师哉?至若山之住与不住,命之遵与不遵,予且付之一笑。……①

汰如法嗣之诤,乃明清间江南一大案。道开身不由己,陷身其中,

---

① 释读彻:《汰公大明高僧传成喜而有作》,《南来堂诗集》,补编卷二,页11a—12a(总页90—91),王培孙笺引。

395

借此跋文以自剖。文末"至若山之住与不住,命之遵与不遵,予且付之一笑"等语,其中所包含之辛酸,身为道开另一尊师之苍雪读彻,知之至详。以下就《南来堂诗集》所收有关诸章,考论苍雪处纷争之态度。

首者,补编卷三下《含光五十》题,王笺引《贤首宗乘》中《含光法师传》:

> 崇祯庚辰,高松[汰如]主金陵报恩讲肆,人集万指。公与戒雷并列东西序首座,由此道香流播,望重一时。还山未几,而高松圆寂,临终手授袈裟一顶为嗣法之冠,次呼戒雷,而戒雷已先一日逝矣。①

此云汰如主金陵报恩讲肆,与其赋诗志庆喜法脉得人,皆在崇祯十四年庚辰(1640)。后者在闰正,前者在暑间,而汰如圆寂,则在腊月。然则汰如于一载之间,出尔反尔,致道开自指定法嗣沦入次等戒雷之后,有负于道开。牧斋于此事,焉能不知?乃撰《道开法师塔铭》,竟不着一词,其为汰如讳者明矣!

《含光法师传》续记云:

> 先是,高松与南来彻公有分演大钞之约,以九会为次第。次年辛巳春,南来自中峰移锡,临讲堂,而首司监寺者为道开启。一日,以辑众不协,忽遁去。群喙大哗。始一心推毂于公。②

含光法名炤渠,号镜寸,道开里人。二人生同年。据陈乃乾《苍雪大师行年考略》,含光二十二岁听法于巢松慧浸(1565—1621),后四年,复听法于一雨通润(1565—1624)。巢松、一雨,同师雪浪洪恩,而一雨之法子为苍雪、汰如。含光与道开同师汰如,辈分相同,

---

① 同前注,补编卷三下,页12b(总页124)。
② 同前注。

惟含光入门较早耳。

苍雪之现身,道开之情绪难免波动;借故遁走,不难理解。此事苍雪当时亦无只字及之,直至十载之后,值顺治七年(1650),含光与道开年及半百,苍雪为分撰贺诗,始作表态。先有《含光五十》:

> 出胎母难知今日,屈指成拳正及年。只此一灯光不灭,鿄来三世火相传。山鸣石鼓初登座,海涌奇峰四面莲。何事举扬难话会,草深丈许法堂前。①

继成《道开五十》:

> 得髓多于得肉肥,休夸传法共传衣。水流有智何曾腐,鹤性无天不可飞。师弟几人看到老,苦寒能复念相依。月明正及新香阜,夜半犹闻叩竹扉。②

开篇两句,颇具兴味。"得髓多于得肉肥",言道开得汰如佛法之精华(髓),故为法之传人。"得肉肥者",明指衣之传人。"休夸传法共传衣"云云,明言传法与传衣,各有其人也。

忆昔年陈援庵先生论述清初僧诤,贤首宗道开与含光间法嗣之斗,似可纳入其列。

四　晚年游事

自离华山至下世之十二载间,道开身无束缚,还我自由,得偿平生好游之愿。故道开席不暇暖,或主虎丘禅院,或弘法于名山大刹,或为游而游,会海内之旧雨新知。以下述其晚年游事,亦分方内、方外两目。

---

① 同前注,页14a(总页125)。
② 同前注。

(一) 方内

苍雪《南来堂诗集》补编卷三上有《甲申岁首雨中寻道开于虎溪上因而留宿时道开将再赴云间讲期余亦寻有娄东之行各赋诗志别》诗。题所及"时道开将再赴云间讲期",道开有《重过云间朱宗远园居》一首纪其事:

> 过从追昔日,菊信候重阳。叶脱如无径,山寒欲上堂。改移经手妙,迂曲再来忘。乍可携琴去,相将刺海航。①

道开旋移锡超果寺。毛子晋来访,值花朝节,子晋有《甲申花朝超果寺访道开》诗:

> 花发片帆下,春风陆子基寺为二陆宅。殷勤非吊古,迢递为寻师。讲彻香云合,谈深树影移。石桥同过去,一笑动离悲。②

甲申花朝,约二月初、中旬间,尚在三月十九日国变前月余。

道开作《花朝子九过涅槃讲坛设供有诗见赠次答》:

> 出处虽无术,艰危亦有基。三年徒剩我,一滴敢忘师。石聚函方启,盂香饭忽移。净名神力在,饥渴复何悲。系艇逢花诞,闲寻日晡时。楸枰观胜负,茗碗竖枪旗。至道无今古,名山有盛衰。勉旃君意厚,惭愧是钟期。③

第一首"三年徒剩我",自承仓卒离山,至此三载,惟"我"则依然"故我"。"一滴敢忘师","一滴"云云,盖汰如尝作《圆觉蚊饮》诗,劝勉念佛者,当知"一滴才饮,知大海所在,而全经自得"。继又建议苍雪名其斋为"一滴"。苍雪感念其苦心,撰《圆觉蚊饮

---

① 姜兆翀:《国朝松江诗钞》(嘉庆十三年松江姜氏敬和堂刻本),卷五七,页5a。
② 毛晋:《隐湖倡和集》(北京:全国图书馆文献缩微复制中心,2008年《汲古阁丛书》第1册),卷上,页54b(总页150)。
③ 同前注,页54b—55a(总页150—151)。

题辞》,阐释汰如之说①。此言"一滴敢忘师",实包含汰如、苍雪二人。

题云"子九过涅槃讲坛",知道开所讲乃《涅槃经》,此与《塔铭》称道开"讲《涅槃》于华亭"者,正合。

同年冬,道开应邀往嘉善讲经。毛晋有《道开法师应武塘相国禅伯之请敷讲嘉善之大胜寺余于腊月廿五放舟蓻江送之和陶与殷晋安别韵兼柬衍门》诗。

武塘相国即钱士升(字抑之,号御冷、塞庵,1575—1652),浙江嘉善武塘人。万历四十五年(1617)殿试第一,授翰林院修撰。崇祯中累官礼部尚书兼东阁大学士。著有《南宋书》《赐余堂集》。有弟名士晋(字康侯,号昭自,1577—1635),万历四十一年(1613)进士,官至右副都御史,巡抚云南。朱彝尊(1629—1709)谓"吾乡科第之盛,数嘉善钱氏",良有以也!

衍门禅伯指释正止。苍雪《南来堂诗集》补编卷二《赠衍门止》,王笈引《扶轮集》:"释正止衍门,长洲人。"复设按语云:"《扶轮集》顾凝远有《景陵谭远韵欲尝珍珠坞杨梅同周安期刘石君僧衍门陪往遍游》诗,又有《牛首秋峦时与衍门同登》诗。"②

顾凝远,字青霞,九思孙。承祖父荫,远绝纨绮,刻尚风雅。隐居不仕,筑室齐门,即今之花谿,多蓄图书彝鼎。居父丧时,哀愤赋诗,未尝一至城市。③

徐波《浪斋新旧诗》第七十五题《六月十八与陈古白吕子传集顾青霞新构水亭观粉壁画松累石为地画松其上》:

> 水触墙根为日久,新亭面此开轩牖。不能更问置亭时,有

---

① 释读彻:《南来堂诗集·附遗文》,页2b—3a(总页79)。
② 同前注,补编卷2,页12b—13a(总页91)。
③ 朱福熙等修:《黄埭志》(上海:上海书店,1992年《中国地方志集成·乡镇县志专辑》第7册,影印民国十一年苏州振新书社石印本),卷四"人物",页31a(总页609)。

亭有水可无疑。已忘热客披衣苦，便觉凉天列坐宜。壁间水气堪妩媚，松石无端思坐致。双柯脱手助清寒，更令词客歌其事。歌残月出卧纵横，恍听螺溪岭上声。谓松能风余非佞，孰物有形无性命。主人累石画者机，画者含毫听指挥。松不痴肥石不瘦，松耶石耶同时有。①

徐波赠顾青霞诗，另有第一一三题《送顾青霞就试北雍》；一二九题《十七夜灯事转盛士女纵观从顾青霞家醉归因书即目》；一三〇题《十九日顾青霞招同诸子访陈古白于虎丘寓楼夜分而别》；一三三题《王德操见过陪访青霞石君两兄》；一四四题《望齐门之有金井也，庵以此名焉。自宋迄今，废而复置。亡僧荼毗后，皆得藏骨其中，佛之遗教也。昔世尊灭度，飞天夜叉与诸天夺取顶中舍利而供养之。故知至人发毛爪齿，皆能利益一切有情。况井中之骨，具足三世僧宝？是不可以无述。余与中峰汰法师、本庵处凝师、词人顾青霞为唱导之首》；一五二题《元夕后一日顾青霞席上送刘石君游楚》；一五三题《春雨乍晴顾青霞邀同社泛舟虎丘拉陈古白广陵杨姬饮至夜诸客随路别去余半还城而已》。诗不录。

钱谦益《东山酬和集》有顾凝远次韵牧斋原唱第四首：

兰缸背立暑宵深，浴罢凝妆绣阁阴。学士懒扪时事腹，美人欢结海天心。低蛾叶并眉舒色，幽吹箫同语出音。一笑故应无处买，等闲评泊说千金。②

汪学金（1748—1804）《娄东诗派》卷八有黄翼圣（1596—1659）《谭友夏远韵至吴中同集顾青霞池上》：

逢君却话忆君时，吴楚风烟不断思。诗句每从传到熟，须

---

① 徐波撰，严志雄辑编，谢正光笺释：《落木庵诗集辑笺》，页115。
② 钱谦益：《东山酬和集》（台北：新文丰出版公司，1989年《丛书集成续编》第116册，影印《虞山丛刻》本），卷二，页8b（总页536）。

眉翻与梦中疑。微言竟日风生座,薄醉行廊影在池。园馆却能生别恨,暝烟衰柳雨迷离。①

周亮工(1612—1672)《读画录》卷二"周静香"条:"静香以札招余曰:'仆所居园,虽无奇观,然是顾青霞宿构。'"②知亮工罢官后所居,乃顾青霞之旧居。

(二)方外

道开晚年游事,肇端于南京。盖当日仓皇离山,携之与俱者有汰如《大明高僧传》书稿;上文所及汰如讲经于南京报恩寺,范景文(字梦章,号思仁,1587—1644)尝野服篮舆来访,有一面之雅。抵宁后,道开持书稿乞序于范吴桥,弁其简端。范氏欣然命笔撰序,见该书存世刻本。

道开访范梦章,因得结识梦章之门客余怀(1616—1696)。余字澹心,号曼翁、广霞,福建莆田人。二人初识,道开即以宋人钱舜举(钱选,1239—1301)画作相赠,澹心答之以《题道开所赠钱舜举画二桥图歌》:

> 君不见桥公二女流东吴,遂归公瑾与伯符。两人为婿足欢乐,年少英雄真丈夫。君不见曹孟德,名为汉相实汉贼。铜雀台高千尺余,春深锁闭无颜色。又不见钱舜举,丹青画出双双女。锦茵罗袂交颈眠,一片芙蓉逗秋水。又不见凫谿僧,云心铁骨冷如冰,等闲拾得娥眉样,不许相如聘茂陵。嗟余流落江湖客,秃头蓬鬓两脚赤。踏翻海窟真珠飞,欲唤佳人在今夕。古来万事如浮云,坠楼入井昔所闻。矍者一怒剑光淬,至今笑杀平原君。老奸窃国何所丑,卖履分香为谁守。朱颜空损下江

---

① 汪学金辑:《娄东诗派》(北京:北京出版社,1997年《四库未收书辑刊》第9辑第30册,影印清嘉庆九年诗志斋刻本),卷八,页31b(总页133)。
② 周亮工:《读画录》(上海:商务印书馆,1936年《丛书集成初编》第1657册,排印读画本),卷二,页19。

兵,此日翻为鄙人有。要知画也原非真,画者赠者各有神。出家岂是将相事,好色应推豁达人。莫言粉碎虚空少,情死情生何日了。但将真作画图观,山鸡一鸣天下晓。①

收篇"出家岂是将相事,好色应推豁达人",方外人而与僧侣语"出家""好色",二人间不拘形迹,从可知矣!由澹心之推介,道开又得与姜氏兄弟论交。姜垓,字如须(1614—1653),与兄垛(如农,1607—1671)同服官于崇祯朝。如农因忤崇祯被杖,几死。甲申顷,兄弟定居吴门。如须尝往访道开,不值。撰《仲冬访道开和尚未值时公有广陵之行留赠二首》:

　　云崖苍屋绕斋坛,云满山中北郭寒。芳树寄怀寻法坐,草堂卜筑近河干。芜城烟雨长飞锡,隋岭梅花不碍冠。深锁重篱葬岑寂,空留明月照南端。

　　十年为别对寒花,步担飘零水一涯。坐待倦云归夕照,愁兼闲鸟避春哗。娱亲晚煮胡麻饭,供客新尝柏叶茶。明发翻多游子恨,蓬莱东去海门遐。②

道开于南京游事之最堪记者,迨莫若身预杜濬(1611—1687)在燕子矶饯别宴。

杜濬,即杜于皇,尝见赏于龚鼎孳,已见前文。于皇《变雅堂集》有《燕矶感旧》诗,乃其晚年追忆崇祯十四年(1641)自南京扬帆往温州,得其友好为饯别于燕子矶之旧事。前序列举预会名氏及年齿:

　　岁在辛巳,余年三十有一。东游鹿城,荷诸同人饯送于燕子矶者,为四明薛千仞,时年八十二;内江范仲暗;秋浦刘

---

① 余怀著,李金堂编校:《余怀全集》(上海:上海古籍出版社,2011年),页81。
② 姜垓:《流览堂诗稿残编》,收入姜垓、解瑶等著,高洪钧编:《明清遗书五种》(北京:北京图书馆出版社,2006年),卷六,页38。

> 伯宗、吴次尾；莆田林茂之；桐城方直之；江宁顾与治；云间张友鸿；贵竹杨爱生。方外则道开、懒先。红裙则崔未莺、李淡如。狎客不记。今无一存者。和韵之次，缅怀畴昔，再成一诗，亦可以知余之老而无赖矣。①

所及诸人，年最高者推薛冈（字千仞，亦称天爵翁，1559—？）与林古度（字茂之，号那子，1580—1666）。二人交甚笃。千仞有《天爵堂文集》十九卷。诗之集亦名《天爵堂》，千仞年八十，集其生平元旦除夕诗为一卷，起万历庚辰（1580）至崇祯庚辰（1640）。得茂之为之序，时称盛事。

林古度与余怀，皆闽籍而长居金陵者。邓文如先生称林氏"父子皆有奇节"：

> 父举人章崇祯中上书言事下狱，有声海内。古度曾序刻《铁函心史》。顺治中又刻布《洞庭女子诗》十章。晚岁卜居金陵珍珠桥南陋巷中，贫甚。暑无蚊帱，冬夜卧败絮中，犹以年辈为东南名士魁硕。儿时一万历钱，佩之终身。吴嘉纪为赋《一钱行》。康熙五年卒，年八十七。②

范文光（字仲暗，号两石，1605—1652），四川内江人。天启举人，先官工部主事、转南都户部员外。燕子矶饯别，适在任上。后告归，张献忠（1606—1647）寇蜀，举义兵。永明王立，拜御史，巡抚川南。清兵克嘉定，仰药死。乾隆中赐谥中节。无集行世。

刘城（伯宗，1598—1650）与吴应箕（字次尾，号楼山，1594—1645）皆安徽贵池人，自幼相善，长而同为复社眉目。世称"二妙"。饯别杜濬前一载，吴应箕与顾杲（字子方，号㠛人，1607—

---

① 杜濬：《变雅堂遗集·诗集》（上海：上海古籍出版社，1995年《续修四库全书》第1394册，影印湖北省图书馆藏清光绪二十年黄冈沈氏刻本），卷七，页7a—b（总页152）。

② 邓之诚：《清诗纪事初编》（台北：明文书局，1986年《清代传记丛刊》第20册），卷二，页282。

1645）、陈贞慧、黄宗羲、沈寿民等，集诸生百四十余人于南京，出《留都防乱公揭》以逐阮大铖，大快人心。《公揭》即出吴次尾手笔。①

伯宗《峄桐诗集》有《遇道开上人于白门感时赋赠》，系顺治二年（1645）：

> 兵气江南始，吾生孰可凭。艾罗古有曲，丁昨世多能。入耳惟蛮触，关心谁土崩。祖刘不可得，只望佛图澄。②

方其义（字直之，号次公，1620—1649？），安徽桐城人。兄以智（密之，1611—1671）于崇祯八年（1635）访吴门，有诗赠道开，见下文。

顾梦游（与治，1599—1660），南京人。与治及道开均苏州半塘诗社之成员。《半塘偶集》有道开五律一首：

> 平原能好客，一集抵经旬。堤胜舟停白，厨芳馔出郇。秋怀菹鲙托，嘉节菊柑邻。斗句皆名手，悬知得趣真。③

张一鹄，字友鸿，号忍斋，松江人。余怀《三吴游览记》叙顺治初自南京放舟游苏松，友鸿尝厚待之。入清后举顺治十五年（1659）进士，官云南推官。因事罢归。友鸿能诗，无结集行世。

与会之另一僧人懒先，法名大澍，字时乃，江宁倪氏子，嘉善寺僧。本师扈芷，与苍雪偶遇于峨嵋，同来吴中。懒先与道开皆能诗善画，所从之师又旧交，故情谊甚笃。论者谓懒先山水师沈充，苍秀入神。有《瘦烟草》诗集，未见。苍雪有《画歌为懒先作》：

---

① 吴应箕：《楼山堂集》（上海：上海古籍出版社，1995年《续修四库全书》第1388册，影印北京图书馆藏清刻本），卷十五，页10a—12a（总页546—547）。
② 刘城：《峄桐诗集》（北京：北京出版社，2000年《四库禁毁书丛刊·集部》第121册，影印清光绪十九年养云山庄刻本），卷七，页1b（总页607）。
③ 《半塘偶集》，收入《历代纶音先世酬唱集》，见赵琪辑：《东莱赵氏楹书丛刊》（北京：学苑出版社，2010年《华东稀见丛书文献》第20卷），页22a（总页333）。按：半塘，在苏州虎丘山附近半塘河。

聚墨以为山,积点而成树。碎雨洒芭蕉,点点纷无数。世人徒识山之面,阿谁解写山之变。远近朝昏自不同,横侧看来形转换。意在笔先迟不得,兔起鹘落早已失。了了成局于胸中,下笔气吞千百幅。尺幅茫茫千里势,起我烟波浩然思。浅水芦花不见人,渔灯自照霜中睡。小景寒汀出蕙荌,叶公子高非好龙。泼墨嘳水作云雾,一龙点睛忽飞去。由来此道通乎神,明明画松乃似真。月明深夜鹤来巢,踏枝不着空飞巡。买山况是我所欲,囊无一钱手空束。感此置身于其间,一邱一壑老已足。子所师兮吾所友,倾盖相知到白首。诗名早已动公卿,衣钵相传赖谁某。懒瓒画,懒残禅。顽仙指点从此入,赠字呼为我懒先。前荆浩,后关同,赏识曾惊老范公。弥大士,碧云僧。卫洗马,王右丞。一自思翁题品后,顿令声价至今增。我以有声画,报子无声诗。进乎子之技,还以心为师。袖拂溪藤平白地,拈起毫端在天际。树木山川高下分,于无有处现一切。张僧繇,吴道子。古今手笔非不精,望之惟有长叹而已矣。噫嘻乎,技至于此此不朽,更有片言吾为剖。试看一点未生前,问子画得虚空否?①

歌中"我以有声画,报子无声诗。进乎子之技,还以心为师。袖拂溪藤平白地,拈气毫端在天际。树木山川高下分,于无有处现一切"等句,谓绘事与禅理相通。

苍雪另有《次答懒先兼寄云间诸君子》诗:

一把茅栖瘦骨颜,梦魂几度绕云间。多时故旧犹存念,久病音书绝往还。边塞遥闻霜角转,荒城惊见月弓弯。乱离此后犹悬隔,不敢相逢问出山。②

诗作于清师下江南之翌年,故云"乱离此后犹悬隔,不敢相逢问出

---

① 释读彻:《南来堂诗集》,卷一,页16a—17a(总页24)。
② 同前注,补遗卷三上,页23a(总页114)。

山"。开篇"一把茅栖瘦骨颜",则夫子自道也。当日凄惶之态尽见矣。懒先不久为乱兵所杀。

王培孙笺苍雪《画歌为懒先作》,亦录此序,惟略去"红裙则崔未莺、李淡如。狎客不记"等十数字。似可不必!

序及诗均未记别筵在何月。惟据与会中吴应箕《送杜于皇淮北上》诗起句"西风八月水犹波"①,知于皇北上在八月。辛巳八月,正道开在金陵周旋于旧雨新知之时。

陈田《明诗纪事·辛签》收史玄《庚辰冬同松之文将掌文虎丘访道开肩公》:

> 步屧寻开士,探幽及小春。琴鸣流水静,花放衲衣新。黄叶千年树,青山半醉人。还家无底事,兰桹且逡巡。②

按:庚辰为1640年,于皇别筵前数月,道开与江南士子交游频繁。方外交,尚有史玄(？—1648)、徐崧(1617—1690);文将即沈自铤(1618—1680),与徐崧为连襟;掌文即徐鑛,鼎革之际举兵抗清而卒。

道开于顺治九年归虎丘东小庵掷笔而逝后,芝麓有不少追忆诗篇。《定山堂诗集》卷十三《正月二十一日为先严诞辰过长椿寺礼诵默公出缣扇索书援笔写怀遂成春日杂感二十首》,题下注"为苍舒、箬庵、道开、达旨、闻照、德宗诸开士"。其十四:

> 旧日云霞侣,凄凉宿草深。别来淹夏腊,归去失人琴。沾臆愁开箧,题书劝入林。遣心知物外,情到那能禁。③

卷三十九《过法公秋远堂追忆道公》:

> 把臂中林约未寒,十年香雪路漫漫。犹留邓尉山头月,为

---

① 吴应箕:《楼山堂集》,卷二五,页27a(总页647)。
② 陈田:《明诗纪事·辛签》(上海:上海古籍出版社,1995年《续修四库全书》第1712册,影印天津图书馆藏清贵阳陈氏听诗斋刻本),卷三一,页8a(总页312)。
③ 龚鼎孳:《定山堂诗集》,卷十三,页9a。

助幽琴倚石弹。①

同卷另有《题道公画》：

> 雪后淮阴别道林，几年空负买山心。只今人去秋山在，石上幽琴老泪侵。（其一）
>
> 花落禅扉春昼长，相携步屐野风香。白椎梅影苍苔外，谁与闲人话夕阳。（其二）②

五　结语

道开出身于吴门一孤苦人家，先后于中峰从苍雪、明河习内典，擅丹青，南京博物院藏有所画山水一帧，乃为如皋冒巢民而作。

此文初稿成于上世纪末，搁置多年。今值疫情高涨，足不出户，乃重订一过。其间蒙暨南大学中文系陈建铭教授细心通读，刊讹之余，匡余不逮。后生可畏，老朽感念不已！

忆余于1979年自古长安乘汽车往重庆，夜抵成都，宿一宵。饭后访书肆，购得民国二十九年陈乃乾上海校印苍雪读彻《南来堂诗集》三册、民国甲子龚氏瞻麓斋重校本龚鼎孳《龚端毅公定山堂诗集附诗余》十六册，携归客店，举杯对新置旧籍独饮至夜半。其后《南来堂》中之王培孙笺，大有助于余与严志雄教授合作辑笺徐波之《落木庵诗集辑笺》；近闻该书将于年前在沪上出版。《定山堂》则为余随时翻读之物，盖余研治清初士人交游之钥匙也。乃知四十年前所得，虽不在善本之列，冥冥之中，亦有天意存焉耶？

2020年7月10日于美东兰亭渡之停云阁

（原载《中国文哲研究通讯》第30卷第4期）

---

① 同前注，卷三九，页20a。
② 同前注，页22b。

钱谦益弟子何云生平考略*

引　言

近人论述牧斋弟子何云（士龙）生平者，就闻见所及，仅陈寅恪先生一家而已。《柳如是别传》第四章据《吾炙集》所载河东君之语，论定士龙与瞿式耜（字起田，号稼轩，1590—1651）、顾苓（云美，1609—1682）同属"柳派"，而与钱遵王（名曾，1629—1701）之为"陈派"即牧斋夫人之派者，迥不相同也[①]。

陈先生晚年著书岭南，接触文献不广，然仍创为新说，殊非易事。惟士龙之生平，终非《别传》所重，然则其事堪补述者尚多，不待言而明矣。

士龙年未冠即从学于牧斋。后数载，蒙乃师延至家塾，教其嗣子孙爱（孺贻，1629—？）举子业。

士龙能诗，与乃师唱酬篇章之多，同门中无能望其项背者。其人亦精骑射。年二十九，携弓箭、佩刀剑、乘怒马护卫牧斋、瞿稼轩北上入京赴逮，旋同入刑部监狱。是年冬，士龙因念母，先行南归。

乙酉清师下江南，士龙入闽，身预隆武政权。与乃师分道扬

---

* 本文原为参加香港中文大学严志雄教授主办之"钱谦益暨其诗友门生诗文国际研讨会"（2018年5月15—16日）而作。撰写期间，承沈丈燮元、陈建铭君鼎力襄助。稿成，蒙佘汝丰、张旭东二兄及匿名审稿人提供宝贵意见。定稿时复陈耕君赐助。并此致谢。

① 陈寅恪：《柳如是别传》（上海：上海古籍出版社，1980年），页541—553。

镴。事败,转入粤中。

士龙之传世诗作,仅有抄本两种存世,收诗一百五十余首。北京国家图书馆及常熟图书馆分别入藏。以路遥,无从得观。幸承京师友人艾俊川、周运两先生亲赴国图,费时逾月,过录抄本中纪事诸作相赠。而清初选本中,毛晋(字子晋,号潜在,1599—1659)《东山酬和集》①,收士龙诗一题三首;王应奎(字东淑,号柳南,1683—1759)《海虞诗苑》收九题九首。共得十题十二首②。余合此证诸士龙师友相关之作,试图考述其平生。间有与牧斋相涉而未见论及者,亦为逐一指出。③自忖筚路蓝缕,开辟维艰。订讹补漏,有待于来者实多。

一　士龙家世及生卒年

牧斋《何仲容墓志铭》(《初学集》卷五十五)记士龙祖"名錞,通内典,工小楷,修布衣长者之行"。父名德润,号仲容。其人"强学缵文,好镂版以行世"。卒于天启二年(1622),得年五十四。生子五人,述禹、述稷、述契、述皋、云;女四人。文末云:"云,吾徒也。既葬[其父],来乞铭。"

牧斋留此一线索,至堪宝爱。④盖士龙之生年,果如下文所考,在万历三十六年(1608),则上文所及士龙未冠即从学于牧斋一事,可确立无疑。

士龙有《丁亥元日》诗,作于粤中。诗开篇云:"五千里外思归

---

① 收入丁祖荫辑:《虞山丛刻》甲编(常熟丁氏刊本),第5册。
② 王应奎、瞿绍基编,罗时进、王文荣点校:《海虞诗苑》(上海:上海古籍出版社,2013年)。
③ 牧斋《吾炙集》,士龙名在其中,而集中无士龙诗。牧斋此书非完帙,说见徐兆玮:《虹隐楼诗文集》(上海:华东师范大学出版社,2016年),《文集》卷二《吾炙集跋》。
④ 《柳如是别传》中考述士龙祖上二代,亦引牧斋文,惜忽略该文末记士龙父之卒年,及文乃应士龙之请而作等事。

客,四十年来病渴身。"①丁亥,清顺治四年(1647)。上推四十年,合明万历三十六年。四十云云,或仅举其成数。苟如是,则生年上推或后移一二年,皆有可能。

其卒于清顺治十七、十八年顷(1660—1661),得年五十以上。②盖士龙于甲、乙间,辞家远游,历十五载始归,逾年而殁。

然则士龙从学牧斋,最晚当在天启七年(1627)。牧斋子孙爱生于崇祯二年(1629)。士龙任钱家塾师,至晚当在崇祯七年(1634)。

二 抄本何士龙诗集

抄本前有里人兼内家陆贻典序,述士龙之家学及其生平云:

> 吾虞固多望族,而桂村何氏尤以博学好古世其家。士龙踵言山公后尘,读书缵言,为牧翁先生所知,延致家塾。服习讲贯,其业益精。……士龙少工诗,当王、李盛行之日,牧斋昌言辟之。为穷源溯流、昌明博大之学,士龙实能其指归。余向选其诗,刻之《诗约》中,余未及存也。自岭表归来,有诗百余篇。牧斋谓其才情意匠,苍老雄健,而尤称其《七夕行》,感激用壮,有玉川《月蚀》之遗。余得录而存之,距今有十五年矣。其间搜括旧刻,得二十余首。而其从子道林续录数章以贻余。厘其年次,诠缀成编。间复鼓箧,流观讽咏。缘情体物,六朝之绮靡也;峨冠委珮,三唐之典丽也。而其气经词

---

① 诗见钱谦益:《吾炙集》,收入丁祖荫辑:《虞山丛刻》甲编,第3册。
② 牧斋《楞严经疏解蒙钞》目录后记有云:"及门之士,若毛晋、黄翼圣、何云者,一载之中,相继捐馆。"下署"上章困敦岁三月三日"。上章困敦岁,即顺治庚子十七年(1660)。据牧斋所撰墓志铭,毛子晋卒于己亥岁之七月二十七日,黄翼圣卒于己亥十月八日(《有学集》卷三十一《毛子晋墓志铭》《黄子羽墓志铭》)。己亥合顺治十六年(1659)。按排名先后,推知士龙之卒在黄翼圣之后。确实年月不可知,惟总在顺治十六年十月八日至顺治十七年三月三日之间。

纬,吞吐风云,墨舞笔歌,戛扬金石,不离乎牧翁之评者近是。惜乎少时篇什,仅存一二,不能无剑失珠遗之感。士龙于余为内家强近,其辈行长于余,未尝不视余如友。言念畴昔,诚不忍斯文之零落。为弁其首,以授剞劂氏。此固后死者之责,而后之览者,亦庸以考何氏之家学、东涧之指授云。壬子重九,陆贻典识。

卷端题作:"庐江三集之七　浮山何云士龙著　侄畋辑。"壬子,康熙十一年(1672)。时陆氏五十六岁,上距士龙之卒已十载。

抄本辑者何畋,士龙二兄述稷子,字道林,一字学山。序中"其从子道林续录数章以贻余",即此人。《海虞诗苑》卷十二记道林"从陈先生确庵游,为诗得其指授,有《薇蕨集》一卷",今藏北京社科院文学所,未见。[①]

序又言:"余向选其诗,刻之《诗约》之中,余未及存也。"《诗约》有牧斋序(《初学集》卷三十二),开篇云:"陆子敕先撰里中同人之诗,都为一集,命之曰《虞山诗约》。过而请于余曰:'愿有言也。'"末署"壬午",即崇祯十五年(1642)。敕先之序士龙诗,在康熙十一年壬子,二者相距恰为一世。惜此书流传不广,今仅知台北"国家"图书馆有一藏本。

陆贻典,字敕先,号觌庵(1617—1686)。陆敕先后生士龙九载,入牧斋门亦在士龙之后。牧斋序敕先《觌庵诗》,称"敕先盖斯世之有情人也",且极言其所作植根于性情与学问:

> 读敕先之诗者,或听其扬征骋角,以按其节奏;或观其繁弦缛绣,以炫其文彩,或搜访其食跖祭獭、采珠集翠,以矜其渊

[①] 郑锺祥、张瀛修:《常昭合志稿》(南京:江苏古籍出版社,1991年),卷三十,页26上载:"何述稷,字功艺,邑诸生,工诗赋。明末仿《香山乐府》作寓言,其文曲,其词危,已而其言多中。自号晴蓑道人。性好山居,无力买山,作《山居诗》百篇,陈瑚为之序。子畋,字道林,亦能诗。书学褚河南,有《薇蕨集》(陈志)。"同前书,卷四四,页36下著录:"《薇蕨集》一卷,何畋撰。"

博;而不知其根深殖厚,以性情为精神,以学问为孚尹,盖有志于缘情绮丽之诗,而非以俪花斗叶、颠倒相上者也。①

叶昌炽(1849—1917)《藏书纪事诗》卷三《陆贻典敕先》条所系诗,足概括陆氏一生矣:

> 新城令君之才子,汲古季子之妇翁。东涧老人之高足,其友则大冯小冯。

陆序称士龙诗为"庐江三集之七"而不举士龙集名,徐兆玮(倚虹、虹隐居士,1867—1940)有相关记载,颇具兴味:

> 何士龙诗,为古里瞿氏钞藏本,良士重为装订。予适见之,约装成后借阅。庚申十一月既望,与初我观书铁琴铜剑楼。邑人著述,已荟萃一厨。遍搜士龙集不获。为之悒悒。次日,初我手一册示予,曰:"此非何集耶?"盖签书"庐江三集",予疏忽未抽阅尔。遂得假归传录一本。卷首题"庐江三集之七",则尚有二集可知。何氏如季穆、公艺,皆有专集。或与士龙鼎足为三,亦未可知。独怪管敬培辑《桂村诗钞》,云士龙遗集散逸,不知敕先、道林纂辑之本尚留遗人世也。既喜梓乡文献之传,又得见前人所未见,此行为不虚矣。辛酉三月初九日,虹隐居士跋。②

跋中称"何氏如季穆、公艺,皆有专集"。《初学集》卷五十五《何季穆墓志铭》记季穆名允泓,士龙称三叔。天启五年(1625)卒,得年四十一。牧斋有《渡淮闻何三季穆之讣赋九百二十字哭之归而酹酒焚诸殡宫以代哀诔》哭之(《初学集》卷三)。《吴梅村全集》卷二十七有《何季穆文集序》。

---

① 钱谦益著,钱曾笺注,钱仲联标校:《牧斋有学集》卷十九,收入《钱牧斋全集》(上海:上海古籍出版社,2003年),第5册,页825。以下简称《全集》本。
② 跋见常熟图书馆藏抄本《庐江三集》。

公艺,即述稷。士龙称二兄。见朱彝尊《明诗综》卷八十一上"何述稷"条:"字公艺。常熟县学生。有《晴蓑草堂诗集》。"

知徐兆玮跋中之言,盖有所本也。

三 护卫牧斋北上就逮

崇祯十年(1637)丁丑三月,牧斋为张汉儒具奏攻讦,与瞿式耜被逮北上,下刑部狱。①《初学集》卷十一《桑林诗集》前序记北上事云:

> 丁丑春尽赴急征,稼轩并列刊章。士龙相从,草索渡淮而北。赤地千里,身虽罪人,不忘吁嗟闵雨之思,遂名其诗曰《桑林集》。②

士龙同门顾苓《送钱牧斋先生赴逮》:

> 征书并下昔三公,先后归来迹颇同。十载遗薰几绍圣,独存硕果累元丰。风波翻覆千秋事,消长寻尝吾道中。不但生还当世祝,直将治乱卜穷通先生与文相国、姚学士同起田间。③

"赴急征"牵涉党争,诗及注皆隐约其言,呼之欲出矣。

钱、瞿二人在苏州阊门临解缆时,士龙自告奋勇随行北上。牧斋有诗记云:

> 我心酃儿女,刺刺问束装。暮持襆被出,诘朝抵金阊。门生与朋旧,蜂涌来四方。执手语切切,流襟泪浪浪。惜我僎从弱,念我道路长。或云权幸门,刺客如飞蝗。穴颈不见血,探

---

① 金鹤冲:《钱牧斋先生年谱》,收入《全集》本,第8册,页936;方良:《钱谦益年谱》(北京:线装书局,2007年),页94。
② 钱谦益著,钱曾笺注,卿朝晖辑校:《牧斋初学集诗注汇校》(上海:上海古籍出版社,2012年),上册,页560。以下简称《诗注汇校》。
③《千里集》(抄本,北京国家图书馆入藏)。

头入奚囊。或云盘飨内，鸩堇寔稻粱。匕箸一不慎，坎裂屠肺肠。谁与警昏夜？谁与卫露霜？谁与扶跋疐？谁与分劻勷？何生奋袖起，云也行所当。阃门置新妇，问寝辞高堂。典衣买书剑，首路何慨慷！①

第五韵所及"傔从"二字，遵王注傔者，从也；或即今人所谓"随行人士"。既云"傔从弱"，知原即有僮仆相从。前文已及士龙尝在钱家作塾，当日当以门人、塾师之双重身份随行。

四　北上途中诗歌唱和

船离江南，牧斋与士龙诗兴大发，唱和频繁。过淮阴，士龙作《漂母祠》：

> 因想前贤一饭时，废祠会首重兴悲。泽边帝子犹当道，城下王孙且钓丝。此日项刘俱敛手，他年绛灌奈扬眉。千金未是酬恩者，事往□应淮水知。

牧斋《漂母祠和何士龙》：

> 韩侯钓水绕城垣，青史犹垂进食言。人以千金知老母，天将一饭试王孙。孤生书剑沾新泪，逐客簪缨感昔恩。欲荐渚苹何限恨，寒鸦落日满祠门。②

渡河，牧斋作《俳体示士龙》：

> 四渎已将三渎过，三春总是一春忙。黄沙学傅何郎粉，赤汗从熏荀令香。釜下马通和饼熬，栈间驴面比人长。归来准

---

① 钱谦益著，钱曾笺注，卿朝晖辑校：《送何士龙南归兼简卢紫房一百十韵》，《诗注汇校》，上册，页685。
② 同前注，页561。

备江南话,暖铺深釭笑几场。①

士龙答之以《和牧翁途中见示》:

> 过河不作江南梦,春尽翻亏客路忙。籼米饭如红稻软,珍珠酒比冻醪香。驴经王粲鸣声好,鸡引刘琨舞思长。若到幽并更奇绝,为君结客少年场。

舟停山东德州,访卢世㴶(字德水,一字紫房,1588—1653)。德水与牧斋论交始末,严志雄教授已考论精详②。惟崇祯十年之会,尚另有足述者二三事焉。

一者,钱、卢间之唱酬,士龙亦预焉。士龙《次韵奉和牧翁酬卢德水》:

> 大雅久寥阔,空悲剡溪纸。我师拯颓流,周道识所履。穷渊探龙颔,取义获凤髓。晚遇杜亭叟,焚香礼子美。钟期思入手,惠子论溢耳。布鼓惭自持,黄钟岂人毁。芜词何以赞,风流良可继。云也虽不敏,无忘诲小子。

其次,德水与士龙相见,有《何士龙》诗。题自注云:"士龙一弱秀才,追随虞山先生,不避风雨。"③倍见亲切。

> 超然人表有阿龙,患难从师得所宗。万仞虞山天下仰,今番许尔一登峰。

"阿龙",典出《世说新语·企羡第十六》:

> 王丞相拜司空,桓廷尉作两髻、葛裙、策杖,路边窥之,叹

---

① 同前注,页563。
② 严志雄:《钱谦益〈病榻消寒杂咏〉论释》(台北:联经出版事业公司,2012年),页169—174。
③ 卢世㴶:《尊水园集略·补遗》,收入《续修四库全书》(上海:上海古籍出版社,1995年),第1392册,页580。

曰:"人言阿龙超,阿龙故自超。"不觉至台门。①

再者,则牧斋与王鹿年相见事。德水《送王鸣野序》:

> 锺离王鹿年,字鸣野,盖布衣之侠也。身不逾中人,而须髯如戟,目光照人,血胆雪肠,不欺暗室。……近复游虞山之门,虞山博大真人,骈懞一世,于鸣野尤无间。尝属其综理家务,不啻亲子弟。作古歌以送之,一读令人三叹。②

锺离在安徽凤阳。德水所称"布衣之侠"王鹿年,亦牧斋门人,此余前所不知。

牧斋《德州送王鹿年》记二人相别:

> 频年遭患难,道路与子俱。有如堕枝鸟,依此失水鱼。子今舍我去,置我于路隅。譬彼瞽失相,伥伥何所如?子行非无事,为扫我室庐。慰我犀角子,卫我充栋书。我有万行泪,附子衣裳裾。为我拜北堂,洒向旧倚间。③

简言之,牧斋吩咐王鹿年为我家打扫室庐,安慰家中犬子,护卫家中藏书,并代我向家母大人问安。我等三人北上,前途凶险。归期未定。一切拜托了!

士龙亦有《德州送王鹿年》诗:

> 首路向平原,尘埃白日昏。心知弹铗客,归守孟尝门。雨粟存微愿,飞霜念至冤。探肠宁复惜,分手欲何言。

诗中用冯谖客孟尝典,然则王鹿年之"米饭主"为谁?王氏行踪飘忽,其生平俟考者尚多。

---

① 余嘉锡撰,周祖谟、余淑宜整理:《世说新语笺疏》(北京:中华书局,1983年),页630。
② 卢世㴶:《尊水园集略》,卷九,页496。
③ 钱谦益著,钱曾笺注,卿朝晖辑校:《诗注汇校》,上册,页605。

五　狱中诗酒唱酬

牧斋等一行于闰四月二十五日抵北京,旋下刑部狱。明年五月二十四日始得出。计在狱凡十三阅月①。

士龙同门徐增(字子益,又字无减)日后有《怀旧诗》追述云：

> 最是伤心鹤被囚,几人患难肯从游。文章自有光芒在,雪夜长安欲报仇岁戊寅,牧翁被逮,士云[龙]周旋狱中。②

子益与士龙于崇祯六年初晤时,尝有《牧翁师座上赠何士龙》：

> 古人风采自堪思,雅量如君未易窥。数载神交才对麈,片言心许即称诗。耻于世路轻求友,喜在门墙更得师。因指琴川衣带水,扁舟来往预为期。③

京师刑部在长安街西,俗呼刑部街。史载"西南、西北二隅合置狱,曰南北所,北所围垣东大榆树一株,传为明杨继盛手植云"。又载"嘉靖七子,王李辈同官西曹,建白云楼,相聚论诗,一时目刑部为外翰林"。杨继盛手植榆树,以及嘉靖七子,王李等人白云楼论诗事,牧斋当知之甚悉。至其有生之日,置身西曹,天牢中犹得以诗酒为乐,当非其前料可及④。

---

① 参钱谦益著,钱曾笺注,卿朝晖辑校：《试牯诗集上》序,《诗注汇校》,下册,页725。牧斋与稼轩服刑之久,或与入狱时方值满洲皇太极率兵攻朝鲜有关(参谈迁《国榷》卷九十六)。崇祯帝其时专心辽事,方疲于遣兵调将;于牧斋一案,何能分心顾及? 故入狱之初,虽有"何生夜草疏,奋欲排帝闻"(见《送何士龙南归》),牧斋仍不能无"纷纷燕狱上书人,天语连章戒渎陈"之叹!(《狱中杂诗三十首》其六,自注：凡上疏陈辩,皆奉旨曰："不得渎陈。")
② 徐增：《九诰堂集》,收入《清代诗文集汇编》(上海：上海古籍出版社,2010年),第41册,诗之五,页154。自注云"岁戊寅"误,盖士龙早于前一年岁末南归。
③ 同前注,诗之二,页131。
④ 于敏中等编纂：《日下旧闻考》(北京：北京古籍出版社,1981年),第4册,卷六三,页1038。

明代京师刑部监狱乃专为羁押官员而设。牧斋尝任礼部侍郎，又只因党争涉罪，故得入管束较轻之刑部狱；诗酒唱酬，一如平日。与世所熟知之锦衣卫，即所谓诏狱（关押钦命要犯，与东西厂狱相同），以及皇帝专任镇抚司所设之酷狱（主要囚押皇帝旨令关押之罪犯），皆有天壤之别①。

　　所谓法律面前，人人平等一说，本无其事；极权政权之法例，终不免掺杂人情。古今一例！必明乎此，然后可理解何故牧斋狱中，仍能读书不倦，不废诗文②。不明乎此，则不可理解牧斋被收监时之情状：

> 闰四月二十五日，下刑部狱。尚书、侍郎暨台谏、郎署相见者五十余人。久旱，次日大雨，刘敬仲司空迎谓曰："此霖雨之征也。"余笑曰："安知不曰'烹弘羊，天乃雨'乎？"因以"霖雨"名其诗云。③

"安知不曰'烹弘羊，天乃雨'乎？"典出《史记·平准书》。大难当前，而牧斋仍自嘲有朝一日，己身或终与被汉武帝所杀之桑弘羊同一结局。其过人之处，不可等闲视之！

　　来迎人中，官位最低者为郎署，正、从五品，如傅朝佑。傅字右君，江西临川人，天启二年（1622）进士，官给事中。《明史》卷二百五十八本传载右君先后疏劾周延儒（字玉绳，号挹斋，1593—1644）、温体仁（字长卿，号园峤，1573—1638）。因触帝怒，被下狱。周、温皆牧斋在朝之政敌。右君来拜，当亦与此有关。

　　牧斋《狱中杂诗三十首》其八，诗注："傅给事右君、胡行人雪

---

① 参《明史》卷九十五《刑法三》。承南京大学范金民教授赐示，特此致谢。
② 金鹤冲《钱牧斋先生年谱》："先生颂系，逾冬涉春，卒业三史，反复《封禅》《平准》诸篇，恍然悟于华严楼阁于世谛文字中。"（《全集》本，第8册，页937）；方良：《钱谦益年谱》，页90—93。此外，《初学集》卷十二、十三三所收诗五十七题一百五十五首，皆牧斋狱中之作。其中短者为七律，才五十六字；长者如五言古风《送何士龙南归兼简卢紫房一百十韵》则达一千一百言矣。可见牧斋狱中诗数目之可观！何士龙诗则仅存二题。一为和章，一作《从牧翁在西曹作》，皆七律。
③ 钱谦益著，钱曾笺注，卿朝晖辑校：《霖雨诗集序》，《诗注汇校》，上册，页612。

田,皆来执经。"同题其二十六,诗注:"夜闻陈右君歌声。"

官职之高者,如与牧斋对答如流之刘敬仲,尝官至工部尚书,则正二、三品矣。

敬仲名荣嗣,号半舫(? —1638),曲周人,万历四十四年(1616)进士。以地方大吏入为工部尚书,总理河道。运道溃淤,起宿迁,至徐州,别凿新河,分黄水注其中,以通漕。三年积用弗成,下狱论死。①

牧斋与敬仲狱中"比屋而居。昏夜得句,扣门索和。僮仆相嘲曰:'乞火乎?索米乎?'"②知两家之居处,犹今人所谓之独立房屋,各有僮仆生火取暖。且自备炊具,烹煮所需。诗兴发作时,分曹斗韵,"两家僮仆送诗忙"③唱和之作,牧斋集中,即有六题三十一首。敬仲尝"取往复次韵之作,都为一集,名曰《钱刘唱和诗》",未见。

钱刘唱和诗,多见交情。如是年牧斋生日,敬仲献诗云:

> 日霁霞明秋愈妍,一尊论古小窗前。初裁汉律何无罪,再召银青泌有天。蓬屿瑶扉来处路,金经玄草偶然诠。长生宝箓家传在,暂向阛中了宿缘牧斋钱后。④

牧斋答诗:

> 皇览揆余初度时,松醪春酒菊花枝。千金称寿惭亲串,一

---

① 钱谦益撰,钱陆灿编:《列朝诗集小传》(上海:古典文学出版社,1957年),丁集下,页656《刘尚书荣嗣》条,有云:"敬仲为人淹雅,读书好古,敦笃友谊。河渠之任,本非所长。门客游士,创挽黄之议,耗没金钱,敬仲用是坐罪,父子俱毙。用违其才,良可痛也。敬仲为诗,用意冲远,自谓迥出时流。德州卢德水笃好而深解之,句诠字注,以为独绝。唐人之铸贾岛,宋人之宗涪州,无以过也。余在请室,与敬仲游处逾年。敬仲取往复次韵之作,都为一集,名曰《钱刘唱和诗》,以诒德水,又属余为序其全集。敬仲生长北方,而不习北食。嗅葱蒜之气,辄喀呕不止。诗操南音,不类河北伧父,亦可异也。"
② 钱谦益著,钱曾笺注,卿朝晖辑校:《诗注汇校》,上册,页677。
③ 张祥河句。参拙文《宣南诗社考》,《停云献疑录》(杭州:浙江大学出版社,2016年),页11,亦见本书页10。
④ 今传世敬仲诗文集名《简斋先生诗选一卷文选四卷》。康熙元年敬仲孙佑刻,收入《四库禁毁书丛刊·集部》(北京:北京出版社,2000年),第46册。以下分称《简斋诗选》《简斋文选》。生日诗见《简斋诗选》,卷四,页61a。

物全生荷圣慈。老眼画图行聚米,虚窗料敌坐围棋。成都桑树衡山芋,剔尽寒灯夜话迟九月二十六日,刘尚书诸公酿酒为寿。①

不久,敬仲又以《辟寒》为题,与牧斋唱和至二十余章。今各选一首。敬仲诗:

> 逖来世事不胜悲,惆怅羁人有所思。汤网何期集凤羽,楚骚空自惜蛾眉。严城鼓歇灯昏后,孤榻衾寒梦醒时。直欲凌霄呼帝座,可能容我掇商芝。②

牧斋和诗:

> 交疏窗阁暗伤悲,肠底车轮揽梦思。满镜新妆留半面,堆奁浓黛约双眉。雪深椽烛摊书夜,酒罢银缸拥髻时。归日胡麻正堪饭,更须量亩种神芝。③

士龙偶亦参与唱酬,有《书事述怀四首次半舫刘大司空寒夜杂诗韵》:

> 谢公忆别东山妓,文举愁空北海樽。移岸舟行辞我里,出墙花发记谁园。那无别梦和春晓,只有穷愁伴夜昏。多谢扬州十里郭,东风一路鸟能言。

> 又

> 赤土谁教发剑光,倚天耿介转心伤。蓬蒿剪与栽松菊,藜藿甘之比稻粱。物外赢形容散诞,人间怒翼正翱翔。虚无何处求松子,我欲乘风入混茫。

> 又

> 倩酒消忧成酒悲,悲吟愁坐两相思。银河易泻千行泪,金

---

① 钱谦益著,钱曾笺注,卿朝晖辑校:《狱中杂诗三十首》其三十,《诗注汇校》,上册,页645—646。
② 刘荣嗣:《简斋诗选》,卷四,页63b。
③ 钱谦益著,钱曾笺注,卿朝晖辑校:《诗注汇校》,上册,页673。

锁难开八字眉。似我关心村店夜,知君屈指帝乡时。唯应琼树能回渴,不羡神仙服水芝。

又

拂拂寒风惨惨天,望乡无那起愁烟。篚盛紫蟹思新擘,篱护黄花忆重编。底事洲边吟杜若,争教泽畔怨兰荃。月明忍照伤心地,留与归人几度圆。

牧斋尝为敬仲诗集撰序,盛称敬仲之诗诣,且及卢德水对敬仲诗之评赞:

今年与刘司空敬仲先生相见于请室,得尽见其诗。卢子德水之评赞,可谓精且详矣。而余独喜其渊静闲止,优柔雅淡。……余将为采诗者告焉。因敬仲寓德水,视如何也。①

德水评赞,见所撰敬仲集序。末署"崇祯乙亥端午学人卢世㴶草于杜亭西枝"。乙亥即八年(1635)。文长不录。

夷考其实,刘敬仲与卢德水之交情,亦不寻常。敬仲尝为德水《杜诗胥钞》撰序。另有《答卢德水户部》一札。德水《尊水阁集略》中有关敬仲之诗作有《接得敬仲新诗读之赋五言四十字时雪后漏下一鼓》《寄题敬仲先生古欢室》《敬仲以诗画见寄赠答次韵》等题。

牧斋与德水盛称刘敬仲诗作,清人中颇有持异议者。不赘。②

士龙狱中记牧斋诗,仅见《海虞诗苑》所收《杂诗从牧翁在西曹作》题:

愁凭北酒缓中肠,情寄南云去路长。心似寒砧摇独杵,身同警枕转空床。梅花早白非关雪,蒲柳先衰可待霜。高足要

---

① 同前注。
② 如朱彝尊(字锡鬯,号竹垞,1629—1709),即称:"其诗格卑卑,未能远与古人方驾。"姚祖恩编,黄君坦校点:《静志居诗话》(北京:人民文学出版社,1990年),卷十七,刘荣嗣小传。陈田(字松珊,1855—?)亦指:"尚书诗格不耸高,而忧时伤怀,有萧瑟兰成之感。"《明诗纪事》(上海:上海古籍出版社,1993年),卷二三,刘荣嗣小传。

津缘底事,也知老大是徒伤。

崇祯十年冬,何士龙只身南归。刘敬仲有《送何士龙南还》诗,足见交情:

> 久负嵇生七不堪,迩来茹苦渐能甘。残生荣辱俱如梦,客邸春冬幸自谙。好友相思漳水北,仙人长住大江南。明珠照乘时方忌,行路悠悠莫纵谈。

> 风声撼撼动高松,绕屋寒鸦蛰海龙。门隔春明即万里,路归江上亦千峰。忆同夜月吟残菊,偶立苍烟听暮蛩。得子为邻吾愿足,虞山猿鹤肯相容。①

《昭明文选》卷四嵇康《与山巨源绝交书》:"有必不堪者七。"敬仲诗第一首开篇"久负嵇生七不堪"所从出。

牧斋与敬仲比邻而居,当非偶合,其详不得而知耳。然归根到底,刑部监狱生活毕竟不如居家。盖服刑者皆无刑期,故何年何月得释出,无法预料!如上文所及牧斋狱友傅、刘二人,即不得生还回家。前引傅朝佑《明史》本传载崇祯"责以颠倒贤奸,恣意讪侮。廷杖六十,创重而卒"。时在牧斋出狱之明年春。敬仲亦旋死于狱中。见《简斋诗》末首诗注。总之,狱中生活之阴暗面,有待深入探讨者仍多。

六 隆武宫中侍卫

甲申之变,士龙与乃师分道扬镳:牧斋走南京事弘光,遂有翌年迎降之一役。其时士龙则走八闽。以精武术故,任隆武宫中之侍卫。遂得亲历隆武建朝立国之始末。

士龙入闽事,时下通行之南明史籍皆不载。惟士龙邑人王应

---

① 刘荣嗣:《简斋诗选》,卷四,页68a。

奎《海虞诗苑》有记云：

> 宗伯被讦下狱，君草索相从。世以比郭亮、王咸焉。又从瞿中丞至闽粤，流离艰苦，历十五载乃归。宗伯取其游草入《吾炙集》，谓其才情意匠，苍老雄健视昔有加。尤称其《七夕行》，感激用壮，有玉川《月蚀》之遗。

文中有"又从瞿中丞至闽粤"句，然瞿稼轩之基地，始终在桂、粤，未闻有入闽之事，遂有疑士龙亦未尝践八闽之土。

士龙之诗作，实士龙身预隆武之最佳证据。

首者，其长歌《七夕行》，皆记隆武一朝事。开篇咏建国事云：

> 岁在旃蒙，律中林钟。皇帝俯徇群臣请，建国立庙闽海东。孟秋改元曰隆武，誓疆戎索缵祖功。仲尼载笔修鲁史，五始立义尊王风。改时改月古则有，王周正月万国同。况乃二后受成命，怀柔百神凭颢穹。立召句芒替蓐收，白帝焉敢争豪雄？从丁至丙一旬毕帝以闰六月廿七日即位，丁未御辰，以多难故不获从逾年改元之例。诏下日，草莽尽伤之也，自夏徂秋万感攻。

继伤崇祯帝后兼斥鲁王监国事：

> 我闻王者父事天，为天之子子万邦。国家三百年，柴燎告成功，致孝亦已丰。佳儿佳妇置何许伤先帝先后，纵养骄子恩偏崇。日兄月姊遑救恤，坐视同气遭残凶。眼看乌兔至微物，乘机吞啖不相容监国之月，月有食之，疑示灾也。乃知区区一女孙，长令隔绝夫妇非至中。嗟尔肺附尚如此，矧兹下民叫噪不异群倮虫。烦冤一寸心，窃比下臣仝。愿回高高听，鉴此偻偻惊。非类神弗歆，天应诱其衷。高诵黄台咏抱蔓，愿天勿学虞瞍顽且蒙纪鲁王监国事。［案：抄本无注。］

终则以痛惜物类相残、恢复无期作结：

> 断取旄头掷海外，净洗腥秽驱丰隆。屏除残贼投诸裔，

423

复我明辟归于桐。主鬯由来属长子,折柱无事忧共工。白首再见风尘清,不辞为天吐气如长虹。玉梯岌嶪不可拾,绿章吻恍谁为通? 自伤物类至细琐,薄命敢恨飞廉慵? 没身逝将东去海,矫首肯逐北飞鸿? 哀江南兮魂未归,湛湛江水上有枫。明河淡淡兮华星胧胧,我心悲兮何时终? 呜呼我心悲兮何时终!

牧斋《吾炙集》收士龙诗,以此长歌置卷首,称其及门"才情意匠,苍老雄健视昔有加。尤称其《七夕行》,感激用壮,有玉川《月蚀》之遗"。

考《初学集》卷二十《效欧阳詹玩月诗》后有记云:

> 壬午中秋日,诵卢仝《月蚀诗》,吟咀再四,徘徊永叹。余老矣,闟茸眊堕,欲如仝之涕泗交下,心祷额榻,有不能也。欧阳詹《玩月诗》,有好乐无荒,良氏瞿瞿之思焉,乃作诗一篇,题曰《效欧阳詹玩月诗》。或曰:"韩退之《效玉川子月蚀诗》,取其似,子效《玩月诗》,取其不似。"仝乎詹乎? 似乎不似乎? 世当有知之者。①

又,钱大成《钱遵王年谱稿》"顺治三年十八岁"条:

> 是年八月十六日,先生规橅卢仝《月蚀诗》,赋《问月诗》千数百言。

按:卢仝,唐范阳人,号玉川子(? —835)。《新唐书》卷一七六《韩愈传》附传载仝尝为《月蚀诗》以讥切元和逆党,愈称其工。遵王此诗咏清兵下江南之翌年事,盖悯时伤乱之作也。②

士龙所处之隆武政权亦有其"逆党"存焉。黄宗羲(字太冲,号梨洲,1610—1695)《行朝录·隆武纪年》记云:

---

① 钱谦益著,钱曾笺注,卿朝晖辑校:《诗注汇校》,下册,页1138—1139。
② 谢正光校笺:《钱遵王诗集校笺》(北京:中华书局,2018年),页54—55。

> 郑芝龙［字飞黄，1604—1661］、鸿逵自恃援立之功，汲引姻娅要地清流，口授上前，如吏科给事中朱作楫、户部主事叶正发，皆门下夷人也。其后，上不尽从，遂怀怨望。①

其次，士龙《杂题五首之三题》，第一、二首，皆咏隆武朝相国黄道周（字幼玄，号石斋，1585—1646）殉国之来由，诗人苟非置身其中，安得对局中之来龙去脉了如指掌？第一首：

> 赌墅浑如昨，歌钟杳未期。人烟秦地少，草木晋时疑。尘梦悲风后，逢迎待雨师。凿凶古来有，尔辈系安危伤黄相国并讽诸将。

开篇赌墅，典出《晋书·谢安》本传载苻坚率百万众，次于淮淝，京师震恐。（昔之苻坚，不即今之清兵耶？）安遂命驾出山墅，亲朋毕集，与谢玄围棋赌别墅。盖指临危不恐惧之风。

诗注"伤黄相国"，指黄道周之殉国。石斋，闽之漳浦人，以拥立有功，官至首辅，深得隆武敬服。诸将者，郑芝龙及郑彩（字羽长，1605—1659）等拥兵自重、拒与石斋之将领。文武不和，乃隆武政权之一大致命伤。上引《行朝录·隆武纪年》记云：

> 十月，黄道周见郑氏偷安，殊无经略中原之志，自请出关，芝龙不与一兵。道周以忠义激发，旬月之间，义师颇集，亲书告身奖语，给为功赏，得之者荣于诰敕。然皆未练之兵，不能应敌。至有僧军锄櫌棘矜以随其后者，名"肩担兵"。从广信抵衢州。婺源令某，道周之门人也，驰书诱道周，许为内应。道周信之，至明堂里，北师猝至，随为北师长天禄所执，殉节于南京。②

士龙第二首咏隆武将士惨败之情状：

---

① 黄宗羲撰，沈善洪主编：《黄宗羲全集》（杭州：浙江古籍出版社，1986年），第2册，页115。
② 同前注，页116—117。

> 我师临战伐，消息似陈陶。血染皆王土，尸横近贼壕。千官喧露布，万国困腥臊。前席谁流涕，文思明主劳 杉关之役，死伤相枕藉，举朝方贺捷，盖将帅矫诬甚矣。

诗注所及之杉关，位于福建邵武府光泽县西北九十里，西至江西建昌府百二十里，有杉关岭，置关其上，为江闽往来之通道。黄石斋领兵自闽入江西，经此关，遇敌大败后，而诸郑则在朝庆贺，此"矫诬甚矣"之所指也。

士龙另有《奉和中丞戚公和尚诗十首》；"中丞戚公和尚"，当亦隆武政权中人。

> 何代高僧驻锡来，长抛贝叶卧莓苔。溪边怪石森离立，应为生公首屡回。

> 真形不借雕镌力，实相匪因镵削功。尽日无言疑表法，经年高卧镇谈空。

> 径荒苔藓绝征尘，洞闭桃花少问津。长似空生来宴坐，九天应有散花人。

> 几曾东水解西归，时见南云向北飞。争似高僧长在定，野花山鸟共皈依。

> 夹岸楼船刁斗停，静闻天籁报严更。中宵溪畔潺湲水，疑是山头梵呗声。

> 千艘竞发春溪涨，万众无哗夜帐严。输与石僧缘底事，月斜风细梦初甜。

> 云随虞后愁低影，竹为湘妃妒泪痕。怪得老僧无一语，道傍兴废共谁论。

> 望夫化去形空在，秦帝驱来血尚班。顽石有知应羡此，到头留得老僧颜。

> 肯逐孤云任所之,嶙峋骨相几推移。不知陵谷何年改,好泛重溟寻本师吴中石像晋时自西域浮海而至,今见存开元寺中。
>
> 高僧闻说心如石,仙石何妨貌似僧。会待伏波勋业了,相将重访碧崚嶒。

士龙在闽,年尚未及不惑,已有逃禅之倾向。及隆武败亡后,转入粤中,继续依附佛教。

七 粤中生涯

士龙由闽入粤,至迟在顺治三年(1646)岁末。滞留至顺治十五年(1658)始返里。其居粤间传世之作不多;十载间可考之事不过二三。且此二三事,亦难得其详!

甫抵粤中,即有《除夜寓光孝寺》①:

> 不向空王托此躯,却成佳节似穷途。匝天烽火欺残焰,照户刀光冷旧符。子夜乡心劳去梦,丁年世难恨为儒。岭梅休报春消息,剩有啼鹃血未枯。

诗中丁年云云,似有双重意义。抵粤在丙申岁除,明日即逢丁亥。此其一。丁年亦指男子年四十。前文记士龙生于万历三十六年,顺治四年丁亥恰逢不惑之年。

总之,士龙除夜居异地僧舍,难免有"佳节似穷途"及"世难恨为儒"之叹。况粤中举目无亲,不谙语言,谋生乏术。彷徨无助,以此自伤,亦可悯也。

翌日,有《丁亥元日》,愁绪依旧:

> 五千里外思归客,四十年来病渴身。碧海周遭长在眼,白云弥漫一沾巾。烟萝应改当时色,城郭空余昔日人。僧院

---

① 抄本作《除夜》。

拥炉成独酌,始知辜负岁朝春以旧历为辜负,正是新人矣。①

后此十载,值顺治十三年(1656),士龙仍在粤中,因忆闽中旧事,作《丙申除夕次闽中朱季埜韵》,已有归田之意。

> 万里羁仇一夕除,十年身世数编□。搏扶羊角翻怜鸟,辛苦龙门莫羡鱼。筇丈待穿修竹径,草堂会卜浣花居。闲中简点还山约,已信天公不负余。

同年,有兴朝新贵龚鼎挚(字孝升,号芝麓,1615—1673)奉旨颁诏入粤,恰逢时在广州任布政使之曹溶(字秋岳,一字洁躬,1613—1685),乃孝升之知交。牧斋函托孝升抵粤后顺道访寻明末德清憨山大师(字澄印,1546—1623)《梦游集》之岭南刻本。经秋岳幕客及当地佛门人士之努力,其事终底于成。而参与其事者,士龙即其中之一人。牧斋《憨山大师梦游集序》记云:"其在岭表共事搜茸者,孝廉万泰、诸生何云、族孙朝鼎也。"②

牧斋族孙朝鼎(字禹九,号黍谷,1617—1685),顺治四年进士。即陈先生所指牧斋身后"钱氏家难"一案之主谋人。钱名朝鼎而字禹九,似出"禹铸九鼎"一典。

士龙与黍谷自是旧识。异地相逢,得以乡音交谈,料为在外难得之一大快事。士龙《新篁和钱黍谷次韵》:

> 青光满眼画墙阴,不羡兰亭有茂林。过雨苔痕翘鹤立,翻阶花影待龙吟。箨皮冠侧人偏远,竹叶杯浓兴自深。闲写此君须百幅,楚兰为伴赠同心。

原唱未见。黍谷以画兰名于时,故收篇云云。当时曹秋岳幕中济济多士,彼此多有唱酬。士龙则除钱黍谷外,别无它作。可憾也!

---

① 抄本自注缺此十一字。惟多"时宪历尚未颁行,粤中旧历,较迟一日"等字。《海虞诗苑》本缺末两句。
② 此事之本末,参拙文《清初贰臣曹溶及其"遗民门客"》,《清初诗文与士人交游考》(南京:南京大学出版社,2001年),页256—258。

后此二载,士龙离粤返常熟。时已年过半百。

八　处同门诸友之间

牧斋门人,以瞿稼轩较广为人知。士龙先同稼轩北上赴难,后又随之入闽。然不见两人诗歌唱酬。事亦可怪。

士龙年未及而立即弃家,孑身在外。与居乡同门有往还者,不过冯舒、冯班兄弟及钱曾三数人,而年辈相近者,仅得早生士龙四年之冯班。冯舒则长士龙十五年,又早死。若钱曾,则后生士龙二十一年矣!

士龙自粤归里,旋逢上巳(三月三日)。遵王设文宴于述古堂,遍邀里中文士,意在遥寄晋人曲水流觞及唐人倾都禊饮之盛况!遵王《上巳日文宴诗四首》:

> 杨柳垂垂拂槛前,兰亭今日会群贤。隔帘鸟语催丝竹,入座莺声替管弦。倾盖不悬徐稚榻,飞觞似醉李膺船。此时江左龙门客,一笑相看尽少年。

其二

> 征伶选胜笑喧阗,桦烛高烧文宴开。窥豹栖鸾皆上客,怀龙吐凤总奇才。迎檐舞柳莺翻入,点席飞花燕蹴来。正是西园好风景,玉山相对莫停杯。

其三

> 眼底名流满座中,不将猿鹤伴沙虫。酒随波面轻浮绿,烛飏花心半吐红。漏箭传声催淑景,帘衣荡影转光风。潘江陆海斯文贵,愿砥狂澜倒向东。

其四

> 肆筵设几画帘垂,错杂觥筹树酒旗。笑语声和春盎盎,笙歌气暖夜迟迟。前驱文阵予何敢?后从词坛某在斯。拂水至

今传盛事,吾家宗匠实堪师。①

来客中年最长者为士龙。故第四首收篇云云。

士龙《次和钱遵王上巳文讌诗四首》,可稍窥其晚年心境:

> 迟暮深惭糠秕前,幽情差拟副群贤。新知促坐温如玉,古道题襟直似弦。文章笔端横铁骑,词澜箧底拥楼船。身同华表归来鹤,暗喜风流胜昔年。
>
> 其二
>
> 舞衫歌扇□喧阗,良会何当笑口开。金谷罚行杯满酌,玉山颓后愧微才。流莺似诉蔫香落,戏蝶真随飞絮来。纵使夜长须秉烛,况逢春暮且衔杯。
>
> 其三
>
> 身世频年似梦中,分将吟咏伴秋虫。霜欺短发千茎尽,酒借衰颜一晌红。绿野耗磨新岁月来诗末章有吾家宗匠之句,乌衣管领旧家风。饱闻学海波澜阔,万壑奔流只向东。
>
> 其四
>
> 翻阶花影绣帘垂,文阵纷纭建鼓旗。子擅雕龙声独早,我惭刻鹄思偏迟。坑灰人事徒为尔,劫火天心未丧斯。织取少陵光焰在,不疑苏李是吾师。

士龙与冯氏兄弟往还较频,关系则复杂微妙。盖冯氏兄弟与士龙,均以藏书著名。两家尝合作校书,事见《爱日精庐藏书志》卷二十九,集部《李义山集三卷旧抄校本》条:

> 乙亥六月十五日,孙方伯功父丈以一本见示,焕然若披云雾。凡钱本之可疑,一朝冰释。因与家定远、何士龙又校一过。凡卷中粉涂处皆是也。

---

① 遵王诗见谢正光校笺:《钱遵王诗集校笺》,页163—164。

乙亥,崇祯八年。

至藏书互相借抄,乃情理中事。然据后世藏书目录所记,冯定远就士龙借书事,怨言不少。瞿氏《铁琴铜剑楼藏书目录》卷七《复古编二卷旧钞本》条云:

> 崇祯辛未七月甫钞成,为何士龙借去,越六年,丙子始见归,如见故人,如得已失物也。①

崇祯辛未,即四年(1631)。

同书卷十九《温飞卿集七卷别集一卷校宋本》条:"冯定远云:何慈公家有北宋本,为何士龙取去,散为轻烟矣。"

据冯定远一面之词,知二人间之恩怨,衅端于图藏。迨士龙下世,定远攻击不遗余力矣。《钝吟杂录》中有痛斥士龙语,用词怨毒,殊失厚道矣:

> 放于利而行多怨,非保生之道也。先兄每云:"见利思义,义不胜利,思必不能自克。"余应之曰:"不如见利思害。"先兄浩然而叹,以为知言。夫有无故之利,必有无故之害,倚伏之理然也,惟有道者知之。老子曰:"天网恢恢疏而不漏。"小人识虑浅短,惟见其疏,不知其不漏,为恶无忌,以为天道无知,积恶灭身,受祸惨烈,耳目所见,吁可畏也!其远者乃在子孙,如叶林宗、何士龙身死无子遗,可以为监。明哲保身,但问克终何如,一时之间,小小利钝不足计也,亦安知其不为福?《书》《易》多言善恶之报,圣人之言,必无欺人。②

又云:

---

① 瞿镛撰,瞿凤起覆校:《铁琴铜剑楼藏书目录》(上海:上海古籍出版社,2000年),页173。
② 冯班:《将死之鸣》,《钝吟杂录》卷十,收入影印文渊阁《四库全书》(台北:台湾商务印书馆,1983年),第886册,页582—583。

何云有文,钱牧翁重之,然无名者,其人妒嫉,同学者恶之也。妒嫉极损名,如张汤有后,可以为法。①

考汉代酷吏张汤尚且因推贤有后,前所引材料,小冯君竟云:"何士龙无后。"此条又说:"其人妒嫉,同学者恶之。"何相过之深也!

再者,前引文中所及叶林宗,亦常熟藏书家。有子修(祖德)、裕(祖仁),皆有才名。林宗后娶妻,二子因失爱,俱以忧早死。此于叶家乃至伤痛之事。乃定远竟乘人之危,落井下石,咒骂林宗,指其"死无孑遗"应"善恶之报"。何故?

考陆贻典序定远诗,文中先称定远"与人交多率其真"。继则指出定远"或喜或怒,或离或和,人颇以为迂、以为怪,则避之而去"。夫"斯人也,而有斯疾也",记同里知交事,狠毒如此,亦非绝不可解!

其次,定远所记,皆据其亡兄冯舒(字巳苍,号默庵,?—1648)之话语,外人又焉得不起"死无对证"之疑?检冯舒《默庵遗稿》中有长诗一首,细叙与士龙在直隶任丘客中不期而遇,既惊且喜;诗中对士龙敬重不已。

前文叙士龙于崇祯十年冬,自京都策马南归,三日后宿京畿南三百余里之皋桥一客舍,巧遇自南而北投案之默庵。默庵因有《夕宿皋桥遇何士龙南归四十四韵时士龙久从牧翁在狱》诗开篇先叙是夕酒肉之后,荒村漫步,见有凌空矗立之魏忠贤生祠:

> 晓从郑州来,夕指皋桥宿。驴饥人亦疲,望门思憩足。主人闵我劳,酾酒兼炙肉。食糜聊自可,期满征人腹。白日尚在山,振衣还踯躅。村落不数家,梵宇凌空矗。云是魏阉祠,世事嗟反覆。②

以下五韵述与士龙相遇,兴味盎然:

---

① 冯班:《家戒上》,《钝吟杂录》卷一,同前注,页520。
② 冯舒:《默庵遗稿》卷十三,收入《四库禁毁书丛刊·集部》,第87册,页18—19。

> 行行归旅舍,新月生枯木。道旁彼何人,腰弓悬剑箙。凛然毛发竖,孤客忧身独。狭路试举手,觌面还张目。闻声辨吾友,喜极翻成哭。

士龙当时"腰弓悬剑箙",至堪注意。"箙",刀剑服也。前及牧斋《送南归诗》称士龙"典衣买书剑",今证以默庵亲眼所见,士龙当时的确作武打装束。然则士龙文武双修,何可置疑?

诗末记是夕荒村客店谈心,通宵达旦方休:

> 殷勤语不休,夜阑犹秉烛。村鸡喔喔鸣,顷刻晨光旭。分手涕泪滴,此夕何其促。

此默庵下世前十一年与士龙作别时之诗。此十一年中,士龙里居又仅六年。前引定远之言,终属可疑。

前文记陆敕先与士龙既为同门,且有亲戚关系。牧斋门生中具此双重关系者,尚另有人。如毛晋与敕先亦结秦晋,彼此为亲家;前引《藏书纪事诗》陆氏条诗二、三句"汲古季子之妇翁,东涧老人之高足"句,明言之矣。它如二冯之侄名武者,"号简缘,毛潜在[毛晋]馆甥,读书汲古阁。历十余年,秘册异本多所窥览"。

毛晋交游甚广,与牧斋、士龙之挚友卢德水有唱酬,彼此惺惺相惜。德水《寄毛大子晋》:

> 翰林作主墨为卿,万卷由来胜百城。欲觅野人深致处,山斋匡坐一灯明。

其二

> 丁卯桥边诗韵高,三罗昭谏气尤豪。遗编如土谁收拾,丝绣平原有大毛。

毛晋和作:

> 诗名谁合冠公卿,涑水高扳五字城。千古杜笺成聚讼,私言昏室一灯明先生有《读杜私言》。

海内论诗声价高,掀髯抵掌兴偏豪。杜亭一自胥钞出,训诂相尊作二毛先生建杜亭祀少陵,制《杜诗胥钞》。①

　　士龙与毛子晋间情谊之深浅,文献不足征。惟子晋下世前在杭州刊刻牧斋《大佛顶首楞严经疏解蒙钞》,士龙有校勘之功,则证据确凿。该书首一卷末刻"佛弟子虞山毛凤苞发愿流通",卷首末则刻"戊戌夏佛弟子虞山何云校勘于武林报恩院"。

　　戊戌,顺治十五年。是载,自季春至夏五,牧斋亦在杭州。牧斋文字累及之矣。《有学集》卷二十一《松影和尚报恩诗草序》:"戊戌岁,与觉浪和尚剧谈。"同书卷二十二《赠觉浪和尚序》:"今年孟夏,会觉浪和尚于武林。"《外集》卷七《萧五云先生集序》,末署"岁在戊戌,夏五,虞山蒙叟通家钱谦益书于杭城之报恩院"。知牧斋在武林居处,正毛、何等弟子开雕乃师巨著之所在。

　　牧斋是载行年七十有七矣,犹涉山渡水几四百里到杭,虽无监工之名,又岂能无精神支持之实耶？观古今谱牧斋者,记此行,莫不集矢于与通海之关系;于牧斋刊刻《蒙钞》之一往情深,则莫不缺乏了解与同情。亦可怪也。

九　结语

　　综上所述,士龙年未冠即得立牧斋门墙,旋出为钱家塾师。而立之年前夕,护卫乃师北上就逮,旋陪入天牢服刑凡八阅月。年三十八,入闽事隆武。明年转粤中。又十一载,归里,则天命之年已过。然犹不辞劳苦,渡钱塘、入杭州报恩寺,身预乃师巨著校勘之役。

　　士龙苟生逢盛世,"学成文武艺,卖与帝王家",无疑自另有一番功业,何至于中年子身入闽,所托非人哉! 况在隆武朝仅充宫中

---

① 收入丁祖荫辑:《虞山丛刻》乙编,第7册。

侍卫,安足以施展其文武略?嗣后转入粤中,举目无亲,又逢急景残年,终而沦落僧舍。彷徨无助,可怜复可悯也。至其身后无嗣,累为乡里小人所讥。且平生诗文,亦仅有抄本一册传世;而藏庋之者,深藏密密,视之若奇货。遂令士龙之往迹,三百载下,多渺不可寻!此则非徒天意,亦涉人谋。余读士龙部分传世诗作竟,不无所感,因笔偶书。非敢扬飞尘,以眯观者之目也。

2018年春尽日于美西兰亭渡之停云阁

(原载《中国文哲研究通讯》第29卷第3期)

虞山钱氏宗族内讼

上篇　破山寺住持去留之讼

余尝有文字驳"钱谦益晚年始奉佛"此一错误论点,文中举破山寺住持去留之讼之事,以证明牧斋家族四世奉佛,刊北京《清华大学学报》。惟该文究非专论破山寺而撰,所引文字遂不能道其详。山居无事,重订旧作,再续前缘,求心之所安,兼志岁月云耳。

前言

钱谦益《牧斋杂著·有学集文集补遗(下)》收《与禹九书》:

> 病废卧榻,不复问人间事。适犬子来,言足下不惬意于鹤如,不欲其居此寺,此寺自先[祖]母创修,愚父子三世为檀越,亲见鹤如苦心为众撑柱山门,毫无过举。必有佥人以浮言中伤,致有谴怒。然此僧无罪而去,则山寺无人料理,立致倾颓,恐非足下护法盛心。若老病檀越剥尽面皮,又不足置喙也。种种遣犬子面悉,并询福先、大士,可以知公道也。草草不多及。

收信人禹九,牧斋族孙钱朝鼎(1617—1685),即陈寅恪《柳如是别传》中"钱氏家难"之主谋人。禹九为晚明生员,顺治二年(1645)中举,四年(1647)成进士。

常熟钱氏分两支:禹九、福先及世所熟知之钱曾,其先祖曰镛,为钱氏大宗,居禄园,称禄园钱。牧斋先祖曰珍,为小宗,居奚浦,称奚浦钱。禄园与奚浦两地相隔二十余里。牧斋与禹九族系疏远,于律属"无服族人"。就科第仕宦而言,在明则奚浦钱居前,入清后,则禄园钱独霸。本文所述宗族内讼,即禄园钱与奚浦钱间之对抗。

禹九成进士后,获授刑部主事,转员外郎。顺治十年(1653)迁广东提学道,后五载,转浙江按察使,召为都察院副都御史,未及进京就任,即为浙江官绅交章参劾其在按察使任上受贿贪婪等事。朝廷勒令转往杭州候勘。越三年而事白,又逢丁内艰,遂于顺治十八年归里守制。发难驱逐鹤如,在归里后之翌载。

牧斋书中言禹九因对鹤如"不惬意,"遂欲驱之出寺,令其错愕不已。禹九又竟不着一文半语,而仅授意牧斋爱子为传语,何傲慢至此?

牧斋得禹九传话,初尚不甚为意。书中有"必有金人以浮言中伤,致有谴怒"之语,牧斋似尚存转圜之想,故札中且以"三世檀越"之身,力言"鹤如苦心为众撑柱山门,毫无过举",恳禹九手下留情,以存薄面,谦下可见。

不数日,牧斋得爱子携归禹九之复函,始知禹九剔除鹤如意甚坚。牧斋读后,拂然大怒,援笔作《致福先大士书》:

> 昨犬子归传命,即削牍致都宪公,婉转启请,求其勿急逐寺僧,以全薄面。旋奉报章累纸,词严气厉,凛凛乎金科玉条,不可干犯。仆为心折气尽,惭悚无地,今不更敢有陈奏,窃平心降气,为两足下私言之,亦非敢讳宪台严命,触冒为此僧申雪也。据其所言,则有之矣。破山寺为寒门三世檀越,闾里所通知也。仆虽老朽,其人尚在,何不走一介之使,将尺一之诏,好言谕之曰:"寺僧不法,当驱逐之,以净山门。"即旁人有怂恿者,亦必正告之曰:"彼自有檀越在,当令彼善遣。"以全老人

437

体面，旁人亦无所置喙矣。今悻悻然不通一信，不致一词，震
霆冯怒，立刻驱遣，此其为抹杀老朽，借逐僧以逞其咆哮凌厉，
居可知也。乃云"仰体护法盛心，非有异同"，此不可以欺黄
口竖子，而可以欺八十老人乎？又谓"舆论喷喷，卖菜佣三尺
子皆悉其颠末。老人龙钟衰迈，两耳双聋，受欺受蔽，无足怪
也"。两足下聪明绝世，持公秉直，亦颇为此僧称冤。岂两足
下之见闻，反不如卖菜佣三尺子，而主持名教，为邦之司直者，
独都宪公一人耶？又云："千余年破山寺，百余年叔翁护法，乃
出此无行妖僧，玷辱刹宇。"则鹤如之奸淫无行，乃老人百余年
护法养成之也。斧钺之诛，市朝之挞，不在鹤如，而反在老人。
倒行逆施，亦已甚矣！

　　衰残病榻，屏迹匿影，无因无缘，恶口辱骂，此亦世间罕有
之事也。书词反覆，意气高张，俨然以金汤护法自命。试问都
宪公平日于兴福寺曾舍一粒米、施一分香否耶？何劳挺身护
法，如此迫切？又请问都宪公平日参诸方善知识几人？护法
道场几处？佛法嘱咐国王大臣，今日谁为推择？谁为见证？
此法印便独归于都宪公耶？仆虽老废，生平于宪府诸老，旧交
则有邹南臬、赵㑊鹤、高景逸、李茂明辈，新朝有房海客、龚芝
麓辈，颇辱其道义深知，草木臭味。今观此公，铁面霜棱，威风
凛凛，先后执法，似只有此一人。老人眼界，颇自宽阔，付之哑
然一笑而已。

　　仆有"鹤如撑柱山门"之语，彼谓"破山寺鹤如若死，谁
人料理？"此言似尤背理也。今所谓撑柱山门者，正谓鹤如未
死，而责其料理也。彼若死，则其责归于后人。今日彼他日必
有死期也，而先逐之，山门倾圮，不利众僧。此等罪业，必有与
鹤如分肩之者。此又不可不深长思也已。都宪虽尊重，死与
不死，似非出其主张。阎罗老子勾消世人，原不依捋尖文簿。
闲话及此，聊供两足下一拊掌而已。病甚，不能造唔，种种遣

犬子面告。不赘。

收信者福先,名钱祖寿,牧斋从孙,(见《有学集》卷五十《福先五子字辞》)。大士,即钱延宅,号咸亭,顺治九年(1652)进士。福先为顺治四年进士,朝鼎、裔禧同榜,皆钱氏后起之秀也。信中正告族人:禹九非护法而行护法之事,所凭者"都宪公"之官衔而已。然即此官衔亦不足畏,乃于信末具列"宪府诸老"中之房海客名可壮(1579—1653)、龚芝麓名鼎孳(1615—1673)二人,皆我钱某故交。嗟乎!八十老翁,辞气之盛,凛于秋霜。垂胸之痛,鄙夷之色,直有金鼓齐鸣之势矣!

牧斋于顺治末年顷有《与福先二首》,怂恿福先归里,以为后援。一似风雨前夕,早在料中:

> 量移之后,声尘寂灭。顷才一接手书,欣慨交集,潸然欲涕。宦海升沉,人所时有。而此时此世,尤非所堪。加以物情浇恶,征索填委,虽以尊闻贤能,能为无米之炊,而剜肉补疮,将火炙穴,既无点金之法,又无避债之台,决意欲亲抵任所。愍其苦辛,仆以关河间阻,干戈载道,再三转嘱山妻,力为劝阻,而卒未肯转阛。此仆心所深忧也。仕路险恶,业已备尝,如欲循资依格,取次迁转,昔人所谓鲇鱼上竹竿,大为费力。(《钱牧斋先生尺牍》卷二)。

牧斋与禹九争论之破山寺僧鹤如究为何许人?禹九因何必去之而后快?牧斋又何故死力护之?

鹤如名契德,生万历三十二年(1604)。年十三,得破山洞闻法乘(1552—1623)为落发,为驱乌沙弥,赐字鹤如。牧斋晚年诗"昔我逮尔,年方驱乌,字以鹤如"。知举行落发式时,牧斋在场亲睹。

鹤如后参密云圆悟(1566—1642),于崇祯十年(1637)顷,还破山供役。程嘉燧(孟阳,松园,1565—1643)《破山寺志》,列举鹤如在任期间募款扩建寺中殿宇、增购寺产等,足觇所作贡献:

439

  地藏殿　在天殿东，崇祯十一年治事僧契德募钱公子孙爱建

  准提殿　在韦驮左侧，崇祯十二年契德募善信鲍应鸿建

  观音殿回廊　契德募建

  观堂　在观音殿左侧，崇祯十五年契德募善信高云举建

  库房　香积厨　茶寮　俱契德募建

查《破山兴福寺志》另有：

  云会堂　在韦驮殿左侧崇祯十二年契德募善信鲍应鸿建
  三门　崇祯十六年契德募孙公子藩建
  龙涧桥　在三门之东崇祯十五年契德募孙孝廉鲁建
  茶庵　并去寺六百步崇祯十三年契德募祭酒许公建

近年修成之《兴福寺志》中《大事记》则记云：

  明崇祯十七年［1644］住持僧契德募毛晋重建空心亭，并析常建诗为韵，各赋五言一首，树碑于亭左。

  又：康熙《常熟县志》卷九："归破山，自大殿外种种兴建，至今丹碧巍焕，蔚为宝坊，契德一人力也。"

  考鹤如供役破山，初为"治事僧"。崇祯十六年升任住持。是载之十一月初二日，苏州府常熟县令颁付"兴福寺法产免役贴文给付兴福住持僧契德"。《寺志》中之《志金石》记契德将全文勒石立于寺中。今尚存寺中。余每访破山，必立碑旁观赏之。

  破山在鹤如任住持期间获颁免役一事，意义殊不寻常。据贴文所述，破山法产寺田有五百余亩。惟获颁贴文不及两载，江南诸县即沦清人管治。寺之免役是否为新朝所承纳，仍待访查。

  鹤如还山供役，牧斋有《喜鹤如上人还破山》诗纪之：

>应器浮囊总息机,孤云还往本无依。即看白鹤凌空去,又见青猿洗钵归。席上龙参三谛法,阶前虎守七条衣。禅房花木浑如故,莫道沧桑劫已非。(《苦海集》页95)

顺治十年(1653),值鹤如归山后三载,恰逢知命之年。牧斋有《寿鹤如五十》:

>如莲半偈一灯遥,雪被冰床护寂寥。石壁寒云人世在,禅房花木劫尘消。枝头怖鸽依潭影,钵里眠龙应海潮。天眼定中长不昧,金轮时见鬼神朝。(《苦海集》页95)

颈联喻鹤如为"怖鸽",所依者破山寺,为"眠龙",所应者"海潮",能适机说法。此与牧斋述鹤如"和光匿影,虚己酬物",颇为相近。至牧斋于《题鹤如禅师像赞》中之描画,更足见二人关系非比寻常:"蒲团趺坐,雪顶霜髭。具四威仪,居然大师。昔我遘尔,年方驱乌。字以鹤如,皎洁僧雏。我观是身,刹那不住。童耄观河,无有是处。身外之身,山光潭影。笑彼痴猿,见月在井。"(《有学集》卷四十八,页1583)

同门法兄牧云,时主天童,有《兴福鹤师兄五秩寄言写怀》诗:

>六朝遗构近山城,初日高林宿鸟鸣。古柏客来多问腊,空潭雪过竟忘名。弄泉昔笑皆童子,对菊今成老弟兄。鸿雁高飞人北望,秋风不断故人情。

颈联"弄泉昔笑皆童子,对菊今成老弟兄"句,叙往事、述今情,潇洒脱落!收篇"鸿雁高飞人北望,秋风不断故人情",言地则破山在天童之北,言时节则鹤如生于秋天。皆纪实也。

吴伟业《破山兴福寺僧鹤如五十》诗:

>听法穿云过,传经泛海来。花深山径远,石破讲堂开。潭出高人影,泉流古佛苔。长留千岁鹤,声绕读书台。(《梅村家藏稿》卷四)

牧斋另有《题鹤如禅师诗卷》：

禅诵之暇，焚香涤砚，贾其余闲，作为歌诗，与词人诗僧，击钵刻烛，往复酬和，其言蔼如也。诗成，持一卷求正于余。而余谓之曰："子知乎鹤乎？是仙家之麒骥，羽族之介鸟也，以喻于子，如子之孤迥洁白、抖擞而离俗也。其鸣于九皋，声闻于天也，以喻于子之诗，如其清吟静啸、警露而唳空也。其鸣于在阴，而其子和也，以喻于子之友声，其琴心三叠，一唱而三叹也。吾向者以鹤字子，今其有征矣乎？我闻弥陀佛国，有种种奇妙杂色之鸟，昼夜六时，出和雅音，常说五根五力七分八道之法，而白鹤居其首。今子学世间诗，说出世间法。假宫商俳偶之调，演根力微妙之音。鹤以音声说法，子以诗句说法，又安知子之非鹤而鹤之非子乎？"

鹤如踊跃欢喜，合十而言曰："驱乌之岁，夫子以鹤如字我，今乃知夫子之记我也。此山中林木池沼，宛然西方。公若肯来，用迦陵仙音说法，某得如五百鹤众，闻一偈而飞鸣解脱，则大幸矣。请书之以为券。"

鹤如传世诗章，余得见者惟顺治十四年（1657）毛晋贺寿五言二十六韵耳：

游方无内外，齿德固乃先。自非高世资，立行畴能全。与君握素手，蔼蔼忆华年。末法当凌夷，借君务周旋。岁分高廪粟，月寄新诗篇。高文故无敌，洪愿难具宣。宝宫半轮奂，秘笈齐搜镌。所以四海内，奔走倾车辀。去夏来山中，盘桓古潭边。摩挲常建句，俯仰心凄然。危亭顿恢复，水木相娟娟。好善足化理，矧保金石坚。只今杖乡日，神采何翩翩。慕道老弥笃，述作过前贤。驱车列郡邑，所至开云烟。赋诗公卿座，顾盼累百笺。风义激流俗，嘤鸣合朱弦。昆湖春光蚤，梅柳娇初筵。茅堂集簪履，画烛通宵然。如闻赤松子，驾鹤来青田。君见但嬉笑,拍碎洪厓肩。我佛寿无量,赠君一青莲。指示恒河水,千载流如前。庭前三株树,边腹况便便。我申世外祝,脱略陈言筌。一请解尘鞅,再请皈金仙。(毛晋《以介编》,见《虞山丛刻》,页26下—27上)

诗中多有事可寻。如"岁分高廪粟,月寄新诗篇",谓子晋每岁均有赐赠,复累以新诗寄示。又如"危亭顿恢复,水木相娟娟",指子晋捐金重建寺之空心亭,已见上文;再如"去夏来山中,盘桓古潭边",知子晋前此一年,尝访鹤如寺中。俱足见二人情谊。

子晋于顺治十六年下世。同年秋,梅村有《偕顾伊人晚从维摩逾岭宿破山寺》《夜发破山寺别鹤如上人》二题。顺治十八年(1661),梅村再访常熟,分别与钱曾(遵王,1629—1701)及钱朝鼎相见。遵王有《梅村先生枉驾相访酒间商榷绥寇纪闻有感赋此》(参拙编《钱遵王诗集校笺》)。

就此三事观之,知鹤如于此数年中,尚任破山住持。发起驱逐鹤如出寺,在康熙改元之年(1662),又得一确证。时鹤如年五十八,牧斋则年逾八十矣。

鹤如弟子还破山寺

严熊《严白云诗集》卷十七有《喜鹤如禅师诸弟子复还破山历叙缘起成古体一章》长诗。首段叙寺自萧梁创建至晚明所历大事:

吾乡破山寺,创自萧梁年。萧梁植古桧,挺挺摩苍天。常建留杰句,欧公叹芳妍。唐宋四高僧,龙虎驯可牵。对月了残经,朝阳补衣穿。骨塔在寺东,丰碑姓名镌。自余诸龙象,更仆数未全。废兴亦不一,一一寺志编。请言近代事,四座试听旃。前明万历中,紫柏大觉仙,高弟有洞闻。卄中实兰荃。行脚至吾乡,爱此地幽偏。吾祖与钱氏,暨诸坛护贤。延师主法席,梯航布金钱。洞闻始住中峰,后住破山。先伯祖太守天池府君、先祖

> 中翰开宇府君与钱御史秀峰、钱宗伯牧斋护法为最。更有善女人,不惜簪珥捐钱宗伯祖母卞太夫人。雪庵圣因辈皆洞闻之徒,伙助力颇专。遂令草莽地,渐成钟鼓筵。

其言与《破山寺程志》所记并无异致。至"始住中峰,后住破山"之洞闻,牧斋尝为撰塔铭。开篇先许可其人之得道:

> 天启三年七月,洞闻禅师示寂于破山之禅院。是时天方溽暑,流金铄石。越三日,余趋视之,垂首趺坐,若入正定。蚊蚋却避,肤理莹洁。四众观者,莫不叹异。师行解未知其何如?以余所见,亦可谓甚难希有者矣。

继云:

> 师吴江李氏子,少出家,入华山。为默庵和尚侍者。舍而归紫柏大师,大师改名法乘,号曰洞闻。冯祭酒开之《送似尘洞闻游方序》云:"二上人,一脱逢掖,一逃外法,俱奇男子。体质文弱,不耐劳苦。一旦以紫柏师鼓策,遂迸裂牵缠,给侍瓶锡,方出门时,已无万里。"此师行脚因缘也。初居虞山之三峰,徙天目之中云庵,卒老于破山。师慈和乐易,具大人相。所至住山,诛茅束薪。偕其徒雪庵,拮据庀治。师优游兀傲,饮石泉而荫松柏,不汲汲于荣名利养,其视世相,轻也。斯其临终所得力者欤?师世寿七十二,僧腊五十,墓在破山寺之南凡若干步。(《初学集》卷六十八)

前引严武伯诗记洞闻之徒孙云:

> 洞闻有两孙,亭亭污泥莲。其一曰智如牧云和尚旧号,参访历水烟。虽受天童拂,马麦寡因缘。未尝主大刹,伴侣常孤单。其一曰鹤如,自幼究真诠。慈和善接物,闵现盘珠旋。诗笔颇清栖,外典能渔畋。平生勇任事,险不避山川。募建诸殿宇,金碧骇飞鸢。次第置寮室,俨若蜂房缠。广拓寺傍地,松

柏何葱芊。乞食恐难继,千亩营斋田。杂储供用器,涸厕无颓砖。六时梵呗继,镇岁香灯然。江南数大刹,屈指畴敢先。辛勤四十载,心瘁手足胼。

考牧云通门(1599—1671),世称通门禅师。常熟张氏子。礼兴福寺洞闻为师,依其出家,故鹤如称师兄。初参谒无异元来,后至金粟寺参谒密云圆悟,得其心印,掌管记室多年,从学者数以千计。万历八年(1580)出住浙江嘉兴古南禅院,至康熙十年(1671)示寂(《天童寺志》则载牧云卒于康熙十一年辛亥十一月)。历住栖真、梅豀、兴福、极乐、鹤林、天童、景德诸名刹(《五灯会元续略》卷八、《五灯严统》卷二十四、《五灯全书》卷六十七)。乃严武伯诗中竟称其"未尝主大刹,伴侣常孤单",异哉!

其述破山之衰落,导源于鹤如举智如以自代,亦不可解:

晚年喜习静,力愿卸巨肩。举智以自代,脱屣无留连。智公住未久,衲子多播迁。其徒四五人,智力无殊悬。相继来主席,繁手少安弦。殿宇日颓废,未闻添寸椽。器物各星散,钱谷私坑填。檀护尽解体,瓦钵冷粥饘。最后有平岩,翼虎挟戎旃。不调和合众,但见斗诤坚。手拈一茎草,杀人干镆铘。阳逃金木诛,阴犯韦陀鞭。两入王舍城,夏腊宁久延。

牧云通外学,能诗文,所撰《懒斋别集》卷八有《书严髯珠米单文后二首》:

衲僧脚下无寸土,粒米问从何处来。幸是随门总檀越,饥愈饱处觉花开。

同人之道没亲疏,迦叶空生会也无。发意圆成众功德,等慈一着是良图。

髯珠,武伯乃父严栻(子张,1587—1675)之别号。《书严髯珠米单文后二首》已见牧云与严氏家族关系之密切,况集中尚有《复

严子张兵部》札一通：

  重阳前四日，兴福鹤师至。展大翰，述廿余年前事，不觉怃然。某与门下饮先洞老人禅悦为多，固法门手足也。……破山常住，先哲屡逝。鹤师承之，清规凛然。轮奂聿起，亦无俟于头上安头矣。乃阖邑大护欲招病躯还山，其词皆勤恳，而门下高论又亲且切，似弗获辞者。……兹如命还山，用遵佛制。安禅一冬，结戒半月，斯则上下齐收，智蒙咸宜，以副舆望。至于某之去住久速，一听于缘何也？

  足见早在武伯罪鹤如举牧云自代之前，严氏家族已响应包括牧斋在内之虞山诸护法，招揽牧云主持人破山寺。牧云集卷四《复钱牧翁宗伯》先提及破山，后有"过辱奖提，已觉惭惶无地；使居方丈，是宜战栗兼并"；《复钱嗣懿封翁钱嗣希进士》，亦自明心迹，力荐鹤师。《谢钱牧翁宗伯》"忆自丁亥秋过辱台翰，命主破山一席，于兹三年矣""云栖家法……至今有继，破山仿此，必永其传。洞祖在山，诸法属在近，主持谅有人也"，可知是邀贤已三年矣，而牧云所荐洞祖法属，非鹤如者谁？

  可见一时请愿者众，牧云却百般不肯就范。或是鼎革后山门空虚，牧云既得法密云，自是大檀越"猎人头"绝佳人选，鹤如乃其次也。

  至《复严子张兵部》中所谓"鹤师承之，清规凛然。轮奂聿起，亦无俟于头上安头矣"等语，足觇牧云立场虽坚决。然亦提出"安禅一冬，结戒半月"一折衷之法，意在拖延，收篇"某之去住久速，一听于缘何也"明言之矣。

  读牧云此札，知其人待人处事，颇见得体。当年果得继鹤如主破山，或不至于导此名刹于败亡，亦未可知。

  严熊另有《次和友人岁暮杂怀二十首有序》诗，其中有"眼前宗教两离披，莖草人人斗净时。竹篦滥夸居士晓，劫灰那复道人知。焚香细听无弦操，踏月高吟没字诗。莫判烧庵为小乘，寒岩枯木总无枝。"题下自注"感破山斗诤"。诗作于壬子(1672年)春，可证牧云身后，斗诤未息。然则前引诗中自"智公住未久，衲子多播迁"以下所叙刀光剑影之场面，此似真有其事。凡此种种，惟待诸日后有缘耳！

虽然，事尚可怪者，则武伯诗中无一字及康熙初元牧斋与钱朝鼎间为鹤如之去留之纷争。严氏族人当日颇有身涉其间者，武伯焉能不知？

考牧斋《与严伯玉》第二札云：

> 道尊顷以讼牒下询，髻珠、黍谷当有成议，仆只借手报命耳。虽有小忿，不废懿亲。两家举动，皆是画蛇添足。惟望高明宥其童稚，嘉与更始，以仰副道尊质成盛意。想诸公定无后言也。惟即示报。不一。(《钱牧斋尺牍》卷二)

收信人严伯玉，名炜，常熟人。大学士讷之曾孙。就辈分而言，栻即伯玉之族叔也。黍谷，即钱朝鼎。"所及讼牒"云云，知严栻与钱朝鼎已将鹤如去留事诉之于法矣！

余初读"虽有小忿，不废懿亲"句，不明懿亲所指。及见牧斋《严宜人文氏哀辞》文，然后知牧斋作文，每能瞻前顾后，方寸不乱：

> 宜人姓文氏，东阁大学士谥文肃讳震孟之长女，嫁兵部主事严栻，少保谥文靖讳讷之孙也。文肃忠果正直，耿然如秋霜夏日，爱其女，以为类己。文肃参大政，百日而罢。归里，逾年而卒。宜人从夫信阳，哭其父，过时而毁，忽忽如不欲生。越九年而卒，崇祯甲申之十一月也。年四十有六。日月有时，卜葬于虞山祖茔之侧。哀子熊属其舅氏秉撰行状来请为志，伏地哭不能起。余为感而泣下。(《有学集》卷三十七)

再读同卷《题严武伯诗卷》中"武伯，子张之才子也。子张有幽忧之疾，二童子扶掖就医。余语武伯：'子勿忧，子于晨昏少间，举其所著歌诗高吟雒诵，如弹丝竹，如考琴瑟。子之尊人，凭几而听之，殆将气浸淫满大宅，霍然体轻而病良已也'"等语，然后知牧斋对严氏宗人之厚爱，始终如一。

事实上，禄园钱盖早与严氏通婚。据《钱氏家乘》，钱岱子五人，四名时倬，娶严泽长女为妻（见《天水严氏家谱》卷二文靖公支谱），而严泽次子即严栻。两家至亲如此。

前引札有云，"两家举动，皆是画蛇添足"，不外欲息事宁人故也。终则劝兴讼者"宥其童稚，嘉与更始"。细味文义，就牧斋而言，此不过严、钱两家小辈纠纷，因请得地方长官"质成"之和事佬。信中要严炜高抬贵手，"宥其童稚"；又指双方举动，皆不必要。"髻珠、黍谷，当有成议"，两家大人想已出面谈妥，吾只借两人之手，平此风波复命耳。

本文开篇引牧斋《致福先大士书》中有云：

> 试问都宪公平日于兴福寺曾舍一粒米、施一分香否？何劳挺身护法。如此迫切？又请问都宪公平日参诸方善知识人？护法道场几处？

夷考其实，禹九与牧斋争鹤如去留之同时，正移师至常熟县治以北之凤凰山，与钱湘灵联手修复当地永庆寺。不久，二人南旋常熟境内，修复中峰讲寺。钱氏宗族内讼之第二波已开场。禹九之志，岂仅囿于破山而已哉？牧斋其时犹懵然未觉。诚可怜亦可悯也！异日有缘，当为续述之。

下篇　钱朝鼎修复凤凰山永庆寺

顺治十五年（1658），钱朝鼎自粤赴浙任按察使之同一载，发起修复常熟县治西北四十里之永庆寺，遂启其修葺常熟城外寺庙之先河。

修复事四年而成,钱朝鼎于康熙元年(1662)撰《重修河阳山永庆寺记》,先举寺之地理形势云:

> 永庆寺在河阳山。山右首左尾,南北麓若张翅,故又名凤凰山。永庆寺居其颔。(《寺志》,页12)

继述钱氏分为禄园、奚浦两支以前,山已为钱族风水地,故牧斋与禹九分别有先茔在焉。事得钱陆灿撰《凤凰山永庆寺志序》互相呼应。

牧斋以奚浦大老之身,对永庆寺之修复,究竟持何种态度?

首先,《寺志》所收文献中,牧斋之名仅见两处。一见于钱陆灿《三月二日同叔祖牧斋会家叔宇飞游河阳山寺方议工重茸》诗,纪顺治十三年方有修寺之议时,牧斋与禄园系之陆灿及宇飞三人,尝同游该地。宇飞不详何人。惟遍查牧斋集中,不见有相关文字。

其次,牧斋之名二见于《寺志》所收具名"戴元美中黄"之《代钱宗伯重修永庆寺疏》。牧斋晚年作文假手于人事,大概缘于文债多;如黄宗羲"嘱笔完文抵债钱",自注"宗伯临殁,以三文润笔抵丧葬之费,皆余代草"。惟戴元生平不详为憾耳。

再者,禹九此文尚提及万历庚子"家侍御从祖岱"参与重修之事。康熙九年(1670)撰《常熟县凤凰山重修永庆寺碑记》,则刘去钱岱之名。其叙山、寺、禄园钱族三者相得,直排奚浦于外矣。碑记有云:

> 寺建于山而山以寺重,山复于寺而寺以山传。斯可以告二百年之宿师耆德而无愧。我钱氏聚族于山之东北,余家去山又近。经营之日,先太恭人实为倡始。又若而年而后,得于三千里外读贤父母之爱书。若辞而弗记,将主者之劳瘁无所传,而我侯之令甲不为永鉴。吾过多矣。因序兴复始末,邮致湘灵兄于白下。湘灵曰许矣。遂付主寺而碑之。

碑记明显从禄园钱族之角度出发,奚浦一支无预焉。

河阳之冢,牧斋《初学集》卷十五《清明河阳山上冢感叹而作》:

  清明山色满河阳,麦饭依然祀享尝。尚有余生上丘墓,能无老泪洒衣裳。村童放学风筝急,野叟迎神社鼓忙。莫忘先人遗畎亩,太平今日在江乡。

禹九修复旧庙,颇费周章,历时四载,用银几三千两,始克蕫成。

先是,顺治十三年,僧朗月宗智移锡永庆,力图修复。朗月受具足戒于净慈豁堂正喦(1597—1670)(《释氏疑年录》页405,《净慈寺志》卷三九龚鼎孳《豁堂禅师道行碑》),对寺之过往,了解颇多。可谓有备而来。其修寺之议,禹九大力支持。然因服官于外,具体事务,则率委诸钱湘灵。

修寺必先募款;募款之对象,除檀越护法外,亦包括普罗大众。遂有公开讲经之议。乃先由禹九与禄园族人湘灵及裔文(时俊第四子、延宅生父),联名致书江阴张有誉(难誉、静涵、静庵、大圆居士,1589—1669),恭请之亲临永庆寺讲经。

张有誉,江阴人,天启二年(1622)进士。崇祯间官至南京户部右侍郎兼右佥都御史。弘光朝官户部尚书,加太子太保(徐鼒《小腆纪传》卷十二)。国亡后依苏州灵岩退翁弘储为白衣居士。

据柴德赓考证,静涵于顺治六年(1649)在惠山与退翁初晤,旋即入灵岩,自此一住十八年(见氏著《明末苏州灵岩山和国和尚弘储》,收入《史学丛考》)。然静涵永庆寺奉佛,早在国亡之前。钱湘灵尝忆述云:

  少而读书于此[永庆]寺中,长而先后谒金仙、豁堂、云汉、大圆诸老。(钱湘灵《凤凰山永庆寺志序》)

钱湘灵少静涵二十四岁。所述者当为甲申、乙酉以前事。今假定湘灵年十八得见静涵于寺中,则于中岁前后,已为永庆寺之常客。果如是,则其奉佛尚远在其从继起学道之崇祯十三年(1640)矣!至引文之金仙,金仙尊者;豁堂,正喦;云汉,朗月之本师。

大圆欣然应邀,作《复钱嗣圣湘灵秬谷三公书》:

> 顷蒙折简,相招踊跃,不禁神往。敬书数语,普告同人。凤凰台上凤凰游,正存今日旃檀丛林。旃檀绕莫让他人,胜举须借众成。好事不可错过,敬佛宜勤供养,闻法相共赞扬。(《寺志》页36)

另撰《讲经会约》,与听众"约法三章":

> 凡听经文,务须要一一消归自己。但得一言半语句,自家受用得着,便是超生脱死,径路成佛,作祖根基。倘或昏睡梦里,点头固无利益。况复恣谈诟俗,笑语喧哗,非自恣放逸,亦乃乱人听闻,罪愆不小。东西各烦一位,时时戒谕。至荤酒之后,切莫入殿,各宜珍护。如来说经,必先跌坐。何况凡夫心粗识暗,若复一面对应谈玄,一面妄论般若,岂能契理,徒以误人。(《寺志》页38—39)

大圆讲经募款修寺,功德圆满。禹九记修寺各项费用合银二千八百两,其中五百两由禹九以其母之名义捐赠(《重修河阳山永庆寺记》)。

考昔年修葺破山寺,牧斋父世扬即尝以其母之名"罄产倡缘",获屠隆称之为"善女人"。二事后先辉映,恐非偶合。此外,禹九之弟朝鼐及族叔宾日,亦各有捐赠。和而计之,禄园钱氏占十之三,其余十之七则来自地方信徒大众。

永庆寺之重修,禹九居中布置,贡献良多。倡议则具名邀请大圆讲经,募款则踊跃捐银。及事成,复撰《重修河阳山永庆寺记》及《常熟县凤凰山重修永庆寺碑记》两文,传之永久。读禹九《冬日展河阳祖茔游永庆寺》诗中"老我年年来此地,不堪白发坐烟萝"句,知其为修寺事,筹谋多时!

至为禹九重用之张静涵大圆,与钱牧斋亦相熟。《有学集》卷十有《灵岩方丈迟静涵司农未至》诗,系顺治十六年(1659)。诗不录。

中峰讲寺之修复

光绪《常昭合志稿》卷十六《寺观》"中峰讲寺"条有云:

> 在顶山之南峰。梁天监二年,僧月澄建。后废。宋元丰间,僧怀素自兴福至顶山甃砌石路。……嘉、庆间,倭寇踞其上,居民毁之。邑人严讷复构小室……国朝康熙三年,讷孙栻重建大殿,邑人钱朝鼎撰记。

梁天监二年(503)僧月澄,无考。怀素甃砌石路一文,见康熙《常熟县志》:

> 常熟县居海滨,而地无大山。县依山之阳,是为隅山,以濒海之隅也。又名虞山,以昔人虞治于此也。山北行九里是为破山,以斗龙破山而为涧也。又北行九里是为顶山。又北行六七里是为小山。山之南北相距才三四十里,名已不一矣。又合而名之,或曰乌目山也。县人行还,以舟航为安。而视道路,无不劳苦者。故自县至破山,即有兴福寺。又至顶山,即有顶山寺。其路随山,山之形势皆沙石。……人迹不频,则榛卉为之莽。云雨暴至,则泥潦为之涂。昔之僧于兴福者悼其如此,累砖以甃之,然自县之北门以至兴福之寺门而已,因仍持久,未有以动心者。今顶山中峰庵主怀素大师,……自破山之双塔,砌而甃之以抵顶山之寺门。……兆于熙宁八年之孟春,成于元丰二年之季夏。虽以坚为之心,感易化之人,而必更五年,方即成功。古之治曰:浍上有道,州上有路。而道路不除,又责于任事者。……虽州县之吏,

时有锐意临之而后或无继者。亦又有其意时不得自任以为责者。今怀素非徒能甃其路而已。又能建双石塔以镇交衢之冲，……开四石桥以济往来之阻，……是能为县官之未能为者，而以佐县官之不逮者，吾其可以无书耶。元丰三年三月初一日记

熙宁八年合公元1075年，元丰二年为公元1079年。两寺间甃砌石路，历五载始成。

石路砌成后六百零六载，值康熙二十四年（1685），钱湘灵尝作常熟破山、中峰、剑门、吾谷四地一日游。归而有诗：

> 雇直肩舆游兴浓，一重一淹荡心胸。才穿常建空潭影，又踏夫差试剑锋。北海东湖如夹涧，堕山拂水总朝宗。下来云气生衣袂，爱听松涛杖已慵。

常建空潭影，指破山兴福；夫差试剑锋，寓中峰讲寺。意至显明！

结　语

以上述永庆寺归禹九所属禄园钱后，河阳祖茔也就纳入其囊中。牧斋奚浦钱被排于外。至中峰讲寺逼近破山兴福寺，禄园钱修复之，控制破山之咽喉，战略意义尤不寻常。

总而语言之，康熙初叶禄园、奚浦间之纷争，以前者获得全胜而告一段落。

虞山钱氏宗族内讼，胜负之外，亦尚有其深层之历史意义存焉。诚如上文述修复凤凰山永庆寺所费二千八百两中，五百两由禹九以其母之名义捐赠，与牧斋家庭"罄产倡缘"事同，禹九借修寺之机鼓动群众，终得于寺所在地成立佛教社团。

其次，就寺之僧众及广大之佛徒而言，修寺敬僧，皆为善事。

至修寺者为何人,其动机为何,不在关心之列;僧人及其徒众倾向于禄园钱或奚浦钱之事,未之前闻!为禹九出大气力之张静涵大圆,不亦牧斋之好友耶?

再者,康熙改元,牧斋已年过八十,两载后即下世。奚浦钱未见有足与禄园钱之禹九分庭抗礼者,禄园之取代奚浦,盖可前卜。

年来累访破山,香火鼎盛,一如畴昔。某年,乘车自张家港南下常熟,经凤凰山,友人遥指永庆寺方大兴土木。以赶程未及入观。抵常熟,访瞿氏铁琴铜剑楼所藏竟,走中峰讲寺,则惟见闲汉三五,席地而卧。嗟乎!大地山河,名山大刹,亘古长存,中外如一。彼主破山、永庆寺或中峰讲寺之高僧,亦有能道当年禄园与奚浦争逐之十一者耶?

文成,得台北暨南大学中文系陈建铭教授寄来有关文献两则,垂问其义。其一采自牧斋《族谱后录下篇》:

　　鹿[禄]园支繁衍不下数千指,其人之有贤不贤多矣。不贤者如蔓草,与时湮灭。而其贤者,不可以莫之纪也。其贵而不贤者,不可以莫之惩也。(《牧斋杂著·牧斋晚年家乘文》)

另一见钱泳《履园丛话》:

　　惟吾钱氏一族,家家有谱,或此详彼略,或彼详此略,要其指归,大约相同。自武肃王以下至泳凡三十世,独忠懿王后一支最为繁多,以纳土于宋,无有兵革,未尝破家,故合族三千余人,俱入汴京。至高宗南渡,仍回临安,自此散居江、浙。故江、浙之钱氏视他省为尤盛。所以谱牒之传,亦较别家为可信,无有渺茫之言,及欧、苏、狄青之病也。然每见读书人俱不留心,如屿沙方伯之先出常熟千一公后名应龙者,字吟溪,系鹿园支,至方伯为三十一世,误认奚浦支应隆公为祖,则忽长五世,为武肃王二十六世孙矣。又黼堂少宰为文僖公第十子景略公后,实三十世,而行状以为武肃三十三世孙,亦失考之甚。更有奇者，竹汀宫詹博雅嗜古，著作如山，为当代之通儒，而不及谱牒一字。余尝亲问之，曰："无稽矣。"后见《虞山世谱》，知宫詹亦出自常熟千一公后，有讳浦者，迁嘉定，是即宫詹之所祖也。（卷三《考索》"宗谱"条）

余读而叹曰："此则族中同支间，及异支之间，亦有内讼矣！"专此奉答建铭，并敬询海内外专家焉。

建铭为新科博士，文史并兼之后劲，专治清初及民初遗民。读书博，用心细微，老辈寄予厚望者正多。幸自珍惜！

2021年11月24日定稿于美东兰亭渡之停云阁

附：钱朝鼎诗文辑

松之道兄雅集琴川赋赠

君来当俭岁，况又值兵戎。品信饥寒出，交真梦寐通。分灯禅榻暗，会食饭盂空。幸有逃禅侣，讴吟政不穷。

（《百城烟水》卷五《常熟》"福城禅院"条）

拂水岩留守瞿先生祠堂记

凡物之胜者，必不终晦，即晦，亦旦晚间需其时与其人。延津之剑，终须雷起，柯亭之竹，必烦蔡䰂，如拂水岩东南隅之隙地是也。地踞剑门肩右，峻石累叠，苍松怪柏，支撑上下，尚湖华荡，舒前东西。日出没水光，照耀射岩际，双眸瞀眩，余尝与严髯珠枢部坐啸其上，移时永日，枢部笑指曰："他日当建一楼，名'小岳阳'。湖虽不及洞庭，吾两人逸兴，不减谪仙矣。"余时心然之。物换星移，枢部旋弃世，余时经游其地，徘徊不忍去。己未夏，枢部子武伯以其地归之懿亲寿明翰简。翰简念留守公墓在岩之西岭，相去数武，作飨室三楹其上，缭以垣墙，完固靓好，经营惨淡，两月而告成事，都人士咸为留守公贺。余不惟为留守公贺，且为兹地贺，何也？余维留守公精忠大节，炳炳朗朗，当时灵爽，固已化碧草而骑箕尾，宁恋此山头数椽？然而仁孝子孙之心，无所不至。惟恐以卑亵埏壤，辱其魂魄，故冢必山巅，而祭必石顶。听拂水之潺湲，如听公之攀髯号泣也；睹石城之耸列，如睹公之严营指画也；仙幢华盖，厨焰炉烟，如对公于蕝纸招魂；夕霭朝岚，渔歌樵唱，如奠公于星岩桂岭，歌楚些天问也。春而士女阗阓，秋而狐兔出没，遥山近水，野马风帆，一一寄公悲思，供公啸傲。假令枢部当日即作小楼其上，庾公之床屡移，孙楚之觞几泛，彼游观之永岁，宁及忠孝之不朽哉？元时文信国殉节柴市，闽人谢皋羽登严子陵钓台，举酒北向，以竹如意击石作歌，至今西台与严陵并传。矧兹人杰地灵，备物备志，将见画壁悬弓，雕栏锁甲，孔祠岳庙，媲美千秋，铜柱皖峰，举目在是，岂惟子孙之飨其祖考，为一家之盛事已乎？

余因之有感矣。往者留守公为其先人学宪公经营葬事，频年不得吉壤，门人许石门太史割顶山心善地百亩，为先师营窀穸，其事故老犹能言之者。世衰道微，武伯乔梓，独敦古处，起枢部于九原，当快此地之得所，曰延津剑、柯亭竹不复久沉埋矣！为之记。

（《文澂初编》卷十一）

水石坑记

论砚者必首端石，而石则以色纯而润、质坚而细，叩之铮铮者为上。向与中州士大夫游，所阅古砚多矣。其佳处亦不出此数者，后在岭表，往来端州最久，乃知向之论石者，未尽然也。

取石之穴数处，以水岩为最。土人云，水岩开于成化中，此开之最后者也。宣德中所开者，曰宣德岩，其石亚于水岩，而胜于老坑,老坑则宋时所开也。所以唐砚必无端石,而宋砚必无水岩,以其岩之尚未开耳。水岩得石最艰,石之至中原者绝少,中州士大夫,亦罕见之。宜乎其论砚之说未尽也。

老坑之外,又有朝天岩、屏风背,朝天岩石,又次于老坑,而屏风背,其最下也。

然数穴皆出于烂柯一山,而所谓老婆坑,及新开数坑,则在府城之北七星岩侧,与烂柯山尚隔一江,远数里也。烂柯在峡口南岸,出峡之右,有溪流出焉,溪东即烂柯山也。登岸不百武,为水岩,岩之穴有二,旧穴已坍,乃复岩北凿一穴以入,取石之处,已低于江数尺矣。春夏水涨,岩中有潭水,满不得入。潭有入窍而无出窍,霜降水落,水留潭中必须人挽汲,而穴路低窄,伛偻以入,非可担负,须人列坐其中,抱瓮左右相递接,以上达于岩口,凡用七十余人,月余而水始得涸。入岩四五丈即须篝火。路屈曲高下,丈许便须一灯。灯用猪脂,他油则烟盛而人目不得视也。所费人工资用,非数百金不可。而春至水发,则潭又溢,而前工尽弃矣。此岩石之所以艰得也。

水岩之石,声不铮铮,色不纯匀,而无不纯之痕。石无紫赤如猪肝者,紫中微带淡白浅青之色。其紫处,有中浓外澹,或圆如钱,或散成片者,俗谓之火捺文。淡白处如云如烟,无定形者,谓之蕉叶白也。

又有所谓青花、黄龙、雀班、翡翠诸石,此皆石工相传之语,佳处原不在此。只以此为水岩之别,他处则无之耳。

总之其色以如霞光云气,远望缤纷而近视无较然之痕,其质腻滑而润,比他石稍温,抚不留手,可以暗中摸索而得,此可为知者道也。

江南惟曹秋岳、严伯玉,可与论石,以其客岭南久,所藏水岩最多,余子耳食,不啻扪烛扣盘,为之喷饭。因存其说如左。

(《檀几丛书》二集卷四十二)

457

亭林与酒
——顾炎武事迹考述之一

亭林平生嗜酒,且于其诗文中累言及之。集中文字,虽无"酒德"之颂,亦乏"斗酒诗百篇"之章,然遣兴抒怀,无酒不欢,乃亭林之固习。或独酌,或对盏,或聚饮,多有文字为记。用是之故,亭林一生之酒侣,及其所得尝之南北名酒,三百载下,犹尚可考。而尤要者,则其人之性情襟度与身世之感,乃一一可见,亦读书知人之一助也。寒夜闭门,将有关诗文辑而出之,勒成一篇,用遣寂寥,兼志岁月也。

一

亭林早岁居昆山,家业殷富,又值承平。每好与里中少年群相聚饮,裘马清狂以为笑乐。《文集》卷五《吴同初行状》所述当时长夜聚饮事,恐非偶一为之者:

> 余与同邑归生[庄]独喜为古文辞,……已而又得吴生[其沆]。吴生少余两人七岁。……而炎武有叔兰服,少两人二岁;姊子徐履忱少吴生九岁。五人各能饮三四斗。五月之朔,四人者持觞至余舍为母寿,退而饮,至夜半,抵掌而谈,乐甚,旦日别去。①

---

① 顾炎武《顾亭林诗文集》(北京中华书局,1959)。内含《亭林文集》《亭林余集》《蒋山佣残稿》《亭林佚文辑补》。本文引用亭林文,皆据此本。《吴同初行状》,见《文集》卷五,页113。

亭林燕居,亦喜独酌,而量亦豪。《与归庄手札》中有云:

> 别兄归至西斋,饮酒一壶,读《离骚》一首,《九歌》六首,《九辩》四首,士衡《拟古》十二首,子美《同谷》七首,《洗兵马》一首。壶中竭,又饮一壶。夜已二更,一醉遂不能起。日高三四丈犹睡也。①

殆真有六朝人"痛饮酒,熟读离骚"②之名士行径矣。

亭林早年之酒侣,独归庄之事有足述者。玄恭与亭林同年生,且复"同里同学、同心同窗"③,二人交谊深挚,然皆"落落不苟于世,人以为狂"④,于是有"归奇顾怪"之号。而玄恭之贪杯,又有逾于亭林者,则亭林固尝戏言之矣。《与归庄手札》又云:

> 弟终日碌碌运甓,而兄终日饮瓮中物,此殆天乎?⑤

另一札亦云:

> 月之二日,将往千墩,面兄之期,当在初七八,届时更以酒三爵、槥一架奉访于西郊,与兄考五经、谱四声可哉?⑥

而玄恭平生与友辈聚饮,亦多有记。如"高朋樽酒慰羁栖,宾主忘形尽阮嵇"⑦;又如"秋雨荒林集暮鸦,冲泥赴饮路非遐"⑧;再如"廿年世事今缄口,一斗醇醪且放怀"⑨,皆景真词挚,非故作套语者。晚年有咏《酒》一章,则尤见其于酒之纵往无悔焉:

---

① 《亭林佚文辑补》,页223。
② 余嘉锡《世说新语笺疏》(北京中华书局,1983)《任诞第二十三》,页764。王孝伯言:"名士不必须奇才。但使常得无事,痛饮酒,熟读《离骚》,便可称名士。"
③ 此归庄语,见其《与顾宁人书》,《归庄集》(上海中华书局,1962),下册,页339。
④ 此顾亭林语,见本书第458页注①《吴同初行状》。
⑤ 同注①,页224。
⑥ 同注①。
⑦ 《董榕庵招集郊居同洮侯得仲卢文子沈雪峰用鸡字》,见《归庄集》,页153。
⑧ 《张洮侯招饮冒雨过之同程天羽吴六益徐默庵董得仲董榕庵张荆门高季真用花字》,见《归庄集》,页153。
⑨ 《赠张带三先生》,见《归庄集》,页154。

> 地列酒泉天酒星，酒人常醉无时醒。三升足恋官安在，五斗解酲言可听。豪气已让少年乐，酡颜差慰垂暮龄。醇醪藉汝理荣卫，真觉鸱夷胜井瓶。①

及玄恭之殁于故里也，亭林闻讣于山东之德州。既为位遥祭之矣，复为撰挽诗四章。②一章有云："郦生虽酒狂，亦能下齐军。"以彼喻汉初郦食其，至为得当。又一章乃曰："生耽一壶酒，没无半间屋。"乃写实也。是则庄之好饮，其状已跃然纸上矣。

二

三十以后，亭林累遭世变。故君蒙难，社稷既已云亡；继母绝粒，家道亦复中落。沧海横流，天崩地坼。而酒之为功于亭林则大矣。其时亭林之酒侣，无复为昔年颠狂之少年。乱离之际，其以酒避世，或托酒自废，则有如常熟之陈梅及华亭之张彦之者。亭林《桃花溪歌》咏遗世之人亦不能无饮，盖为梅而作也：

> 有时提壶过比邻，笑谈烂熳皆天真。酒酣却说神光始，感慨汍澜不可止。……语罢长谣更浮白，……惟有桃花年年开，溪水年年流，为君酌酒长无愁。③

更以先朝之国史自任，"荦然持巨笔，直溯明兴始，"矢志于"上下三百年，粲然得纲纪"，则有如吴县潘柽章者。亭林赠诗中亦述及酒：

> 把酒为君道，千秋事难讨。一代多文章，相随没幽草。④

---

① 《归庄集》，页151。
② 本文引用亭林诗，均据王蘧常《顾亭林诗集汇注》（上海古籍出版社，1983）。《哭归高士四首》，见《汇注》卷五，页1062—1070。
③ 《汇注》，页281—282。
④ 《赠潘节士柽章》，见《汇注》，页471—473。

至如哭祭以身殉明之陈子龙,则云:"酹酒作哀辞,悲来气哽塞"①;挥别欷之遗民王炜,乃曰:"离怀销浊酒,愁眼见黄花"②。可知世变愈亟,而亭林之酒兴愈浓。"瓮盎连朝浊,壶觞永日酣"③,"饮此一杯酒,浩然思古人"④,述燕居独酌也。"自笑今年未得归,酒樽诗卷欲何依?"⑤,客中寂寥之自解也。"浊酒不忘千载上,荒鸡犹唱二更余"⑥,则记作别江南之情也。

要言之,亭林于国亡后之十数年间,踯躅江南,歌哭平生,鲜有不与酒为伍者。当其时也,昔年酒伴归庄有《楚州酒人歌》之作。其词固非为亭林而发者,然歌中点明世乱与饮酒之关系,亭林当亦有同感焉:

> 当今四海无宁宇,择地潜身何处所?达人不用远翱翔,迷入醉乡即乐土。……只今有酒人,邈然古风流:毕卓何足比,阮籍不能俦。时就屠狗饮,或从卖浆游。朝鬻紫骝马,暮典鹔鹴裘。不必临邛垆,长安市,天津楼,但有酒如长淮水,淮南千里与尔作糟丘。⑦

三

亭林于壮岁之后,匹马渡淮,弃江南之田园庐墓于不顾。廿五载间,"九州历其七,五岳登其四"⑧,"流览山川,周行边塞"⑨,时

---

① 《哭陈太仆子龙》,见《汇注》,页181—182。
② 《酬王处士九日见怀之作》,见《汇注》,页517。
③ 《拟唐人五言八韵》第六首《陶彭泽归里》,见《汇注》,页224—225。
④ 《义士行》,见《汇注》,页145—146。
⑤ 《自笑》,见《汇注》,页589。
⑥ 《与江南诸子别》,见《汇注》,页684。
⑦ 《归庄集》,页73—74。
⑧ 《与戴耘野》札中语,见《文集》卷六,页140。
⑨ 《与黄太冲书》中语,见《亭林佚文辑补》,页238。

而齐鲁,而秦晋,而燕豫,而京师。虽云"离群索居,几同伦父"[①],实则足迹所至,多获新交。盖亭林之学术辞章,既与日而俱进矣;其德行节操,亦年逾迈而名逾显。当世豪杰之士,遂莫不争与论交。其以明之遗民自处者,固无论矣。即其服官清廷,甚或其人之操守有可议之前明降臣及贰臣,亦颇有得友亭林者,而夷考其人,又多为高阳之徒侣,与亭林有同嗜者焉。亭林之酒伴,遂数倍于前矣。

亭林游燕,逢钱秉镫,赠诗有云:

> 相逢不见金台侣,但说荆轲是酒人。[②]

燕市送王丽正归江南新安:

> 贳得一杯燕市酒,倾来和泪湿车轮。[③]

山西代州初晤李因笃:

> 鲁酒千钟意不快,龟山蔽目齐都陿。[④]

喜屈大均自关中至:

> 何期绝塞千山外,幸有清樽十日留。[⑤]

长安慈恩塔下别故明王孙:

> 倾壶频进酒,散帙每挑灯。[⑥]

客中得王孙书:

> 濒行把酒送余去,重来何日当分陕。[⑦]

---

① 《与黄太冲书》中语,见《亭林佚文辑补》,页238。
② 《燕中赠钱编修秉镫》,见《汇注》,页1052—1053。
③ 《送王文学丽正归新安》。见《汇注》,页697—698。
④ 《重过代州赠李子德在陈君上年署中》,见《汇注》,页928—929。
⑤ 《屈山人大均自关中至》见《汇注》,页924—925。
⑥ 《将去关中别中尉存杠于慈恩塔下》,见《汇注》,页869—870。
⑦ 《得伯常中尉书却寄并示朱烈王太和二门人》,页944—945。

读李颙《襄城纪事》：

> 踯躅荒郊酹一樽，白杨青火近黄昏。①

自秦中寄江南戚属：

> 粟从仁者求，酒向邻家贳。②

客中缅怀故里则云：

> 厨中列酒浆，篱下群鸡鹅。③

与前明之降臣及贰臣交，亦多酒事。曹溶《静惕堂诗集》卷六《答顾宁人》记两人初晤于山西大同：

> 旨酒偶一御，愁绪恣如捣。④

后溶挈亭林访贰臣孙承泽于北京近郊之退谷，三人共饭，溶亦有诗：

> 时时爱客张高宴，落落论心见古人。⑤

亭林所交之降臣中最善饮者，似为山东德州之程先贞。顺康之际，亭林几每年过鲁与先贞叙饮。《德州过程工部》起句云：

> 海上乘槎客，年年八月来。⑥

结句则云：

> 未论千里事，一见且衔杯。⑦

先贞酬亭林之作，亦系此意：

---

① 《读李处士颙襄城纪事有赠》，见《汇注》，页1037—1038。
② 《寄弟纾及友人江南》，见《汇注》，页629—630。
③ 《寄子严》，见《汇注》，页1194—1195。
④ 《静惕堂诗集》(雍正三年[1725]李维钧序刊本)卷六，页五上。
⑤ 《静惕堂诗集》卷三十四，页十二下。
⑥ 《汇注》，页955。
⑦ 同上注。

> 对君自觉无余想,正好衔杯和郢歌。①

先贞殁前不久,亭林方闻归庄之讣。新旧酒侣,尽归重泉。其哀痛可知。先贞入圹,亭林亲为执绋。有《送程工部葬》五古一章:

> 文献已沦亡,长者复云徂。一往归重泉,百年若须臾。寥寥杨子宅,恻恻黄公墟。挥涕送故人,执手存遗孤。末俗虽衰漓,风教犹未渝。愿与此邦贤,修古敦厥初。②

所谓"恻恻黄公垆",典出《世说新语·伤逝》,亭林借之以寄酒友沦亡之痛:

> 王濬冲为尚书令,著公服,乘轺车,经黄公酒垆下过,顾谓后车客:"吾昔与嵇叔夜、阮嗣宗共酣饮于此垆,竹林之游,亦预其末。自嵇生夭、阮公亡以来,便为时所羁绁,今日视此虽近,邈若山河。"③

四

亭林不惟嗜饮,且复善饮,有逾于常人之量。上文引《吴同初行状》中"五人各能饮三四斗",及《与归庄手札》中所述一夜能尽两壶,皆其明证。然其酒量之深浅如何,则终难确考。此盖由昔人言酒量,虽辄以升斗计,而鲜及所饮之酒种者。《晋书》记山涛能饮八斗;《诚斋杂记》载南齐沈文季饮酒五斗,妻王氏亦至三斗④。即其例也。

方亭林与昆山少年争杯,能尽三四斗,量不可谓不宏,然所饮

---

① 程先贞《海古陈人集》(上海古籍出版社影康熙间刻本,1980),页200—201,《立秋日王北山过访同听亭林讲易并贻所著槐轩集》。
② 《汇注》,页1110。
③ 《世说新语笺疏》,页637。
④ 郎廷极《胜饮编》(粤雅堂丛书本)卷五《德量》,页三上。

者,当为米酿而酒精含量较低之"白酒"或"黄酒"无疑。观乎亭林涉足山陕之后,时与李因笃对酌,其量则才先前之十一而已。因笃《寄怀宁人先生》诗有云:

> 饮酒数升便能醉,狂歌时觉双眼白。①

在江南饮以"斗"计,在山陕酌则以"升"量。盖西北之酒,多以高粱或黍麦酿制,其性自较以米制成者为烈故也。

酒之种类,粗分南北,自非方家之说。况亭林自南而北,一生得尝之名酒,当必以十数计。然其有文字记载者,乃不过四种而已。爰为一一考出,以为本文作结。

一曰"春酿"。亭林《酬李处士因笃》诗:

> 东还再见君,床头倒春酿。②

《徐注》引《齐民要术》:"造酒法,春酿,十日熟。"③今江南人有"冬酿",料为一类。

二曰"桑落"。《出雁门关屈赵二生相送至此有赋》:

> 满壶桑落酒,临别重相思。④

与亭林同时而稍后之郎廷极所著《胜饮编》解此酒得名之由云:

> 河东桑落坊有井,每至桑落时,取水酿酒甚美,故名桑落酒。⑤

又:《山西通志》卷四十七《物产》编言"桑落"乃用糯稻(俗称糯米)所酿成,其性当与"春酿"相类:

> 糯[稻]黏,可为糕,用以酿酒尤佳。太原桑落、汾州羊

---

① 李因笃《受祺堂诗》(清康熙三十八年刻本)卷六,页十九下。
② 《汇注》,页822—823。
③ 《汇注》,页827。
④ 《汇注》,页936—937。
⑤ 《胜饮编》,卷十《出产》,页十一上。

465

羔,以糯为母者也。①

三曰"白堕春"。《朱处士彝尊过余于太原东郊赠之》:

    草没青骢晚,霜浮白堕春。②

前引《胜饮编》据《洛阳伽蓝记》以释此酒,知其源远而流长矣:

    河东人刘白堕善酿。六月以罂贮酒,暴于日。中经一旬,其酒不动,饮之香美。饷送可逾千里,名曰鹤觞。有携以行者,遇盗,饮之。不醒,皆被擒。时游侠语曰:"不畏张弓挟刀,惟畏白堕春醪。"③

四曰"竹叶"。亭林《酬归祚明戴笠王仍潘柽章四子韭溪草堂联句见怀二十韵》诗,王蘧常先生《汇注》引《同志赠言》中归祚明、戴笠、王仍、潘柽章《丁酉腊月八日在韭溪草堂奉怀宁人道兄联句三十二韵》诗篇末:

    梅花春绕屋,竹叶酒盈瓶。……各有天涯思,相期共醉醒。④

"竹叶"者,殆即今之所谓"竹叶青"者无疑。《胜饮编》中亦有说:

    竹叶酿酒,本属苍梧地。然如梁元帝诗:"榴花聊夜饮,竹叶解朝醒。"白乐天诗:"球簇桃花骑,歌巡竹叶觞。"东坡诗:"野店初尝竹叶酒,江云欲落豆稽灰。"又某咏酒诗:"银盘色泻梨花白,翠斝香浮竹叶青。"皆泛用。河东桑落酒亦然。⑤

---

① 《山西通志》(台北成文出版社影印本),页915。
② 《汇注》,页918—919。
③ 《胜饮编》,卷九《制造》,页1下—2上。
④ 《汇注》,页595—596。
⑤ 《胜饮编》,卷九《制造》,页4下—5上。

亭林所举,"春酿""桑落"及"竹叶",于今依然流行。惟"白堕春"恐难见矣。世之言"酒文化"诸君,盍为识之?

1997年岁暮于爱荷华郡礼荒村

(原载《学术集林》第十四卷)

乾隆末年学风与朝政：读徐浩修《燕行纪》

一　前言

自明洪武二十年（1387）迄清光绪十三年（1887），五百年间，朝鲜派赴中国朝贡的使团，为数颇繁。[1]其中有不少使团的成员，将他们在往复途程及中土的行止和见闻，撰成专书。这类专书，于体裁和名称容有不同，然实开近代外国使臣在华"观感录"的先河。在明朝成书的，总名曰"朝天录"，而在清朝成书的，统称为"燕行录"，已为学者们共认的事实。[2]

本文所讨论的《燕行纪》四卷，是作者徐浩修（1736—1799）于乾隆五十五年（1790）承朝鲜国王命至北京恭贺乾隆八旬大寿往复途中的日记，收入《燕行录选集》[3]，乃余二十年前客韩时所得。全书约8万字。卷一、四记往返途中所见墩台设置及地理形势；卷

---

[1] 明清两代朝鲜派遣使团的情况，参考陈尚胜等著《朝鲜王朝（1392—1910）对华观的演变：〈朝天录〉和〈燕行录〉初探》，济南：山东大学出版社，1999，页1—37，《序论》。根据此书的统计数字，有清一代，朝鲜派遣使团达638次（页13，表）。

[2] 《朝天录》，台北：珪庭出版社，1978年陈棨序刊本，共4册。张德信、松浦章：《一部研究中朝关系的重要史料——〈朝天录〉评价之一权近〈奉使录〉》，收入《史学集刊》，1999年第3期，页70—75，附有该书细目。前引陈著《朝鲜王朝》，页18—19则考列每书作者之生卒及其使华年份。又根据中村孝荣的研究，增加二十余种（页19—20）。《燕行录选集》，汉城：成均馆大学校大东文化研究所，1962。陈著《朝鲜王朝》页20—24讨论《燕行录》其他的版本及有关作者颇详。又参王政尧：《〈燕行录〉初探》，《清史研究》，1997年第3期，页1—8。

[3] 《燕行录选集》第6种，上册，页431—534。

二、三则详叙在承德行宫及北京两地所举行的万寿庆典。此外,作者还记录了他对当日朝政的一些观察,以及他和京师文士学者间论学谈艺的经过,对乾隆末年的政治风气和学术动向提供了异乎寻常的史料。

二　徐浩修的家世与学养

《燕行纪》的作者徐浩修,"字养直,号鹤山,大丘人。官礼曹判书,兼同知经筵成均馆事"。是朝鲜正宗朝(1776—1800)一位积学的能吏。[1]

徐氏三世使华。远在康熙二十九年(1690),浩修的先祖文重(1634—1709)尝以副使身份出访北京,且撰有《燕行日录》[2]一书;浩修的父亲命膺,也于乾隆三十四年(1769)受任为使华副使。[3]浩修本人,则在乾隆五十五年(1790)前之十四年,曾随使团来中土。[4]百年之中,徐氏三世使华,在当时被视为极"稀异"的事。浩修第二次访华,临行赋诗,中有"一家玉节三箕域,十载星槎再蓟门"之句[5],对其事犹三复致意焉。

徐浩修首度访华时,曾和北京著名的诗人学者李调元(1734—1802)见面论交。调元字羹堂,号雨村、童山,四川罗江人。乾隆

---

[1] 李调元:《函海》,台北:宏业书局影光绪壬午年(1882)仿万卷楼原本,1968,所收《粤东皇华集》《附朝鲜副使启》,第40函,页24753。
[2] 《徐文重纪行录》,包括《燕行日录》及《状启草》。见《燕行录选集》下册,页262—281。
[3] 见《使行录》,收入《燕行录选集》下册,页1307,"乾隆三十四年十月二十二日三节年贡行"条。
[4] 《使行录》,"乾隆四十一年十一月初三日进贺兼谢恩"条,页1308。
[5] 《燕行纪》卷一"乾隆庚戌六月七日"条云:"到安陵节度使营观德堂,有先祖忠肃公[文重]儐使时诗板,先君文靖公[命膺]以冬至使续题,余于今行又敬和,刻揭三世,俱按箕藩,实稀异,故联句及之。诗曰:迢迢京国久离群,独上高楼倍恋君。临水重关西塞路,凝霜画戟朔方军。一家玉节三箕域,十载星槎再蓟门。惭愧棠阴经过地,敢云绳美答忧勤。"

二十八年(1763)进士,授吏部文选司主事。他和当时的诗文名家如赵翼(1724—1814)、袁枚(1716—1797)、姚鼐(1732—1815)等均有过从。又尝受知于纪昀(1724—1804),于诗文及经史,遂均有所得。所辑《函海》[①],收书达185种,尤称博雅。

雨村《童山诗集》卷十九有《寄题徐副使浩修见一亭二首》,系于乾隆四十二年(1777)[②],即二人见面后一载。同年,浩修致函雨村,盛推其诗作,复问之以经术考古专门之学。[③]皆足见异国学人间交情之深挚。

迨浩修于乾隆五十五年(1790)二度访华,抵京城之前,止宿于地滨大凌河之朝阳县内一关帝庙,无意中见炕壁上有雨村题诗一首。《燕行纪》卷一"七月九日丁亥"条叙其事云:

> 余与正使、书状皆步入关帝庙。余所住炕壁有雨村李调元手题七言律。问之居僧,数年前李以通永道过此题壁云。

接而追记二人十五年前论交事:

> 丙申[乾隆四十一年]朝京,余与李屡往复相熟。李赠余诗有"莫道相逢不相识,早朝门外马骎骎"之句。盖始遇于太和殿朝参后贞度门外也。天涯十五年,鱼雁落落,今见其手题,不觉眼开。[④]

浩修所见题壁诗,《童山诗集》不收。惟《诗集》卷二三有《渡大凌河》《雨驻朝阳县题释照钵山水画》等题,均有语及朝阳县者,

---

① 李调元,见J. C. Yang所撰传,Arthur Hammel, ed., *Eminent Chinese of the Ch'ing Period*, 1644-1912 (Washington D. C.: United States Government Printing Office, 1943), pp.486-488。
② 罗焕章主编:《李调元诗注》,成都:巴蜀书社,1993,页396。
③ 徐浩修致李调元书,即上页注①中所之《附朝鲜副使启》。书中有云:"然词律不过小技,执事必有事于诗外,如近世李榕村之沉潜经术,顾宁人之博物考古,梅勿庵之专门绝艺,皆深造自得之学,而非入耳出口之说。执事于经于史如有发挥著述,则区区愿见之诚,不啻渴者之金茎露尔。"
④《燕行纪》,页450。

俱系乾隆四十六年(1781),即关帝庙中居僧所谓雨村"以通永道过此题壁"之时也。

雨村于乾隆五十年(1785)罢官回籍,在浩修二度访华前五年。浩修到北京后,尝访查故人之下落:

> 余到燕后,闻诸雨村从父弟鼎元,则雨村著刻《函海》一部,凡一百八十五种书,而中有杨升庵所著四十种,雨村所著四十种。其《诗话》三卷,详记与余往复事。①

《函海》成于乾隆四十九年(1784),见雨村《函海后序》。②所云《诗话》三卷,即《雨村诗话》。今通行者作上、下二卷,另尚有十六卷本。③

三 二度访华旅途所见

据《燕行纪》的记载,徐氏一行于乾隆五十五年六月二十二日渡鸭绿江进入中国国境,二十九日抵沈阳;七月十五日达热河行宫,二十五日到北京圆明园。全程2031华里。除在沈阳停留一日、在热河五日外,实共历时二十九日。回程则取道山海关,北行经沈阳返国。全程1970华里。自九月四日起行,十月十日返抵朝鲜国境,历时三十六天。徐氏一行在北京逗留实四十日左右。

在往返途中,徐浩修每日将行程的起讫和距离都记录下来。沿途所经城堡及驿站之建置沿革,以至地理形势,亦有详细叙述。④明清两代朝鲜使臣对所经墩台设置和地理形势大都留意观察,因

---

① 《燕行纪》,页450。
② 《函海》第1函,页7—9。
③ "十六卷本"有"清六经堂刻本",及"道光二十六年暎秀书屋刻本"两种。后者且有"补遗四卷",南京图书馆庋藏。此事承吴中沈丈燮元赐告,谨谢。
④ 如"六月二十四日癸酉"条云:"朝雾夕晴,历凤凰城。炊饮于三台子,秣马于雪里站,止宿于黄家庄。是日行一百五里。"以下则详述凤凰城之建置沿革。

471

而保存了不少珍贵的史料,此事张德信已有精确的论述。[1]以故徐氏《燕行纪》对中土舆地之学,亦多所贡献。惟尤其值得注意的是:徐氏记述地理形势,往往糅合历史事件——特别是和朝鲜有关的史事——夹杂记叙。换言之,徐氏所记之山川城堡或墩台驿站,与人事的变迁往往是分割不开的。譬如"六月二十五日"条记当日止宿连山关后,即详述一百五十多年前朝鲜使臣于其地拒向建国称帝的清主皇太极跪拜一事之始末。[2]又如"六月二十八日",徐氏一行止宿沈阳时,记清崇德二年(明崇祯十年,1637)三月朝鲜官员在当地被掳杀事云:

> 自外攘门外至西关门内,通衢左右,皆市廛。此即洪学士翼汉、尹学士集、吴学士达济丁丑成仁处。凭式过之,愀然起敬。黄石斋所谓"纲常万古,节义千秋,天地知我,家人无忧"者,三学士有之。时讳严密,踪迹茫然。以亭林、榕村诸先辈之好奖节义,亦不曾语到三学士事,悲哉![3]

洪翼汉等三人被清人劫杀事,朝鲜《李朝实录》及《皇清开国方略》都有记载[4],只是详略不同而已。徐氏所举黄石斋,即黄道周(1585—1646),在晚明"以文章风节高天下,严冷方刚,不谐流俗"[5],以扶翼纲常自任。后辅唐王,兵败不屈死,被奉为忠君的典范。徐氏以其国人洪翼汉等之遭遇比附黄石斋之殉明,固然意在表彰忠义,亦显示出清人入关后,朝鲜士人恋恋于故明的普遍现象。[6]

至于日记中另及"亭林、榕村"二人,指清初顾炎武(1613—

---

[1] 张德信、松浦章所撰文,见第468页注②。
[2]《燕行纪》,页438—439。
[3]《燕行纪》,页443。
[4] 吴晗辑:《朝鲜李朝实录中的中国史料》,北京:中华书局,1980,第9册,页3600—3601。
[5]《明史》卷二五五《黄道周传》,北京:中华书局,1974,页6595。
[6]《大报坛与明清之际的中朝关系》,收入前引《朝鲜王朝》,页313—357。

1682)及李光地(1642—1718)。顾、李的身世及学术皆殊途,《燕行纪》中多次以二人并提,关于这一点,下文将论及。这里先叙徐氏对亭林之学的详熟。

在《燕行纪》里,徐氏经常将所历之地和典籍中的记载作比勘。如"七月二十二日"条,先引顾亭林《昌平山水记》所述古北口的形势,接而以己身所历证之,指出亭林所记之绝对正确,而《大清一统志》所载为失误。日记中说:

> 按:亭林……以潮河营在古北口外,而与余所睹合。……《清一统志》……错看亭林……潮河营反在古北口内,与今关防形势判异,恐非细失也。①

徐氏过古北口后的第八天(七月三十日),在圆明园和纪昀对谈时,尝将《大清一统志》的失误面质纪氏:

> 余曰:……《一统志》以九连城傅会古北口潮河川营。以亭林所记,证今之道里,潮河营实在口外,而《一统志》计程,反在口内,恐非细失。
>
> 纪曰:如此等误,难以枚举。盖山川地志,多属传闻,及其蹑足目睹,必不免相左尔。②

徐氏侃侃而谈,充满自信,与纪晓岚之唯唯否否、搪塞之辞,恰成一强烈之对比。

徐氏所过之历史名胜地,触景生情,述事之际,往往引录中土诗句夹杂其中,于顾亭林诗,又取之最频。如于返国途中,"出山海关,登远台",是日徐氏先记明初徐达(1332—1385)建关事,接言说:

---

① 《燕行纪》,页475。徐氏所引亭林之说,见《昌平山水记》,《顾亭林遗书汇辑》,光绪戊子朱氏校经山房,卷下页11a。徐氏所录与原书稍有异别。
② 《燕行纪》,页483。

473

> 顾亭林诗曰,"茫茫碣石东,此关自天作。粤惟中山王,经营始开拓",是也。

以下指出五花城者,"即崇祯杨嗣昌所筑",又说:

> 顾亭林诗曰,"杨公筑二翼,东西立罗郭。时称节镇雄,颇折氛祲恶。"

跟着叙吴三桂毁关纳敌,复引亭林诗:

> 启关元帅降,歃血名王诺。①

以上所举《燕行纪》对中土山川形势记载的例证,应足以说明徐氏的博识与才华。至于他对其他方面的学养,下文将另作论述。

四 与中土朝朝臣论学谈艺录

朝鲜王正宗遣圣节团来华前,其朝臣辄得读乾隆御制《咏朝鲜使》诗。中有句云:"礼义国原闲赋咏,觐谒应来能句人。"朝臣揣度乾隆的"圣意",是希望使团中有能赋诗的人。

徐浩修二度使华,与他对中国诗歌的修养应有莫大的关联。

徐氏一行,其任务为参朝贺寿,故在承德及北京两地的三十多天,大部分时间用于饮宴与听戏。"公务"之余,偶尔得和朝臣(及其他藩属专遣使节)相聚交谈。但见面在一次以上,彼此晤谈投契者,不过才七八人而已。

但即使在这些较难得的场面中,宾主之间唱酬或谈诗论艺所占的比重仍是较大的,《燕行纪》中录徐氏与人唱和凡两次,其对手一为"衍圣公"孔宪培②,一为安南使团中官吏部尚书的潘益辉③。

---

① 《燕行纪》,页523—524。
② 徐氏原唱,见《燕行录》,页494—495。孔宪培和作,见页506。
③ 徐、潘唱和事,见《燕行纪》,页468。

徐氏既以能诗见称,朝臣中乃不断有人向其打听朝鲜诗歌结集一事。七月十六日在热河,汉吏部尚书彭元瑞(1733—1803)问徐氏说:

> 贵国有《海东秘史》《东国声诗》二书云,可得见乎?

徐氏答云:

> 小邦本无《秘史》,有郑麟趾《高丽史》、金富轼《三国史》。而今行适未携来。诗类则有唐熙间所进《东诗选》而已。亦无他选。或因渔洋王士禛"东士解声诗"之句而傅会欤?[1]

两日后,诗名卓著于当时的满人铁保(1752—1824)又旧话重提。徐氏回答,亦一如前[2]。

惟铁保对徐氏,颇有相见恨晚之感。盖此后一日,铁保即以所撰《热河诗》一卷求正于徐氏。再一日,徐氏访铁保于其热河寓所,但闻"茶沸香清",见"帘几潇洒,架有《明诗综》《佩文韵府》"[3]。主客坐定,徐氏述说他对铁诗的评论云:

> 贵稿前夜略绰看过,气格遒隽,意致醇雅,句法字眼,皆出性灵之自然。以渔洋之清切,兼牧斋之绮丽,非俺等管见所可窥也。

> 铁曰:仆于诗学,志勤而才疏,果好王诗,而未蹑其藩篱。足下推奖太过。愧甚,愧甚。[4]

铁保字冶亭,号梅庵,满洲正黄旗人。冶亭本将门子,惟以进士起家,能诗善书。同时人评他的诗,有说"格高气厚",有说"格

---

[1]《燕行纪》,页458。
[2] 同上注,页467。
[3] 同上注。
[4] 同上注。

调英爽,直摩唐人之垒"①。徐氏逆旅中仓促读其稿,许之"以渔洋之清切,兼牧斋之绮丽",虽是恭维的话,但对铁诗格调的认识,与其他评家相去不远;徐氏于诗,究竟是明眼人。

再看铁保对徐氏评价的反应:铁氏自承"果好王〔渔洋〕诗",对徐氏所及的"牧斋",却先是闭口不提。

徐浩修于此则终不放过。对谈结束前,徐氏问曰:

> 牧斋方为禁书,阁下何从得见?

铁保答曰:

> 凡禁书之法,止公府所藏而已。天下私藏,安能尽去?牧斋大质[节]已亏,人固无足观,而诗文则必不泯于后世。②

铁保之言,平实可信。所谓"天下私藏,安能尽去",以近在禁垣之人,于禁毁钱牧斋著作雷厉风行之际,犹得私藏钱氏之诗文结集,既读而爱之,又预卜其作品之"必不泯于后世",乾隆禁毁书籍之未能收全效,则当时已有先见者矣。

上文提及徐氏和纪昀在圆明园谈论《一统志》的缺失。该日对谈,还涉及其他两个颇有趣的问题。先录二人当日对话:

> 余[徐氏]曰:新校《明史》可得见乎?
>
> 纪[昀]曰:虽易[已]付剞,姑未有颁行敕旨。待颁行,当以一部奉呈也。贵国郑麟趾《高丽史》极有体段,仆藏庋一部矣。
>
> 余曰:然则《高丽史》已翻刻于坊间乎?
>
> 纪曰:即贵国板本也。③

考"新校明史"一事,缘于乾隆四十二年(1777)高宗命英廉

---

① 铁保,见房兆楹所撰传,收入前引 *Eminent Chinese of the Ch'ing Period*, pp.717-718。诸家评铁诗,见钱仲联主编:《清诗纪事》,南京:江苏古籍出版社,1989,册9(乾隆卷),页6269—6272。
②《燕行纪》,页467。
③ 同上注,页483。

等人"将原本逐一考核添修……候朕亲阅鉴定,重刊颁行"①,然事隔十三年,尚未颁行。其后刻成之本纪二十四卷改订本,尝有人取以校原刊本,发觉"所增补者,仅涉文辞之细,于史事殊少出入",乃有"受命诸臣,敷衍塞责"之说。②

至纪昀认为"极有体段"的《高丽史》,《四库》有著录。但馆臣所见,乃"编修汪如藻家藏本","仅世系一卷、后妃列传一卷。盖偶存之残佚,非完书矣"③。考康熙间朱彝尊(1629—1709)尝得见其全本,并为之跋④。而撰写此书题要者即据朱跋而称其书共百三十九卷,固未尝见其全本也。今身为《四库》副总裁之纪昀既亦藏度一部《高丽史》,则所藏者为二卷本耶?为全本耶?《四库》馆臣乃何独采一"偶存之残佚"而为之著录耶?事诚难解。

在结束谈话之前,纪昀邀徐氏到他在京师之寓所作客,并告以住址云:"敝庐在于正阳门外琉璃厂后会同馆胡同。"⑤但徐氏与纪昀终无再见之机会;二人仅于别前互赠礼品而已。"八月十四日壬戌"条有云:

> 书问纪尚书昀,兼致黄鼠笔三十枝,油煤墨十笏,彩笺三十叶。
>
> 纪答以端砚一方,墨竹一轴。砚首刻"玉井"二字,背刻"晓岚自撰铭曰:坡老之文,珠泉万斛。我浚我井,灌畦亦足",词甚古雅可喜。⑥

---

① 金毓黻:《中国史学史》,台北:商务印书馆,1960,页119;李晋华:《明史纂修考》,收入《明史编纂修》,台北:学生书局,1968,页62—63。
② 前引《中国史学史》,页119。
③《四库全书总目》卷590《载记存目》,北京:中华书局,1983,页590。
④ 朱彝尊:《书高丽史后》,收入《曝书亭集》(四部丛刊本),卷44,页11a—12a。
⑤《燕行纪》,页483。
⑥ 同上注,页502。

纪晓岚撰有《砚谱》一卷①,所藏多精品。纪氏以端砚一方相赠,亦可见他对徐氏的礼遇了。

在清初的学者中,徐浩修对顾炎武、李光地、朱彝尊最为敬佩。三人之中,又独慕亭林。《燕行纪》中,亭林名字的出现,不下十次之多。譬如,彭元瑞问他经今古文的争议,他便说:

> 今古文源委,顾亭林辩之极分晓,前此诸儒所不能也。②

又如论及朝鲜学者权近和韩百谦的学术成就时,徐氏说这二人"稍称博雅"而已,但绝"不足步武于亭林、竹垞之后尘"③。

徐氏盛推亭林、竹垞"博雅",似恰便是他个人治学之所向往。就《燕行纪》中所见,除诗文、史地、金石、丈量之学外④,徐氏对天文历算也有专著,且颇以此自得。来华时,携所撰《浑盖图说集笺》二卷随行,其书盖集诸家解绎明人李之藻(?—1630)《浑盖通宪图说》者。⑤徐氏通过铁保,让当日"宰相中精于历考"的翁方纲(1733—1818)借读《集笺》。翁氏阅后为撰一跋文曰:

> 乾隆庚戌秋八月,柳检书以副使徐公所著《浑盖通宪图说集笺》四册见示。其上二册,明仁和李水部原书,其下二册,则徐公集笺也。愚于推步之学识,夙未究心,凡事不深探其原委者,辄不敢为之序。第观其演绎周晰,于浑平相应之所以然,具于表说,阐发无遗,深服其用心之勤而已。爰为笔诸别纸,以见区区谦慎,不敢言序之意。北平翁方纲。⑥

---

① 《郎潜纪闻三笔》"纪文达砚铭之用意"条有云:"纪文达公性好砚,尝以九十九砚名其斋。砚必有铭,信手摘辞,皆有深意。"陈康祺(1840—?):《郎潜纪闻三笔》卷10,北京:中华书局,1984。晓岚赠徐氏砚,不知亦在九十九中否?
② 《燕行纪》,页458。
③ 同上注,页489。
④ 徐氏谈朝鲜结负法与中土顷亩法之异同,见《燕行纪》,页458。
⑤ 李氏书,见前引《四库全书总目》卷一〇六,《子部·天文算法类一》,页896。
⑥ 《燕行纪》,页466、514。

翁跋中所表现的"谦慎",并未见赏于徐氏;相反,徐氏直截了当地批评翁氏历象之学为"空疏":

> 纪尚书、铁侍郎皆谓翁阁学[方纲]邃于历象,而余始闻于《春秋朔闰》,已疑其不解新法。今见跋语,益验其空疏。①

翁氏时正撰《春秋四家朔闰表》,曾向徐氏求教,故日记中及之。总而言之,徐氏在所相交的乾隆朝臣中,似无一人的学问令他心折。徐氏又处处以清初之学术标准来衡量所见的人物,时时作"今不如昔"的感叹。徐氏对乾隆末期士大夫的评价,说过这样的话:

> 大抵目今中朝士大夫,徒以声律书画为钓誉媒进之阶。礼乐度数,视如弁髦。稍欲务实者,亦不过掇拾亭林竹垞之余绪而已。②

徐氏的见解果为公允吗?下文当另作论述。

五　对朝政的观感

《燕行纪》"七月十四日壬辰"条记热河避暑山庄的富庶景象云:

> 清圣祖创山庄,募民万家以实之。……今皇帝继述志事,五十余年,生聚教训,闾井栉比,商贾辐凑,酒旗菜旌,十里辉映。弹吹之声,彻夜不休。康熙间万家,今为数倍。不待四方之征召,已藏数万精甲,亦可谓富且庶矣。③

及后徐氏着笔于帝王治道,亦作今昔比观,曰:

> 然圣祖居是,机务多暇,日召儒臣魏廷珍王兰生等讲究律

---

① 《燕行纪》,页514。
② 同上注。
③ 《燕行纪》,页453—454。

历,又手编《朱子全书》,驰驿问难于熊赐履、李光地,盖不弛武克,而亦不懈文教也。余留热河累日,但见伶优角抵为一大事,未闻儒臣之晋接,何也?①

徐氏二度访华,初到避暑山庄,耳闻目接,即对当日的朝政,留下不佳的印象,所谓"但见伶优角抵为一大事,未闻儒臣之晋接",立足于儒家治道的理想,可说是一言中的。徐氏在中土停留虽属短暂,但仍默察出乾隆末年的升平气象,已掩盖不了实质上的衰颓。在《燕行纪》里,徐氏三复斯意。

总结徐氏的观察和分析,当日朝政之令人忧心者,一为任用和珅太过,一为官员之挥霍无度。

乾隆晚年信用和珅,治史者皆能言之。但徐氏曾数度亲睹八十岁的乾隆与和珅共进退,以当时人记当时事,亦自有其意义及价值。

首先,徐氏描述年已八旬的乾隆"颜貌若六十余岁人,视听行步,亦不减当年"②。但无论在热河行宫、北京禁城或圆明园,使臣朝拜乾隆,都是和珅"代传皇旨"的,"七月二十九日丁未"条记在圆明园"接驾"云:

> 祗迎之节,长跪乘輂而不俯伏。和珅进輂傍奏曰:那是朝鲜、那是安南使。皇上侧身幨前,笑而顾之。驾入宫门后,撤班还寓馆。③

于此之前十三日,在热河:

> 因召旨进。……余等立于殿陛下西边,和珅、福长安、王

---

① 考热河避暑山庄始建于康熙四十二年(1703)。同年,熊赐履(1635—1709)以望七之年休官;后二年,熊氏即南迁金陵。徐氏所谓"驰驿问难于熊赐履"云云,恐不过想象之辞而已。
② 《燕行纪》,页534。
③ 同上注,页484。

杰陛殿内侍立于御座东。和珅出传皇旨曰：朝鲜使臣等进。①

徐氏因此看出乾隆已到了"无和珅不欢"的程度；和珅"权势太重，人情甚沸郁"②，是有其原因的。

但和珅也不是没有政敌的。徐氏三番四次指出福康安、福长安二人如何联手对抗和珅。徐氏最初据以揣度和、福间之不相协，牵连安南使团从福康安演习朝仪一事，过程颇觉滑稽有趣：

> 驾还圆明园。皇帝召见[安南王]光平，则福康安必于门外，附耳语。移时，指导奏对。及升殿陛，又牵衣指导坐立跪叩之节。或私接于朝房，则康安立语而光平跪答。谄鄙之态，无所不为。③

此事后为和珅得知，乃四播流言，攻击安南使团。徐氏记其事的发展云：

> 余于宴筵与安南王及使臣……每日联班或有酬酢。和珅之子为皇上第十一额驸马，辄谓余曰：安南人决不可深交。又闻检书等所传刑部郎中某在朝房，指安南从臣之过去者而骂曰：阮光平真逆贼，此辈皆党与也。④

和珅及其党从之攻击安南王及其使节，无非是因为安南人投靠了他的政敌福康安而倚之为导引。骂阮光平为逆贼，固然狠毒，但矛头直指福康安，却是无疑的。徐氏看出个中玄机，乃不得不叹曰，"亦可揣和福之间不能相协也"⑤。

在他交接的朝臣里，徐氏独认为阿桂（1717—1797）⑥得"大臣

---

① 《燕行纪》，页457。
② 同上注，页534。
③ 同上注，页463。
④ 同上注，页464。
⑤ 同上注，页464。
⑥ 阿桂，见Knight Biggerotaff所撰传，收入前引 *Eminent Chinese of the Ch'ing Period*, pp.6–8。

之体"，是"满阁老中有舆望者"，而且是举朝之中惟一不谄附和珅的人①。但徐氏盱衡大局，结论仍是悲观的：

> 大抵目今天下事，皆出于和珅、福康安、福长安。而一旬联班，默察其动静，则和以迎合得志，福以进献固宠；而和则极躁妄，福则极贪鄙，一无可意底举措。皇帝已耄期，而当局之大臣如此。吁，亦危哉！②

以"躁妄"及"贪鄙"来形容权倾一时的朝臣，徐氏对乾隆末年朝政的观感，可以想见。

当时的政纲纵弛，也表现在官员的挥霍无度之上。徐氏记在圆明园所见大臣进献圣寿种种珍奇的礼品，真足以"使人目眩"：

> 或以檀香刻云龙山水为障，高广可七尺余，前面为数十小格，每格皆安金佛，隔以琉璃，饰以珠贝，或以珊瑚珠高二足，余者安植镂金，盆上枝头缀孔雀石为叶，蜜华为颗。或以檀香为方柜通，四旁嵌琉璃，高广可数尺，内设八面十二层金埠。每层每面皆安金佛，自柜底挑机，则金埠旋转如轮。至如绿玉碗、白玉杯、白玉如意、古铜鼎彝等属，不可胜纪。③

又说一个满洲巡抚所献的礼单，"目录"中所列即凡三十余种；西淮盐商所进供"助点缀"的白银一项，也多达二百万两。徐氏浩叹"为一时悦目之资，糜千家中人之产"④，是大有根据的。

徐氏一行经山海关返国，于九月二十六日抵沈阳，离朝鲜国境不过七日路程。徐氏记他与副都统成荣辞别时，无意中掀出一件"通官中间干没礼品"的插曲，颇具戏剧性。让徐氏对当时政令之纵弛，又多得一明证。"九月二十六日"条记送礼与成荣事云：

---

① 《燕行纪》，页489。
② 同上注，页489。
③ 同上注，页488。
④ 同上注，页488。

朝于沈阳,送清心元十丸,诗笺百叶,厚纸十卷,扇二十柄,鳆鱼百个于副都统成荣。且使柳检书得恭以余言往告曰:"俺等秋初向热河,阁下为念潦途行色之艰辛,助以车马,赠以白金,白金则嫌于私,近于货,虽不免辞谢,而车马则赖以致身于义州,得达于热河。恭伸国王殿下庆祝之忱,屡蒙皇上特异之恩,酷车稳旋,光华赫然,受阁下赐多矣。数种土物,聊效铭感之忱,幸乞笑留。"

成荣答曰:此乃地主常礼,何足烦谢。白金之辞,可见使臣之廉洁,而伊特还付何人乎?

柳对曰:付之通事官使,即奉纳矣,阁下尚未闻知,可讶! 一番查问何如?

成曰:通官辈本自卑鄙,纵可中间干没,何必置意乎。但辞受之际,往复不可不分明。当问于通官矣。今来贵币,全受则不安,全却则不恭。药丸诗笺拜领,余奉完。悚悚。①

通事官使者,大概是清朝边防派出护送外国使臣的小官吏。原来徐氏来时,曾将成荣所致送的白金,托通事官使璧还;但通官却将白金中饱私囊。成荣从徐氏获知底细后,下令查问通官。《燕行纪》续载此事之发展云:

离沈阳行到浑河边,甲军五名,疾驰赶来,押去通官宝德。数日,寂无声息。余到连山关后,宝德始放还,见首译洪命福,怒色勃勃曰:凡有往复,不使首译为之,使柳裨为之何也。吾既备纳银子,不畏副都统云。想大经厄境而归,可发一笑。②

通事官居间中饱,原亦非大事。但此段插曲为徐氏于离开中土之前所耳闻目睹,则其意义又显得格外不寻常。盖距此一百又一年之前,徐氏先祖文重以正使身份来北京,时值康熙二十九年,

---

① 《燕行纪》,页531—532。
② 同上注,页532。

满人入关后之四十七载。徐文重将他在北京的遭遇，和明末派往朝鲜使臣的作为，两相比较，乃发觉清初的政风，远比明末为清明廉正。徐文重《燕行日录》里有一段话说：

> 丙子年［明崇祯九年，1636］明朝使臣入来时，鸿胪寺赐宴，使臣未到床前，馆夫等争入攫去，上下马宴，则折银以给礼部尚书，以下送银，请买人参等物。并银持去，至再至三，无复限节。当时国事，推此可知，近年则绝无是事，宁谓不如诸夏之无也耶！①

所谓"当时国事，推此可知"，盖指明末而言；"近年则绝无是事"则指清初。末句"宁谓不如诸夏之无也耶"，典出《论语·八佾》："夷狄之有君，不如诸夏之亡。"徐文重据己身在清朝之经历，于夫子所云，颇有不以为然者。

徐浩修于其先祖之《燕行日录》，不能无所知；文重当年贬明末之贪婪而颂清初之廉正，徐氏当亦了然于胸。然则徐氏目睹乾隆末年政令之纵弛，当亦必曾有"今不如昔"之感耶！

六　结语

徐浩修二度访华时，停留虽然短暂，但他的日记却保留了一些异乎寻常的史料。其中像对当日官场贪污及奢靡的描述，以及对和珅与福康安间明争暗斗的记载等，都可拿来和其他史籍互相印证。他如当日学者对朝鲜文史学术之茫无所知，比对徐氏本人对顾亭林著述之详熟；又如修史诸臣对重刊《明史》之敷衍塞责及《四库全书》所出现的缺失；乃至铁保对乾隆禁毁书籍所作平实可信的论评，凡此皆应为治史者所乐闻，且是值得作进一步探讨的课题。

---

① 徐文重:《燕行日录》，见前引《燕行录选集》，下册，页274。

然而,正如其他史籍一样,徐氏的《燕行纪》也自有其局限性。徐氏来访的时地、他所得与交接的人物,以及他个人独特的视角,在足以造成他记录中的一些缺失;这自然是可以推想的。以下试举一例来说明徐氏如何在狭隘的见闻之上,作出夸张不实且近乎可笑的结论。

上文第四节述徐氏对乾隆末年的士风作过整体的评价。为方便行文起见,兹再引录一遍徐氏的话:

> 大抵目今中朝士大夫,徒以声律书画为钓誉媒进之阶。礼乐度数,视如弁髦。稍欲务实者,亦不过掇拾亭林竹垞之余绪而已。①

徐氏的评价是既不周详且欠公允的。

首先,徐氏得与交谈一次以上的"中朝士大夫",只不过七八人;他的话明显是以偏概全的。

其次,徐氏先后于乾隆四十一(1776)、五十五(1790)年访华,正是乾嘉考证之学极盛之时。其中戴、段、钱、王在徐氏所谓"礼乐度数"等"务实"之学的成就,又岂能以"掇拾亭林竹垞之余绪"视之?《燕行纪》中于此四人乃终未提及;徐氏对当时学术界中具代表性之人物,茫无所知,乃一至于此。

抑犹有进者,徐氏于乾隆末年著名学人之无知,亦有甚不可解者。盖乾隆四十一年徐氏初次访华,时戴震54岁,方于前一年以"赐同进士出身",供职翰林院②。徐氏此行仅得交李调元,而未闻戴东原之名,此其一。及徐氏于十四年后来贺圣寿,时东原虽已物故,但钱大昕则不但健在,且以63岁之龄,从苏州"于六月中由水道入都"恭贺乾隆八旬大庆。钱氏手订《年谱》记是年"八月十三

---

① 《燕行纪》,页514。
② 段玉裁:《戴东原先生年谱》,收入沈云龙主编,《近代中国史料丛刊》第81辑,台北:文海出版社,1967,"乾隆四十年乙未五十三岁"条。

485

日,上升殿受贺"[1];知随班行礼之中,不但有徐氏[2],且有竹汀。乃《燕行纪》于钱氏亦无闻焉,此其二。

再者,徐氏所与交接之学者中,纪晓岚与东原、竹汀皆相知甚深;晓岚与竹汀为进士同年,与东原则尝同供职四库馆。三人论学之迹,尚明确可考。[3]甚至如被徐氏目为"空疏"之翁方纲,于东原、竹汀之学,亦不能无所知晓。乃《燕行录》中仅记纪、翁,及彭元瑞、铁保等官高爵厚者;其于具实学且主风气者,则只字未及。

当然,徐氏之见闻,不得不囿于京师一地;加上停留短暂,酬酢频仍。凡此种种,皆足以解释其记载中之缺失。再加上徐氏似不免"露才扬己",由而令人生厌,观其面质纪晓岚有关《一统志》之疏失,词气尖激,于纪氏不留余地矣。若然,则纪、翁诸人或由是而鄙其人,甚而以不足与语者视之,亦未可知。

以上之分析,无非在说明徐氏《燕行纪》及其他朝鲜使臣之撰著,虽于下笔之际,"无须讳言,更不必修饰",故能"直言,直笔"[4],为治史者提供颇珍贵的史料,但运用之际,固亦不能无所辨别而一体滥用之焉。

在近世交通发达之前,外国人所撰之游记往往足补国史之不逮。远如13世纪之马可波罗及16世纪之利玛窦,二人所述中土之情事,已久为史家所宝爱。近如19世纪前期法国人托克维尔(Alexis de Tocqueville,1805—1859)于游历美国后所撰的《美国

---

[1] 钱大昕:《竹汀居士年谱》,收入《嘉定钱大昕全集》,南京:江苏古籍出版社,1995,第1册,"乾隆五十五年庚戌,年六十三岁"条,页36。
[2]《燕行纪》卷三"八月十三日"条记当日庆典甚详,页497—502。
[3] 钱大昕有《纪晓岚乌鲁木齐杂诗序》《与戴东原书》及《戴先生震传》,均见其《潜研堂文集》,收入前引《嘉定钱大昕全集》,第9册。又:前引《戴东原先生年谱》"乾隆三十八年癸巳五十一岁"条有云:"上开四库馆,于文襄公、纪文达公、裘文达公之言荐先生于上。"(页46—47)
[4] 王政尧《〈燕行录〉初探》。

之游》①,至今仍被治美国史的学者视为不可缺的原始材料。然则明清两代朝鲜使臣的撰述,终将对明清史的研究作出巨大的贡献,也是可以预期的②。

2001年9月30日定稿于爱华州郡礼之荒村

(原载《九州学林》第1期)

---

① *Journey to America.* Translated by George Lawreuce, Edited by J. P. Mayer, Rev. and augm. ed. in collabaration with A. P. Kerr. (Garden City, N. T.: Doubleday, 1971).
② 有关《朝天录》及《燕行纪》之研究,见第468页注①②。至于朝鲜《李朝实录》之重要性,吴晗所作的贡献,世多知之。但吴相湘于1955年所撰《〈李朝实录〉对于明清史研究之贡献》一文(收入董作宾等著《中韩文化论集》,台北:1955,上册;页151—185),详述其师孟森(1868—1937)利用《李朝实录》研究满洲前期史所取得重大的成就,仍值得重视。孟先生撰《重印朝鲜〈世宗实录地理志〉序》(收入孟森:《明清史论著集刊》,北京:中华书局,1959),至谓"惟地理则为彼境[朝鲜]自有之疆索,非得其记载,不能详"(页336)。孟先生于《李朝实录》之重要,非惟独具只眼,且早以具体研究证明之。前修之功,有不可没者如此。

嘉庆初年京师之学人与学风

——读柳得恭《燕台再游录》

一 引言

《燕台再游录》，朝鲜人柳得恭（1749—1807）于嘉庆六年（1801）出访北京时所撰。柳字惠风，号泠斋，乃李朝正宗时（值乾隆四十二年［1777］至嘉庆五年［1800］）一职业通事（翻译官）。嘉庆六年以前两度访华，皆分别有文字纪其行历[①]。

柳氏三度入京，乃为购书而来；而欲购之书，又以朱子之著述为主。故其逗留京师期间，几无日不与中土之学者往还，而晤面之处又往往假京南琉璃厂之书肆。《燕台再游录》中所记，遂多涉及当时之学术风气及书籍流通之实况。

寒斋所藏柳氏此书，乃初访韩国时一学人所厚赠。束之高架，蛛网尘封，倏逾二纪。今值逼除闭户，寒风打门，雪片如掌，灯下点读一过，并迻录柳氏当年与京师学人士子之晤谈话语若干则，略缀小考，勉成此文，用志雪泥，兼怀故人赠书雅意。若文中之有足资

---

① 王静：《柳得恭〈燕台再游录〉》，收入陈尚胜等著《朝鲜王朝（1392—1910）对华观的演变——〈朝天录〉与〈燕行录〉初探》，济南：山东大学出版社，1999，对柳氏生平及著述，均有考述。王文对《再游录》中所述当时之"纪纲混乱"及"川楚匪乱"等节，均引叙颇详。本文于此，概不着笔。又：本文所引用之《燕台再游录》，收入《燕行录选集》，汉城：成均馆大学校大东文化研究院，1962，页652—668。有关《燕行录选集》一书之综合介绍，参考 Garl Lodyard, "Korean Travelers in China over Four Hundred Years, 1488—1887", *Occasional Papers on Korea*, No.2 (March, 1974), James B Palais (ed), The Joint Committee on Korean Studies of the American Council of Learned Societies and the Social Science Research Council。

为谈助者,则其余事而已。

二　纪昀(1724—1805)

柳氏于嘉庆六年四月初一日入燕京,次日即往访旧交纪昀。《燕台再游录》记二人对话云:

> 余曰:拜别已逾一纪矣。先生年德兼邵,松柏益茂,实幸再瞻。曾有诗扇之赐,至今庄诵。
>
> 晓岚曰:别来正忆,蒙提往事,又不胜今昔之感。
>
> 余曰:生为购朱子书而来。大约《语类》《类编》等帙,外如《读书纪》载在《简明书目》,此来可见否?
>
> 晓岚曰:此皆通行之书,而迩来风气趋《尔雅》《说文》一派,此等书遂为坊间所无,久为贵副使四处托人购之,略有着落矣。
>
> 余曰:如《白田杂著》可得否?
>
> 晓岚曰:此本寒家之本,一入官库,遂不可得。幸王懋竑有文集,此书刻入其集中,亦托人向镇江府刷印也。
>
> 又曰:此数书多在南方,故求之不易,受托之人,又以为不急之物,可以缓求,故悠忽遂至今也。前者已标以催诸友。大抵有则必有,但不能一呼立应耳。①

检《纪晓岚诗文集》卷七有《送朝鲜使臣柳得恭归国》五律一首,殆即柳氏所谓"曾有诗扇之赐"者? 诗当撰于乾隆五十五年(1790)柳随团来华恭贺乾隆八十圣寿时。晓岚诗云:

> 古有鸡林相,能知白傅诗。俗原娴赋咏,汝更富文辞。序谢三都赋,才惭一字师。唯应期再至,时说小姑祠。②

---

① 《燕台再游录》,页653上左—下右。
② 纪昀著,汤寿潜选辑,蒋抱玄点校:《纪晓岚诗文集》,扬州:江苏扬州广陵古籍刻印社,1997,页360。

"俗原娴赋咏,汝更富文辞",知晓岚亦曾以柳氏之诗文相许可。

考纪晓岚与朝鲜来使见面订交者,实繁有人。与柳氏于乾隆五十五年一同来华之徐浩修(1736—1799),即尝与晓岚往复论学,此事余另有文字纪之颇详。① 后于此者,如徐有功、洪良浩、洪熏谷、徐滢修等朝鲜来使,亦均与晓岚有诗酒往还。其中尤以洪良浩与纪氏之情谊为最深。凡此种种,今人贺治起及吴庆荣二君所撰《纪晓岚年谱》中皆有所考述。②

若朝鲜李氏正宗朝之派专使来华购朱子书,前于柳得恭之行两年(嘉庆四年,1799)即曾遣人为此事来华。《正宗实录·二十三年七月壬申》条记正宗教谕赴燕购书使臣,论及朝鲜王朝君臣所以宗朱子者云:

> 朱夫子即孔子后一人也。尧舜禹汤之道,得孔夫子而明;孔曾思孟之学,得朱子而传。朱夫子尊,然后孔夫子始尊。为天地立心,为生民立命,为万世开太平,迪彝教于穷[宇]宙,陈常典于时夏,以之异端熄而民志定,即惟曰明斯道扶正学,而究其本,则尊我朱夫子是耳。③

正宗继述其本人对朱学之素来向往,以及其鸠辑刊布朱子著述之夙愿曰:

> 顾予至诚,苦心对越,方寸之中,诵习其书,若亲謦咳[馨欬]。尝于燕闲有暇,就一部《大全》,为日用厚生之菽粟茶饭,略之为《会英》,类之为《选》,统钞之为《百选》,概之为《节约》,集之为《会选》。而窃又有契于《春秋》之旨,拟成大一统文字,欲以《大全》《语类》遗书,与二经四书之《传

---

① 《乾隆末年学风与朝政——读徐浩修〈燕行纪〉》,《九州学林》,第1期,2003,页125—146,亦见本书页468—487。
② 贺治起、吴庆荣:《纪晓岚年谱》,北京:书目文献出版社,1993。
③ 此条及下二条,均见《朝鲜王朝实录》,卷三"二十三年七月壬申"条,第47册,汉城:探求堂,1984,页200。

义》《章句集注》《或问》及《启蒙》《家礼》著卦之考误,昌黎之《考异》,以至魏氏之契,楚人之辞,《通书》《西铭》《太极传解》等群书,裒以粹之,作为全书,如明道之志康节,紫阳之状濂溪,则其于求端用力之方,造道成德之序,粲然焕乎,无相错糅……鸠辑有年,行且就绪,待编成告于先圣之庙而行,欲述朱夫子漳州故事,《春秋》之先刊,自有微意于大一统者存焉。

然朝鲜所通行之《朱子语类》及《朱子大全》,均不足据,遂致正宗鸠辑之工,未底于成。正宗当日教谕其使臣之末段,事涉朱子著述在朝鲜国内流行之情况云:

但《语类》义例多龀驳。池饶两本,虽称精善,黄文肃尚不满其意。若其分门分部者,张敬夫之类言仁,赵忠定之类奏议,盖尝见正于考亭函丈之际,则微言大义,郁而未彰,是岂朱夫子本旨?……予所愿者,学朱子也。……考定之时,宜加详审,须与眉徽建安之本,而见得真面目,可以成其书。虽以《大全》言之,台州奏状,不载于闽板。……今行进贺副使之特授者……使行入燕之后,另购《大全》真本,与《语类》各本。①

正宗所遣使,于同(嘉庆四)年十一月归国。辛未日,正、副使及书状官被召见。《正宗实录》记云:

上[正宗]教[副使徐]滢修曰:"朱书觅来,而果有紧要耶?"滢修曰:"书下诸册,遍问于藏书宿儒,而多不能辨其何等义例。惟礼部尚书纪昀洞悉其源流。如朱玉所编《大全韵删》事实年条,逐编注释,称为《大全》,诸本中最善本。黎靖德所编《语录合编》乃是池、眉、饶、徽、建安诸本之合录者,故称为全本。而一在建宁,一在淮安。谓当次第觅来,此后使行

---

① 此条及下二条,均见《朝鲜王朝实录》,卷三"二十三年七月壬申"条,第47册,汉城:探求堂,1984,页200。

便,鳞次附送,必当如约。今番所贸者,《朱子大全集》《朱子实纪》《后汉书》三帙。"[1]

以上所引《正宗实录》诸条,说明柳得恭嘉庆六年奉使入京,其目的实在于完成前此两年其国人徐滢修谋购《朱子大全》及《朱子语类》等书未竟之业。而柳氏抵京之次日,即往访纪晓岚,因二人为笃交,亦由于当日京中之学人,惟纪氏一人于朱子著述之板本源流能洞悉其原委。如此而已。

除谋购书籍外,柳氏于当时京师学者之近况,亦颇关注。二人对话中,于李调元(1734—1803)、鼎元(1778年进士)及骥元(1755—1799)之行藏,翁方纲(1733—1818)及孙星衍(1753—1818)之近况,乃至晓岚门人韦谦恒父子三礼之学,王士禛(1634—1711)外曾孙龚协之行谊,均有所及。而最有兴味者,殆莫如晓岚对当时"苏州七子"(又称"吴中七子")之评价:

余曰:"苏州七子"之目,可得闻欤?

晓岚曰:此王礼堂、钱辛楣之同社也。中多佳士,亦有好名者附其间。今已无人道之矣。七子社只王、钱二公为实学,他皆依草附木耳。二公皆敝同年也。[2]

苏州七子者,实导源于沈德潜(1673—1769)选辑从其就业于苏州"紫阳书院"之弟子七人之诗作成《吴中七子诗选》一书,事在乾隆十八年(1753)。七子者,除晓岚所及之王鸣盛(礼堂、西庄,1722—1798)、钱大昕(晓徵、辛楣、竹汀,1728—1804)外,另有曹仁虎(来殷,1731—1787)、王昶(兰泉,1725—1806)、赵文哲(升之,1725—1773)、吴泰来(企晋,?—1788)及黄文莲(芳亭,1750年举人)。晓岚盛称王西庄及钱辛楣之学,固亦宜矣。其余五人中,曹、赵、

---

[1] 此条及下二条,均见《朝鲜王朝实录》,卷三"二十三年七月壬申"条,第47册,汉城:探求堂,1984,页218。
[2]《燕台再游录》,页653下左。

吴、黄,均已前逝,且著述不显,晓岚称其"依草附木",亦自有说。特王昶其人则于诗文、声韵、金石、律例、史地之学,咸有述作。且晓岚与柳氏对话之时,王昶尚以七十七岁之高龄,主杭州"敷文书院"①。而晓岚乃预之于"依草附木"不学之列,何也?

三 陈鳣(1753—1817)

柳氏此行初次见面论交者之中,最值得重视者殆莫若浙江海宁陈鳣其人。盖柳氏不独因陈氏而得交当时之一大藏书家黄丕烈及钱大昕从子东垣,且陈柳二人多次对话之中,所涉方面亦最广。

陈、柳初次会面于琉璃厂一书肆中。柳氏记陈鳣,"字仲鱼……美须髯"②。二人交谈于汉宋之争、方志、舆地、音韵、《说文》等学,几无不涵括。其中又以论及顾亭林、戴震以及对乾嘉诗人与当朝持政者之评价最具兴味。

《燕台再游录》有云:

> 仲鱼著有《说文解字正义》三十卷。……
>
> 仲鱼曰:《说文长笺》,谬说居多。亭林言之详矣。
>
> 余曰:顾先生亦有错处。
>
> 仲鱼曰:所论《说文》及石经最谬。
>
> 余曰:亭林不见禁中石本,只取书坊漏本为说。
>
> 仲鱼曰:其所见《说文》乃《五音韵谱》,非真本也。其论《广韵》,亦非全本。东原言之颇详。东原先生是大通人。
>
> 余曰:然亭林偶一见差耳。如此公者,古今几人。

---

① 王昶,见房兆楹所撰传,收入 Arthur Hummel (ed), *Eminent Chinese of the Ch'ing Period 1644-1912* (Washington: U.S. Govt. Print. Off. 1944), pp. 805-807。
②《燕台再游录》,页659下右。

仲鱼曰：佩服之至。①

按：戴东原正亭林之学，说具戴氏《声韵考》，不必细表。柳、陈续谈亭林云：

余曰：顾有子孙否？

答：无子。以从子为后。近亦不知其后人何如。曾欲作亭林年谱，未成。②

按：今所见亭林诸谱，除顾衍生所撰者外，均成于仲鱼身后。衍生谱仅有抄本，仲鱼未尝得见，良有以也。

《燕台再游录》续云：

余曰：其[顾亭林]书颇不见毁否？

答：不见毁。

余曰：恐有禁。

答：不禁。

余曰：如[屈]翁山[魏]叔子辈皆见禁否？

仲鱼曰：翁山最禁，叔子次之。

余曰：亭林书中如崇祯过十七年以后亦曰几年，此非可禁之字乎？

仲鱼曰：此等处不过奉旨改。

余曰：如改此等字，便无本色。

仲鱼曰：是则然矣。亭林《肇域志》近欲商刻之。

余曰：乡人作书院，俎豆之乎？

仲鱼曰：将来必配食孔子庙廷。惟此公即属经济，所以谓之大儒坐言起行。③

---

① 《燕台再游录》，页660上右—660上左。
② 同上书，页660上左。
③ 同上书，页660上左—660下右。

亭林下世后，当时人即盛称其"博雅淹洽"，许为"海内读书种子"[1]，及乾嘉治训诂考证者，虽偶亦纠正亭林，然大体对之敬佩无已；仲鱼之语，正足代表当时对亭林之评价。至仲鱼推测亭林将来必从祀文庙，配食孔子，其事亦果于光绪三十四年（1908）实现[2]。此一事也。

仲鱼语中有关亭林著述于修四库时尝为"奉旨改"事，亦堪玩味。考柳氏二度访华时（1790），其使团副使徐浩修与时任吏部尚书之铁保（1752—1824）亦曾谈及当朝禁书一事。徐氏先问铁保何从得见方列为禁书之钱谦益（1582—1664）著作。铁保答曰：

> 凡禁书之法，止公府所藏而已。天下私藏，安能尽去？牧斋大质[节]已亏，人固无足观，而诗文则必不泯于后世。[3]

夫铁保及仲鱼二人，生逢禁书之时，且复身在京师，其所言当非道听途说。然近世之专治禁书者，似尚未及见之。

陈、柳对话，又有涉及清诗者：

> 仲鱼又曰：近代诗如袁蒋诸公如何？
>
> 余曰：当推首选。然比古人则可议。
>
> 仲鱼曰：日本明诗当推梅村否？
>
> 余曰：诗各有门户。梅村从元白来，惟牧翁却从韩杜苏黄来。[4]

其有及当时主政人者，则言简而意显矣：

> 余曰：大学士庆桂何如？

---

[1] 此阎若璩（1636—1704）《南雷黄氏哀词》中语。转引自张穆（1805—1849）：《顾亭林先生年谱》，香港：存萃社，1975，页274。
[2] 何冠彪：《顾炎武、黄宗羲、王夫之合称清初三大儒考》，见《故宫学术集刊》，7卷4期，1992，页71—80。
[3] 徐浩修：《燕行纪》（收入前引《燕行录选集》），页467。
[4] 《燕台再游录》，页660下右。

> 答：何足道。
> 问：刘墉何如？
> 答：墉者，庸也。
> 问：孰为用事者？
> 答：宗人府衙门第三亲王也。

大抵柳氏此行所与对话诸人中，殆以仲鱼最为相得，所涉之话题亦最广。柳氏尝云："[与仲鱼语，]余所答或中其意，则大欢乐之，连日约会于五柳居[书肆]。"①临别，二人复互赠以诗。陈作云：

> 东方君子国，职贡入京师。不贵文皮美，惟称使者诗。客愁三丹暮，交恨十年迟。此去应回首，关山落月时。②

柳答诗云：

> 斯世嚣然古，其人可以师。形声穷解字，名义守笺诗。居恨云溟远，谈忌午景迟。相看俱老矣，宁有再来时？③

四 黄丕烈（1763—1825）

《燕台再游录》记黄丕烈云：

> 号荛圃，江南吴县人，收藏甚富。有《祭书图》一轴，带来展看。姑苏古城，缥缈云际。枫竹萧森。书楼中明烛奠盏，作伛偻状。可谓好事者也。索题一篇。余方束装而归，匆匆未能也。④

---

① 《燕台再游录》，页660下右—660下左。
② 同上书，页661上右—661上左。
③ 同上书，页661上左。
④ 同上书，页661下左—662上右。

考荛圃于是年春计偕北行。所撰《梅花喜神谱跋》且明言此行有"海宁陈仲鱼[鱣]来附舟"①;柳得恭先记与仲鱼晤面事,可推知柳氏得会荛圃,实由仲鱼之推介。

荛圃是年三十九岁,上距其开始收藏图籍,恰为一纪。而柳氏称其已"收藏甚富",证之江标所撰《黄荛圃先生年谱》,所言洵是。所谓《祭书图》者,据沈士元《祭书图说》,亦始于是年。此事叶昌炽于《藏书纪事诗》中,言之亦详。②然叶氏所录同时人所撰《祭书图》之题咏,就余所见,尚有张问陶(船山,1764—1814)一家。柳氏在京,与张船山从弟问彤且有一面之雅,今特迻录船山《黄荛圃同年丕烈祭书图》七律一首:

> 人到嫏嬛梦亦清,羡君真个拥书城。通神忽感风云气,食古宁忘报赛情。万轴华签春弄影,一堂灵鬼夜闻声。年年笑我诗空祭,酒脯当筵只自倾。③

柳氏记当日与黄荛圃之对话有云:

> 荛圃问:向于钱遵王《读书敏求记》中知有抄本何晏《论语集解》,出自高丽。此书见在苏州藏书家,其字似唐人隶书碑版。每字之傍有字,系高丽本国文字,似中国曲谱傍注工尺字样,未识先生能知其文义否?此时贵处可有其书本子否?又有似此经书古本否?

> 余答:无矣。先生所问抄本,每字傍有字似曲谱工尺字样,必是倭国片假文,无乃倭本而误定为高丽本欤?④

以日本抄本误作高丽本,盖导源于钱曾。遵王先于《述古堂书目》注"高丽钞本"四,复于《跋》中述得其书之缘起云:

---

① 江标:《黄丕烈年谱》"嘉庆六年辛酉条",北京:中华书局,1988,页25。
② 叶昌炽:《藏书纪事诗》,上海:上海古籍出版社,1999,页574—576。
③ 张问陶:《船山诗草》,北京:中华书局,1986,页445。
④《燕台再游录》,页662上右。

> 此书乃辽海道萧公讳应宫监军朝鲜时所得。甲午[顺治十一年,1654]初夏,余以重价购之于公之乃孙,不啻获一珍珠船也。①

既知其书为萧应宫氏监军朝鲜所得,遂先入为主,指其为高丽本,此遵王当初致误之由耶? 至遵王叙所见此本之文字,与黄荛圃所描画于柳得恭者,则同出一辙矣:

> 笔墨奇古,似六朝初唐人隶书碑版,居然东国旧抄。行间所注字,中华罕有识之者,洵为书库中有奇。

乃知遵王此谬,转相传袭于藏书之家者,至嘉庆之初,历百年犹如是。至柳得恭正遵王之误,黄荛圃当日亦有记云:

> 余向于京师,遇朝鲜使臣,询以此书,并述行间所注字,答以此乃日本书。②

荛圃虽未提及使者姓名,然既有《燕台再游录》所载,则其在京师所晤之朝鲜使者,非柳得恭其谁?

柳氏记其与荛圃之会,尚带出另一嘉道以后颇重要之人物,此即荛圃之挚友潘奕隽(1740—1830)也。《燕台再游录》记云:

> 荛圃扇面有诗云:
> 云淡无人谷鸟飞,石桥横木挂禅衣。看云日暮倚松立,野水乱鸣僧未归。
> 款:榕皋。
> 余问:榕皋何人?
> 答:潘奕隽,字榕皋,又号水云漫士,系己丑[乾隆三十四

---

① 章钰:《钱遵王读书敏求记校证》,第2册《记校之一上》(北京:中国书店影长洲章氏丙寅年原刊本,无年月),页26下—27上。
② 黄丕烈:《士礼居藏书题跋记》,收入《续修四库全书》,第923册,上海:上海古籍出版社,页698。

年，1769］进士。曾任内阁官，升户部主事。为人善文墨，能书能画，见在解组。其子潘世璜，字理斋，乙卯［乾隆六十年，1795］探花，改户部主事。其侄潘世恩，字芝轩，癸丑［乾隆五十八，1793］状元。见任礼部右侍郎。我苏世家也。①

潘榕皋长荛圃二十三岁，然二人相交甚洽。上述荛圃在京展示柳得恭之《祭书图》一轴，即得榕皋为之题字。越十载，荛圃倩人作《祭书第二图》，为之题者，乃榕皋子曾沂（功甫，1792—1853），时荛圃已五十六岁，潘功甫才二十五耳。②可见潘、黄两世忘年交谊之挚。而荛圃于五十以后，与榕皋过从尤密。善乎荛圃述二人之交情云：

> 觉我二人虽年齿不齐，境遇亦异，而同在城东，踪迹既密，臭味不殊。自丙子［嘉庆二十年，1816］以来，诗篇属和，盈于卷轴，可谓忘年结契矣。③

苏州潘氏，自奕隽及其弟奕藻（1744—1815），科名特盛，连绵三世，下逮清室之亡。其子弟与道咸同光四朝之政治、军事，乃至文学、艺术及收藏等，多有相关。然荛圃于嘉庆初年已称潘氏为"我苏世家也"者，恐亦未必能早卜此"世家"之繁昌也。

五　留滞京师诸士子

柳得恭访京时，适值朝廷举行"恩科会试"，且是"大挑"之年。各省举人，云集都门。来京参与大挑者，即有一千七百人之多。参加会试者，且不在内④。柳氏尝就此事问其友人李鼎

---

① 《燕台再游录》，页662上左。
② 王大隆：《黄荛圃先生年谱补》，收入前引《黄丕烈年谱》，页141。
③ 同上注，页148。
④ 《燕台再游录》，页665下左。

元云：

> 大挑一千七百人，皆公选乎？
>
> 曰：钦派王大臣挑，故至公。
>
> 余曰：只取年貌，何以知其才不才？
>
> 曰：尚须外省督抚甄别。一等者知县，二等者教官佐杂。①

柳氏所与论交中，黄丕烈即于是年"由举人挑一等，以知县用，签发直隶"。但荛圃不欲就任，乃"纳赀议叙，得六部主事"②，不久即回苏州老家去。

柳氏相识之举人中，亦有如江苏青浦人康恺者，"以举人屈于会闱，又不能入于大挑中"，只好"贷银五十两，雇车洒泪而归"③。当时科场竞争之烈，可以想见。

大抵柳氏所与论交之士子，其年辈及学养皆不及上述之纪晓岚、陈仲鱼及黄荛圃。然此等人之家世、诗文以及书画，亦颇有足述者。且其人之生平行事，又往往为中土典籍所未及。兹略举数人，以见嘉庆初年一般士子之风尚焉。

若以家世论，则柳氏所识最显赫者似莫如曹江。柳氏记云：

> 曹江，字玉水，江苏青浦人……日益亲，备问家阀。玉水父锡宝，字剑亭。乾隆末以监察御史劾奏大学生和珅。现赠副都御史。玉水恩给七品荫生，奉母寓居京师。聘户部尚书朱珪从孙女。曹习庵仁虎乃其同宗叔辈。副都御史陆锡熊、王兰泉昶子肇嘉，乃其姊夫也。姻族多名流。④

临别，曹玉水赠柳氏扇，并题诗云：

---

① 《燕台再游录》，页656下右。
② 江标：《黄丕烈年谱》，页23。
③ 《燕台再游录》，页659上左。
④ 同上书，页658下右。

> 奇缘万里种,握手一欢然。雅望中朝著,新诗古驿传。投情缟纻外,归路海云边。纵复来持节,相逢也隔年。①

与柳氏论诗相得者,另有张智莹愚亭及张玉麒渔川。二张时俱"以举人同住玉河馆之右十三王庙"②。柳氏记与二张对话曰:

> 余见愚亭扇诗,称好。
>
> 愚亭曰:请指教。
>
> 余曰:盛作云:"懒与时流通姓氏",而肯访海外客,何也?
>
> 愚亭曰:东国声诗,想慕有素,又读尊制,甚快。
>
> 余曰:"果然东国解声诗",王渔洋虽有此语,而仆则未能当。
>
> 渔川问:诗中学艺为何人?
>
> 余答:仆长子名本学、次名本艺也。
>
> 愚亭扇诗云:"赋罢闲居意不孤,人生有味足为儒。评千百代成公案,聚十三经讨说郛。懒与时流通姓氏,喜将儿辈作生徒。凭谁传我家庭乐,画幅关门课子图。"渔川时年二十。余诗稿中题语皆绝妙。有云:"初年学杜晚归苏,请问先生尽也无。似此陆离先怪者,昌黎应亦下工夫。"③

渔川中是年进士。柳氏称其"弱冠登第,人皆艳之"④。然其平生仕历及著述,亦不可考矣。

柳氏雅好书画,故相交中,亦多善此道者。其中又以松江籍之沈刚(号唐亭)最为柳氏所赏识。《燕台再游录》有云:

> [沈刚]为皇明侍讲学士度后孙。曹玉水处识之。玉水每戏之曰:"此公虽孝廉,胸中却无一个字。只善画梅。"余曰:"孝且廉,何必多识字?"寻得其梅花一幅。果好。题朱子

---

① 《燕台再游录》,页658下右—下左。
② 同上书,页657下左—658上右。
③ 同上书,页658上右—658上左。
④ 同上书,页658上右—658上左。

诗句云："仙人冰雪姿，贞秀绝伦拟。"又于扇面写梅赠余，题云："冷淡孤高清瘦奇，此花惟有此君知。自从和靖先生后，不著人间一句诗。"笔迹亦妙绝。①

以上诸年轻士子，或以家世，或以诗歌，或以书画，或以科第，得柳氏所注目。若言学术，则自以钱大昕之从子东垣为最优。

东垣字既勤，号亦轩（？—1824），大昕弟大昭（1744—1813）之长子也。纪晓岚尝语柳氏，钱氏子弟中，"东垣最能世其家学"②。故柳氏早已闻东垣之名。

钱既勤于嘉庆三年中乡试，其在京滞留，亦以应会试故。而钱、柳之得相见，盖由既勤"每与陈仲鱼来五柳居"。《燕台再游录》记钱既勤"年少而肥，重厚寡言，但读诗遇佳处，高吟轩渠，以手圈空，头随而转，可观也"③。二人对话有云：

> 余问：江南亦使车乎？
>
> 答：否。
>
> 问：何故？
>
> 答：江南跬步皆水，多桥，未便使车。大抵直隶、山东、山西等处马骡驾车，河南有推车而已。江南便无车。
>
> 余曰：乘何物？
>
> 答：便舆亦可致远。

柳氏以车乘事相询于既勤，盖非偶然。检《潜研堂文集》卷二十四有《释车序》一篇，乃为娄东萧子山所撰《释车》而作。《序》有云：

> 昔者，予友戴东原撰《考工记图》，附以《释车》一篇，词极简古。予族子献之亦有《车制考》，大约因戴说而推

---

① 《燕台再游录》，页659上右—659上左。
② 同上书，页654上右。
③ 同上书，页661下左。

广之。①

"族子献之",指钱坫(1744—1806)也。钱既勤于大昕之序及献之之考,当熟而能详。柳氏乃以此相询,如此而已。

六 琉璃厂书肆主人

《燕台再游录》记琉璃厂书肆聚瀛堂及五柳居之设施及主人云:

> 崔琦,琉璃厂之聚瀛堂主人;陶生,五柳居主人也。崔是钱塘人,陶生亦南边人也……陶有旧好,崔则新面也。聚瀛堂潇洒书籍,又广庭起簟棚,随景开阖。置椅三四张,床卓笔砚,楚楚略备。月季花数盆烂开。初夏天气甚热。余日雇车至聚瀛堂散闷,卸笠据椅而坐,随意抽书看之,甚乐也。时或往五柳居陶生话。②

五柳居之创业人陶正祥(庭学、瑞庵,1732—1797),以浙之乌程人移籍吴门。卒于柳得恭三度访华前四年。孙星衍(渊如,1753—1818)所撰陶正祥《墓碣铭》盛称陶"知书",有非宿儒所及者焉:

> [正祥]家贫无以为养,遂以佚书为业,与吴中名下士交接,闻见日广。久之,于书能知何书为宋元佳本,有谁氏刊本,版贮何所。谁氏本善且备,谁氏本删除本文若注,或舛误不可从。都中钜公宿学欲购异书者,皆诣君。车辙满户外。③

---

① 钱大昕:《潜研堂集》,上海:上海古籍出版社,1989,页392。
②《燕台再游录》,页663上右—663上左。
③ 孙星衍:《清故封修职郎两浙盐课大使陶君正祥墓碣铭》,收入氏著《五松园文稿》,页39下—40上。见《孙渊如先生全集》(光绪乙酉夏六月长沙王氏刊本)。

至五柳居经营之法，乾隆三十四年（1769）李文藻（素伯，南涧，1730—1778）所撰《琉璃厂书肆记》尝言之：

> 五柳居陶氏在路北。近来始开，而旧书颇多。与文粹堂皆每年购书于苏州，载船而来。五柳多璜川吴氏藏书。书肆中晓书者，五柳之陶，文粹之谢。①

陶正祥卒后，其子珠琳（字蕴辉，即柳氏所称之"陶生"）继承父业；蕴辉亦知书，且与其里人黄丕烈交谊甚笃。士礼居中所藏，多有购自蕴辉者。荛圃手撰所藏诸书题跋中，颇有记及得自五柳居陶氏之秘笈异籍。

《武林旧事十卷校本》题云：

> 辛未［嘉庆十六年，1811］大除，偶过五柳居，主人出秘笈相示，因从彼借《武林旧事》归。②

《说苑二十卷校宋本》题云：

> 丁卯［嘉庆十二年，1807］六月十二日，五柳居主人以扬州寄到廿二行行廿字宋本示余。因手勘一过。③

《砚笺四卷校宋本》题云：

> 甲戌［1814年］秋九月十九日，为长孙秉刚授室荥阳，心力交瘁，不获观书者几日矣。越一日，适五柳陶君来道喜，留之饭。座间设及新收一旧抄本《砚笺》，上钤吴岫图记，不问而知为嘉靖时钞本矣。④

顾亭林所撰《天下郡国利病书三十四册稿本》亦因陶氏之故得归士礼居。荛圃记云：

---

① 李文见孙殿起：《琉璃厂小志》，北京：北京古籍出版社，1982，页100—102。
② 前引《士礼居藏书题跋记》，页727。
③ 同上书，页735。
④ 同上书，页752。

乾隆己酉[五十四年，1789]九秋，友人张秋塘以《天下郡国利病书》原稿示余，共三十四册。曰："此亭林真迹也。"余留阅，至山东省，见卷首叶不全，书中文义亦有残阙，还之。徐晤秋塘云："是书是传是楼旧物，后归顾归王。此乃得自王莲泾家，其残阙者安知非即亭林序所云乱后多有散佚者乎？"时书归蒋春皋，余甚悔前此之不即收也。壬子[乾隆五十七年，1792]秋，有五柳居书友携是书来，亟以数十金易之。[1]

柳得恭此行原为搜购朱子著述而来。其于京内，当尝得琉璃厂诸书肆倾力为之广求，而陈仲鱼及黄荛圃等人亦必不至束手旁观；其于京外，又得纪晓岚为之远道查询。然至柳氏离京之日，终亦不免空手而归。嘉庆初年朱子著述难求，可以想见。

柳氏对中土之学术风尚，似未以为然。《燕台再游录》有云：

多见南方诸子，所究心者六书，所尊慕者郑康成。相誉必曰"通儒"、曰"通人"。程朱之书不讲，似已久矣。中国学术之如此，良可叹也。[2]

柳氏所谓"南方诸子"者，非陈仲鱼、黄荛圃、钱既勤而谁？是故《再游录》于纪晓岚"迩来风气趋《尔雅》《说文》"一语，尤三复其言。然更足显示中朝两国学术差异者，殆莫若柳氏与陈仲鱼初次见面时之对话。今迻录如下，以为全文作结：

[仲鱼]问余曰：尊处列学官者，用宋儒抑用汉儒？

余曰：尊奉朱夫子传注章句，研经者又不可不参看古注疏。

问：有为六书之学？

---

[1] 前引《士礼居藏书题跋记》，页718。罗炳绵亦尝考述黄丕烈与陶蕴辉之交往，见《黄丕烈研究》，收入氏著《清代学术论集》，台北：食货出版社，1978，页390—391。

[2] 《燕台再游录》，页654下右。

答：或有之。

仲鱼曰：通此学方可读经。

余曰：非但读经。韩文公曰："凡为文宜略识字。"

仲鱼曰：此所谓文不正言不顺。[①]

后　记

近日承吴中沈丈燮元邮示李调元《雨村诗话》（十六卷本，清六经堂刻，南京图书馆庋藏）卷十六所收柳得恭诗作三首。兹迻录于后，以见本文中述纪昀称柳氏能诗事，不可徒以谀辞视之也。《雨村诗话》云：

柳得恭惠风著《歌商楼小稿》有《同宋芝山话旧述怀》云：

东小门东更向东，新兴萧寺旧栖同。别来几日非吴下，和者无人又郢中。不及凤凰得过鸟，可怜鹦鹉寄居虫。寒山蠹笈悲今夜，逺屋霜鸣叶叶红。

《松京杂绝》云：

紫霞洞里草菲菲，不见宫姬并马归。为是辛王行乐地，至今犹有燕双飞。

荒凉二十八王陵，风雨年年暗添灯。进凤山中红踯躅，春来犹身发层层。

2005年5月26日

（原载《九州学林》2005年秋季三卷三期）

[①]《燕台再游录》，页659下右。

同治年间的金陵书局
——论曾国藩幕府中的儒学之士

引 言

从咸丰末年(1861年)到清朝灭亡(1911年)为止,整整五十年间,地方的疆臣大吏设立了很多书局,刊刻了不少经史典籍。这些书局既由政府主持,与一般民间私刻或书贾经营者不同,乃名之为"官书局"以别之。根据近人朱士嘉的统计,这些书局大约分布在江苏、浙江、山东、山西、湖南、湖北、福建、广东和四川九个省份。[①]民国以后,除了若干书局的名称更改之外,其规模大抵仍旧。[②]到民国八、九年间,在"整理国故"的运动中,这些官书局且曾一度活跃起来。[③]

咸同以后,内忧与外患交加,兵燹战乱,使乾嘉以还的官私藏书,受到悲惨的厄运[④];这些官书局能够于灰烬之余,访求遗编,复校勘刊布,对保存固有文化实有极大的贡献。最初成立的官书局是金陵书局,开始时仅是附属于曾国藩幕府的一个小组织,在书局中担任校勘工作的人也全是国藩的幕客。一直到同治三年(1864),湘军收复南京,局面粗定,国藩修理江南贡院,奏请恢复乡

[①] 朱士嘉:《官书局书目汇编》,北平,1933年。
[②] 清末的官书局,民国成立后多改换名称,如江南书局改为"江苏省第一图书馆",浙江书局改为"浙江省立图书馆"等,详见《官书局书目汇编》的"引言"。
[③] 《官书局书目汇编·引言》。
[④] 关于清末书籍遭兵燹毁坏的记载,详见陈登原:《古今典籍聚散考》,香港海外图书出版社刊本,卷二,第九章。

试①，有感于典籍的残缺，使"士子读书，无从购觅"，才将书局的规模扩大，刊刻大批基本的经史典籍。官书局仅可视为疆吏兴办的一种地方文化事业，与朝廷实无直接的关系。

　　咸同之际，国藩幕府中的人才济济。同治二年（1863），以西学干谒国藩于安庆的容闳曾说当时的幕客在百人左右。②光绪十年（1884），薛福成追述幕中人物，也统计出八十三人来③，这些人在幕中或参议军谋，或治文书章奏，或统筹军饷，对国藩的大半生事业，助力很大。在文化事业方面，最能影响国藩的，则为金陵书局中校刊群书的一班儒者。这些人的论学主张，大都与国藩相合；国藩亦以师友之礼相待；其间虽有府主与幕宾之名，而实际的关系，又稍有别于其他主章奏或参军谋的僚友。本文欲通过金陵书局，进而了解国藩与咸同间一群儒学之士的关系，至于某些小考证，稍足助吾人了解近代官书局的缘起者，则犹为余事而已。

金陵书局的创立

　　洪秀全于道光三十年（1850）起兵广西，咸丰三年（1853）定都南京，迄同治三年（1864）曹国荃攻拔南京为止，扰攘达十五年之久。被兵之域，遍及十六省。又以太平天国定都江南，故所受之兵燹亦以江浙两省为最甚。同治四、五年间，向称文物极盛之地如江苏、松、常、镇、扬诸府，其学校旧藏的书籍均荡然无存；藩署旧有的经史刻板亦皆毁失；民间藏书家所藏卷帙多成灰烬；偶然有书肆刊刻经书，所刻的又多属删节本，简陋不堪④。当时官至两江总督

---

① 曾国藩：《曾文正公全集》，1874年，传忠书局刊本。《奏稿》卷廿六，《江南贡院工竣请放考官折》（同治三年九月十一日）。
② 容闳：《西学东渐记》，1915年，上海商务印书馆刊本，页87。
③ 薛福成：《庸盦全集》，光绪中无锡薛氏刊本，《庸盦文编》卷四，《叙曾文正公幕府宾僚》。
④ 陈弢：《同治中兴京外奏议约编》，光绪元年（1875）浙江陈氏箧剑囊琴之室刊本。卷四，鲍源琛《请购刊经书疏》。

的曾国藩,想买"《钦定周易折中》,《三礼义疏》,《诗》《书》《春秋》各传说汇纂,暨武英殿《十三经注疏》之类"等书,竟因循再三,不能到手[①]。同治三年(1864),何桱送了他一套殿板廿四史,虽然已是"挽配十二、虫伤十一"的本子,但还和莫友芝两人赏玩再三[②],不忍释手。国藩的情形已如此,一般士子"有志读书而无从购觅"的苦况更不堪想象了。

国藩本人对战乱后江南文物遭厄的情况,不只目睹,而且身受。以他这样重视传统文化的人,又大权在握,他的创办书局,并非偶然。咸丰十一年(1861)八月,湘军克复安庆后,部署粗定,他便委派莫友芝采访遗翰,并与乃弟国荃商议刊刻《王船山遗书》。[③]同治三年(1864)四月,他拟好一份书局章程,正式在安庆设局。六月,克复南京,乃移局于南京的铁作坊,后复移至城西的冶城山飞霞阁[④],至是然后有金陵书局之名。又以南京旧称江宁,故又名江宁书局。

国藩委任莫友芝访求典籍,上距他在湖南帮办团练(咸丰三年,1853)已九年。而书局的正式成立,又后于此三年。即他最早欲刊刻的《王船山遗书》,亦迟至同治五年(1866)才完成。[⑤]这些事都不是偶然的。下述的三点原因或可说明一二:

(一)安庆克复以前,太平军的顽强抵抗,使湘军不能稍占上风,国藩本人疲于军事策略,实无暇他顾。及攻拔安庆,翌年曾国荃即进军金陵城外,国藩才能稍舒一口气。

(二)国藩在咸丰十年(1860)正式受任为两江总督之前,

---

① 《曾文正公全集·书札》卷三十,《复许仙屏太史》。
② 同上;《曾文正公手书日记》,1909年,上海中国图书公司影印本。"同治三年正月初七日"条。
③ 况周颐:《蕙风丛书》,1925年,上海中国书店本,《蕙风簃二笔》卷一。
④ 汪士铎:《续纂江宁府志》,1884年刊本,卷六,《实政》。
⑤ 刘毓崧:《王船山遗书校勘记自序》,收入同治四年湘乡曾氏金陵节署刊本《王船山遗书》。

只能以"钦差兵部右侍郎"的木刻关防行事,与地方大吏分主客之势[①],及正式统辖两江,才能设官委职,独当一面。咸丰十一年以前,国藩即欲设书局,恐怕在财力上会多受掣肘。

(三)自莫友芝奉国藩委命搜求典籍,至同治三年(1864)四月设局安庆,局中没有刊成任何书籍,这与幕府中的人力有关。金陵书局中的重要人物,除莫友芝、洪汝奎和孙衣言三人于咸丰十一年(1861)入幕外,其他大都是在同治二、三年间才被国藩罗致的(详下节)。[②]

金陵书局设在飞霞阁,据汪士铎的描述,飞霞阁"踞冶城山巅,下行百数十级,抵山麓,始睹人兽远迹。终岁樵汲,寄一雇佣。……斜晖西没,孤灯青荧,……略闻远柝,启牖四顾,阒寂若塞外"[③]。在这里,一群饱学之士,由于战乱流离,偶然聚在一起,尽他们有限的一点年光,旁搜远绍,校理典籍。国藩本人亦每于政事余暇,"肩舆经过,谈论移时而去"[④],江南的文采风流,于兵燹战乱中,遂得保存一二。

金陵书局中的人物

自咸丰十一年(1861),至同治十一年(1872)国藩下世为止,先后入国藩幕府而被委在金陵书局中校勘书籍的人,较重要而事迹尚可考者有十四位。兹根据他们的碑传著作、国藩的全集,和其他载籍,把各人的籍贯、生卒和出身,按入幕的先后列成下表,姑名之曰"金陵书局人物表"。

---

① 国藩最初帮办团练时,其关防为"钦命帮办团防匪事务前任礼部右侍郎"。咸丰四年八月和五年正月,两次更改名目,到五年秋间,改为"钦差兵部右侍郎",至出任两江总督止。详黎庶昌《曾文正公年谱》卷五,1876年传忠书局刊本。
② 汪荣宝:《清史讲义》,汪公纪影印本,1965年,页134。
③ 汪士铎:《刘寿曾墓志铭》,收入刘寿曾《传雅堂文集》,1937年,刘蕺儒排印本。
④ 《蕙风簃二笔》卷一。

姓 名	字 号	籍 贯	生 卒	入幕年份	入幕时的年龄	入幕前的科名
孙衣言	琴西 劭闻	浙江瑞安	嘉十九—光二十(1814—1894)	咸十一(1861)	48	道三十(1850)进士
李善兰	壬叔 秋纫	浙江海宁	嘉二十一—光十(1815—1884)	同元(1862)	48	
周学濬	缦云	浙江吴兴	?—?	同元(1862)	?	
张文虎	啸山 孟彪	江苏南汇	嘉十三—光十一(1808—1885)	同二(1863)	56	
刘毓崧	北山 柏山 松崖	江苏仪征	嘉二十三—同六(1818—1867)	同三(1864)	47	道二十(1840)举人
刘恭冕	叔俛	江苏宝应	道四—光九(1824—1883)	同三(1864)	41	
莫友芝	子偲 郘亭	贵州独山	嘉十六—同十(1811—1871)	咸十一(1861)	51	道十一(1831)举人

续　表

姓　名	字号	籍贯	生卒	入幕年份	入幕时的年龄	入幕前的科名
洪汝奎	琴西	湖北汉阳	？—光十二（？—1886）	咸十一（1861）	？	道二十四（1844）举人
钱泰吉	警石 辅宜 深庐	浙江嘉兴	乾五十六—同二（1791—1863）	同元（1862）	79	拔贡
汪士铎	梅村 梅翁	江苏江宁	嘉十九—光十五（1814—1889）	同元（1862）	49	道二十（1840）举人
戴望	子高	浙江德清	道十九—同十二（1839—1873）	同三（1864）	26	
唐仁寿	端甫 镜香	江苏海宁	道九—光九（1829—1883）	同四（1865）	37	
成蓉镜	芙卿 心巢	江苏宝应	嘉二十一—光九（1816—1883）	同六（1867）	52	
刘寿曾	恭甫 芝云	江苏仪征	道十八—光八（1838—1882）	同六（1867）	28	

512

上表所列的十四人中,除莫友芝原籍贵州,洪汝奎是湖北人外,其余全是江浙人。国藩以治军起家,他手下的将领,和参与军事策划的重要人物,大多是两湖人物,所谓"非其同乡,即其旧部"[①]。可是金陵书局中校刊书籍的工作,却不能不委任于这班出身于文物鼎盛的江浙地方、"才不任草檄,力不任荷戈"的学者[②],国藩本人的同乡,竟连一个人也没有。即就惟一的两湖人物——洪汝奎看来,在书局中亦只担任经理总务方面的工作,并没有从事校勘书籍。[③]

　　至于这些人的科名,除孙衣言一人为道光三十年(1850)的进士外,其他都只是举人或贡生;较年青的如唐仁寿,且于入书局工作七八年后,请假回籍应乡试。[④]

　　在学术上,这些人在入国藩幕府之前,却都早有成就。或由于家学渊源,或为名儒的弟子,各人均有专长。对于校勘书籍,更积有丰富的经验。兹将这些人的学问师承和各人入幕前的经历撮要记述如下。

　　于同治三年(1864)入幕,替书局校刻第一部典籍——《王船山遗书》——的刘毓崧,是刘文淇的儿子。文淇毕生治《左传》,欲为刘、郑、贾、服诸儒作疏,以惩杜氏之失,仅成长编而卒。[⑤]毓崧恪守家学,入幕前已著成《春秋左氏传大义》,《周易、尚书、毛诗、礼记旧疏考正》,《经传、史乘、诸子通义》等书;他的成就,曾使当时"诸宿儒咸惊畏"。于校勘之业,更是精到,"友人或刊刻著述,多质而后定"[⑥]。毓崧以同治六年卒于局,其子寿曾复为国藩所罗致。

---

① 《曾文正公年谱》卷五,咸丰八年五月,骆秉章奏议。
② 张文虎:《覆瓿集》,同治光绪间刊本,《舒艺室尺牍偶存·上湘乡曾侯》。
③ 《舒艺室尺牍偶存·复湘乡相侯(己巳)》。
④ 《舒艺室尺牍偶存·复李爵相(癸西)》。
⑤ 徐世昌:《清儒学案》,1939年刊本,卷一五二,《刘文淇孟瞻学案》。
⑥ 缪荃孙:《续碑传集》,1910年,江楚编译书局刊本,卷七十四,程畹《刘先生家传》。

以七十八岁高龄入幕，仅一年即死去的钱泰吉，恪守程朱，宗主义理而不薄考证。自弱冠后与乃兄仪吉以经学为世盛称。中年以后，好校古书，"假人善本及先辈评点之册，写而注之眉端，如《史记》、前后《汉书》《晋书》《集韵》《元文类》《礼记集说》等编，皆勘校数周"。国藩本人说他校书态度的认真，至"一字之舛，旁求众证"①。泰吉在局中仅一年，手校《史记》《汉书》《后汉书》，未就而卒②。可是他的晚年得意弟子唐仁寿，于同治四年（一八六五）入幕，到光绪二年为止，却在书局中参与校刊《史记》《晋书》《南齐书》《续汉书志》等书③。仁寿从泰吉游，为时虽晚，但极为泰吉称许。泰吉所藏的校本，仁寿皆手录一周④。他与张文虎同校《史记》时，即用泰吉的校本。⑤可见嘉兴钱氏之学，亦为国藩所容纳。

　　曾经在胡林翼幕中助编《读史兵略》的汪士铎和莫友芝，在入书局工作前，早已为国藩所熟知。士铎从胡培翚游，其学之"大者，在山川郡国、典章制度，盖将达经术于政治"⑥。国藩至称他为"金陵读书种子"⑦。莫友芝早年承继其父与俦之朴学，并与郑珍同治许郑之书，"通苍雅、故训、六艺、名物、制度，旁及金石目录"。道光二十七年（1847），友芝赴京会试，和曾国藩邂逅于琉璃厂书肆，交谈之下，大为国藩激赏，置酒虎桥坊，订交而别。⑧

　　在书局中主校席最久的张文虎，治学极博，凡名物、训诂、音韵、乐律、历算，均能贯通。他的校勘工夫，"同光以来，江左推为祭酒"⑨。入幕以前，曾三诣杭州文澜阁，纵观四库全书⑩，并曾在杭州

---

① 钱泰吉：《甘泉乡人稿》，1872年，钱氏刊本，《年谱》，"同治二年"条。
②《续碑传集》卷七十九，曾国藩《钱君墓表》。
③ 张文虎：《舒艺室杂著甲下·唐仁寿别传》。
④《钱泰吉年谱》，"咸丰六年"条。
⑤《清儒学案》卷一四三，《嘉兴二钱学案附唐仁寿》。
⑥《清儒学案》卷九十四，《胡匡衷朴斋学案下附汪士铎》。
⑦《曾文正公全集·书札》卷二十五，《覆李宫保》。
⑧《续碑传集》卷七十九，黎庶昌《莫征君别传》。
⑨《清儒学案》卷一七二，《张文虎啸山学案》。
⑩ 同上。

十三间楼校书两次①。道咸之际,钱熙祚所刻的《守山阁丛书》《珠丛别录》《指海》,钱熙辅所刻的《艺海珠尘》、壬、癸二集,以及钱培名所刻的《小万卷楼丛书》,都经过文虎的编次和校勘②。从他和国藩讨论校书技术的书札看来,书局倚重于他的,实比其余各人为多③。

国藩论学,以义理、经济、词章、考据并重。幕府中的学者也多半以调和汉宋自任。其中只戴望一人,持论不同。戴受业于陈奂和宋翔凤,宗奉庄存与、刘逢禄的两汉今文学④,他对《公羊春秋》有独到的见解。

论学与戴望相反,较迟入书局工作的成蓉镜,对历算、方舆、典礼、音声、训诂等均有所长。然其著述,皆"折衷于程朱",这和国藩调和汉宋的主张相合。蓉镜入幕时已年逾五十,虽无科名,然其论学的主张,和躬行实践,却早已为时人所盛道⑤。

其他如孙衣言,入幕前已官至侍讲⑥;李善兰受经于陈奂,早于咸丰初年在上海与英人伟烈亚力、艾约瑟、韦廉臣讨论算学,译书凡十年,声名鹊起⑦;刘恭冕则承继其祖(台拱)、父(宝楠)《论语》之学,且曾入安徽学政朱兰幕,为校李贻德的《春秋贾服注辑述》⑧。至于洪汝奎和周学濬两人,则事迹已难详考。只知道汝奎曾在京师受知于国藩,同治八年(1869)被委任为书局经理,张文虎曾说他对"刊书利弊,向所熟悉"⑨;周学濬入书局工作前,曾于同治三年(1864)被国藩委为钟山书院山长⑩,同治五、七年间,始转入局中任

---

① 《舒艺室杂著乙下·十三间楼校书图记》。
② 同注①。
③ 张文虎给曾国藩的信札,均收入《舒艺室尺牍偶存》。
④ 《续碑传集》卷七十五,缪荃孙《戴子高哀辞》。
⑤ 闵尔昌:《碑传集补》,《四库善本丛书》本,卷三十八,冯煦《成先生墓志铭》。
⑥ 《碑传集补》卷七,姚永朴《孙太仆家传》。
⑦ 《碑传集补》卷四十三,诸可宝《李善兰传》。
⑧ 《清儒学案》卷一〇六《刘台拱端临学案附刘恭冕》。
⑨ 《舒艺室尺牍偶存·复湘乡相侯(己巳)》。
⑩ 曾国藩:《曾文正公手书日记》,1909年,上海中国图书公司印本,同治三年正月。

515

总管的工作①,治学方面,也只知道他对《春秋左传》颇有研究②。文献不足征,姑志于此,俟考。

金陵书局诸人学术师承图

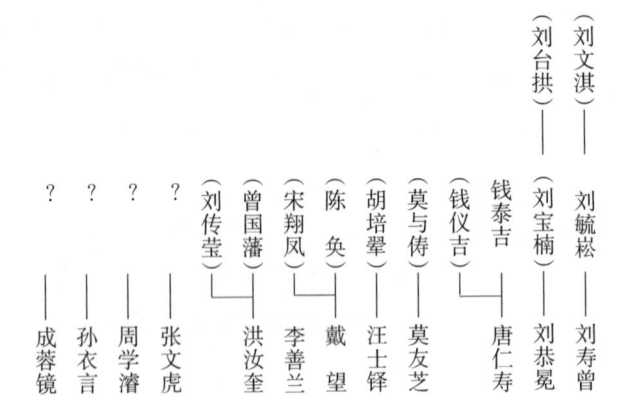

（刘文淇）——刘毓崧——刘寿曾
（刘台拱）——（刘宝楠）——刘恭冕
钱泰吉——唐仁寿
（钱仪吉）
（莫与俦）——莫友芝
（胡培翚）——汪士铎
（陈奂）——戴望
（宋翔凤）——李善兰
（曾国藩）——洪汝奎
（刘传莹）
? ——张文虎
? ——周学濬
? ——孙衣言
? ——成蓉镜

金陵书局诸人著述表

（本表根据萧一山"清代学者生卒及其著述表"[1931,北平文史政治学院讲稿表],另参考《清史稿》《清史列传》等书制成）

姓　名	著　　　述
孙衣言	逊学斋文钞
李善兰	则古昔斋算学十三种。补译几何原本后九卷,译罗密士代微积拾级十八卷,重学二十卷,附曲线说一卷。谈天十八卷,物学八卷（以上皆与英人伟烈亚力合译）。群经算学考（未成,毁于兵）。植物学八卷
周学濬	湖州府志（等纂）,乌程县志（纂）

---

①《曾文正公全集·书札》卷二十六,《致周缦云》。
②《舒艺室尺牍偶存·与周缦云侍御(乙丑)》。

续 表

姓 名	著 述
张文虎	舒艺室全集：史记札记五卷，舒艺室随笔六卷，续笔一卷，余笔三卷，杂著甲篇二卷、乙篇二卷，剩稿一卷，诗存七卷，古今乐律考。（校勘）守山阁丛书，指海、珠丛别录，续艺海珠尘壬、癸两集，小万卷楼丛书，十一经，四史，文选
刘毓崧	通义堂著述：春秋左氏传大义二卷，周易尚书毛诗礼记旧疏考正各一卷，经传通义十卷，史乘通义四卷，诸子通义四卷，王船山年谱二卷，彭城献徵录十卷，旧德录一卷，笔记十六卷，诗文集十八卷
刘恭冕	论语正义补，何休论语注训述，广经室文钞
莫友芝	遵义府志（与郑珍合撰），宋元旧本书经眼录，郘亭知见传本书目，仿唐写本说文解字木部笺异，声韵考略，过庭碎录，樗茧谱注，黔诗纪略，影山词，诗文二十二卷
洪汝奎	洪氏公善堂丛书，洪氏唐石经馆丛书，洪氏晦木斋丛书（皆编辑者）。平斋文集校记
钱泰吉	甘泉乡人稿二十四卷，学职禾人考，曝书杂记，海昌备志
汪士铎	礼服记，仪礼郑注今制疏证，水经注释文，南北史补志，水经注图附汉志释地略、汉志志疑，江宁府志，上江两县志，梅村先生文集十三卷、诗十五卷、词五卷、笔记六卷
戴 望	颜氏学记，谪麟堂遗集四卷，论语注，管子校正，续明史，古文尚书说（二种皆未成）。（校勘）荀子，顾亭林集
唐仁寿	（校勘）史记，晋书，南齐书，续汉书志
成蓉镜	禹贡班义述，尚书历谱，太初历谱，春秋日南至谱，切韵表，国朝学案备忘录，国朝师儒论略，经义骈枝，五经算术，步算释例，宋书州郡志校记，唐诗可兴集，宝应儒林事略，宝应文苑事略，文录九卷，诗录一卷
刘寿曾	昏礼重别论对驳议，读左札记，春秋五十凡例表，临川答问，南史校议集平，左氏义疏（至襄公四年）

曾国藩与金陵书局中诸人的关系

前人曾说曾国藩的幕府是培养人才的渊薮,"搜罗俊乂,举贤任能",入幕府不数年,便可历显要,"功名彪炳于天下"[1]。可是,金陵书局中的儒者,和国藩虽有幕宾和府主的名分,而实际上国藩却待他们如师友。这些人入书局中工作,或由别人推荐,或为国藩礼聘,大部分都未受官职。其中只有洪汝奎后来官至两淮盐运使[2],李善兰于同治七年(1868)被荐为同文馆总教习。国藩对其他各人,虽曾荐举于朝,但都不为各人所答应。[3]这和曾幕府其他幕客比较起来,金陵书局中的人便不能说是得国藩的提拔,而以功名彪炳于天下了。

书局中的一切事业,除委任经理总持外,国藩偶然也对刻书的技术、版本的采择,甚至书籍售价的低昂,提出他本人的意见[4]。但都只是从旁提议而已。局中的措施,均按照定下章程条例进行。[5]在这方面,也不像军事的策划和吏治的整饬,直接由国藩来统辖。因此,这些人和国藩的关系,也就和其他的幕客稍有不同了。

国藩以治军而官至疆臣,虽然他本人在学问上也有卓越的成就,但能于咸丰十一年(1861)到同治三年(1864)短短四年间,罗致这班饱学之士,也不是一件偶然的事。要叙述这些人如何进入书局工作,便不得不追述国藩四十岁前居京官时的一段史实。

国藩自道光十八年(1838)成进士,到咸丰二年(1852)丁母忧回湖南为止,任京官凡十四年[6];这期间,他在政治上虽无特殊出

---

[1]《舒艺室杂著乙上》,《送杨岘大令之湖南刘翰清太守之临淮大营序》。
[2]《续碑传集》卷三十八,缪荃孙《洪汝奎神道碑》。
[3] 书局中人,大多数不愿出仕。最显著的例如莫友芝,同治二年(1863),曾为大臣密荐于朝,复为朋好敦劝,皆辞谢不就,事见《清儒学案》卷一六九,《郑珍巢经学案附莫友芝》。其他如汪士铎、刘寿曾、戴望等人,皆终未任过官职。
[4]《曾文正公全集·书札》二十六《致周缦云》。
[5] 同上。
[6]《曾文正公年谱》卷一。

色的表现，但在学问方面，与倭仁、吴廷栋、何桂珍等师事唐鉴，治义理之学；又与梅曾亮、邵懿辰、刘传莹等讨论词章之学①，已经很留心当时的学术趋势和海内的人才。他所委任替他访书的第一人——莫友芝，便是他在北京认识的。洪汝奎则是在这期间从他问业。其他各人，虽在入幕前没有和他见过面，但各人在学问上的成就，却早为他所熟知。例如刘毓崧、孙衣言、李善兰、成蓉镜、周学濬等人，都是国藩闻其盛名，而驰书招至的②。

由别人的幕府转来的，如汪士铎来自胡林翼幕府，国藩早于咸丰九年（1859）便熟知他的学行③；刘恭冕由其旧日府主朱兰推荐而来④。除此之外，也有因国藩幕府中人的介绍，而为国藩所罗致的。如张文虎之见国藩，即系由李善兰的介绍⑤，而钱应溥送其父的文稿给国藩⑥，使嘉兴钱泰吉得为金陵书局所用，则较曲折了。

咸丰十年（1860），李鸿章初离幕府，到上海组织淮军。鸿章所经管的行营事务，国藩尽委钱应溥办理。⑦其后二年，应溥的父亲泰吉辗转兵间，从江西达安庆，遂因应溥的荐引，得与国藩相见。⑧泰吉以同治二年卒于安庆，应溥奉父丧回浙江原籍，与乃父的弟子唐仁寿重逢，于是偕至南京，时为同治四年（1865）。⑨

与钱氏父子之事相反，刘寿曾却是于乃父毓崧死后被招入幕。⑩

---

① 《清史稿》，联合书局刊本，《列传》一九二，《曾国藩传》。
② 这五个人的碑传中，均分别有国藩"驰书致之"的话，可惜在现存的国藩书札中，已无法找出这些信件来。
③ 《续碑传集》卷七十四，儒林传稿《汪士铎传》。国藩的《日记》，咸丰九年八月廿五日，曾记述士铎的学行颇详，时士铎尚在胡林翼幕中助修《读史兵略》。
④ 《清儒学案》卷一〇六，《刘台拱端临学案附刘恭冕》。
⑤ 《曾文正公手书日记》，同治二年五月廿一日。
⑥ 《曾文正公手书日记》，同治元年四月廿七日。
⑦ 《碑传集补》卷四，朱福诜《钱应溥墓志铭》。
⑧ 《续碑传集》卷七十九，曾国藩《钱君墓表》。
⑨ 《舒艺室杂著甲下·唐仁寿别传》。
⑩ 《续碑传集》卷七十五，刘恭冕《刘寿曾家传》。

综合来说，书局中的人，有国藩的朋友和门生，有从别人幕府转来的幕客，有由旧幕僚荐引而来的宿儒，而因这些人，又汲引他们的父亲、儿子、门生或朋友。因此，虽然只有十四人，而他们彼此间却有颇密切的关系。父子如刘毓崧、寿曾；师徒如钱泰吉、唐仁寿；同门如李善兰、戴望（同受业于陈奂）；同年如汪士铎、刘毓崧（同为道光二十年举人），至如莫友芝和汪士铎、李善兰和张文虎、唐仁寿和戴望，刘毓崧和刘恭冕、张文虎和孙衣言，或因所治的学问相同，或由性情投契，交情都很深厚。由于战乱流离，偶然相聚，除了校刊书籍外，闲暇时日则为文酒之会，或为往古诗人寿，或为花月举觞①，同人中有早逝的，则为他写碑传墓志，或印行其遗文②，兵燹之余，斯文未至尽堕，未始不是一件幸事。

曾国藩与金陵书局诸人关系图

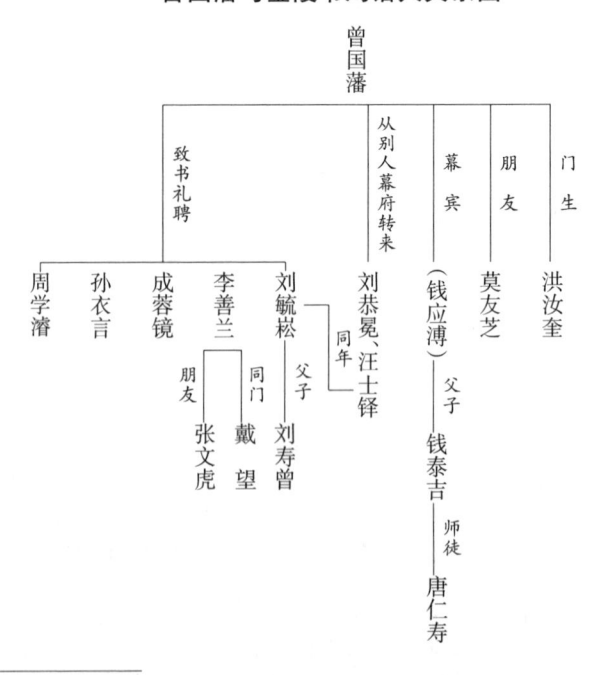

```
                          曾国藩
    ┌──────────────┬──────┬─────┬─────┬─────┐
    │致书礼聘       │从别人 │幕宾 │朋友 │门生 │
    │              │幕府   │     │     │     │
    │              │转来   │     │     │     │
 ┌──┼──┬──┬──┐    │      （钱应溥）莫友芝 洪汝奎
 周 孙 成 李 刘   刘恭冕、      │父子
 学 衣 蓉 善 毓   汪士铎       钱泰吉
 濬 言 镜 兰 崧                  │师徒
          朋│同│父              唐仁寿
          友 门 子
          张 戴 刘
          文 望 寿
          虎    曾
                 │同年
              刘恭冕、汪士铎
```

---

① 刘寿曾《传雅堂文集》，汪士铎《汪梅村先生集》等，仍保存有不少记述当年盛会的诗篇。
② 如刘恭冕、汪士铎替刘寿曾写家传及墓志铭；唐仁寿整理戴望的遗著。

金陵书局所刊的书籍

安庆书局搬到南京以前,曾国藩曾手订一份书局章程[①],及张文虎入幕,国藩复与文虎商定刊书条例,可惜这些章程和条例都无从找到了。以下根据国藩与书局中人,和幕客彼此往来的若干书札,另辅以一些"刊书凡例"或序跋,约略考求金陵书局刊刻书籍的宗旨和条例。

金陵书局刊书时,对于版本的采择很用心。这可从《王船山遗书》和《左传》的刊刻得到证明。

《王船山遗书》的刊成,刘毓崧用力最多。毓崧的《校勘记自序》[②]说所刻的五十三种船山遗书,所根据的有稿本、写本和刻本。凡书中所引原书及所用故实,均于付刻前重检而校之。《左传》的校勘工作,始于同治四年(1865)。周学濬主张用姚刻本,于杜注之外,杂采释文、孔疏和诸家论说;张文虎则谓姚刻本过于驳杂,是"兔园册子,三家村学究之著述",不宜于初学习诵,主张只刻杜注。[③]

关于刻板的技术,也很慎重。国藩曾致书周学濬,要求做到兼"方、粗、精、匀"四字之长,并主张购买宋体字刻本,如汲古阁《乐府诗集》、《揅经室集》之类的书籍,存在书局中作榜样[④]。

金陵书局的成立原为方便一般士子,而非应贵人巨室的搜求,故售价甚廉,对大套的著作,复分印单行本。如《王船山遗书》,卷帙繁重,张文虎以为"寒士力不能置",且不便于舟车携带,主张把《诸经稗疏》《礼记章句》《读通鉴论》《宋论》《张子正蒙注》《庄子解》《楚辞通释》等重要书籍,散印单行。[⑤]

版本、刻工和售价之外,还有校勘态度的认真,应该细述。试

---

① 《曾文正公手书日记》,同治三年四月初二日、初三日。
② 收入《王船山遗书》金陵书局刊本中。
③ 《舒艺室尺牍偶存·与周缦云侍御》。
④ 《曾文正公全集·书札》卷二十六《致周缦云》。
⑤ 《舒艺室尺牍偶存·上曾沅浦宫保》。

举汉书的校勘为例。

刘毓崧《通义堂文集》卷五《校刻汉书凡例》一文,曾将书局校刻汉书所据的典籍,分十三项列出,兹撮要如下:

(一)以邵晋涵文渊阁本为底本。

(二)参荀悦《汉纪》,以存古本之遗。

(三)参《北堂书钞》《艺文类聚》《初学记》中所引《汉书》,以溯宋本之源。

(四)参《册府元龟》,以从宋本之朔。

(五)参林钺《汉隽》、娄机《班马字类》、徐天麟《两汉会要》,以择宋本之长。

(六)凡与《汉书》有关者,如《史记集解、索隐、正义》,以及倪思《班马异同》、胡三省《通鉴注》等,皆取校勘,以考各本之真。

(七)取《文选》所录西汉人文章及贾谊、董仲舒、司马相如、杨雄诸家载入《汉书》者参校,以定各本之殊。

(八)各书记载可印证汉书者,经学如《韩诗外传》《春秋繁露》;小学如《急就篇》《方言》;正史如《后汉书》;别史如《东观汉纪》;地理如《三辅皇图》《水经注》;政书如《汉官仪》《通典》;金石如《隶释》《隶续》;儒家如《新书》《盐铁论》《说苑》《新序》;术数家如《京氏易传》《焦氏易林》;杂家如《淮南子》,均取参校,以求原本之真。

(九)前代校《汉书》者,如小宋三刘,及吴氏之《两汉刊误补遗》,近时如钱大昕《廿二史考异》《三史拾遗》,王鸣盛之《十七史商榷》《蛾术编》;及群书考证涉及《汉书》者,后汉人如《论衡》《独断》等,六朝人如《颜氏家训》等,唐人如《史通》等,宋人如《梦溪笔谈》《容斋随笔》《野客丛谈》《困学纪闻》,明人如《丹铅总录》及《日知录》等,均取参校,以正今本之误。

校刻一部汉书,采用的书籍几达六十种,"端绪繁多,推求不易",若不是集合诸名儒,分工合作,以一人之力,恐怕终生只能治一书而已。

金陵书局刊成的书籍,至光绪七年(1881)汪士铎续修江宁府志时,共得七十八种。其中经部十六种,史部十七种,子部九种,集部七种,另涂宗瀛自刊十一种,洪汝奎自刊十八种[①];这些书籍的刊本,在日本东京的东洋文库,京都大学人文科学研究所东洋文献中心等图书馆都还能见到。

书局中的校勘工作是集体进行的,但何人担任何书则难于详考了。兹就所搜罗得的材料,把一些较重要典籍的校勘者,约略列出:

(一)张文虎:王船山遗书,史记集解、正义、索隐,十一经、四书,前后汉书,三国志,文选,读书杂志。

(二)刘毓崧:王船山遗书,汉书。

(三)刘寿曾:南北史,春秋左氏传。

(四)戴　望:穀梁传,毛诗,后汉书。

(五)汪士铎:周礼郑注,仪礼郑注句读,礼记集说。

(六)唐仁寿:史记,晋书,南齐书,续汉书志。

(七)李善兰:重学,几何,则古昔斋算学。

(八)成蓉镜:书集传,易程传,易本义。

(九)刘恭冕:诗集传,四书。

(十)莫友芝:尔雅,佩文广韵汇编。

(十一)钱泰吉:史记,汉书,后汉书。

---

① 汪士铎:《续纂江宁府志》,光绪七年刊本。卷六《实政》。

光绪七年以前金陵书局刊刻书目

经	易程传,易本义,书集传,诗集传,毛诗传笺,周礼郑注,仪礼郑注句读,礼记集说,春秋左氏传,公羊传,穀梁传,仿宋岳相台五经,孝经,四书,尔雅,佩文广韵汇编。
史	史记(索隐、集解、正义合刻,附札记),仿汲古阁本史记,两汉书,三国志,晋书,南北史,宋书,南齐书,梁书,陈书,魏书,北齐书,北周书,元和郡国志,元丰九域志,读史镜古编,朱子年谱。
子	家范,小学,大学衍义,四礼翼,重学,几何原本,则古昔斋算学,王氏读书杂志,老子章义。
集	仿汲古阁本楚辞,文选,王氏古诗选,唐人万首绝句选,姚氏今诗选,丁氏曹集诠评,王船山遗书。
涂自宗刊瀛书	濂溪集,二程全书,张子全书,朱子文集,语类,鲁斋集,居业录,读书录,河南刘氏理学宗传辨正,吴侍郎拙修集,倭文端公遗书。
洪自汝刊奎书	易说,醒平斋春秋说,尔雅翼,仿宋韩柳年谱,乡贤祀典征实,隶释,隶续,宋本洪氏集验方,泉志,松漠纪闻,容斋随笔,夷坚志,续轩渠集,豫章三洪集,鄱阳集,平斋集,四书或问,论孟精义,松阳讲义。

结　语

　　金陵书局成立后一年,曾国藩即北上剿捻。同治五年(1866)回任两江总督。七年(1868)调任直隶总督。天津教案了结后,复总督两江。直到他同治十一年(1872)逝世为止,他在南京的时间不算很长[①]。他离开两江时,先后由李鸿章和马新贻署理总督。鸿章亦很热心于书局的工作,可是他毕竟是国藩的门生,而且局中诸人都是因国藩的关系而来的,因此,国藩不在南京时,局内的工作仍由张文虎、周学濬等人写信向国藩报告,可以说:直到国藩逝世为止,他和局内诸人的关系是没有断绝过的[②]。但同治十一年后,这些人都

[①]《曾文正公年谱》,"同治四年"以后。
[②] 国藩离开南京时和局中诸人的来往信札,除部分保留于《曾文正公全集》的《书札》卷内者,张文虎、汪士铎、刘寿曾等人的文集中亦收入颇多。

前后离去,后继者又是另一批人物了。

这十四人中,比国藩早逝的有三人:钱泰吉(同治二年,1863),刘毓崧(同治六年,1867),和莫友芝(同治十年,1871)。稍后于国藩而逝的,则为戴望(同治十二年,1873)和唐仁寿(光绪二年,1876)。除此之外,李善兰于同治七年(1868)被郭嵩焘荐为同文馆算学总教习,孙衣言则"官运亨通",累官至安徽按察使,及湖北布政使,仅留在书局中一段短时期。故在国藩逝世前,局中经常工作的人,或止于七八人。

国藩死后,汪士铎和张文虎都先后辞去。① 到唐仁寿逝世时,张裕钊曾说局中诸人,多散走他方。② 留在书局者,大概只有刘寿曾、周学濬和成蓉镜等人吧。张裕钊所慨叹"金陵文采风流尽矣"的话,恐怕并非空说的。

于国藩逝世后离开书局的人,都非受官而去,张文虎到南菁书院主讲席③,刘恭冕亦掌湖北经心书院④,汪士铎则回到他的"金沙井老屋"去,"杜门却扫"了一段时期,到光绪十一年(1885),得了一个"国子监助教"的名衔⑤,都继续他们的"名山事业",没有走入仕途。

金陵书局从筹备于安庆时起,到国藩逝世为止,十余年间,网罗了当时一班文儒,整理战乱后的文献,不但给后来的官书局启导先路,而且在保存和传播知识的工作上,有不可忽视的贡献。江浙自古称文物极盛之地,然自太平军兴,"区寓糜沸,士人死亡转徙,典籍焚毁,斩焉无遗"⑥,独有这十多位江浙的儒学之士,因

---

① 张文虎于同治十二年离开书局,详《舒艺室杂著甲下·唐仁寿别传》。汪士铎亦约于同时辞去,详《碑传集补》卷五十一,张裕钊《唐端甫墓志铭》。
② 张裕钊《唐端甫墓志铭》。
③ 《清儒学案》卷一七二,《张文虎啸山学案》。
④ 《清儒学案》卷一〇六,《刘台拱端临学案附刘恭冕》。
⑤ 《续碑集传》卷七十四,儒林传稿《汪士铎传》。
⑥ 张裕钊《唐端甫墓志铭》。

国藩以儒术标榜于时之故，尚可得到一个安定的环境，致力于毕生所想望的事业，动荡时代中知识分子的遭逢，诚不易有如斯之幸运。

自国藩创立金陵书局后，李鸿章、张之洞、刘坤一等人，都先后委任幕客在局刊书，名儒如王诒寿、黄以周、俞樾和缪荃孙等，均曾参加过校勘的工作[①]，张裕钊"金陵文采风流尽矣"之叹，恐怕只算是光绪初年南京的写照吧。

（原载《大陆杂志》第37卷第1、2期合刊，1968年7月）

[①] 谢国桢：《明清笔记谈丛》，上海中华书局排印本，1962年，页218，《丛书刊刻源流考》。

铃木虎雄与罗振玉的笔谈残稿

铃木虎雄(1878—1963),字子文,号豹轩,别号药房,新潟县人,是日本近代治中国文学的一位代表人物。他的门生中,如青木正儿(1887—1964),吉川幸次郎(现任京都大学名誉教授),小川环树(现任京都大学中国文学系主任),都是国际知名的学者。

铃木在日本汉学史上的成就,根据吉川幸次郎的论述[①],有下列三点:

(一)在日本近代汉学研究史上,铃木是第一位主张文学尊严的。他的主张,纯粹从儒家"思无邪"的诗教出发。因此,他不但能做研究工作(他的《支那诗论史》,有两种以上的中译本;他的《赋史大要》,被日本学人尊为传诸名山的"古典"),而且能写汉诗,一九五六年"弘文堂"出版他的《豹轩退休集》,收罗的作品,达七十多首,可是他对当时的"职业汉诗人",如森槐南者流,颇致不满。

(二)大正年间(1912—1926),当中、日两国的学者都埋首在小说戏曲的研究时,《杜诗》几乎被遗忘了。铃木却坚守日本崇敬杜甫的传统,从一九二九年他出版《杜少陵诗集》,到一九六三年,他逝世前"岩波书局"出版他的两册《杜诗》,三十多年间,他使杜甫的研究,在日本的汉学史复活过来。今

---

① 吉川幸次郎《铃木虎雄先生の功绩——传承と创始》,收入《豹轩铃木虎雄先生》一书,1964年,新潟县吉田町教育委员会出版。

天,日本之有杜诗的全部"和译本",实在是他的功绩。

(三)铃木在中国文学批评史的研究上,不但在日本是划时代的创始人,比起罗根泽和郭绍虞,在时间上也占前。

除上述三点外,他对《文选》《文心雕龙》《文镜秘府论》和《玉台新咏》等书的研究,替今日日本各大学的中文系课程奠下了一个主要的根基。吉川还特别提出现在日本的文选学者斯波六郎,和京大的年青学者高桥和巳,他们对《文选》的爱好和研究,都是承继了铃木的学风而来的。

铃木逝世后,他的藏书大部分归京都大学图书馆所有,另有小部分为京都的书贾所得。这里介绍的四页他与罗振玉笔谈的残稿,是笔者在书肆中一套铃木所藏《碑传集补》中发现的,笔者曾将之与京大图书馆所藏铃木手抄之《李温陵别传》比较,字迹完全一样,可见这四页笔谈录,是铃木本人所记的。

笔谈录中,大部分为铃木与罗振玉的对话,其中亦有注明为王国维代答的。根据王德毅的《王国维年谱》[①],罗、王两人是1911年十月抵达日本京都的,起初二人同居一处,翌年二月王国维始移居邻屋[②],笔谈中铃木提及"自今日起,入改年课休之期,特来请教",时王国维又在座,可推测此次会面,当在1911年底。时铃木三十四岁,任"京都帝国大学"助教授,主讲唐诗及陶渊明诗[③],下距他的第一本著作——《支那诗论史》——的出版十四年;罗振玉四十六岁,王国维则为三十五岁。

笔谈录虽残缺不全,但其中有罗振玉对晚清咸同以后的一些文学见解,且月旦若干当时的诗文家;时贤对罗振玉在考古学上的成就,已有论述[④],至于他对文学的见解,则尚未及见,因此特别将

---

① 王德毅,《王国维年谱》,1967年,台北"中国"学术著作奖助委员会出版。
②《王国维年谱》,页76、81。
③ 青木正儿《輝かしぎ御生涯》,收入《豹轩铃木虎雄先生》一书。
④ 张舜徽《考古学者罗振玉对整理文化遗产的贡献》,收入张氏所著《中国史论文集》,1956年,武汉。

这四页残稿介绍出来,或可帮助治文学史的学者,对罗氏的见解,多一点认识。铃木在日本以汉诗鸣,他的古文,也是清丽可喜,读此笔谈录,或可见一二也。

铃木与罗振玉笔谈残稿

铃木: 仆不通官话,以笔代舌,幸恕。日前升堂,有碍清闲,不堪陈谢。仆公课既毕,自今日起,入改年课休之期,特来请教。

罗: 云云。

铃木: 仆附师友之后,谬修贵邦词章之学。词章之学,古来儒先所鄙,然言之不文,行之不远,不学诗,无以言,圣人不必鄙之,扬雄壮夫不为,颜之推驳其不是。仆甘心从事,略窥古今,独至近代清朝咸丰同治以后,苦无选本,何况专集。未知有何等书,可以瞥见大概,敢请高教。

罗: 敝国咸同以后,作者不多,选本,有近人(孙雄)所辑《四朝诗》,然选择未能尽当,异日再来,当携奉清鉴。

铃木: 总集之由省会者,例如山左几家岭南几家,亦不知有诸?

罗: 自贵州陈松给谏刻《黔诗钞》,闽陈石遗主事刻《闽诗钞》,皆近时撰集,然尚未刊成,此外不多见。陈给谏(名田,贵阳人)所撰《明诗纪事》,曾见之否?

铃木: 大学藏有一本。闻近时长沙有王闿运,其《湘绮楼集》,敝邦亦传之,尝闻江西有陈君名某,不知其人,可以比王湘绮否?

罗: 陈三立,字伯岩。

铃木: 可有诗文集?

罗: 有与友人唱和集,未见专集。

铃木: 现时诗赋文章,不知何地最旺盛?

罗: 敝国丰同以前古文辞,以桐城、阳湖为最盛,现在此二地,略存余韵,然其他各省,亦间有作者,殆不能定各地之盛衰。

铃木：桐城之派，近时以吴汝纶为魁否，其余有何等人。

罗：　其弟子以马通伯主事（其昶）为最，尚有萧敬孚（穆），与吴同辈，今亡已三四年矣，后起者甚寥寥。

铃木：古文废而词曲起，词曲起而古文微，然清初诸儒，往往以硕学鸿才而玩词曲，现在于此二者，孰盛孰衰？

罗：　近世古文家日衰，而词曲家亦无巨子，略知名者，有郑文焯、朱祖模、况周颐诸人。王先生文与词兼擅，他学亦精。又有沈子培方伯（曾植），学术湛深，亦兼擅文词。

铃木：科举废而八股为无用长物，然仆欲编文学之史，亦要知其纲领，方望溪《四书文》，尝在东京见之，说之最详者，不知有何等书？

罗：　有《制艺丛话》者。

铃木：福州梁章钜《制艺丛话》，仆藏有之，亦简。此等书，已知八股者，读之可；未知者，读之亦不解也。

罗：　先生作文学史，至八股文一节，由王君拟其概略，由先生定之为便，以为何若？

铃木：《昭代丛书》中，有某（忘之）氏少学，略说八股之构造，亦语而不详，平生憾之。四库提要，不以八股为文。

罗：　论八股之源流，应由宋人之经义始。

铃木：然。《宋文鉴》收之。

铃木：四六家，近时有其人否。

（王国维代答）：

缪荃孙、屠寄（皆常州人），王式通。或不入格，又弱而俗。

（原载《大陆杂志》第39卷第1、2期合刊，1969年7月）

介绍日本学者编著的中国人物丛书

最近,日本东京的人物往来社出版了一套"中国人物丛书",第一期十二册已全部刊行,第二期则刊行了四册,剩下的八册,约于今年十月间可全部印出。这套中国历史人物传记,由京都大学东洋史科名誉教授宫崎市定监修,除《隋炀帝》一册由宫崎自己执笔外,其他各书,则邀请日本较年青的一辈治中国史学者撰写。

宫崎市定氏,1901年生。1925年毕业于京都大学东洋史科,1934年开始在京大任教,1944年升教授,至1965年三月退休为止。曾一度任巴黎大学及哈佛大学的客座教授。氏之研究范围极广:从时代言,自古代至近世;从地域言,则包括亚细亚西部。对每个时代或地域的史事,皆能以独特卓拔之史识,剖析问题。颇有志于从世界史的视野,创造雄大的东洋史构想。所发表的论文及专著,较著名的有《东洋的近世》、《亚细亚史概说》(四册)、《雍正帝》、《九品官人法》及《科举》等,其中《九品官人法》一书曾获授日本学士院赏的殊荣。

参加撰写这套中国历史人物传记的学人,大部分都是年在四十岁左右,兹将他们的姓名、现任职位及撰写的书名列后:

姓　名	现　任　职　位	书　名
永田英正	京都大学人文科学研究所员	项羽
狩野直祯	圣心女子大学助教授	诸葛孔明

续表

姓　名	现　任　职　位	书　名
吉川忠夫	东海大学讲师	刘裕
藤善真澄	关西大学讲师	安禄山
砺波护	京都大学人文科学研究所员	冯道与柴荣
梅原郁	神户学院大学助教授	文天祥
胜藤猛	大阪外语大学助教授	忽必烈汗
谷口规矩雄	神户大学文学部助手	朱元璋
寺田隆信	东北大学助教授	永乐帝
堀川哲男	岐阜大学讲师	林则徐
近藤秀树	大阪工业大学讲师	曾国藩

以上十一册,含宫崎氏撰《隋炀帝》为第一期。第二期至今只出版了四册,据人物往来社的预告,其全部的书名及作者如下:

姓　名	现　任　职　位	书名
河地重造	大阪市立大学助教授	△汉高祖
谷川道雄	名古屋大学助教授	唐太宗
兼子秀利	大阪大和高校教谕	玄奘三藏
横山裕男	京都大学东洋史研究室	△白乐天
小野寺郁夫	金泽大学文学部助手	△王安石
竺沙雅章	京都大学助教授	苏东坡
谷光隆	大阪外语大学讲师	王阳明

续 表

姓　名	现 任 职 位	书名
若松宽	京都大学文学部助手	努尔哈赤
小野和子	京都大学人文科学研究所员	△黄宗羲
间野潜龙	富山大学助教授	康熙帝
森正夫	名古屋大学文学部助手	李大钊
小野信尔	花园大学助教授	毛泽东

表中有"△"者,为已刊出的书。

这十六本已刊的人物传记,每册平均有三百页,附以有关的图片、地图,及该历史人物所处时代之"中国·日本史事对照年表"均为精装表,每册售价为美金1.3元。其读者对象,以日本的高级中学及大学生为主,而一般具有二千汉字阅读能力的各阶层人物,亦不会感到有阅读的困难。可以说是一套普及化的中国历史课本。

关于这些人物传记的内容,每位作者都自己写了一段短短的介绍,附在书的末后,通过这些介绍文字,料或可以获得对这套丛书的一个极粗略的了解。所以笔者不辞翦陋,把每本书的简介译出,因为觉得这样来介绍,比较近于实在。

第一期:

(1)悲剧的英雄——项羽:始皇帝死后,秦的统一迅即崩溃,列国群雄并起,均欲取得制霸天下之权。其中格外勇猛果敢,且精于战略的楚遗臣项羽。在经过七十场大小战役后,正要进一步取得王者之位时,却中了狡狯的刘邦底诡计;在四面楚歌声中,挥泪辞别了虞美人,举剑自刎。他的一生,便是一首赢得后人无数叹息的悲壮的叙事诗。

(2)史实·三国志——诸葛孔明:《三国志》中蜀的宰相。刘备三顾草庐后,遂以身许蜀,示天下三分之计,联吴破魏于赤壁。

出师表,表现了他对君主的忠心,挥泪斩马谡,流露了他内心的真情。本书以孔明为中心,对后汉末年,活跃于历史舞台的人物,如刘备、关羽、张飞、曹操、仲达、孙权及鲁肃等,作一个概括的描写。

(3) 六朝的英雄——刘裕:作为东晋王朝治下,京口军团一员武将的刘裕,从他夺取了帝位以后,怎样开创刘宋王朝,如何因权力的日渐上升,而遂致陷身于权力欲望中不能自拔。这个激动的生命,正好说明了乱世时,武力的重要。

(4) 暴虐的帝王——隋炀帝:隋炀帝,一位中国史上少见的暴虐而淫乱的君王。在没有理想,而只有权力可以支配一切的社会中,一个平庸的人,一旦掌握了权力,他的命运将会如何?炀帝的一生,正是这种悲剧人物的一个实例。

(5) 胡人的骁将——安禄山:安禄山,唐代的武将。对玄宗及杨贵妃的献媚,使他握有强大的权力。其后与杨国忠争夺宰相之位不遂,愤而起兵,乃获反逆的污名。洛阳、长安,虽然快被他攻下,而自己的生命却最后结束于儿子庆绪的手上。这便是最伤唐代国命的大事——安史之乱。

(6) 五代的宰相——冯道与柴荣:从唐到宋,是中国史由中世到近世的转换期。在这个处处流血的动乱时代,出现了两个重要人物。一个是身事五朝八姓十一君,而仍能保有宰相地位的冯道;一个是在天下统一大业完成前夕病死、极类似于日本史中织田信长①的柴荣。通过这两个人物,可以了解这个历史转换期中各种激动的世相。

(7) 悲剧的忠臣——文天祥:宋末的忠臣文天祥,在高等文官考试中得了最高的成绩。并且破格地很快被任为宰相。当蒙古兵入寇之际,力主兴兵抗敌,然而大势已去,身亦为异族囚。对敌主忽必烈的劝降严斥后,写了壮烈的《正气歌》,最后被毒死于狱中。

---

① 织田信长(1534—1582)日本战国末期的武将,在国内统一大业完成之前,为其家臣明智光秀所杀。

他的一生,便是中国史上一个忠臣的典型。

(8)世界的帝王——忽必烈汗:成吉思汗死后,大蒙古帝国的内部亦起纷争。蒙古草原,变成了争夺帝位继承权的战场。取得这场战争胜利的忽必烈汗,不以草原地带为满足,而有志于统治富裕的农耕地带——中国本土。元王朝遂成为东亚细亚最大的国家,甚至曾远征日本。马可·波罗游记中对这个强大国家的记述,亦采入本书中。

(9)明太祖——朱元璋:以一位仅是出身于贫家的少年——朱元璋,投进农民反乱军后,很快便显露头角。灭元以后,成为明太祖、中国史上的太阁秀吉①。朱元璋,一直被世人认为是一个"具有圣贤、豪杰、盗贼的性格"的人。本书就是对这个具有复杂、多元性格的人物的描写。

(10)明成祖——永乐帝:在靖难之变中,获得明帝位、成为成祖的永乐帝,把国都迁到北京去。此时,国内局面正值风雨飘摇,异民族的反抗运动乃应运而生。成祖亲自率军远征蒙古,平定乱事,又派兵驻守安南。其舰队且及于爪哇、苏门答腊、马六甲、锡兰及加尔各答等地。

(11)清末的爱国者——林则徐:主张严禁鸦片的清末政治家。以英商不遵行其撤回鸦片的命令,遂采取封锁商馆、断绝贸易等强硬手段,并扣押鸦片二万余箱,将之焚毁。这件事终发展成中国近代史的序曲——鸦片战争。而林则徐,则被歌颂为一位爱国者。

(12)崩坏期的官僚——曾国藩:清末的军阀政治家。以组织湘军与太平天国作战有功,遂从事洋务运动。在安庆设军械厂试制武器及弹药。和林则徐比较,他被认为是一个卖国贼。然而,无可否认,在中国的近代化运动中,却是一个有贡献的人物。

第二期:

---

① 太阁秀吉(1536—1598),织田信长的部将,在织田死后,完成统一大业,位至征夷大将军。安土桃山时代的名将,又名丰臣秀吉。

（1）天下的霸王——汉高祖：汉王朝的创立者、君临万国的刘邦，其少年时代，是一个倾慕任侠、放荡无赖的贫家子弟。本书不单描叙他多姿多彩的一生，且连带描述性情暴烈的项羽，和那无恶不作、象征恐怖的吕太后、并将刘、项两人手下武军的性格，作比较的分析。

（4）"爱"的诗人——白乐天：作为一个诗人，不能只着笔描写风花雪月的事情；指出百姓生活的痛苦，和政治上的缺点，是诗人应有的使命。白居易这个名字，在日本人的心目中，亦如其他的中唐诗人一般，被认为是一个主张肩负这种伟大使命且成功地实践了这个使命的诗人。本书对中唐时混乱的政治，作了极严正的批评；并把白居易充满了优美爱情的一生，写成详细的记录。

（5）北宋的宰相——王安石：为了安定国内不稳的局面，为了解救陷身穷困的百姓，王安石挺身而进，推行了他政治改革的主张。来自反对派的攻击，自始至终加之于他的身上，可是并不能使他退缩。他只是费尽心力来推行新政，以报答天子对他的信重。当天子缺乏信心的时候，他鼓励并重振天子的信念。本书便是对一位如此果敢刚毅，具有广大眼光的政治家的一个描绘。

（9）中国的卢梭——黄宗羲：在明、清两代更迭的动乱局面之际，黄宗羲，以一个明朝的遗臣及一位伟大思想家的姿态出现了。他写"明夷待访录"，表现了他对理想君主政治的追求，和对独裁专制政治的毒害所作体无完肤的批判。同时，在被满洲异族所统治，遍地流血的时代，为了解救水深火热中的同胞，他东奔西走，主张复兴大明。本书对这位被称为"中国的卢梭"的实践思想家的一生，作了详尽的叙述。

把这些人物传记内容的简单介绍译出后，笔者想进一步谈谈执笔写这些传记的日本学人和笔者对这套丛书的感想。

据笔者所了解，除了写《隋炀帝》的宫崎市定，及《汉高祖》的河地重造等少数作者外，其他的执笔者，在日本东洋史学界中，尚算是年青的一辈,其中大部分是取得了硕士学位,而继续留在各大学的研究院工作或在大学部任讲师的,他们所专攻的时代虽各有不同,可是他们绝不是"孤立"地各自研究,而是在老一辈的指导下,彼此有紧密的呼应与联系。他们举办研究会、编印学术刊物,或撰写大部头的书籍,彼此间不但没有排斥和攻讦,而且是那么团结和合作。老一辈对他们,是提携和奖掖得无微不至,使我们听不见在日本的东洋史学界中(甚至在整个汉学界中),有"交出棒子来"的呼声,或"占了茅坑"的谩骂。这一套"中国人物丛书"的出版,不但是日本的东洋史学界,给中国和西洋学者开列了一张货单,告诉别人:他们的下一代学者是些什么货式,到今日,这些年青学者的成绩又是怎样;并且还让我们知道:就算是对待自己国家以外的外国史,日本人是抱着一份怎样敬重和谨慎的态度,去发掘和研究。

1903年(明治三十六年),日本人出版了他们的第一本中国通史,那是那珂通世为当时东京第一高等学校编的《东洋小史》,至今已六十多年,这期间日人对中国史研究的成绩,是国内和西方学者所熟知的,但他们为了教育他们的国民而编著的中国历史教科书,相信不大被我们注意到。我不能,也不愿单从这六十多年间,他们所编印的中国史教科书的统计数字,来指出日本人一直没有放弃"中国问题"的研究,并且把他们的成果,告诉自己的同胞,我却愿就自己所亲身经验的一件事来证明这一点。前两天,我曾在京都大学的校园访问了二十位日本的大学生,其中五位是念工科,七位念理科的,四位念医的,四位念文科的(中国文学和东洋史以外的学科),我把这套"中国人物丛书"二十四个书名给他们看,除了"刘裕"这个名字,他们全不懂外,没有一个人不能给我举出其他二十三个中国历史人物的时代来。其中,他们对项羽、刘邦、玄奘、苏东坡、王安石、忽必烈、林则徐、曾国藩等人,尤其是耳熟能详。一位主修法国文学的三年级学生,大概是发觉了我听完他的答案后，所表现出惊讶的神情，他拍拍我的肩膀说："中国朋友，为什么我们不该懂他们呢。我们的文化，是来自你的国家的！"

是的，日本人接受了我们的文化，这是他们热心研究中国学问的原因，可是，我总怀疑：除此以外，还该有别的因素存在。但是，我们对日本文化的了解呢？或者有人会说：日本文化是我们文化的旁枝，只有他们跟我们学习，我们何必了解他们？

可是，我要问：日本走上近代化的路，还只是近百年的事，他们接受西方文化也许要比我们迟，但他们正日渐走上富强的道路，我们早些时还声嘶力竭地作"文化论战"，难道我们在研究我们今后的社会所要走的途径时，不应该把他们这百年来的历史发展拿来作一个参考或借鉴？也许我们国内少数的历史学者已做了这项工作，可是我们国民中的高等知识分子——高校中的学生，对这个可供参考的"别人镜子"，又知道多少？

（原载《思与言》，香港，1967年）

《清初人选清初诗汇考》跋

兹集之校定付刊,前后历时四载有余。先是正光过港,茶酒欢言,偶及唐人选唐诗之美业,以为实文学文献之最足珍爱者也。因思清初诸贤,亦多有相类之结撰,盖亦一时盛事,况又可窥见其时其人志意之所寄托。而其所异于唐人之所选者,尤在其文献以外之史料价值也。用是乃有搜寻蒐聚之议,于是就书志之所录,遽行分别访求。而其中又多散存海内外者,得之为难也。友辈之知其事者,咸鼎力襄赞。若王尔纲《名家诗永》得之于北京汪公世清,程棅施谭《鼓吹新编》,韩纯玉《近诗兼》得之于南京图书馆沈公燮元,陆次云《皇清诗选》得之于上海图书馆周女史秋芳,吴元桂《昭代诗针》得香港中文大学陈强先生之力为多。迨罗致稍备,遂共商订体例。其间或面论,或以书简,或越洋通话,往复研讨者数至二三十,然后探发撰者深心之所在,粗设按语,以为是书之引。钱老仲联,一见以为有功古人,奖叹之余,欣然赐序。汪公浓情谬许,亦有序焉。而顾老起潜,以九四高龄,题署增辉。凡此皆有逾乎斯集出版之意义者也。忻忻蹈足,不能自已。犹念我二人相交论学,忽逾三纪矣。而异地分居,各为稻粱,心迹双寂。则是集之成也,又奚啻学术因缘之墨志而已哉?

1998年6月6日,谢正光、佘汝丰跋于香港九龙

图书在版编目（ＣＩＰ）数据

停云阁文集 / 谢正光著. -- 上海：上海文艺出版社，2025
　　ISBN 978-7-5321-8557-3

Ⅰ. ①停… Ⅱ. ①谢… Ⅲ. ①中国文学－古典文学研究－文集 Ⅳ. ①I206.2-53

中国国家版本馆CIP数据核字(2023)第192145号

封面"停云阁"三字取自钱仲联先生《停云阁诗集》题签，落款为"辛巳冬钱仲联署 时年九十四"。

策划编辑：肖海鸥
责任编辑：余静双
特约编辑：郑凌峰
装帧设计：钱　禛

书　　名：停云阁文集
作　　者：谢正光
出　　版：上海世纪出版集团　上海文艺出版社
地　　址：上海市闵行区号景路159弄A座2楼 201101
发　　行：上海文艺出版社发行中心
　　　　　上海市闵行区号景路159弄A座2楼206室 201101 www.ewen.co
印　　刷：苏州市越洋印刷有限公司
开　　本：720×1000　1/16
印　　张：34.25
插　　页：4
字　　数：426,000
印　　次：2025年7月第1版 2025年7月第1次印刷
Ｉ Ｓ Ｂ Ｎ：978-7-5321-8557-3/G.372
定　　价：178.00元
告 读 者：如发现本书有质量问题请与印刷厂质量科联系　T:0512-68180628